VERS LA RÉPARATION

L'auteur et l'éditeur déclarent réserver leurs droits de traduction et de reproduction.

Ce volume a été déposé au Ministère de l'Intérieur (section de la librairie) en Juin 1899.

DU MÊME AUTEUR :

La Mêlée Sociale (Bibliothèque Charpentier).
Le Grand Pan (Bibliothèque Charpentier).
Les Plus Forts, roman contemporain (Bibliothèque Charpentier).
Au Pied du Sinaï (Floury, éditeur).
L'Iniquité (P.-V. Stock, éditeur).

GEORGES CLEMENCEAU

VERS LA RÉPARATION

PARIS
P.-V. STOCK, ÉDITEUR
(Ancienne Librairie TRESSE & STOCK)
8, 9, 10, 11, GALERIE DU THÉATRE-FRANÇAIS
Palais-Royal

1899

Il a été tiré à part sur papier de Hollande, 25 exemplaires numérotés à la presse.

PRÉFACE

Voici la seconde série des notes quotidiennes où se traduit, en ses développements divers, l'impression du drame public sur l'esprit d'un spectateur. (1) Ce volume rejoint le précédent : *L'iniquité*, et conduit l'action jusqu'au règlement des juges du colonel Picquart. (2) C'est la grande avenue de lumière qui s'ouvre vers la réparation.

Vers la réparation! Comme la route est longue! Mais aussi combien profitable pour les observateurs d'humanité! Du spectacle de nos jours un grand enseignement se dégage. La plupart d'entre nous ne jugent l'homme et ne se jugent eux-mêmes que d'après les formules abstraites dont chaque école de pensée fait la distribution mécanique à l'enfance. Des mots! Des mots! Des mots qui tuent l'idée, des mots qui suppriment la généralisation d'expérience, des mots que nous font la vie fausse où nous errons, passant parmi les hommes sans les connaître, sans en être connus, nous efforçant au service de conventions de mensonges, emplissant l'air des clameurs de beauté, de bonté, souillant la terre des crimes de tous contre chacun.

Sous les enseignes changeantes des chapelles inchangées toujours la même furie des égoïsmes en démence, avec les mêmes sophismes d'excuses. Dix-neuf cents ans après le Christ nous découvrons

---

(1) Comme précédemment, rien n'a été changé du texte original. J'ai encore à remercier cordialement mes amis E. Winter et Henry Leyret qui ont bien voulu se charger de la correction des épreuves.
(2) Un troisième volume est en préparation : *Justice*.

l'homme ancien dans l'homme nouveau, et la vie des peuples nous apparaît comme une magnifique évolution de pensée en décor d'une trame d'action immuable.

Dans la « *Vie de Jésus* » par Renan, je trouve ces lignes :

> Partant des principes admis d'emblée par toute l'ancienne politique, Hanan et Kaïpha étaient donc en droit de dire : « *Mieux vaut la mort d'un homme que la ruine d'un peuple.* » C'est là un raisonnement selon nous détestable. Mais ce raisonnement a été celui des partis conservateurs depuis l'origine des sociétés humaines. Le « parti de l'ordre » (je prends cette expression dans le sens étroit et mesquin) a toujours été le même. Pensant que le dernier mot du Gouvernement est d'empêcher les émotions populaires, il croit faire *acte de patriotisme* en prévenant par *le meurtre juridique* l'effusion tumultueuse du sang.

Méditez ces paroles d'un mort qui n'a pu rien calculer ni prévoir de notre présente crise. Ne vous est-il pas manifeste que les raisonnements de l'égoïsme humain sont en très petit nombre ? Un bref catalogue des principaux sophismes où s'abrite l'implacable intérêt des classes dominantes pourrait donner la clef des grands phénomènes sociaux de l'histoire. Il y a près d'un demi-siècle, Renan, recherchant les pensées du grand-prêtre juif dont la politique eut besoin de tuer Jésus, les réduisait aux mêmes maximes invoquées aujourd'hui contre un Juif par les sectateurs de la religion née de Jésus. Désespérant contraste entre les grands rêves de justice et de charité où se complaît notre espérance et les mouvements d'antique barbarie qui, du simple refus de secours aux grands carnages de guerre, demeurent le fonds vivant de l'humaine créature.

L'affaire Dreyfus qu'est-ce autre chose qu'un refus de secours ? Le pire de tous, le *vade retro* des conducteurs du peuple, et du peuple lui-même, au réprouvé qui voit se retourner contre sa misère l'appareil des garanties sociales disposées précisément pour détourner de lui la malice de ses semblables.

Un mendiant crie : « J'ai faim ». Combien détournent la tête, laissant le misérable jouer à pile ou face sa vie. Pourtant chacun se fait une excuse de ne pouvoir nourrir tous les affamés, et ce sentiment de notre impuissance pour l'universelle réparation du mal de toute la terre nous éloigne du passant de rencontre qui profiterait d'une main tendue.

Mais lorsque le mal vient de nous directement, consciemment, lorsqu'un homme nous dit : « Frères, vous m'avez frappé contre votre justice et contre votre loi », quelle raison pour le maudire, pour refuser d'examiner sa plainte, pour l'insulter dans son nom, dans son sang, dans sa race, pour outrager ceux qui s'émeuvent de pitié, pour ameuter contre eux les passions d'ignorance, pour les livrer aux haines d'église comme la bête aux chiens, pour acclamer le crime, achever l'innocent, installer le criminel dans la gloire ?

Cela semble le renversement de tout, et c'est en effet le contraire de tout ce qui se prêche dans les temples, de tout ce qui se formule en lois dans les parlements, en circulaires chez les politiques, en jugements dans les prétoires. C'est le contraire de ce qui se dit : non de ce qui se fait. Car si les paroles sont belles, les actions résultent des modes profonds de penser par lesquels se conserve, au profit des classes gouvernantes, la dure cohésion des intérêts de quelques-uns contre la dispersion des droits de tous. Sophismes de maîtres, réalisés en actes populaires, mensonges d'oligarchies déchaînant les foules cruelles. Les noms seront d'autocratie, de monarchie pondérée, de démocratie même, et nous paraîtront suggérer des états divers d'humanité. Et malgré l'humeur diverse des temps et des lieux, toujours nous trouverons les sectes, les classes dominatrices troquant contre les satisfactions immédiates d'égoïsme, la tromperie des paroles généreuses jetées en largesse aux souffrants, plus prompts à profiter de la leçon d'égoïsme, dès qu'ils sont hors de peine, qu'à donner l'exemple de l'abnégation vainement sollicitée d'autrui aux jours de malheur.

« Le parti de l'ordre a toujours été le même » dit Renan. C'est l'organisation des maîtres du monde, profitant de l'ordre établi, tendant à le conserver quoique il arrive, et quoique il coûte. C'est le parti des plus forts, où toutes les puissances sociales se concentrent. Avec la loi pour théorie, avec la force pour *ultima ratio*, il fera jouer tous les ressorts pour garder la possession d'État. Dans l'autocratie, comme dans les pays d'oligarchie nobiliaire ou bourgeoise étiquetés démocraties, le nombre, affamé par l'impôt, décimé par la guerre, ramassera des miettes de prébendes, sera admis sous quelque forme à se parer des vanités du pouvoir. Mais devant l'autocrate, ou devant la classe dirigeante, l'individu ne comptera pour rien s'il ne peut invoquer que la loi, s'il n'a que son droit à faire valoir. Et la foule misérable, aux talons du dominateur, s'ameutera contre la victime, en proclamant que « le meurtre juridique » peut être un acte de patriotisme, suivant la parole de Renan. Au nom de la patrie, qui pour les maîtres du pouvoir représente d'abord l'exploitation de tous au bénéfice de quelques-uns, il n'y aura plus pour le faible ni loi, ni justice, ni droit. Au nom de la patrie, l'innocence sera flétrie, le crime absous, la trahison honorée. Au nom de la patrie qui est la justice, le droit, il n'y aura plus de patrie. Et si l'on demande ce qui restera de la patrie quand on aura ainsi livré tout ce qui la constitue, cette question même paraît un crime.

Et contre l'égoïsme implacable des oligarchies, et contre l'indifférence ou la férocité des foules nous n'aurons pas même le refuge du temple où le gardien d'idéal officiel refusera de rappeler aux hommes le devoir de charité dont il se dit l'apôtre. Que la politique du Pape l'ait contraint de demeurer sourd à l'appel d'une épouse, d'une mère, implorant — juive — le secours du pontife de Jésus, n'est-ce pas le dernier trait pour marquer l'universelle banqueroute de toutes les formules politico-religieuses de pitié?

Quelle preuve plus décisive de l'impuissance des mots? Jésus fut mis à mort, pour avoir dit aux hommes : aimez-vous. Les puissances établies le tuèrent pour conserver l'ordre de haine, pour maintenir à chaque créature humaine le droit de détester son semblable et de lui faire la guerre. Et le droit de verser le sang fut sauvé, en effet : d'abord par la défaite de Jésus, ensuite par son triomphe. Oui. par son triomphe, car, le prophète mort, ses disciples conquirent l'occident, y plantèrent, y firent prospérer sa parole d'amour. Et les peuples tueurs se convertirent à l'enseignement de paix, à la doctrine de charité, et devenus enfants de l'Evangile, continuèrent de tuer, avec les formules évangéliques aux lèvres. Le Maître avait dit : « aimez-vous », et répétant qu'il fallait s'aimer, les disciples déchaînèrent la haine, les violences, la mort. Le Maître avait dit : « tu ne tueras pas », et répétant l'interdiction de tuer, les disciples se répandirent en massacres, dans la paix et dans la guerre. Le Maître avait dit : « tu ne jugeras pas », et les disciples, jugeant dans la torture, dressant l'appareil des supplices, répétaient : « tu ne jugeras pas ». Et ce fut le destin de ce régénérateur de l'homme que le triomphe de sa parole, après des siècles de combats, dut s'accommoder à l'ordre immuable de haine et de mort, qu'il avait prétendu remplacer par l'ordre rêvé d'amour et de vie. Et cela n'a cessé d'être ainsi. Et le spectacle même que nous avons sous les yeux nous montre que la victoire du Christ fut de mots, non de sentiments, puisque toute notre civilisation religieuse ou laïque aboutit, en dépit des formules contraires, à ce même état d'esprit qui tua le Christ il y a dix-neuf cents ans.

Il fallait cette leçon pour nous montrer le véritable problème humain dans les données de l'histoire, pour nous faire comprendre que, depuis des siècles et des siècles, tous les préceptes de charité sont trouvés, publiés, recommandés, exaltés, et qu'il n'y manque plus que la conclusion de l'acte, lente à venir.

La France a le privilège — heureux ou malheureux — d'être, pour les nations, un champ d'expérience. Le dogmatisme absolu de l'autorité divine et la révolte éperdue de l'esprit humain y sont aux prises, en un mortel combat. L'Eglise romaine et la Révolution. Tragique rencontre de l'homme et de son Dieu dans les tourmentes. Rome ne peut pas vaincre puisqu'on ne remonte pas le cours des siècles. Mais nous ne voulons pas que la France meure de sa victoire, car nous sommes les bons Français, nous.

Un prodigieux concours d'événements a permis que tout le mal public des oppressions séculaires s'accumulât, en vivante épopée, au delà de ce que l'imagination des poètes avait pu jusqu'ici concevoir. Un drame sans précédent dresse contre un homme seul toutes les puissances de domination : force brutale du soldat, justice inique du juge, férocité des sectaires, organisation mensongère des garanties du droit de vivre. C'est le drame éternel de tous les préjugés d'ignorance et de haine légués par des siècles de sang. Le drame éternel qui, depuis les premiers temps de l'homme, nous ramène les mêmes formules de mort. Au dénouement la différence.

Défaites et victoires de justice mêlées ont abouti à mettre en nous un besoin de justice supérieure qui veut être satisfait. Nous emporterons de haute lutte la réparation demandée, parce que l'humanité ne peut s'obstiner dans le mal au delà d'un effort d'égoïsme limité par la contingence même des intérêts en cause, tandis que l'inspiration d'idéal va se réalisant en actes de croissante énergie. Nous arracherons la victime aux bourreaux, et, la sauvant, nous nous sauverons nous-mêmes du plus grand mal : celui de nous accommoder aux souffrances d'autrui et d'en faire le support de nos joies. Sans nous émouvoir des outrages, sans attendre de récompenses, nous aurons gardé vivante la volonté de secourir, la résolution d'arracher quelque chose à la fatalité du mal. Et si les hommes jugent que c'est assez d'avoir accompli ce peu en passant, nous leur demanderons d'en reporter l'honneur aux belles traditions de générosité qui nous ont fait notre patrie.

VERS LA RÉPARATION

I

Un défi.

Nous allons vite sous le règne de Brisson. Je montrais hier que, loin de se révolter contre les violations de la loi, nos représentants en sont venus à tendre le cou pour les subir, comme l'atteste cette affiche historique où monarchistes et républicains, fauteurs de coups d'Etat et révolutionnaires, se sont confondus pour maintenir la justice et le droit sous le talon de M. le ministre de la Guerre.

Et voici déjà qu'on a trouvé mieux aujourd'hui. C'est de faire prêcher la théorie des coups de force à la jeunesse des classes dirigeantes, sous la présidence du chef permanent de l'armée française. Ne vous disais-je pas que notre Brisson va vite en besogne?

La distribution des prix à l'école des dominicains d'Arcueil a été l'occasion de cette manifestation politique, à laquelle la garde *républicaine* prêtait naturellement son concours. M. le général Jamont, généralissime de nos armées et subordonné — discipliné — de M. Cavaignac, a ouvert la séance par un petit discours patriotique dont je n'ai rien à dire. Tout au plus me permettrai-je de penser que nous avons d'autres raisons que le sol et le climat pour défendre notre pays. Le patrimoine d'idées doit y être, à mon avis, pour quelque chose. Ce n'est pas l'heure de discuter ce point.

Je retiens seulement la péroraison du soldat : « Je me reproche de perdre du temps à vous rappeler des idées qui vous sont chères. La parole éloquente que nous allons entendre va les développer et les confirmer. » La « parole éloquente », c'était celle du Père Didon, qui a développé de la façon que nous allons voir les idées recommandées par le général Jamont.

Les moines de saint Dominique — fondateur de l'Inquisition, bien que le plus célèbre de ses disciples ait tenté de prouver le contraire — ont tout naturellement un faible pour l'*ultima ratio* de la force. Je parle bien entendu de la force dont ils disposent. Car, pour celle dont on fait usage contre eux, ils la condamnent avec énergie, en déclarant que c'est un outrage au droit. Cela est, comme on voit, d'une dialectique fort aisée.

Donc, le Père Didon, doué d'un sens aigu de la réclame et logiquement enclin à faire sa cour aux puissances de l'heure, avait choisi pour sujet de discours le thème de « l'esprit militaire ». Il y a beaucoup de choses à dire là-dessus. Mais, à parler franchement, un moine ne me paraît pas le plus qualifié des hommes pour traiter un sujet que sa loi lui interdit de connaître autrement qu'en théorie.

Se battre ou regarder battre les autres, ce n'est pas du tout la même chose. Le Père Didon vante l'esprit militaire, c'est entendu. Mais il a pris soin de revêtir d'abord la robe blanche au lieu de servir son pays dans l'armée, comme tous ces civils qu'il abomine, et qui sont justement soldats dès qu'il y a guerre, c'est-à-dire à l'instant où le métier militaire devient plutôt dangereux.

Je sais bien qu'en temps de batailles le Père Didon serait sans doute ambulancier, et je le crois capable d'aller aux obus tout comme un autre. Mais, si nous n'avions que des ambulanciers dans le combat, que deviendrait sa théorie de la force, de cette force matérielle qu'il recommande parce qu'elle se fait gloire de ne pas raisonner? Il faut donc des soldats, des soldats qui se font tuer et qui tuent, pour que le Père Didon soit content. On a reconnu là le vrai fils de saint Dominique.

Fils de saint Dominique l'inquisiteur? Oui. Mais pas de Jésus, ce prêtre qui, dans un intérêt temporel, pousse au massacre le troupeau dont il se dit le berger, violant impudemment les préceptes du Maître sur la montagne : « Tu ne tueras pas. » Je sais qu'il répondra, plus jésuite que les fils de Loyola, qu'il ne tue pas lui-même. Il fait tuer; c'est pire. Il ne se damne pas, il fait damner les autres, le bon prêcheur, sans même avoir l'excuse du tempérament comme frère Jehan des Entommeures.

Notre moine tueur d'aujourd'hui n'agite, pour son compte, d'autre gourdin qu'une queue de billard, et quand il vous fait les honneurs de ses carambolages, il vous montre un portrait disant : « Ce n'est pas Vignaux, c'est Lacordaire. » De cascade en cascade, il blague Renan d'un mot ordurier, jusque sur les marches de la Madeleine après le sermon, et finit par anathémathiser nos chefs qui « *laissent le glaive s'émousser* ». Allons, généraux vaincus, frappez d'estoc sur ces têtes *civiles*, pour que le fer s'affile dans les entailles, et que le sanglant bénisseur puisse renifler ces cadavres à son aise!

Je voudrais citer tout ce discours. C'est la théorie de la force brutale dans le plein d'une cynique candeur.

Lorsque je parle de la nécessité pour une nation d'être munie de la force, je ne crains pas de préciser, et de dire que j'entends parler directement de la force matérielle, de celle qui ne raisonne pas, mais qui s'impose, de celle dont l'armée est la plus puissante expression, de celle enfin dont on peut dire ce qu'on a dit du canon, qu'elle est la suprême raison des chefs d'Etat et des patries.

… Un pays pourrait plutôt se passer de littérature et d'art, voire de science et de philosophie, que de force.

C'est un moine catholique qui parle. Telle est sa traduction de l'Evangile.

Ah! comme il les hait bien ces « intellectuels » et comme il tâche à les salir dans le ruisseau de la rue où barbotte sa pensée!

Ces littéraires tiennent le trottoir. Eh bien! que les dames présentes me passent l'expression, laissons-leur faire le trottoir, mais à une condition, c'est que nous le balayerons!

Balayer la pensée, ou la faire balayer par l'esprit militaire, voilà l'enseignement de ce soi-disant maître des âmes, qui ne trouve à rassurer son froc que derrière un rempart de sabres.

Lorsque la persuasion a échoué, lorsque l'amour a été impuissant, il faut s'armer de la force coercitive, brandir le glaive, *terroriser, couper les têtes*, sévir et frapper, imposer la justice. L'emploi de la force, en cette conjoncture, n'est pas seulement licite et légitime, il est obligatoire ; et la force ainsi employée n'est pas une puissance brutale; elle devient énergie bienfaisante et sainte.

L'art suprême du gouvernement est de savoir l'heure exacte où la tolérance devient de la complicité. *Malheur* à ceux qui masquent leur faiblesse criminelle derrière une insuffisante légalité, à ceux *qui laissent le glaive s'émousser*, à ceux dont la bonté tourne en débonnaireté : le pays, livré à toutes les angoisses, les rejettera flétris, *pour n'avoir pas su vouloir* — **même au prix du sang** — le défendre et le sauver.

Je ne le lui fais pas dire. L'acte suprême du gouvernement est de savoir le moment où il faut tuer. Il veut du sang, ce ministre de Dieu. Allons! Cavaignac, allons! Brisson, chefs d'une démocratie révoltée, passez la coupe pleine au prêtre qui a soif et demande à boire chaud et rouge. Qu'on se presse. Car il défend les pensées de *l'armée*, cet homme qui ne se bat pas : on vient de vous le dire tout à l'heure.

Tu dois connaître ça, Brisson : l'armée de la démocratie, l'armée de la France qui promena les Droits de l'Homme dans l'Europe délivrée. Eh bien! c'est ce dominicain qui la défend contre toi et tes francs-maçons, Excellence. Il la défend, te dis-je, « *malgré l'intellectualisme qui fait profession de dédaigner la force, malgré les excès d'une liberté folle qui s'impatiente et se révolte contre la force*, **malgré les prétentions du civilisme**, si j'ose employer ce mot barbare, **qui veut se subordonner le militaire** … ».

A toi, Brisson, touché au cœur. Ah! tu veux subordonner le militaire au civil? Cavaignac, par notre généralissime, nous recommande la pensée du Père Didon, qui est que le civil doit courber sous le militaire. Que penses-tu de cela, toi? C'est tout ton programme de gouvernement anéanti. De réformes, tu n'en apportais point. La violation de la loi, tu en avais fait ton oreiller pour dormir, à la condition seulement que ce soit un Juif qui en pâtisse. Et tu croyais que nos bons Pères allaient te laisser croupir en paix dans tes « honneurs »? Non pas. Tu ne les connais guère. En voilà un qui te défie, et te jette à la face le gant que vient de lui passer, pour cela, ton bon ministre de la Guerre. Qu'en dis-tu, ministre de la République française?

Et que vas-tu faire? Rien, parce que tu t'es condamné toi-même. Tu te serais épargné cet affront si, dès le premier jour, tu avais accepté de faire la loi égale pour tous. Tu as eu peur. Tu as courbé la tête sous l'épée, et le Père Didon t'achève sous la croix.

Au moins nous sommes restés debout. Nous pouvions te sauver, sauver qui se tient ferme à la justice, à la liberté. Nous avions cru te trouver à notre tête, mais tu nous livres. Et à qui? Aux malheureux qui nous firent Sedan, et qui, n'ayant rien appris de l'effroyable épreuve, nous mènent en aveugles à des catastrophes nouvelles.

21 juillet 1898.

II

La vertu d'attendre.

Nous sommes sans nouvelles de l'effet produit sur M. Brisson par les excitations au coup d'Etat que lance le moine Didon, sous la haute approbation du généralissime de nos armées.

Il est fâcheux sans doute que nous vivions dans un temps où nos maîtres « *laissent le glaive s'émousser* », tandis qu'il serait si profitable aux guerriers de Metz et de Sedan de le repasser sur nos crânes. Mais cela va finir. Notre Cavaignac, qui d'un signe a mis Brisson au pas, nous l'a clairement signifié en envoyant son premier général recommander à la jeunesse bourgeoise cette grande leçon de politique : « *Malheur à ceux qui masquent leur faiblesse criminelle derrière* **une insuffisante légalité** », avec, pour conclusion, cette maxime de charité chrétienne : « *Il faut terroriser, couper les têtes* », etc., etc.

Tout s'explique maintenant. C'est *la légalité* qui est un *crime*. Enfin je comprends donc l'affaire Dreyfus ! On m'avait bien dit que l'Eglise catholique avait la clef de toutes choses. Il ne reste plus qu'à enterrer pour une bonne fois Zola. C'est de quoi mon confrère Cornély s'occupe, au *Figaro*, chaque matin.

Quand M. Cornély a quitté *le Gaulois*, Arthur Meyer, qui a la juiverie rosse, se vengea bassement de notre confrère en le dénonçant comme un *dreyfusard* silencieux. On vit bien d'ailleurs que c'était une calomnie : car du jour où ce *dreyfusard* entra dans la feuille *dreyfusarde* — j'ai le droit de désigner ainsi *le Figaro*, puisqu'il aura dans l'histoire l'honneur d'avoir inauguré la campagne de Zola — ce journal devient d'une orthodoxie esterhazienne à réjouir le cœur de Billot, de Cavaignac et de leur fidèle du Paty de Clam, colonne de l'Etat-Major.

Avec toute la rue Saint-Dominique, M. Cornély n'est pas content du tout que le condamné par défaut n'ait pas laissé son adresse à M. Périvier, et il s'embarque à ce propos dans une comparaison très laborieuse, à la manière de Plutarque, entre Zola et Boulanger. Je crois qu'il ne faut pas chercher si loin. Zola n'a pas dû se tromper dans sa manœuvre, puisque ses ennemis éclatent d'une telle fureur.

D'ailleurs, Zola eût-il commis cent fautes, qu'est-ce que cela change au cas de Dreyfus ou d'Esterhazy et de ses amis de l'Etat-Major? Nous ne nous sommes pas proposé de fonder le *Zolisme*, confrère. Il s'agit simplement d'obliger les juges français, civils ou militaires, à appliquer à tous les citoyens, sans distinction de croyances religieuses, les lois en vertu desquelles ils prononcent leurs arrêts. Si Zola, la corde au cou, la cire au poing, allait en place de Grève demander pardon à Dieu et au lampiste Gribelin, cela ne ferait pas de l'illégalité la loi. C'est ce que sentent confusément les pauvres niais qui demandent qu'on nous arrête tous. L'ennui, c'est que les prisons ne sont pas assez grandes, et que tous les Français au cachot, la violation de la loi resterait la violation de la loi, avec cette aggravation qu'il faut la mettre au compte de ceux qui ont charge de la légalité. Voilà toute l'histoire. Il n'y a pas besoin de compliquer les choses.

Je ne m'étonne pas que M. Cornély trouve cela fâcheux pour ses clients. On n'y peut rien changer. Il aurait préféré que Zola, lorsqu'on a répondu à son offre de preuve par cette brutalité cynique : « La question ne sera pas posée », offrît, sans plus rien dire, sa tête à l'exécuteur. Je comprends la préférence d'Esterhazy et de l'Etat-Major pour cette solution.

Seulement nous avons d'autres vues. C'est pourquoi nous ne saurions nous accorder avec eux.

On nous refuse de faire la preuve. Eh bien ! nous voulons prouver tout de même. Voilà notre idée. Cela peut être long. Mais nous ne nous décourageons pas, ayant pour viatique, non l'argent du « syndicat », mais la vérité.

Nous voulons mettre le public dans la nécessité de constater le plus souvent possible la mauvaise foi de nos adversaires, et au lieu de nous rendre d'abord à merci, comme on nous le conseille, nous prétendons que la discussion continue. Comment s'étonner que, dans la mesure où la loi le permet, nous voulions rester maîtres de l'heure ? Nous avons ainsi gagné beaucoup d'adhérents. Il nous en vient tous les jours. On ne fera croire à personne que c'est une lâcheté pour Zola de se faire condamner en octobre plutôt qu'en août ou en septembre. Et nous, nous attendons de ce délai des avantages.

M. Cornély, pour ne citer qu'un cas, n'est pas sans avoir remarqué qu'Esterhazy est à l'ombre. On dit que M. Cavaignac défend avec acharnement ce grand patriote contre le juge Bertulus, et les feuilles bien pensantes demandent chaque matin qu'on passe Bertulus par les armes. Je veux qu'il y ait des exagérations de part et d'autre. Mais nous croyons qu'il doit sortir un peu de vérité de cette affaire. Comment en pourrions-nous refuser le bénéfice à Zola ? Pourquoi ne tirerions-nous pas de la loi tout ce qu'elle nous laisse de moyens de défense ?

Vraiment, à côté de la question de justice qui nous a mis en mouvement, de quel intérêt peut-il être que Zola passe la canicule à Ostende ou au Tréport ? Moi, j'ai des raisons de le croire en villégiature dans la forêt de Rambouillet : gare le plomb de Félix Faure. Mais qu'est-ce que tout cela peut nous faire ? C'est le procès final qu'il faut gagner, et, puisque Versailles n'est qu'une étape, pourquoi se faire du mauvais sang pour si peu de chose ?

Vous condamnerez Zola, c'est entendu. Et vous aurez le plaisir de le tenir en personne sous les verroux. Vous crucifierez, s'il vous plaît, le colonel Picquart. Vous pourrez même, si vous l'osez, innocenter Esterhazy et ceux qu'il entraîne avec lui dans son aventure. Seulement, avant de réaliser ces joies, il faut causer. Comme vous êtes pressés d'abréger la conversation ! Vous avez tort, je vous assure, car dès que vous aurez accompli ces hauts faits, vous vous trouverez tout juste un peu plus mal en point que devant.

22 juillet 1898.

III

Le torchon brûle.

J'avoue que je n'avais pas pris au sérieux l'arrestation d'Esterhazy. Je pensais : « Cet homme est trop coupable pour qu'on ose lui demander des comptes. » Surtout, il a trop visiblement des complices en haut lieu. Quand un gouvernement fausse toutes les lois de justice pour défendre un tel homme, quand on laisse l'épaulette et la croix au misérable qui traîne ses chefs dans la boue, outrage la France et l'armée, et propose de brûler Paris à la tête des uhlans, il faut qu'il y ait des raisons pour cela.

Quelques farceurs ont allégué qu'Esterhazy faisait du contre-espionnage au profit du gouvernement français. Cela est prouvé faux, puisque le général de

Boisdeffre, qui devait apparemment savoir la vérité là-dessus, dès qu'il eut connaissance du *petit bleu* accusateur d'Esterhazy, encouragea vivement le colonel Picquart dans ses recherches, au lieu de l'en détourner comme il pouvait le faire d'un mot.

Et si cette hypothèse tombe, il ne reste plus que *l'autre*, qui ouvre le champ à des recherches bien intéressantes.

Je ne sais s'il est vrai qu'Esterhazy, à la veille de son arrestation, soit allé rendre visite au colonel du Paty de Clam. La chose ne paraît pas invraisemblable. M. Cavaignac venait d'annoncer qu'une punition disciplinaire serait appliquée au Uhlan, ce qui n'est vraiment pas exagéré quand on songe à l'effroyable charge de son compte. Après la scandaleuse impunité qui sera la honte de ce temps, l'homme dut s'inquiéter de ce fâcheux retour de fortune. Si c'était le commencement de la débâcle? En pareil cas, il y a un discours tout indiqué : « Si on me lâche, je mange le morceau. »

C'est bien l'idée qui dut venir au bandit que la haute bienveillance de ses juges, Ravary et de Luxer, ainsi que du général de Pellieux cherchant à consoler son « Cher Camarade » de « la campagne abominable » menée contre lui, avec l'accolade d'un prince d'Orléans pour couronnement suprême, avait mis au point de se croire tout permis. Mais, entre la menace et l'acte, il y a temps pour la réflexion. Ceux qu'Esterhazy pourrait *embêter* peuvent par contre-coup le mener fort loin. Il y a donc des chances, somme toute, pour que toutes ces dignes gens finissent par s'entendre.

Le seul obstacle que je vois, c'est le juge Bertulus. Le hasard est si grand que ce peut très bien être un honnête homme. Mais Cavaignac et le moine Didon, le général Jamont, le Mouton de Boisdeffre et Brisson, cela fait beaucoup de gens contre un seul juge. On dit que Brisson résiste. Il est bien temps, quand on a tout cédé d'abord! Ce qui me donne de l'espoir, c'est le déchaînement des journaux de l'Etat-Major contre ce malheureux Bertulus. On le traite en ministre malgache, et chacun rédige le procès-verbal d'exécution avant même de savoir quel crime il a commis. C'est bon signe. Y aurait-il un Dieu? Tout arrive!

Si Bertulus tient bon — ce qui sera miracle — il ne peut manquer de se découvrir des choses. Esterhazy a des amitiés dans tous les mondes. Ses amis, les « patriotards », s'indignaient à la Cour d'assises qu'on lui demandât compte de ses relations avec M. de Schwarzkoppen. Cela gênait la bande. Mais s'il fréquentait le colonel allemand, Esterhazy n'en avait pas moins de belles amitiés au ministère de la guerre. Témoin la fameuse photographie de la pièce secrète qui s'envola des armoires de fer pour se retrouver dans la poche du Uhlan.

Comme il est curieux que, malgré l'insistance du colonel Picquart, l'Etat-Major n'ait jamais voulu faire la lumière là-dessus! Pour avoir réclamé une enquête, le colonel est en prison maintenant par la grâce de M. Cavaignac, cousin et protecteur de M. du Paty de Clam. C'est la suite qu'il faudra voir.

Le Figaro, journal que le malheur des temps fait « antidreyfusard », nous donne un compte rendu des interrogatoires qui n'est pas sans valeur :

Le commandant Esterhazy, toujours souffrant, est plus calme que les jours précédents. Il ne s'emballe plus et a repris tout son sangfroid. *Mais il évite presque toujours de répondre aux questions du juge, d'une façon directe.*

Quand M. Bertulus lui pose une question, par exemple :

— *N'avez-vous pas eu une entrevue, il y a quinze mois, avec tel ou tel personnage diplomatique?...*

M. Esterhazy répond :

— *Demandez des explications à* **M. le colonel X... ou Y...**, *ou à tel attaché d'ambassade, il pourra certainement vous éclairer sur ce point.*

Ou bien encore :

— *Faites donc comparaître* **tel officier d'État-major**; *il en sait beaucoup plus long que moi.*

...On dit que, comme nous l'annoncions hier, un coup de théâtre doit se produire, et que le commandant fera des révélations qui seront de nature à compliquer les choses.

... La visite de M. Bertulus au Ministère de la Guerre est de plus en plus démentie, mais *sans conviction. Ce serait une visite officieuse.*

A quatre heures, le colonel Henry était reçu par le magistrat avec lequel il a eu un entretien assez long.

... Comme toujours, divers bruits sont mis en circulation. On parle d'arrestations ou de perquisitions prochaines, mais nous nous garderons bien de confirmer ces racontars.

Ne vous semble-t-il pas que le torchon brûle, comme disait élégamment la femme du monde — voilée, bottée et éperonnée — qui vola la pièce secrète au Ministère de la Guerre pour sauver son Esterhazy?

On était parti pour chercher l'adresse du « Syndicat », et voilà qu'on en est maintenant à demander des explications à des officiers d'Etat-Major sur les entrevues d'Esterhazy, traître notoire, avec tel ou tel personnage diplomatique.

Je parierais qu'au fond de son repaire de la forêt de Rambouillet, Zola ne s'ennuie pas.

23 *juillet* 1898.

IV

Tous amis.

On s'est dit : Puisque le torchon brûle, il faut l'éteindre. Et voilà les pompiers accourus. *Le Figaro*, après avoir jeté ses allumettes aux bons endroits, combat vigoureusement l'incendie.

On affirme que l'affaire d'Esterhazy et de son ami de l'Etat-Major est en train de s'arranger. Comment pourrait-on faire de la peine à un homme qui tutoie le ministre de la guerre? Esterhazy, commandant de l'armée française, a des relations amicales avec le colonel du Paty de Clam. Celui-ci ne cache point ses sentiments affectueux pour M. Cavaignac, qui, de son côté, aime Brisson comme pas un. Ainsi s'établit la chaîne qu'il est bien douloureux de rompre au point précis qu'il faudrait. Quoi d'étonnant si M. Bertulus y ébrèche ses cisailles?

Le juge d'instruction s'était imaginé tenir des délinquants. En pareil cas, chacun sait que le premier acte d'un magistrat civil doit être de consulter le ministre de la Guerre, suivant la formule du moine Didon. M. Bertulus, ayant manqué à ce devoir, fut mandé dans le cabinet de M. Cavaignac, sous la surveillance de son procureur. Que faire quand on est trois? Il faut bien que l'on cause. Le but de la conversation fut d'expliquer que l'officier d'Etat-Major, collaborateur d'Esterhazy, ne pouvait pas être coupable, puisqu'il tenait au cœur du ministre de la Guerre. Je ne sais ce qu'en dit le juge. Il semble qu'il n'ait pas bien compris ce qu'on attendait de lui, puisqu'il faut lui réitérer l'injonction de l'Etat-Major par la voie de la presse. Goûtez-moi ce morceau, je vous prie :

Informé de l'enquête que le colonel Picquart faisait contre lui, avec l'autorisation du général Gonse, le commandant Esterhazy aurait riposté par une contre-enquête dans laquelle il aurait été aidé par quelqu'un que nous ne pouvons nommer pour le moment (*gros malin!*). Ce sont les moyens dont il aurait fait usage dans cette contre-enquête qui seraient, à l'heure actuelle, jugés assez graves pour motiver une instruction.

La personne qui l'aurait aidé ne sera pas poursuivie, ajoute-t-on, mais elle sera l'objet d'une peine disciplinaire.

Et le rédacteur du *Figaro* qui, vraiment, ne se rend

pas justice, ajoute : « Tout cela est peu clair .» Mais c'est du pur cristal de roche, cher confrère! Jamais il ne fut rien de si limpide.

Le chef du bureau des renseignements fait, avec l'approbation de ses supérieurs, une enquête sur un officier soupçonné de trahison. Celui-ci l'apprend d'un officier de l'Etat-Major. Qu'y a-t-il de plus naturel? Entre camarades, il faut que l'on s'entr'aide. L'officier enquêté n'est pas content. Cela s'explique encore. Et, d'accord avec son copain, il se met à enquêter son enquêteur. Dans le civil cela paraîtrait bizarre, mais dans le militaire... Souvenez-vous du mot fameux de Ravary : « Notre justice n'est pas la vôtre. » Voilà tout. Vous voyez que ce n'est pas une affaire.

Si l'officier d'Etat-Major a fourni à son ami le Uhlan des informations obtenues illégalement par la violation du secret des lettres, et si celui-ci s'en est servi pour envoyer de fausses dépêches, qu'est-ce que cela prouve? La loi peut être faite pour les civils, mais le dominicain de notre généralissime nous a dit que les militaires n'avaient point à s'embarrasser de ces vétilles.

Si une pièce secrète disparaît de l'armoire sans serrure qui contient les arcanes de l'Etat-Major, il n'y a pas là de quoi s'étonner. C'est l'enquête qui continue, l'enquête de l'enquêté sur l'enquêteur. Si cette pièce mystérieuse élit justement domicile dans le portefeuille d'Esterhazy, c'est un hasard parmi tant d'autres. On ne va pas tourmenter un officier d'Etat-Major pour cette misère. Les documents qui « intéressent la sûreté de l'Etat » ne peuvent courir de risques aux mains d'un officier aussi Français que le Uhlan.

Tout au plus, pour montrer l'impartialité de Brisson, pourra-t-on infliger *une peine disciplinaire* à l'indiscret. Il y a les nécessités de gouvernement. Avec Pauffin de Saint-Morel, cela fera deux victimes.

Ne vous avais-je pas prédit que c'était simple? Le complice d'Esterhazy, pris la main dans le sac, prétend se tirer d'affaire avec une admonestation de son bon ami Godefroy. Il est prouvé qu'il a fourni certaines informations au Uhlan, stipendié de Schwarzkoppen à 2.000 francs par mois. Gardez-vous de rechercher s'il n'en aurait pas fourni d'autres ! Il s'agit justement de casser le fil en cet endroit, parce qu'il mène à la découverte des fissures de trahison, et qu'on se propose d'abord de sauver les amis. Voilà pourquoi l'on prend tant de soin d'annoncer que l'instruction Bertulus ne touche en rien à l'affaire Dreyfus. Voilà pourquoi *le Figaro* conclut par cette information :

On ajoute, d'une façon très affirmative, que malgré les bruits qu'on fait courir, *aucune nouvelle arrestation ne sera opérée, les magistrats instructeurs étant déjà suffisamment fixés et n'ayant plus à étendre le cercle de leurs recherches.*

Poursuivre Esterhazy sans son complice, voilà le but. On passera marché avec le Uhlan qui est homme de négoce, et pour soustraire son camarade à la condamnation judiciaire, Cavaignac lui infligera des arrêts de rigueur. Le cas du colonel Picquart est là tout exprès, cependant, pour montrer que les deux catégories de punition ne s'excluent pas. C'est ainsi que l'on espère voiler une fois de plus la vérité à nos yeux. Il suffit pour cela que Bertulus accepte la signification que lui fait l'Etat-Major de « *n'avoir plus à étendre le cercle de ses recherches* ». Seulement, Bertulus, qui a tenu bon jusqu'ici contre les menaces de la bande, se laissera-t-il effrayer tout à coup ? Je ne puis pas le croire. Ce juge, par surprise, s'est révélé homme. Dans l'universelle déroute, il s'est tenu debout. Souhaitons pour la France qu'il soit ambitieux, non d'une décoration, mais d'une place d'honneur dans l'histoire !

O juge, laissez-vous tenter par la justice ! O homme, faites-vous grand, aux heures de mensonges, en servant, quoiqu'il puisse advenir, la vérité !

24 juillet 1898.

V

Gouvernement de radicaux.

Réponse du cabinet Brisson à la manifestation du général Jamont et de son moine. M. Cavaignac, nous dit le *Temps*, aurait été fort désireux de demander des explications au généralissime des armées françaises. Mais, justement, celui-ci était en voyage. Je l'aurais deviné. Les deux orateurs d'Arcueil sont des hommes dans le train. Pour un simple appel au coup d'Etat, pour un démenti au président du Conseil des ministres sur une question primordiale de politique, on ne va pas déranger en chemin de fer l'orateur de la Grande Muette.

Cette absence d'explications ayant paru satisfaisante à nos ministres, ils ont obtenu de M. Cavaignac cette remarquable concession de recommander à ses généraux de ne pas présider sans son autorisation ministérielle les distributions de prix des établissements d'instruction publique *ne relevant pas de l'Université*. Tel Jocrisse achetant une pompe après l'incendie. Notez qu'on nous avait annoncé que le général Jamont avait reçu l'autorisation de son ministre. Si cela est vrai, la circulaire de M. Cavaignac est une indigne tartuferie. Si cela est faux, comment le général Jamont a-t-il pu passer outre aux circulaires antérieures ? Il paraît que la discipline, au nom de laquelle on fusille en cérémonie de pauvres diables coupables d'un moment d'oubli, n'est pas faite pour les généraux. Voyez plutôt l'Espagne.

Faut-il parler de la décision que vient de prendre le général gouverneur de Belfort, contrairement à toute règle, pour interdire à ses soldats la lecture *d'une affiche de la Ligue de la Défense des Droits de l'Homme ?* En vertu de ce même principe, un autre général pourra recommander, l'un de ces jours, à toute une garnison tel placard du pape ou du duc d'Orléans, à sa fantaisie. Voilà ce que Brisson appelle la subordination du pouvoir militaire. Le dominicain n'a-t-il pas raison de dire que c'est la subordination du pouvoir civil qu'il faut entendre. Comment le nier, quand Brisson n'ose pas sévir?

Avez-vous lu les confidences qu'il a versées dans le gilet d'un rédacteur du *Rappel ?* C'est à pleurer. Toutes les bonnes intentions du monde aboutissant, par l'effondrement du caractère, au résultat précis que l'on se propose d'éviter.

M. Brisson est très surpris de voir ses amis l'abandonner, tandis qu'il se trouve « *soutenu par la grande majorité des journaux césariens, réactionnaires et cléricaux* ». Un autre se demanderait pourquoi. Notre premier ministre n'a pas de ces curiosités. « *Il espérait trouver dans tous les corps constitués de l'Etat sans exception un égal désir de modération et d'apaisement.* » Vraiment il connaissait bien certains chefs militaires, soldats de l'Eglise recrutés dans la caste ennemie des libertés publiques. Ah! c'est dans une pensée de modération et d'apaisement qu'il s'est laissé imposer M. Cavaignac par les césariens et les antisémites à qui — pour marque de soumission plus grande — il vient de sacrifier son gouverneur de l'Algérie! Cavaignac, l'homme de Boisdeffre et de du Paty de Clam, pour faire la paix dans le pays! Comment M. Brisson ignore-t-il qu'il n'y a de paix que par la justice et par la vérité? Est-il donc seul à ne pas savoir que la paix recommandée par ces Messieurs — lisez Didon — est la paix du sabre, la paix de la terreur sous l'arbitraire et dans l'iniquité? Ce politique ne s'en était pas encore avisé! Quel dommage!

Mais il a fini par comprendre, en voyant ses généraux lui faire des pieds de nez, et « *il n'a pas caché son mécontentement* de voir deux des plus hauts dignitaires de l'armée paraître oublier par des actes, *sans doute insuffisamment réfléchis*, que la France vit sous le régime d'un gouvernement laïque et reposant sur des institutions démocratiques et civiles ». Oui, oui, Brisson n'est pas content. Qu'on se le dise! Il voit des généraux revenus des défaites non vengées négliger l'étude des choses de la guerre pour de tapageuses manifestations de politique militaire qui les rapprochent peu à peu, chaque jour, de leurs braves et impuissants confrères de l'armée espagnole. Et, puisqu'il voit cela, vous vous dites que Brisson va réagir. C'est le bien mal connaître.

Ecoutez sa conclusion : « *Souligner ces actes par une mesure gouvernementale* paraîtrait à M. Brisson accroître la difficulté fort délicate de l'heure présente, *au moment précis où quelques esprits turbulents ne rêvent rien moins que de substituer le pouvoir militaire au pouvoir civil.* » Comprenez-vous la beauté du syllogisme? Le pouvoir civil ne doit pas réprimer l'insubordination militaire, par la raison que le pouvoir militaire rêve de se substituer au civil. En d'autres termes, la société civile ne doit pas se défendre, puisqu'il y a des gens qui ont conçu le dessein de l'anéantir. Telle est la présente mentalité du parti radical au pouvoir.

Le trait final se devine. « M. Brisson **semble** *néanmoins résolu*, **si nos informations sont exactes**, *à ne* **plus** *tolérer le retour de pareils faits.* » Hélas! il n'y a que le premier aplatissement qui coûte, et chacun sait ce qu'il faut penser des gens qui se laissent bâtonner en disant : « Je riposterai demain. »

Et les hommes qui font cela sont tous les chefs du parti républicain radical syndiqués en gouvernement réformateur. Ils ont crié que les modérés perdraient la République, livrant tout à la réaction. Et, maintenant qu'ils ont pris la place des autres, ils nous font justement choir un peu plus bas. Brisson et ses amis sont en train de tuer ce qui restait de foi dans les idées républicaines.

25 juillet 1898.

VI

Jurisconsulte d'Amérique.

Carlsbad.

Je n'étais pas ici depuis une heure que j'avais retrouvé la question Dreyfus-Esterhazy. J'ai fait la connaissance, à dîner, d'un des plus distingués avocats de New-York et nous n'avions pas fini le potage que j'avais devant moi deux douzaines de questions à résoudre avant le rôti.

Ce qui étonne le plus mon interlocuteur, c'est que Zola soit poursuivi pour une partie seulement de son pamphlet.

« Il y a dans cet écrit, dit-il, un très grand nombre d'assertions dont la gravité est connue de tous. On n'engage le procès que sur une seule. Eh bien ! que fait-on des autres ? Les reconnaît-on pour vraies ? En ce cas, Zola a gagné sa cause. Les conteste-t-on ? Alors comment se fait-il qu'on ne poursuive pas, de ce fait, leur auteur ? J'ai beau chercher, je ne puis faire qu'une supposition : c'est que le gouvernement n'est pas en mesure de contester les assertions de M. Zola devant le jury, sauf sur le seul point de l'ordre donné aux juges militaires d'acquitter Ester hazy, ce qui, dans l'espèce, est tout à fait secondaire.

« Et quelle que soit la conclusion de cette affaire limitée, fût-il dix mille fois prouvé que les juges d'Esterhazy, non seulement n'ont pas reçu d'ordre, mais n'avaient même aucune raison de supposer qu'un verdict dans un sens ou dans l'autre pût plaire ou déplaire à leurs chefs, toutes les autres questions posées par M. Zola devant le monde civilisé seront aussi éloignées que jamais d'une solution satisfaisante. Croit-on vraiment en France que les choses puissent rester ainsi? En aucun autre pays de la terre cette opinion ne pourrait prévaloir.

» La raison en est simple. Tout le monde sait que Zola a écrit son pamphlet — qui devait le conduire devant le jury, ainsi qu'il l'avait dit lui-même d'avance — pour être mis en situation de prouver l'illégalité du jugement de Dreyfus. Je sais qu'il tient pour innocent le condamné de l'île du Diable. Mais c'est là une question qui lui échappe comme à nous tous, étant uniquement réservée à de nouveaux juges.

» Ce qui appartient au public, en revanche, car si les faits sont loyalement exposés, nous pouvons tous nous faire une opinion sur ce point, c'est la question de savoir si la loi a été oui ou non violée dans le procès de 1894. Or, Zola s'engage, témérairement ou non, à prouver que la loi a été violée. Il a peut-être raison. Il a peut-être tort.

» Tout le procès est là. Eh bien! que voyons-nous? Dès qu'il veut faire sa preuve, le juge l'arrête par ce mot : *la question ne sera pas posée.*

» De ce moment, le procès Dreyfus ne signifie plus rien, sinon qu'on veut monter l'esprit des jurés contre Zola et le faire condamner à toute peine qu'il plaira, mais qu'on se trouve en même temps dans l'impossibilité d'affronter sa preuve.

» Le président de vos assises peut avoir, aux termes de la loi française, l'autorité nécessaire pour empêcher la vérité d'apparaître. Il est heureusement sans pouvoir sur l'opinion du monde civilisé, et je ne crains pas d'affirmer qu'il a contre lui l'unanimité de cette opinion depuis qu'il a, de parti pris, fermé la bouche aux témoins de Zola.

» Je sais bien que chez vous beaucoup de gens soutiennent que l'opinion de l'étranger ne doit pas compter pour les Français. Je reconnais que dans les questions où l'intérêt seul du pays est en jeu, chaque peuple doit tenir compte, avant tout, de sa conception particulière. Est-ce donc ici le cas?

» De quoi s'agit-il? De justice. Qu'y a-t-il de plus universel que le sentiment de la justice? N'est-il pas naturel, n'est-il pas légitime que les peuples civilisés se jugent les uns les autres d'après une commune règle, plus ou moins haute suivant la mentalité de chacun? Quelle meilleure pierre d'épreuve que la façon plus ou moins équitable dont chacun rend la justice chez soi? Toute nation est libre de juger ou de ne pas juger ses concitoyens comme il lui plaît. Seulement, pour ses actes de justice ou d'iniquité, elle comparaît à son tour au tribunal de l'opinion civilisée, et elle est par là mise à son rang dans l'échelle du progrès humain.

» Nul n'ignore à la vérité que, dans l'affaire Dreyfus, vos généraux et même votre gouvernement invoquent ces considérations de salut public qu'on met toujours en avant, depuis la création des sociétés, pour justifier l'arbitraire. Il n'appartient pas à un étranger de s'ériger en juge là-dessus. Si votre armée est telle qu'il dépende d'un article de journal de la faire « mener à la boucherie », si votre situation est à ce point précaire, dans l'état actuel de l'Europe, que vous ne puissiez faire juger tous les citoyens suivant les lois, vous seuls avez qualité pour le dire.

» Seulement, en ce cas, donnez à vos décisions tous les noms qu'il vous plaira. Invoquez la raison d'Etat, le salut de la nation, le prestige même de l'armée, si vous voulez, mais ne parlez pas de justice, ne colorez pas d'un prétexte de justice les résolutions que vous croirez devoir prendre, car tout cela n'a rien à faire avec la justice, puisque c'en est la négation, tout simplement. »

Ainsi parla l'homme de loi américain. Je vous ai résumé son discours pour la méditation de chacun. Dira-t-on que l'Amérique nous est hostile aussi ? N'avons-nous donc que des ennemis dans le monde ? Nos patriotards ignorent-ils que les écrivains russes du plus haut rang ont soutenu la même opinion que mon jurisconsulte d'Amérique ? Nos pires ennemis ne seraient-ils pas les faibles d'intelligence et de caractère qui, gouvernant la France à l'encontre de ses plus nobles traditions, nous conduisent, en bruyant cabotinage, des catastrophes du passé aux catastrophes de l'avenir ?

28 juillet 1898.

VII

Pour l'Humanité, pour la Patrie.

Comment n'a-t-on pas encore arrêté le doyen de la Faculté des lettres de Bordeaux, pour son discours sur la tombe du recteur Couat ? Vous verrez que le Père Didon ne sera pas content.

Déjà, M. Maurice Bouchor avait donné le scandale d'introduire le mot de *Justice* dans une pièce de vers qui devait être lue à la fête du centenaire de Michelet. M. Bourgeois veillait. Cependant, après réflexion, il poussa le libéralisme jusqu'à laisser passer cette parole de perturbation. Seulement, quand on lui parla de la nécessité où nous sommes de refaire l'éducation de tous ceux à qui nos moines ont désappris la doctrine des Droits de l'Homme, conception fondamentale de la Révolution française, notre ministre libéral, radical et monacal, regimba de terrible façon.

A quoi pensait M. Bouchor? Où ces poètes ont-ils la tête? La République que MM. Brisson, Bourgeois et Cie ont mission de réaliser est celle qui doit vivre sous le protectorat de Léon XIII, avec le père Didon pour *missus dominicus*, et le général Jamont et le général de Boisdeffre pour exécuteurs des volontés d'en haut. Ne pas biffer le mot de Justice, c'était déjà très beau. Mais on ne pouvait tolérer qu'il fût question des Droits de l'Homme, à propos de Michelet, et des grandes traditions de la France moderne. M. Bourgeois dépensa deux heures de son éloquence à chapitrer Bouchor, qui méchamment ne voulut pas se laisser convaincre. Alors le ministre irrité lança sa bonne foudre, et le poète demeura muet, et Michelet, grâce au radicalissime Bourgeois, ne subit pas l'affront d'entendre glorifier les Droits de l'Homme sur sa tombe.

Après le poète, voici le recteur de l'Académie de Bordeaux et le doyen de la Faculté des lettres, l'un mort et l'autre vivant, qui refusent leur admiration aux sophismes du fanatique froid que la Chambre *unanime* couvre de son hommage. « M. Couat, s'est écrié M. Stapfer, l'homme de la justice (toujours ce mot qui fait grincer Bourgeois) et de la logique, éprouvait une véritable terreur devant les violences sectaires, devant la confusion et le désarroi de toutes les idées égarées par un vent de déraison furieuse. Messieurs, la justice (encore) se trouve parfois éclipsée par les mirages de la passion, etc., etc. » La merveille, c'est que ce mot de justice, deux fois répété, paraît une insulte à l'armée, et que plusieurs professeurs présents crurent devoir, « en signe de protestation », aller serrer la main du général Varaigne, qui assistait aux obsèques.

Celui-ci, d'esprit plus libre apparemment que le grand maître de l'Université, fit la seule réponse qui convint : « Nous sommes prêts, dit-il, à verser notre sang pour la patrie, mais nous n'en voulons à personne, pas même à M. Stapfer. » On ne pouvait rien dire qui fût plus à propos. Quand le général Varaigne versera son sang pour la patrie, il sera suivi dans le danger commun, de tous ces civils que le Père Didon maudit, et qui n'exposeront pas moins leur vie que les plus vaillants militaires.

Il est bon que le soldat qui doit les conduire au feu leur enseigne d'avance qu'ils ne se doivent point nécessairement haïr les uns les autres, par la seule raison que les revendications de justice s'imposent avec plus de force à quelques consciences. Le général Varaigne ne hait point du tout M. Stapfer. Il a grandement raison, et je suis bien sûr que le doyen de la Faculté des lettres, à son tour, n'a pour le général que de bons sentiments. Cavaignac, Boisdeffre et Brisson nous paraissent victimes de sentiments misérables, mais pourquoi les haïr? Pourquoi s'exécrer, s'outrager, se couper mutuellement la tête, comme le veut cet horrible moine qui prétend dire la parole de bonté?

Il suffirait de s'expliquer pour se comprendre. Mais Méline ne voulait pas, ayant fait la farce du procès Zola pour que *la question ne fût pas posée*. Mais Cavaignac, Boisdeffre et Brisson ne veulent pas davantage, puisqu'ils n'ont trouvé d'autre réponse à faire aux offres de discussion du colonel Picquart que de le mettre en prison. Mais Bourgeois ne veut pas non plus, puisqu'il sévit contre Bouchor coupable de demander la justice pour tout le monde. Et ces hommes ont pour eux les antisémites prêcheurs de haines, les césariens qui, incapables de penser par eux-mêmes, cherchent un bras pour frapper qui raisonne et faire le silence des âmes. Et tous ces gens ont pour complice l'universelle lâcheté des foules apeurées et de leurs élus qui trahissent leur mandat pour conserver leur siège.

Et contre tout cela, rien. Rien que les protestations individuelles de quelques-uns qui n'ont pas peur, appuyées de cette quantité d'action qui, suivant le tempérament de chacun, suit la pensée. Et voilà tout, et c'est assez. Et c'est plus qu'il ne faut pour emporter la victoire. L'idée, toujours, malgré la résistance des masses ignorantes et de leurs exploiteurs, a mené le monde. C'est l'honneur de l'homme que la justice en lui finit toujours par se frayer sa voie. Nous parlons pour l'humanité, et c'est insulter la France de nier qu'en même temps nous parlions pour la patrie. La France ne grandira pas par l'iniquité.

Maintenir l'injustice est d'un cœur bas; c'est aussi d'un mauvais Français, puisqu'on ne peut propager ainsi que la haine de la France. Les hommes ont désormais un patrimoine commun auquel nul peuple ne peut impunément porter atteinte. Nos pères, les premiers, en eurent le sentiment, et, l'annonçant au monde, firent la gloire de la pensée française. Qu'avons-nous fait de cet héritage?

29 juillet 1898.

VIII

De recul en recul.

La plainte du colonel Picquart contre le colonel du Paty de Clam pour faux et complicité de faux fait entrer l'affaire Esterhazy dans une phase nouvelle. Le fait capital jusqu'ici, c'est que M. du Paty de Clam n'a pas trouvé un seul mot à répondre aux accusations directes et formelles du *Siècle*. Tel Esterhazy à la Cour d'assises. Deux officiers hautement accusés, l'un de trahison, l'autre de faux, réduits, pour toute défense, à se taire : c'est trop de deux pour « l'honneur de l'armée ». Et maintenant voilà les journaux de l'Etat-Major qui cherchent à excuser M. du Paty de Clam comme ils avaient fait pour Esterhazy. Quand on a tenté de justifier la lettre du Uhlan, il est permis d'avoir des indulgences pour le simple crime de faux.

Pourquoi Esterhazy est-il arrêté, avec un de ses complices, la fille Pays, et l'autre complice non? Il y a lieu de craindre que le gouvernement ne soit pas étranger à cette inégalité de traitement. M. Brisson, en faisant arrêter le colonel Picquart, pour l'unique raison que ce témoin était d'un autre avis que M. Cavaignac, a donné la mesure de ce qu'il était capable de faire. Quand on ose jeter en prison ceux qui se proposent pour faire éclater la vérité, on est logiquement conduit à favoriser par tous les moyens possibles le mensonge. M. Brisson n'est plus libre de s'arrêter dans cette voie.

Il s'est laissé imposer M. Cavaignac par les césariens et les antisémites. Tout le reste devait s'ensuivre. M. Cavaignac arrivait là pour protéger, pour sauver l'Etat-Major favorisé des bonnes grâces de l'Eglise. Il accomplit sa mission, et M. Brisson, prisonnier, lui laisse, sans mot dire, violenter les lois au profit de du Paty de Clam comme il a fait contre Picquart. C'est un gouvernement de radicaux qui nous donne ce spectacle. Brisson, Bourgeois coalisés contre la loi pour écraser un Juif parce que Juif, et pour sauver, par une feinte de procès, un zouave du pape manifestement coupable de trahison, protégé des moines de guerre civile et des généraux de sacristie.

Ah! M. Cavaignac croyait avoir fait un maître coup en annonçant qu'il réservait au Uhlan une ridicule punition disciplinaire! Les arrêts de rigueur pour les lettres à Mme de Boulancy, quelle farce! Toute la

Chambre, d'ailleurs, se jeta sur cette aubaine. Modérés, radicaux, révolutionnaires mêmes, n'avaient pas besoin d'autre prétexte pour se vautrer aux pieds de l'Etat-Major. On se rua sous la botte à l'unanimité : ce scrutin sera de l'histoire. Songez donc! Esterhazy sera puni. Quel triomphe! Mais, objectai-je, comment un homme qui voulait brûler Paris à la tête des uhlans pourra-t-il garder l'épaulette et la croix? « Vous cherchez la petite bête, me répondit textuellement un député, Esterhazy sera puni, cela suffit pour m'excuser d'avoir voté l'affichage. »

Seulement M. Cavaignac n'eut pas plutôt annoncé pour *le lendemain* sa punition disciplinaire, qu'un contretemps lui arriva. Un reste de justice qui couvait on ne sait comment dans l'âme d'un juge lui ravit son client, et le lui mit sous les verrous, ajournant ainsi, de nécessité, les arrêts de rigueur après le bagne.

Le ministre n'était pas content, paraît-il. Avoir imposé à Brisson l'arrestation de Picquart, à titre de manifestation esterhazienne, et se voir, en plein triomphe, escamoter Esterhazy lui-même. Quel ennui! Et le pire, c'est qu'on coffrait Esterhazy sur la plainte de Picquart en personne. Car les généraux qui avaient refusé au colonel Picquart une enquête sur les faux *Blanche* et *Speranza*, et sur la pièce secrète livrée au Uhlan par quelqu'un de l'Etat-Major, n'auraient pas permis que le gouvernement exerçât des poursuites contre le « Cher Camarade » à qui le général de Pellieux envoyait ses condoléances à propos « de l'abominable campagne » menée contre un tel agneau d'innocence. Le gouvernement donc refusa de poursuivre, et Picquart, qui ne doute de rien, poursuivit de son chef.

Le plus inattendu de l'affaire, c'est qu'il trouva un juge. Un juge qui voulut juger, non servir. De ce moment Esterhazy fut en fort mauvaise posture, et ses protecteurs de tout rang avec lui. Naturellement, les journaux césariens et antisémites proposèrent de jeter M. Bertulus dans un cul de basse-fosse. Mais Brisson n'en est pas là encore. Tout au plus laisserait-il faire, si la responsabilité devait être sur un autre. De là des embarras sans nombre. On peut bien empêcher l'arrestation de du Paty, mais voilà du Paty *pincé* tout de même. Picquart se porte partie civile, ce qui lui donne le droit d'intervenir au procès et d'empêcher que l'accusation ne dégénère en comédie. Cela aura des conséquences. Une phase nouvelle s'ouvre, comme je disais tout à l'heure.

On ne peut empêcher qu'il y ait une logique des choses. Esterhazy et ses protecteurs ont poussé trop loin la gageure contre la justice, la vérité, le bon sens. Nul d'entre eux désormais ne peut plus se soustraire au règlement du compte total. Picquart libre offrait la vérité, au grand scandale de Brisson : Picquart prisonnier commence à faire la vérité de lui-même. Et nous ne sommes pas au bout. Et, de recul en recul, les scélérats et les lâches qui ont lié leur destinée au mensonge, à l'iniquité, se rapprochent du gouffre ouvert. L'heure vient. Les Euménides sont en route. Faut-il donc un tel accès de courage pour abandonner un traître au juste châtiment ?

30 *juillet* 1898.

IX

La leçon du mort.

Le cas du recteur de l'Université de Bordeaux, dont l'opinion sur l'affaire Dreyfus ne nous a été révélée qu'après sa mort, appelle des réflexions. Cet homme bien intentionné n'a su, de son vivant, que gémir dans le silence du cabinet. Cet enseigneur de la jeunesse, pouvant donner aux générations nouvelles la grande leçon d'indépendance et de fierté dont notre pays aurait si grand besoin à cette heure, est demeuré lèvres closes, a refoulé le cri de vérité. Il en souffrit cruellement et ne put résister au désir d'en laisser après lui le témoignage. « Je rougis, écrivait-il à M. Trarieux, de ne pouvoir défendre la justice et la légalité. Jamais le devoir professionnel ne m'a paru aussi pénible qu'en ces jours où il m'imposait un silence qui est une sorte de mensonge et de complicité. »

Je n'ai garde de faire le procès de cet honnête homme qui s'accuse. Je veux seulement dire que plus d'un Français pourrait faire son profit de cet examen de conscience. Pour quelles raisons, M. Couat n'a-t-il pas osé parler, je l'ignore. Etait-il pauvre, a-t-il reculé devant la misère pour les siens? Ou bien est-ce timidité de caractère, crainte de la place publique, terreur des injures, souffrance de s'entendre appeler traître, vendu, membre du syndicat, parce qu'on pense librement et qu'on dit avec simplicité ce qu'on pense? Quelle que fût la cause de son silence, M. Couat se le reprochait comme un crime, se sentait et se disait complice du mal dans lequel il acceptait sans protestation sa part de responsabilité. Je n'ai point à le juger et, si j'étais son juge, je l'absoudrais sur sa seule confession. Mais je dis que cette confession nous accuse et révèle chez nous la perversion mentale des peuples qui courent aux abîmes.

M. le recteur de l'Université de Bordeaux a pu craindre d'être frappé pour la seule faute d'avoir parlé suivant sa conscience. Voilà le jugement qu'il portait sur M. Bourgeois, grand maître de l'Université, sur M. Brisson, président du Conseil, sur les radicaux qui sont au gouvernement, sur l'opinion publique qui tolère de tels actes dans la République française.

Et ses craintes n'étaient que trop fondées. Nous avons vu M. Grimaux révoqué pour avoir témoigné, en des termes vibrants de patriotisme, suivant que l'exigeait sa conscience, trop différente, paraît-il, de la *conscience* du général Billot et de son commandant Esterhazy. Nous avons vu cet admirable Picquart dépouillé de son grade pour avoir obéi au devoir moral le plus haut.

Quand il est revenu de Tunisie, ses chefs connaissaient toutes les prétendues fautes qu'ils lui reprochent aujourd'hui et pour lesquelles M. Brisson va, d'un cœur léger, le faire frapper deux fois. Ils savaient tout, le général de Boisdeffre et le général Billot, et, loin de sévir contre le colonel Picquart, ils le faisaient couvrir de fleurs par le général Gonse et prenaient la peine de ruser jésuitiquement avec lui par un mensonge de mission. Qu'il se tût seulement, et la plus belle carrière attendait le plus jeune lieutenant-colonel de l'armée. Il comprit, mais refusa de s'avilir et rendit publiquement hommage à la vérité. De ce jour, il fut perdu.

Ceux qui laissaient à un Esterhazy son épaulette et sa croix, ne pouvaient tolérer sous l'uniforme le noble cœur de Picquart. Puis, quand M. Cavaignac, avec sa honteuse Chambre unanime, tenta d'asséner le coup suprême à la vérité, Picquart tranquillement se leva et dit : « Je puis démontrer que le ministre s'est trompé .» Sur quoi Brisson, Bourgeois, Lockroy et leurs dignes collègues firent jeter cet homme en prison. Ainsi s'expliquent les craintes de M. Couat. Seulement, c'est nos hommes politiques de toutes nuances qu'elles déshonorent.

M. le recteur de l'Université de Bordeaux a pu craindre les outrages de la tourbe immonde dont césariens et antisémites, appuyés d'une police bienveillante, cherchent à effrayer les faibles cœurs. N'est-ce pas la plus terrible accusation contre nous que de voir le haut du pavé aux pires braillards, tandis qu'un homme d'une telle culture en est réduit à cacher comme une honte sa pensée de justice, sa revendication paisible de légalité ?

Cela ne suffit pas. La puissance de suggestion régressive est si grande dans l'universelle lâcheté, que le malheureux professeur, opprimé, écrasé, en subit malgré lui l'influence, et laisse inconsciemment pervertir en lui jusqu'à la notion la plus élémentaire du devoir. Il tolérait que l'Etat, dit républicain, de Méline ou de Brisson mit scélératement la main sur sa liberté de penser : il s'y résigna en pleurant. Soit. Mais par quelle aberration de folie put-il croire que cette contrainte acceptée avait le caractère d'un *sacrifice au devoir professionnel*... Le premier devoir professionnel d'un éducateur, ô vieux maître de la jeunesse, est d'éduquer, d'éduquer par la parole, ce qui est peu de chose, et, quand l'occasion précieuse s'en présente, d'éduquer par l'acte, ce qui est tout.

A quoi bon insister? L'enseignement qui nous vient de cette tombe sera-t-il compris par ceux à qui l'envoie la destinée? L'Esprit français ne va-t-il pas se reprendre? L'esprit de justice, l'esprit de vérité, n'aura-t-il pas son jour? N'y a-t-il aucun refuge contre l'ouragan de mensonge et d'iniquité? Les Français d'aujourd'hui en sont-ils là qu'ils n'osent plus parler, que morts? Retournons-nous aux siècles maudits de catholique violence où l'exécrable reître mettait sa botte sur l'idée? N'y a-t-il plus de fils de la Révolution française qui veulent vivre, vivre par la volonté de justice, vivre par l'action de liberté?

31 *juillet* 1898.

X

Qui, les traîtres ?

Quand j'ai vu Brisson arrêter le colonel Picquart, pour l'unique raison que celui-ci était d'un autre avis que M. Cavaignac dans l'affaire Dreyfus, j'ai bien compris que rien n'arrêterait plus les chefs radicaux sur la pente mortelle où les pousse, aux applaudissements du dominicain, l'halluciné de fanatisme militaire qu'ils se sont donné pour maître. Pourtant, je comptais encore sur un sursaut de honte, je me disais qu'il arriverait des heures où ils hésiteraient, où ils voudraient s'arrêter, où ils reculeraient devant le coup suprême à ce qui reste des idées républicaines.

Eh bien ! je leur faisais trop d'honneur. Ils ont fait le plein sacrifice de leur bonne renommée, ils ont banni la pudeur de leur front, et se vautrent avec délices dans le bas arbitraire des démagogues enivrés d'éphémère puissance. Que le pape et le roi se réjouissent. Ils ont la République qu'il leur faut, et c'est aux prétendus républicains qu'ils peuvent en rendre grâce. Quel régime ferait plus que de frapper les gens pour délit d'opinion, pour crime de pensée ? L'Eglise et la monarchie n'eurent pas d'autre souci hier : ce serait leur préoccupation capitale demain. La République les a vaincues par ses promesses de liberté, par ses prétentions, clamées à tous les carrefours, d'installer la justice dans le monde. Si la République ne peut rien faire de cela, qu'est-elle sinon le plus déshonorant mensonge ?

L'Eglise ne promet pas la liberté : elle la condamne. Elle assure le salut éternel, et les morts ne sont jamais revenus dire qu'ils eussent été trompés. La monarchie, servante de l'Eglise, a pour programme d'abord l'autorité. Elle la promet bienfaisante à ceux qui se soumettent, et la fait impitoyable aux autres. C'est toute sa raison d'être. Elle vient de Dieu aussi, et n'a d'humanité que ce qu'il en faut pour étouffer sous les cruels sophismes le germe de pitié humaine. Dans sa misérable faiblesse, l'homme gémit depuis des siècles et tâche à se reprendre. Lequel vaut mieux de ceux qui ne lui laissent pas de recours ici-bas, reléguant la justice dans un monde inconnu, ou des hypocrites, ou des perfides, ou des menteurs, ou des traîtres qui font luire à nos yeux un idéal de liberté ou de justice terrestres, pour le souiller de leurs mains, pour faire maudire aux hommes l'illusion d'un jour, et les faire tomber des sommets de l'espérance au plus profond du désespoir?

L'histoire dira peut-être que ces conducteurs de peuples ne furent pas méchants et péchèrent seulement par manque de courage. Qu'importe une honnêteté privée qui sert d'amorce au mal? Depuis quand peut-on invoquer la lâcheté pour excuse?

Croyez-vous que M. Bourgeois ne sait pas, comme le monde entier, que Dreyfus a été illégalement jugé? Cavaignac le savait bien, lui, quand il a parlé de tout excepté du seul point qui importât. Brisson le savait bien quand il a fait incarcérer Picquart. Bourgeois suit leur exemple en suspendant le doyen de la Faculté des lettres de Bordeaux, parce que cet universitaire a dit en termes d'une réserve outrée que son recteur faisait passer la justice avant l'intérêt de M. Bourgeois. Or, cela est une hérésie, sachez-le, et devant la France républicaine qui se tait et devant tous les pays civilisés qui se délectent d'ironie, un politicien que le hasard a mis dans un certain fauteuil plutôt que dans un autre, sans même pouvoir invoquer la Divinité dont il tiendrait mandat ni la tradition autoritaire de l'histoire, frappe au nom de la pensée libre l'homme qui pense librement. C'est plus qu'un crime, c'est une turpitude. Grande leçon de république radicale : Doumer, Brisson, Bourgeois professeurs.

J'allais oublier Lockroy, Juif comme Dreyfus, prenant pour bras droit l'amiral qui compte sur Saint Michel pour éteindre le feu à bord de ses navires. Et Félix Faure n'est pas en reste, le cher homme, depuis qu'il a enlevé au « sieur Zola » le ruban qu'il laisse glorieusement à la boutonnière d'Esterhazy.

Pour l'affaire du Paty du Clam, c'est le pur banquet de l'ignominie, la mainmise du soldat sur l'appareil de justice, avec le consentement de nos grands chefs civils qui bavent de peur. Le juge Bertulus a constaté que le colonel du Paty de Clam avait été en relations, d'une façon suivie, avec Esterhazy, qui est un traître, et la fille Pays, sa complice. Il a reconnu qu'ils s'étaient concertés en vue de commettre des actes punis par la loi. Cette complicité lui impose le devoir d'impliquer du Paty dans les poursuites contre Esterhazy et la fille Pays. Mais le procureur de la République — c'est-à-dire M. Cavaignac — ne permet pas qu'un magistrat ose appliquer la loi. M. Feuilloley, procureur, sur l'ordre de M. Sarrien, son ministre, requiert M. Bertulus, juge, de se déclarer incompétent pour instruire contre du Paty. C'est la violation éhontée du Code. Il n'importe. Un juge ne doit plus juger que suivant le bon plaisir du ministre de la Guerre. Seulement le juge Bertulus a des scrupules, si Brisson n'en a pas, et bravement, par une ordonnance qui sera l'honneur de sa vie, il se déclare compétent. Le procureur se pourvoit : tout annonce que nous sommes au bord d'une crise suprême.

Quoi qu'il arrive, tout est clair maintenant, et ceux qui feindront de ne pas voir ne feront que se dénoncer ainsi comme complices du grand crime public. Pour maintenir un jugement illégal, il a fallu sauver Esterhazy, un traître, et pour cela, fausser la justice militaire. Puis on a torturé la loi sur la presse pour obtenir la condamnation de Zola, protestataire. Puis on a frappé les hommes qui ont osé dire qu'il n'y avait point d'intérêt supérieur à celui de la justice et de la vérité. Maintenant, on en est à violenter les juges. Tout cela parce que le complice d'Esterhazy, qu'il s'agit, avant tout, de soustraire à la justice, est précisément l'homme même qui fit condamner Dreyfus. Courage, Brisson, Bourgeois, vous ne vous arrêterez plus ! Allons, ferme, frappez à tort et à travers ! Il y a encore des hommes debout, qu'on les fauche ! Cependant, si j'ose vous adresser une prière, épargnez-moi encore un jour. Je voudrais avoir, avant de mourir, la consolation de vos débats avec les Lebrun-Renault qui seront chargés de vous préparer à la grande parade prochaine.

3 août 1898.

XI

Socialisme et humanité.

Rien ne caractérise mieux notre temps que la déclaration publiée par le Conseil national du Parti ouvrier français. Les journaux de l'Etat-Major, le *Gaulois* en tête, en font leur joie, et ce n'est pas sans cause, car la note est de l'inspiration directe de Jules Guesde, qui se sépare ouvertement de Jaurès dans la grande campagne engagée devant la France et devant l'Europe pour la justice et pour la vérité.

La défection des radicaux ne m'a point causé de surprise. Il y a dans ce groupe trop de candidats à toutes les fonctions (surtout les grandes) de la République monarchisée. Doumer avait son idée, qu'on a fini par découvrir. Brisson, Bourgeois, s'ils n'avaient pas d'arrière-pensée, n'auraient pu se résigner à mettre sur leur nom la tache ineffaçable.

Le parti socialiste compte, il est vrai, des hommes à qui les préoccupations de la politique parlementaire sont fort loin d'être étrangères, et qui plaident le dossier du collectivisme avec une habileté rare. L'attitude de ceux-là n'était que trop facile à prévoir. Mais ce n'est heureusement pas la politique qui fait le fond du socialisme, c'est un haut sentiment de justice pour tous, qui, lorsqu'il est sincère, doit, en dehors des formules économiques, rejaillir en générosité, en bonté, au plus fort des luttes humaines. Et le beau, c'est qu'il n'y a pas de plus grandes forces de propagande. Le socialisme se recrute, en effet, non seulement parmi les intelligences les plus capables de creuser profondément l'ardu problème de la justice sociale, mais surtout parmi les souffrants de la terre en quête de misères moindres, et parmi les grands cœurs que blesse au vif l'iniquité dont geint autrui. Pour que le socialisme triomphe, dans ses sentiments sinon dans ses hâtives théories, il faut qu'il soit humain d'abord plutôt qu'abstrait, plutôt qu'enclin à développer ce qu'il croit tenir de persuasion mathématique. S'il fallait attendre que chacun des membres du parti fût en mesure de s'assimiler Marx, le parti socialiste ne compterait pas de longtemps. Non que je cherche à diminuer l'importance de l'effort des penseurs, je me borne à constater que les hommes se groupent en masse sur des sentiments, bien plus que sur des idées, et que le grand secret pour les mouvoir d'ensemble est de trouver la note qui fait à l'unisson vibrer toutes les âmes.

Or voici qu'il arrive au socialisme, par les mêmes causes, le même accident qu'à la doctrine de Jésus, dont les disciples traduisent en actes implacables la prédication de justice et de bonté. M. Guesde, que je n'ai aucune raison de tenir pour un esprit sans générosité, s'est constitué, dans une intention sûrement désintéressée, le gardien des formules marxistes et veille sur le tabernacle avec un soin jaloux. Nul ne l'en peut blâmer, puisqu'il croit arriver ainsi plus promptement au triomphe de son idée. Seulement, perdus dans le culte des axiomes, il advient aux plus zélés fidèles d'en oublier l'homme vivant, l'homme divers, sans lequel la plus belle idée n'est qu'un vain rêve tant qu'il ne peut l'incorporer à sa vie. Ainsi M. Guesde en vient, après de longues méditations, à écrire ce qui suit :

> Le conseil national croit devoir rappeler aux travailleurs que leur place n'est ni d'un côté ni de l'autre des factions militaires aux prises et également ennemies de notre classe et du socialisme.
> Libre à la bourgeoisie politicienne et littéraire de se diviser sur la culpabilité ou l'innocence d'un capitaine d'Etat-major et de s'entre-déchirer au nom de la patrie, du droit, de la justice et autres mots vides de sens tant que durera la société capitaliste.
> Les prolétaires, eux, n'ont rien à faire dans cette bataille, qui n'est pas la leur...

Cet appel, je le crains, ne sera que trop aisément entendu, car il est trop bien favorisé, sans que M. Guesde en ait eu conscience, par la présente lâcheté des caractères. Pourtant j'ose affirmer que tout ce qui s'éloigne dans le socialisme de l'esprit sectaire, tout ce qui est de large sentiment humain suivra Jaurès et sauvera ainsi le groupe guesdiste lui-même de l'universelle faillite des partis dont nous avons en ce moment le spectacle.

Comment un chef socialiste a-t-il pu proférer cette parole sacrilège qu'il y a un combat de justice dont le socialisme n'est pas ? Le prolétaire ne peut se désintéresser de rien, quand un droit d'humanité est en jeu. Qui lui dit le contraire, qui lui fait attendre son triomphe d'une victoire de chefs petits ou grands, politiques malgré eux, ne peut lui assurer, si les chances sont favorables, que le succès d'un jour, suivi de terribles revers. L'idéal du socialisme, c'est de modifier assez notre mentalité générale pour nous mettre la justice au cœur, et déterminer en nous la volonté d'application qui nous manque. Ce point acquis, le reste ne rencontrera plus d'obstacles. Dire qu'il n'y aura ni droit, ni patrie, ni justice, aussi longtemps que le dogme marxiste ne sera pas réalisé, c'est rayer d'un mot trop facile toute l'histoire humaine, qui n'est ni sans beauté, ni sans valeur. C'est surtout laisser à cette élite littéraire, trop sommairement méprisée, l'honneur, par sa haute culture, de sauver l'esprit humain des confréries, aussi honorables qu'impuissantes, dont tout l'effort est de l'amoindrir.

Au-dessus des partis, au-dessus des sectes, au-dessus des religions qui groupent pour séparer, plane la grande idée antique de la communion des hommes dans tout ce qui est humain. Si le socialisme n'est pas cela, il n'est qu'une déception de plus après tant d'autres. N'est-ce pas le cas de rappeler la belle maxime de Fichte que citait récemment M. Bonvalot : « Dans une nation parfaite, chaque citoyen regarde comme la sienne propre la destinée d'un autre citoyen. » Voilà le fondement de la justice sociale, il n'y en a pas d'autre. Quand un homme périt, qui donc s'inquiète de savoir s'il est soldat, prêtre, bourgeois ou forgeron ? On tâche à le sauver d'abord. Tous ceux qui prêcheront aux victimes de l'injustice de s'isoler les unes des autres n'aboutiront, de quelques beaux noms qu'ils se parent, qu'à perpétuer le mal sur la terre.

4 août 1898.

XII

La trouée.

Nous en sommes arrivés à ce degré de perturbation mentale que c'est un événement d'entendre une parole officielle de justice. Il suffit qu'un homme ose prononcer ce mot pour que tous nos fameux gouvernants dressent l'oreille et lâchent leur gendarmerie sur le délinquant. Grimaux, Andrade, Bouchor, Stapfer et autres malfaiteurs publics en savent quelque chose. M. Bourgeois agence prétentieusement ses phrases en Sorbonne sur la race française et sur tout ce qu'on voudra, mais sa manière d'élever l'idéal de la France, c'est de cogner à tour de bras sur les éducateurs de la jeunesse qui ne donnent pas l'exemple de la servilité. Déjà son jeune public lui a manifesté des sentiments qui n'ont rien de flatteur, et la tartuferie radicale ne paraît pas appelée à beaucoup plus de succès que la tartuferie modérée.

Or, voici qu'une plus haute leçon arrive justement de province à M. le grand maître de l'Université, si fort occupé à démentir par ses actes sa sorbonnifique grandiloquence. Une leçon à Bourgeois, une leçon à son président Brisson de la libre pensée franc-maçonne, tous deux bien vus des journaux papalins, tous deux serviteurs assez bas de l'infaillibilité militaire, tous deux acharnés contre ceux des Français qui refusent, pour leur pensée libre, le mot d'ordre de M. Cavaignac et de son du Paty de Clam. Et comme la fortune nous devait cette revanche, c'est un soldat qu'elle nous envoie nous dire, en ce moment précis, à la France affolée la réconfortante parole qui peut ramener la paix dans tous les cœurs.

A Bayonne, le général de division Derrécagaix, présidant la distribution des prix du lycée, a fait entendre, en termes d'une simplicité militaire, le langage même dont la France a besoin. Tandis que le ministre affinait péniblement sa rhétorique laborieuse, sous laquelle ses actes témoignaient qu'il n'y avait ni cœur ni caractère, le représentant de l'armée, en quelques sentences concises, laissant bien loin toute phraséologie vaine, appelait tous les Français, sans distinction de partis ni de croyances, aux méditations nécessaires. Quand les moines se font assister des délégués de M. le ministre de la Guerre pour prêcher le coup d'Etat, pour vanter la force brutale, demander que le sabre se rougisse de sang et qu'on fasse tomber des têtes, quand les civils, honteux, courbent la tête sous l'affront, et n'y trouvent d'autre réponse que de se faire les agents de cette moinerie criminelle, il est bon que ce soit un soldat qui se lève pour revendiquer, devant tous, les droits de la justice opprimée.

Qu'a dit le général Derrécagaix? Rien qui ne fût très vieux. Rien qui ne fût tenu par tous les hommes pour très vrai. Mais comme notre gouvernement vit à à l'état d'insurrection contre la vérité, les axiomes élémentaires de tous les temps semblent des nouveautés hasardeuses, grosses de résolution. Le général a recommandé à nos jeunes gens les devoirs de la vie publique et privée, résumés en ces courts préceptes : « Etre utile, bien faire, bien se conduire ». Puis, entraîné par le mouvement naturel de sa pensée, songeant qu'il faut, pour se diriger droit, le point de repère d'abord : « *Il est des circonstances*, a-t-il dit, *où la notion du juste s'obscurcit, où les caractères bien trempés hésitent.* » Oui, certes, il est de ces heures, dans l'histoire des peuples : notre temps en peut témoigner. Que faire alors? A la question posée par lui, c'est le général Derrécagaix lui-même qui va répondre, et par un exemple de sa vie. Quand Metz capitula, Bazaine donna l'ordre de livrer les drapeaux à l'ennemi. « *C'était une abomination* », s'écria le bon soldat. « Une abomination » commandée par la discipline. « *Fallait-il obéir au chef ou à sa conscience ?* Beaucoup brûlaient les drapeaux. » Conclusion : « *Dans les circonstances critiques où le devoir semble obscur, il faut consulter sa conscience et lui obéir.* » Pour de telles paroles, M. Bourgeois a frappé des civils. M. Cavaignac ne bronchera pas. Il fait faire cette besogne par d'autres, mais ne la fait pas lui-même.

Pour moi, je me garderai de féliciter le général Derrécagaix de la noble et droite pensée qui lui paraît, j'en suis certain, la plus naturelle du monde. Je voudrais seulement pousser un peu plus avant le récit d'histoire, qui ne s'arrête pas — nous ne le savons que trop bien, hélas ! — à l'incinération des drapeaux. Le drapeau, c'est l'emblème de la patrie. Il y a quelque chose de supérieur au morceau de soie tricolore, c'est la patrie elle-même. C'était bien de brûler le drapeau pour ne pas laisser à l'ennemi ce témoignage d'une effroyable défaite. Mais la défaite demeurait. Il eût été mieux encore d'essayer jusqu'au bout de reprendre à la fortune ce qu'elle pouvait nous offrir de chances. Beaucoup y songèrent, et voulurent se concerter pour le dernier effort au delà de l'espérance. Braves gens, bons Français, à qui l'historien saura faire une place d'honneur ! Canrobert arrêta tout de ce mot abominable : « *Obéissez, messieurs, je n'aime pas les braillards !* » Et c'est à Canrobert que nous élevons des statues !

Je n'ajouterai rien. Toute ma conclusion c'est que dans la paix civile il se fait présentement en France la pire capitulation d'idées. Cavaignac a parlé. Et maintenant il veut que les fils de la Révolution rendent le drapeau. Eh bien, nous sommes quelques-uns qui ne le rendront pas, voilà tout. Nous ne le brûlerons même pas. Nous nous en servirons comme d'une arme de bataille, et sans vouloir connaître combien nous sommes, sans écouter Brisson qui nous crie : *Obéissez, messieurs, je n'aime pas les braillards !* nous foncerons tout droit, et, par la seule vertu de l'esprit français, nous ferons la trouée.

5 août 1898.

XIII

L'emblème de la loi violée.

Voici Zola rayé de la Légion d'honneur. Cela n'a d'importance que pour les légionnaires, qui sont libres d'être fiers ou honteux de compter Esterhazy, le traître, dans leur phalange. L'idée de se faire décerner par des chefs certaines marques qui vous distinguent remonte aux temps de la préhistoire. En l'absence d'annales du pithécanthrope, nous ne pouvons pas remonter au delà du sauvage qui se tatoue ou se passe glorieusement des piquants de porc-épic dans le nez pour différer du vulgaire. En comparaison de ces ornements, nos insignes d'honneur sont un progrès notable : c'est tout ce que j'en puis dire, car on ne saurait nier qu'ils décèlent une mentalité équivalente. Zola s'était laissé « *honorer* » par Félix Faure, qui lui retire l'estime dont il favorise le Uhlan. Juste peine d'un moment d'oubli, pour le grand écrivain. Dès qu'il n'aura plus la boutonnière tatouée, Zola n'aura plus, aux yeux du monde, que sa haute valeur personnelle, et il me permettra de lui dire que c'est assez.

Ce qui m'amuse le plus dans cette aventure, ce n'est pas que le commandeur Jacquin — dont le principal titre d'*honneur* fut de s'opposer tant qu'il put à la réhabilitation de Pierre Vaux, innocent mort au bagne — se donne le ridicule de rayer Zola de notre admiration; ce n'est pas non plus que Sully-Prudhomme, dont j'attendais mieux, se courbe, sans protester, sous le sabre. Non, ce qui fait ma joie, ce sont les considérants dont ce geai *empavonné*, qui a nom Félix Faure, flétrit l'homme capable de s'attaquer aux Boisdeffre dont notre Président est le si digne chef. Le grief présidentiel, c'est que Zola a calculé la gravité de son accusation, et qu'il en est résulté un trouble profond dans les esprits. Du mobile du pamphlet, pas un mot, car il faudrait bien reconnaître qu'on ne peut y voir d'autre but que la revision d'un procès, dont le moins qu'on puisse dire, c'est qu'il fut une violation de la loi.

Pour faire sa preuve, Zola s'offrit devant tous, réclamant le procès qui lui permît de justifier ses dires. Or la crainte de la vérité fit que le gouvernement de ce Félix Faure, fuyant la preuve, esquiva le débat en n'instituant des poursuites que sur une phrase détachée de l'ensemble. Comment M. Félix Faure ose-t-il parler de la gravité *des accusations* proférées par Zola, quand il n'a osé lui demander compte que d'une seule? Ce n'est pas le « *par ordre* » de Zola qui a ému le monde civilisé, car les annales militaires sont pleines de jugements par ordre — tel, hier encore, le procès des ministres malgaches. Non. C'est l'allégation qu'un innocent était au bagne, grâce à une illégalité monstrueuse des prétendus serviteurs de la loi. Et ce qui, depuis, a mis le comble à la stupéfaction des hommes, c'est le fait que, l'illégalité démontrée, tous les représentants de la légalité, députés, ministres et Président, manifestèrent l'unique pensée de maintenir la violation de la loi.

Pour dissimuler un tel état de choses, on se donne beaucoup de mal. On fait un procès à Zola *à côté*, on l'insulte, on cherche à déshonorer les siens, on lui enlève une croix dont il n'a que faire. Cela ne change rien à cette question posée dont le président Delegorgue avait une si belle peur, et Félix Faure ne fait, par son écrit, que se convaincre lui-même d'une mauvaise foi dont son nom portera le déshonneur.

Ainsi s'explique l'indignation de quelques légionnaires qui jettent leurs rubans au nez de Son Excellence. J'avais déjà remarqué que Grimaux ne portait plus sa rosette d'officier. Celui-là n'a rien dit. Il a simplement cru s'honorer en décrochant de son habit la croix que souille Esterhazy. M. Jules Barbier, lui, dans une lettre d'une ironique bonhomie, a déclaré qu'il avait autant de plaisir à rendre sa rosette qu'il en eut à la recevoir. De quoi le *Gaulois* le blâme vertement. Arthur Meyer ne comprend pas qu'on rende. Non plus, du reste, que le conseil de la Légion d'honneur informant M. Barbier que la marque est indélébile, et qu'il n'y a que le savon de Félix Faure pour en faire disparaître le souvenir.

Et voici M. de Pressensé, et voici M. Bouchor qui, sans la permission du dit Félix Faure, se libèrent de l'insigne jugé inglorieux. M. de Pressensé ne veut pas promener parmi nous l'emblème « du mépris de la légalité et de la violation des principes de 1789 ». M. Bouchor, embêté par Bourgeois, éclate et fait cette déclaration qui restera : « L'attitude révolutionnaire de Zola est justifiée par l'obstination du gouvernement de M. Méline (dignement continué par M. Brisson) à couvrir une évidente illégalité, les machinations les plus suspectes et probablement une épouvantable injustice. » A qui le tour ? La cohorte n'est pas nombreuse : elle n'en est pas moins belle.

Et pour compléter la leçon, au moment même où se passent ces choses, un juge d'instruction est en train de prouver, malgré les efforts désespérés du gouvernement, le bien fondé d'une des accusations les plus violentes de Zola, pour laquelle on n'avait eu garde de le poursuivre : « J'accuse le lieutenant-colonel du Paty de Clam d'avoir été l'ouvrier diabolique, etc., etc. ».

Il est vrai qu'il y a pour l'Etat-Major une réponse tout indiquée.

Qu'on enlève la décoration de Bertulus. Arthur Meyer ne la demande pas. Mais si M. Brisson ne sait qu'en faire...

6 *août* 1898.

J'ai reçu d'un des anciens élèves de M. Couat la lettre suivante :

Paris, 31 juillet 1898.

Monsieur.

Vous vous demandez pourquoi le regretté recteur de l'Université de Bordeaux, M. Couat, n'a pas fait profession publique de ses sentiments dans l'affaire Dreyfus et vous pensez qu'il a pu avoir peur de la misère pour les siens ou des injures de la foule. Nous manquerions à sa mémoire, si nous vous laissions dans de telles idées. La seule raison qui a retenu M. Couat est celle qu'il a donnée dans sa lettre à M. Trarieux : *c'est le respect du devoir professionnel.* Vous perdez de vue qu'un recteur n'est pas un professeur. Un professeur est un individu qui, soit qu'il parle, soit qu'il écrive, n'engage jamais que lui. Un recteur est un administrateur qui ne peut rien faire ni rien dire publiquement sans engager le corps qu'il représente. Il ne peut donc, sans abuser de ses fonctions, exprimer officiellement un sentiment que ne partagent pas tous ceux au nom desquels il est censé parler; et vous savez que, malheureusement, l'Université elle-même est divisée comme le reste du pays. Sans doute, il est toujours possible de résigner ses fonctions pour avoir le droit de parler librement. M. Couat n'aurait certainement pas reculé devant ce parti extrême, le cas échéant. Mais vous reconnaîtrez qu'une telle résolution doit être soigneusement réservée pour l'heure et pour les circonstances où elle pourra produire son maximum d'effet moral.

Si, d'ailleurs, M. Couat n'a pas manifesté publiquement son opinion, il n'en a jamais fait mystère; tout le monde à Bordeaux la connaissait. Un jour même il a dit à un de ses anciens élèves : « Il faudra pourtant bien que je trouve un moyen de dire clairement ce que je pense. » S'il avait vécu plus longtemps, il est bien probable qu'il aurait su trouver ce moyen.

Agréez, etc.
X.

Il n'a jamais été dans ma pensée de faire injure à la mémoire du très regretté recteur de l'Université de Bordeaux.. J'ai constaté seulement qu'à mon avis le devoir professionnel, loin d'arrêter la parole sur ses lèvres, devait l'inciter à révéler publiquement les protestations de sa conscience. Je ne méconnais pas la valeur de la distinction que fait mon honorable correspondant, et je comprends qu'elle ait été d'un grand poids dans l'esprit de M. Couat. Le fait demeure, cependant, qu'un recteur d'Université est le chef d'un organisme d'éducation, et c'est, je suppose, cette considération qui allait triompher des hésitations du distingué universitaire, lorsqu'il nous a été enlevé par la mort. Ai-je besoin de dire que je m'associe, sans réserves, aux hommages de ses amis ?

6 août 1898.

XIV

La faillite.

Ce qu'il y a de plus remarquable dans la présente crise de l'opinion française, c'est la faillite générale de tous les pouvoirs chargés d'assurer impartialement aux citoyens les garanties de justice tenues pour fondamentales dans tous les pays civilisés.

Je laisse de côté la question de savoir si Dreyfus est innocent ou coupable. Il suffit qu'on ait pu se demander s'il avait été jugé contrairement aux lois, pour que tous les organismes publics, dont l'action est prévue dans ce cas, eussent pour premier devoir de lever tous les doutes en faisant éclater la vérité devant tous. Les erreurs judiciaires datent évidemment du jour où un homme osa s'instituer juge des autres. Le progrès des temps ayant fait découvrir, après une accumulation d'iniquités dont on ne peut faire le compte, que la conscience humaine la plus droite peut errer, on s'empressa de proclamer des lois de bienveillance, pour donner aux victimes de notre faillibilité le bénéfice de la vérité reconnue. Mais autre chose est de formuler les lois et de les trompetter dans le Code, autre chose de les vivre. Un texte tout nu n'est qu'une intention. C'est à la façon dont il se réalise que se peut évaluer la mentalité profonde qu'il exprime.

Or, la pratique nous enseigne de tout temps qu'en fait, ceux qui ont commis l'erreur n'en veulent pas convenir. Sans remonter à Calas, prenez le cas du forçat Pierre Vaux dont aucune considération de défense nationale ne compliquait l'affaire, et songez qu'il fallut, Empire ou République, trente-quatre ans pour la réhabilitation. L'homme était mort au bagne. Cela pourtant facilitait l'œuvre d'une justice platonique. Rien n'y fit. Le commandeur Jacquin, qui aujourd'hui arrache la croix de la boutonnière de Zola, s'entêta à soutenir que l'innocent était coupable. L'esprit de corps dans toute sa beauté. Sur l'avis de Jacquin — qu'il vient justement de surdécorer pour ce haut fait — Brisson, ministre de la justice, opina du bonnet. Mais il faut donner la palme à Carnot qui fit écrire par un de ses secrétaires qu'il songeait à grâcier l'homme mort depuis quatorze ans.

Maintenant transportez l'état d'âme qui nous fit cette histoire, dans le drame de l'affaire Dreyfus-Esterhazy, et étonnez-vous des résistances qui s'entassent depuis six mois. Quelle force d'esprit de corps dans les chefs de l'armée qui s'arrogent, non sans candeur, l'unique privilège de représenter la patrie, comme s'ils devaient être seuls sur les champs de bataille et comme si le reste de la France — qui compte pourtant aux yeux du monde — n'était rien! Quelle force surtout vient aux forts de l'universelle lâcheté des faibles — fonctionnaires, politiciens, moines, ou troupeau de moindres — s'empressant au secours de la victoire! Rien de tout cela n'est nouveau, et tous ceux qui raisonnent l'histoire n'en témoigneront pas de surprise. On a déjà connu des juges, qui, pour couvrir les fautes des puissants, rendaient des jugements suspects. L'abus de la force sous le manteau de la justice, cela s'est vu sous le soleil. Ce qui présentement se manifeste avec un rare ensemble, c'est l'effondrement de tout ce qui paraissait une garantie de résistance.

Le parlement *à l'unanimité* a donné sa mesure. Des ministres, quoi dire? Brisson passait pour une conscience. Bourgeois est un esprit de culture avisée. Quelle peur les a pris? Je ne me charge pas d'expliquer l'inexplicable. Pouvant apaiser ce pays par la simple manifestation de la vérité, ils se sont engagés plus avant que Méline et que Billot dans l'œuvre d'iniquité fondée sur le mensonge. Et ce sont des réformateurs! Quelle ironie! Ils affichent la prétention de nous faire des lois meilleures. Que ne s'examinent-ils eux-mêmes avant de s'occuper de leurs concitoyens? Qu'importent les principes qu'ils veulent formuler noir sur blanc, si leurs actes les démentent?

Pas un politicien du parlement, il est vrai, ne s'est présenté pour le leur dire. C'est que les partis politiques, à leur tour, sont de la faillite aussi. Cela se comprend des partis dits de gouvernement qui ont pour fonction de mettre l'organisme social au service du plus fort. Pour les radicaux, pour les révolutionnaires, le phénomène paraît contradictoire. Tout s'explique au fond par ce fait que les groupements, politiques ou religieux, qui se disent représentatifs, en arrivent très vite à ne plus rien représenter qu'eux-mêmes, grâce aux intérêts oligarchiques très proches qui masquent, sans qu'on y prenne garde, les grands principes très lointains.

Qu'y a-t-il encore? La masse confuse, le peuple divers et changeant qui n'a pas les moyens de savoir, ni la possibilité de se concerter pour agir? Le premier qui lui ment paraît avoir raison. Voyez Judet, par exemple. Il vint jadis à la *Justice*, très plat, me demander effrontément mon concours pour le faire élire député de la Corse par la coalition des radicaux et des bonapartistes, et comme je refusai, le répugnant cynique, qui ne pouvait comprendre, n'a pas déragé depuis. Eh bien! il peut, grâce au *Petit Journal*, répandre sa bave chaque jour à trois millions d'exemplaires. Quels lecteurs auront le temps de rechercher les démentis? Combien de millions de fois faut-il répéter un mensonge pour en faire — *momentanément* — l'équivalent d'une vérité? Beau problème pour un mathématicien de la psychologie des foules.

Alors, il faut en convenir, une question formidable se présente. Si tous les organismes d'où la revendication de justice pouvait surgir viennent à manquer à la fois, quel recours reste-t-il au progrès du droit humain qui pourtant doit se faire? Il reste l'individu, l'homme d'esprit intangible, qui se libère de toutes les suggestions intéressées, et marche, sourd aux injures, insensible aux menaces, vers la lumière de vérité. Le mérite de Zola est qu'il fut, sinon le premier, du moins le plus résolu de ceux qui pensent par eux-mêmes et mettent courageusement l'acte au bout de la pensée. Dans la grande faillite sociale dont nous sommes témoins, ce n'est pas un médiocre avantage. On le lui fait payer cher. C'est que la gloire en est sans prix.

7 *août* 1898.

XV

Encore un enterrement.

Un beau signe des temps, la lettre de M. Salle à M. Arthur Meyer. M. Salle est cet ancien avocat à qui un membre du conseil de guerre de 1894 a confié que Dreyfus avait été condamné sur une pièce secrète soustraite à son examen. Quelques jours après la publication dans l'*Eclair*, de cette pièce, d'ailleurs falsifiée, M. Salle rencontra M. Demange sur le pont de Melun et lui fit l'aveu de cette confidence. L'*Eclair* annonçant, avec force détails, que le document avait été montré aux juges sans avoir passé sous les yeux de l'accusé, M. Salle se considéra dès lors comme libre de parler, et parla. Telle est son aventure. Nous l'avons vu comparaître en qualité de témoin au procès de Zola. Chacun sait qu'il fut empêché de dire un seul mot par le président Delegorgue qui, d'avance, connaissait trop bien son témoignage. Il fut décidé par ce « magistrat » que la question pour laquelle Zola s'était fait poursuivre ne serait pas posée. C'est ainsi que l'on put, grâce à ce déshonorant subterfuge, obtenir du jury une condamnation.

Depuis ce temps, M. Salle n'avait pas fait parler de lui. Ce n'est point un chercheur de réclame. On le dit le plus brave homme du monde, avec des sentiments qui ne sont point d'un réformateur. C'est sans doute ce qui explique qu'il fut particulièrement choqué, l'autre jour, lorsqu'il se vit l'objet des attentions peu bienveillantes du *Gaulois*. On le représentait comme ayant « apporté des obstacles » à la fête du drapeau du 131ᵉ de ligne, célébrée à Maisons-Laffitte. Et, pour expliquer ce manque de patriotisme, le journal ajoutait ces simples mots, pleins de perfidie : « On se rappelle l'intervention de M. Salle au début du procès Zola. »

L'honorable avocat ne voulut point rester là-dessus, et nul ne l'en blâmera, je suppose. Il se justifia donc en quelques explications abondantes auprès d'Arthur Meyer. Mais la vérité rétablie ne lui suffit pas : il voulut s'expliquer sur l'affaire Dreyfus. C'était encore son droit, à la seule condition de parler net et de tout dire. Hélas ! Il avait sur le cœur les injures des amis d'Esterhazy et tenait surtout à se disculper. De là, le paragraphe final de l'épître, où M. Salle dit qu'il n'est pas le complice de Zola (j'ignorais qu'on eût émis cette idée saugrenue) et que « rien dans ses paroles n'a jamais permis et ne permet encore de penser qu'il ait pu croire à l'innocence du condamné ».

C'est là, paraît-il, ce qu'il se proposait de dire à la Cour d'assises. Rien de mieux. Mais M. Salle, qui a certainement conservé le souvenir de sa confidence à M. Demange, ne peut pas avoir oublié la question qui lui fut posée sur ce point par Mᵉ Labori. Il ne s'agissait pas du tout de savoir s'il était d'avis que Dreyfus est innocent ou coupable. Ce qu'on voulait avoir de lui, c'est la reproduction fidèle du propos qui lui fut tenu par un membre du conseil de guerre. Il ne l'ignore pas davantage à cette heure. Comment se fait-il donc qu'il soit muet là-dessus ? Puisque l'idée lui est venue d'ouvrir son cœur à Arthur Meyer, pourquoi n'a-t-il pas « lâché tout le morceau » bravement ? C'est là qu'on voit à plein le succès de la terreur organisée par la presse d'Esterhazy.

Les braves gens qui n'aiment pas à se voir couvrir de boue tous les matins dans les feuilles publiques, n'osent dire ce qu'ils savent, où, s'ils annoncent qu'ils vont parler, n'en disent que la moitié. Les opinions de M. Salle sont assurément fort loin des nôtres. Eh bien ! cela même ne lui assure pas l'indulgence des journaux de l'Etat-Major. Il est supposé détenir quelque fragment de vérité. C'est assez : on le honnit et l'infortuné ne songe qu'à se confondre en excuses. Peine fort inutile. Tous ceux qui connaissent M. Salle déclarent qu'il est incapable de mentir à sa conscience. Le jour viendra où il sera mis en demeure de s'expliquer en présence de M. Demange. Alors la vérité sera connue. M. Salle, d'ailleurs, n'est peut-être pas sans savoir que d'autres juges du conseil de guerre ont fait à diverses personnes la même confidence. M. Stock, à la Cour d'assises, a vainement proposé d'en faire la preuve.

Dans ces conditions, comment ne pas admirer la naïve roublardise du *Gaulois*, annonçant que la lettre de M. Salle est « la fin d'une légende ». Ce journal est, vraiment, le dernier à pouvoir feindre tant d'ignorance. Car nulle part l'histoire de la pièce secrète communiquée aux juges ne fut plus explicitement racontée que dans ses propres colonnes. Qu'il se relise. Et son informateur, et l'informateur de son informateur, qui ne m'est point inconnu, lui diront que la vérité ne se laisse point enterrer par voie d'escamotage. Que de « légendes » *enterrées*, depuis le commencement de l'affaire Dreyfus ! On ne les a pas plutôt mises au tombeau en cérémonie, qu'elles se dressent plus vivantes que jamais sur la dalle funèbre. Il y eut jadis, en Israël, une histoire pareille. Un Nazaréen, envolé du sépulcre ouvert. M. Arthur Meyer qui est, je crois, de la tribu de Juda, doit avoir des ancêtres qui se frottaient les mains en disant : « Il est mort. Bonne affaire ! » Pour un mort, il a fait beaucoup de bruit depuis dix-huit cents ans.

8 août 1898.

XVI

Trop haut.

Parmi les scandales de l'affaire Esterhazy, l'arrêt de la Chambre des mises en accusation occupera une place distinguée. Il faut, en vérité, que des gens qui exercent le métier de juges fassent un très grand fonds sur la présente hébétude de l'opinion publique pour se mettre aussi manifestement en travers de l'évidence. Ce qui étonnera, plus tard, c'est que tant de coups impudemment portés à la manifestation de la vérité n'aient pas plus promptement éveillé l'esprit français de sa stupeur.

Un juge d'instruction qui veut savoir ! Comment, il en reste un, en France, et c'est justement devant lui que la plainte du colonel Picquart amène Esterhazy? Pas de chance. Il faut barrer la route à ce gêneur. Il a acquis la preuve des « relations répétées » d'Esterhazy et de la fille Pays avec le colonel du Paty de Clam, de l'Etat-Major. Il veut voir clair là-dedans. Mais c'est justement ce que ne veulent pas permettre nos gouvernants, qui se trouvent, de fortune, être des représentants de principe. Leur principe par excellence, dans cette affaire, c'est que la vérité ne soit pas connue, et la raison en est qu'elle déplaît à l'Etat-Major. M. Cavaignac, imposé à la faiblesse de M. Brisson par les césariens et les antisémites, monte la garde pour le compte de M. de Boisdeffre, et ne laisse approcher ni ministres ni juges.

Pour lui venir en aide, M. Feuilloley, procureur de la République, a commencé par se mettre en conflit avec M. Bertulus. Les militaires seuls sont compétents pour juger les militaires, et nous savons maintenant ce que cela veut dire. Si M. du Paty de Clam, cousin du ministre de la guerre, a commis quelque faute — ce qu'à Dieu ne plaise — il sera jugé et très bien jugé par ceux qui ont précédemment refusé toute enquête pouvant aboutir à le charger de faits délictueux. Qu'on y compte. Comme c'était la justice de Méline, c'est la justice de Brisson.

Il est vrai qu'il suffit d'un civil impliqué dans l'affaire pour entraîner tout soldat devant la justice civile, et la fille Pays livrée aux juges ordinaires implique la comparution d'Esterhazy et de du Paty au même tribunal. C'est la loi. Mais ce ne sera pas la loi si le gouvernement l'entend ainsi. Donc la Chambre des mises en accusation, composée de « magistrats » dont la destinée est dans les mains des maîtres du pouvoir, dira que la complicité découverte par le juge d'instruction Bertulus n'existe pas à ses yeux, et que la déposition des témoins qui mettent à nu ce mensonge doit être supposée non existante. Avec cette conception juridique de la suppression des témoins qui gênent, quel arrêt ne pourrait-on pas rendre?

Voilà l'enseignement de justice que nous donnent les républicains de qui nous sont venues tant de déclamations enflammées sur le droit opprimé et la justice méconnue.

Ainsi achèvent-ils de pervertir le sentiment public et d'enfoncer plus avant cette lamentable idée que, sous les magnifiques théories, il n'y a qu'un droit de sûr, c'est d'être le plus fort pour abuser librement de toutes les servilités disponibles.

Je ne sais ce que la Cour de cassation dira de l'arrêt monstrueux. Jusqu'au bout je veux espérer. Jamais je ne prendrai mon parti de croire que la France est un pays où il n'y a pas de justice, que la France est un pays où il n'y a pas de légalité.

D'ailleurs, on ne pourra pas faire que les témoignages acquis ne demeurent. On ne pourra pas faire que tout le public ne voie l'appareil de justice cyniquement braqué contre la vérité. On ne pourra pas faire qu'il ne se trouve des hommes pour en tirer la conséquence. Les pensées mûriront dans les cervelles lentes. On comprendra qu'il n'est pas admissible qu'un chef militaire puisse tout se permettre impunément, à la condition trop simple de se couvrir d'un mot : « Ne me touchez pas, je suis la patrie. » D'abord, ce n'est pas vrai. Il n'est pas la patrie plus qu'un autre. Et puis la justice, c'est la patrie aussi.

La suite maintenant à l'arrêt de la Chambre des mises en accusation. Il ne s'agit plus que de savoir si c'est la loi qui règne en France, ou bien si c'est la caste anonyme de l'Etat-Major. Quand on a scandaleusement protégé le traître Esterhazy, c'est qu'on ne voulait pas découvrir ses complices. Quand on a refusé les enquêtes demandées par le colonel Picquart, c'est qu'elles devaient conduire à du Paty de Clam. Malgré tout, voici quelque lumière qui poind. Après du Paty, d'autres encore. Où nous conduirait-on ? Trop haut, peut-être. Allons, magistrats de la République, vite votre éteignoir ! Les lois sont faites pour les petits qui ne peuvent se défendre. La botte éperonnée déchire la toge et passe...

Cela, sous le règne de Brisson, président du Conseil.

9 *août* 1898.

XVII

Des hommes !

Le discours de M. Buisson, ancien directeur de l'enseignement primaire, sur la tombe de M. Félix Pécaut, le successeur de J. Steeg à l'Ecole de Fontenay-aux-Roses, est un acte de haute portée. Celui qui l'inspira par l'admirable témoignage de conscience dont il nous laisse le souvenir, fut un de ces nobles esprits qui cherchèrent le relèvement de la France dans une culture meilleure des belles ressources de l'Esprit français. A cette œuvre de haut patriotisme, M. Pécaut dévoua sa vie. Mais s'il demeura, jusqu'à la dernière heure, ferme dans son sillon, il ne se crut point exempt pour cela des communs devoirs généraux envers les hommes de son temps. Au premier rang, le devoir de parler suivant sa conscience, quoi qu'il pût advenir. L'histoire de notre époque, comme de toujours, nous apprend que c'est précisément le plus difficile à remplir.

L'affreuse crise morale que nous traversons ne pouvait laisser M. Pécaut indifférent. Sans s'arrêter aux pantalonnades des faux patriotes qui prétendent fonder notre puissance militaire sur l'infatuation d'une ignorance galonnée et sur l'universelle domination du mensonge, M. Pécaut voulut pénétrer, de son intelligence et de sa volonté, jusqu'à la vérité profonde, et quand il l'eut atteinte, aucune considération ne put l'en détacher. A bout de forces, huit jours avant sa mort, soucieux avant tout de sa liberté de parole, il envoyait à M. Bourgeois sa démission d'inspecteur général et de membre du conseil supérieur de l'Instruction publique. Et M. Bourgeois, qui connaissait la cause de cette décision douloureuse, aux portes mêmes du tombeau, n'a pas craint de s'accuser publiquement lui-même, en exprimant son regret personnel de la mort « *de ce grand homme de bien* ». Je voudrais souhaiter à M. Bourgeois un Pécaut pour lui retourner ce témoignage.

Hélas ! l'usage de sa liberté reconquise fut refusé par le destin cruel à ce haut esprit, à ce grand cœur. Comme Brisson, Delegorgue, Périvier mettent la main sur les lèvres des vivants par crainte de la vérité, la mort, bonne auxiliaire du mensonge, mit son froid bâillon sur la bouche anxieuse de dire, et prononça l'arrêt suprême : « Tu ne parleras pas. »

Eh bien ! la mort est impuissante. L'homme parle, il a parlé, et sa voix fera vibrer toutes les consciences sincères. La noblesse d'âme est mieux qu'héréditaire : elle est contagieuse. M. Buisson, un collègue, un ami de M. Pécaut, avait été témoin des luttes de conscience où le vieil universitaire dépensait le meilleur de sa critique et de son bon vouloir, pour connaître et pour juger. Spectateur ému de cette laborieuse évolution de pensée, il résista longtemps — ainsi qu'il l'atteste lui-même — à la puissance de suggestion qui s'en dégageait. Je connais cet état d'esprit. J'ai résisté longtemps, moi-même, ne pouvant croire à la réalité. Et il se trouve des sots pour me faire aujourd'hui reproche d'avoir fait, de prime abord, confiance à l'Etat-Major, tant qu'il n'y avait pas lieu de soupçonner l'erreur ou la faute.

Et puis, il advint à M. Buisson comme à nous : il dut se rendre à l'évidence. Et le voilà aujourd'hui debout devant la dalle sous laquelle l'homme qu'il aima dort son dernier sommeil, le voilà grandi de la conscience, muette désormais, dont le dépôt lui fut remis, le voilà qui parle sans peur et sans colère, pour celui qui ne parlera plus. Et de grandes paroles lui viennent aux lèvres, qui resteront comme une des plus belles protestations de ce temps. « Félix Pécaut, proclame-t-il, essayait de préserver la République, la France et l'armée *du seul déshonneur qui pourrait les atteindre.* Car réparer une erreur, s'il y a eu erreur, ce n'est pas une honte, au contraire. Et c'en serait une, indélébile, que prendre son parti d'une iniquité, même involontairement commise. » Dans le désarroi général, que d'espoir nous vient de cette ferme et claire pensée ! Mais écoutez M. Pécaut lui-même :

« *En voulant sauver la France, prenez garde de détruire la conscience française ! Il est facile aujourd'hui d'obtenir que, de guerre lasse, la conscience publique se taise et s'apaise. Tremblons que ce malheur ne nous arrive. Celui-là seul serait irréparable.* » Ah ! la superbe réponse aux criminelles divagations des agents de l'Etat-Major ! Et M. Buisson conclut comme je faisais hier : « Ne nous laissons pas enfermer dans ce dilemme abominable : ou sacrifier la justice à la patrie, ou sacrifier la patrie à la justice. Ces deux idées n'en font qu'une : blesser l'une, c'est blesser l'autre. »

Enfin ! Enfin ! Voilà des Français qui se lèvent, et qui parlent quand parler c'est agir. Grâces leur soient rendues. C'est l'esprit libérateur de la France qui se révèle en eux. Par eux nous serons sauvés du malheur que redoutait M. Pécaut. Le cri de la conscience publique ne sera point étouffé. Des hommes ! Il y a des hommes en France ! Tant de faibles qui tremblaient devant les menaces barbares du sabre et du goupillon, reprendront courage, voyant où sera la force de demain. Qui sait si cette crise ne nous sera pas salutaire par les utiles réflexions qu'elle pourra nous suggérer sur nous-mêmes. Encore faut-il pour cela que nous n'y épuisions pas nos forces les uns contre les autres. Brisson, Brisson, n'avez-vous pas pitié de la patrie ? Le chemin est si clairement tracé devant vous, maintenant. Il ne faut plus que la volonté de ne s'en pas laisser détourner. Pour la France et pour la République, tout droit devant vous, Brisson !

10 août 1898.

XVIII

Entre poètes.

Ils sont deux qui s'écrivent des choses intéressantes : Sully-Prudhomme, Bouchor. Sully-Prudhomme a figuré dans le conseil qui a chassé Zola de la Légion d'honneur, et la question qui se pose est de savoir si le fait, dans l'avenir, ne sera pas plus fâcheux pour Sully-Prudhomme que pour Zola. Bouchor ayant fait là-dessus à son confrère en poésie quelques remarques piquantes, celui-ci n'a pas cru pouvoir demeurer sans réplique. Je le regrette pour lui, car je le tiens pour un noble ouvrier de l'idée, en dépit d'une défaillance qui sera, je l'espère, suivie d'un prompt retour.

De la lettre emberlificotée de l'académicien membre du conseil supérieur de la Légion d'honneur, il résulte en effet qu'il a voté contre Zola. J'ai tant d'admiration pour le puissant esprit du poète que je l'avais rêvé, en dépit de toutes les suggestions de l'entourage, inébranlable dans son lyrique amour de la justice et de la vérité. Il aura rencontré une heure dans sa vie où il pouvait parler assez haut pour être entendu de toute la terre, où il pouvait, à côté de son grand renom, laisser aux hommes le souvenir d'un acte exemplaire pour cet idéal de justice qu'il a si magnifiquement chanté. Il a laissé passer l'occasion, et cela est un malheur, non seulement pour sa gloire, mais pour la patrie elle-même, dont on ne peut séparer la cause de la justice sans lui faire le pire outrage, comme l'a dit M. Pécaut, comme le répète M. Bouchor.

Hélas! qui l'aurait cru? M. Sully-Prudhomme n'est pas de cet avis et la raison qu'il en donne est la plus inattendue. Le grand poète s'est soudainement considéré comme « un homme d'Etat hors cadres ». Quelle déchéance! Alors ce n'est pas assez des politiciens que nous envoient les électeurs pour répartir entre les privilégiés la manne budgétaire et les ridicules rubans qu'on dit honorer l'art, la science, le dévouement, quand c'est l'art, la science et le dévouement qui les honorent? Il faut maintenant que nous assistions au miracle de sauveurs improvisés par la vertu de l'auto-élection. Et le pire est justement que M. Sully-Prudhomme se soit tout à coup révélé à lui-même comme un de ces sauveurs dont la Providence nous accable.

Car, sachez-le, c'est « *la sécurité du pays* » qui était en jeu si Zola avait pu continuer de se promener avec un morceau de soie rouge à la boutonnière. Ce que c'est que de nous! Et comme la défense du territoire peut être mise en péril par le fait le plus éloigné des conceptions de la stratégie! J'ose assurer M. Sully-Prudhomme qu'il n'y a pas besoin d'être homme d'Etat pour s'inquiéter de la sécurité de la Patrie et qu'il n'est pas nécessaire du tout de revêtir un costume spécial pour faire à cet intérêt primordial les sacrifices qu'il commande. Ce qu'il faudrait nous faire connaître, c'est comment « la sécurité du pays » peut exiger le sacrifice « de nos plus saints scrupules », c'est-à-dire la perte, pour sauver la patrie, de ce qui est le fondement de la patrie elle-même. M. Sully-Prudhomme, à la vérité, parle de « conciliation ». Il a seulement négligé de nous dire les termes de l'accord, et pour cause.

Sans doute, il nous déclare que « sa conscience demeure intacte, qu'il ne dépend d'aucun intérêt temporel, de religion, d'aucune lisière politique, ni de personne ». Mais nous n'avions pas besoin de cette affirmation superflue. Nul n'a de raison, que je sache, de suspecter la droiture des intentions de M. Sully-Prudhomme. Il s'agit seulement de savoir à quelles sortes d'actes elles aboutissent, et, dans sa belle réponse, M. Bouchor s'est expliqué là-dessus d'une manière définitive. « Il n'y a rien de plus simple, observe-t-il, que de réclamer hautement la pleine lumière de la vérité, la stricte application de la loi, la justice égale pour tous, sans laisser intervenir l'odieuse raison d'Etat, sous quelque déguisement qu'elle se présente. » Voilà qui est parler! Si M. Sully-Prudhomme ne s'était pas vu transformer subitement en homme d'Etat, il eût compris que la raison d'Etat n'est pas autre chose que le mensonge invoqué pour la protection des castes fondées sur l'exploitation de la patrie, contrairement à l'intérêt général de tous les Français, qui, après tout, constituent la France elle-même, la France de pensée, la France d'action, la France d'idéal.

C'est ce que dit très bien Bouchor : « Si, dans la plénitude de mon droit, je condamne la faiblesse lamentable des pouvoirs publics, qui n'ont pas su vouloir la vérité et qui semblent en avoir une terreur croissante, c'est avant tout parce qu'ils privent la France de sa grande force en la rendant infidèle à son idéal. » Voilà, par malheur, la pensée qui ne s'est pas imposée avec assez de puissance à l'esprit de M. Sully-Prudhomme. Demeuré libre poète, il se fût enflammé, sans doute, pour la défense de l'idée contre le fait brutal qui l'opprime et prétend l'écraser. Homme d'Etat, membre du conseil supérieur de la Légion d'honneur, toute la force de l'état d'âme ambiant était déjà sur lui avant qu'il pût s'interroger. Poètes, penseurs, écrivains, ne vous laissez pas enrégimenter. Sachez demeurer vous-mêmes. C'est le plus haut service qu'il puisse vous être donné de rendre à la patrie.

11 *août* 1898.

XIX

Le bouquet.

Notre magistrature poursuit le cours de ses exploits. La Chambre des mises en accusation ne s'est pas contentée de déclarer que M. du Paty de Clam ne relevait pas de la justice civile. Par une contradiction qui n'est pas l'une des moindres surprises d'un scandale sans précédent, ces mêmes magistrats qui proclament qu'un juge civil ne peut apprécier la conduite du complice d'Esterhazy et de la fille Pays, l'apprécient dans le même arrêt et prononcent qu'il faut le tenir pour exempt de tout blâme. Au fond, cela n'est pas plus extraordinaire que de supprimer la déposition d'un témoin qui établit dans tous ses détails la complicité que ne veut pas connaître le gouvernement de M. Cavaignac, avec M. Brisson délégué à la sous-présidence du Conseil. Quel curieux état d'esprit que celui d'un homme qui, parce qu'il a revêtu la robe du juge, croit qu'il est en son pouvoir, en écrivant le plus effronté mensonge sur une feuille de papier timbré, d'en faire la vérité! Si c'était possible, je dirais que c'est encore plus bête que canaille.

A cette œuvre pourtant, tous nos hommes d'Etat, modérés, réformateurs radicalisants ou même révolutionnaires, se sont attelés d'ensemble, avec les encouragements auxiliaires des hommes d'Etat hors cadres, comme M. Sully-Prudhomme, qui réclament leur part de l'entreprise publique contre la justice et la loi. Le malheur, c'est qu'on n'est plus libre de s'arrêter dès qu'on a passé outre à tous les principes de droit, à toutes les idées d'équité, au respect élémentaire de la vérité reconnue, que les pouvoirs publics ne peuvent impunément violer qu'à la condition de sauvegarder au moins les apparences. Notre gouvernement, hélas! n'en est plus là, et je le vois descendre la pente d'une telle rapidité que je me demande au fond de quel fossé nous jettera l'ultime culbute.

Pour le moment, nous en sommes toujours au spectacle de la justice et de la loi cyniquement faussées par la magistrature chargée de les faire prévaloir. La Chambre des mises en accusation ayant déclaré, avec une impudence officielle dont il n'y a pas d'exemple peut-être depuis la Révolution, que le complice n'était pas complice, il ne restait plus, après avoir brutalement supprimé le recours en cassation, qu'à proclamer le criminel innocent. C'est ce que vient de faire M. le procureur de la République Feuilloley qui, contrairement au juge Bertulus, conclut au non-lieu en faveur d'Esterhazy et de la fille Pays. J'avais déjà admiré l'aplomb avec lequel ce « magistrat » avait requis M. Bertulus de poursuivre son instruction sur les faits et gestes du Uhlan et de son amie, après avoir, en couvrant du Paty de Clam, pris les précautions nécessaires pour empêcher le juge d'arriver jusqu'au tuf de la vérité. Cette hypocrisie était encore un hommage au renom conventionnel de notre magistrature. L'arrêt de la Chambre des mises en accusation nous permet de rejeter bien loin ces pudeurs. Allons! un pas de plus dans l'effronterie juridique. Qu'est-ce donc qui pourrait retenir nos juges désormais?

Les faux *Blanche* et *Speranza* fondés sur la violation du secret des lettres au profit de l'intérêt privé d'un criminel, les lettres de la femme voilée, la promenade hors de l'armoire de fer d'un document secret de l'Etat-Major, sont des faits à la charge commune d'Esterhazy, de la fille Pays et du colonel du Paty de Clam. Il faut que du Paty de Clam soit innocent, parce qu'il fut le juge instructeur de Dreyfus, et qu'il faut que Dreyfus reste au bagne, innocent ou coupable, comme dit M. Georges Berry.

Du Paty de Clam a diaboliquement machiné la plus monstrueuse erreur judiciaire. De ce fait, il est sacro-saint. Tous les actes délictueux qu'il a pu commettre pour nous enfoncer un peu plus dans le mensonge et pour aggraver la crise mortelle où l'esprit public menace de sombrer, seront tenus pour légitimes par l'unique raison que du Paty de Clam en est l'auteur. C'est Zola qui est le malfaiteur public, puisqu'il dénonce du Paty. C'est Picquart qui est accusé d'avoir divulgué des secrets d'Etat, et cela est tout simple, puisque c'est le colonel du Paty qui complote avec le Uhlan dont le rêve est de brûler Paris, puisque c'est le colonel du Paty qui livre à ce misérable, à ce traître, les documents secrets que l'Etat-Major interdit à notre vue. Du Paty est innocent, vous dis-je, car, s'il est acquis qu'il ait livré une pièce secrète au Uhlan, qui nous dit comment cet homme s'est procuré les notes dont il est question dans le bordereau? Rappelez-vous le mal que se sont donné les officiers de l'État-Major devant la Cour d'assises de Paris pour prouver qu'Esterhazy n'avait pu connaître ces documents. Officiellement, cela n'est pas douteux. Mais quand on a des amis...

Enfin du Paty est innocent parce qu'il est innocent, et la preuve c'est qu'on va innocenter Esterhazy lui-même, le traître, l'espion allemand à 2.000 francs par mois, le faussaire, l'insulteur de l'armée, le haïsseur de la France. C'est le bouquet. Après le juge militaire, voici le juge civil au pied de cet infâme, commandant de l'armée française et décoré de la

Légion d'honneur. Et Félix Faure est content. Et Brisson se lamente de peur en son oratoire franc-maçon. Et la Chambre à l'unanimité vote des palmes à Cavaignac.

Il y a la loi violée, la justice outragée, la vérité poignardée par derrière. Distractions passagères de notre République de liberté, d'égalité et de fraternité.

12 *août* 1898.

XX

L'état d'esprit en France.

Je fais d'incroyables efforts pour comprendre l'état d'esprit de mes concitoyens. La France avait gardé de 1789 une puissante autorité morale sur le monde. La race était bonne et gaie, franche et vaillante, amoureuse de justice, éprise d'idéal. On lui reprochait sa mobilité, une humeur parfois querelleuse, un manque de méthode et d'obstination dans ses desseins. Mais sa haute générosité d'âme la faisait trop belle aux yeux des peuples pour qu'ils pussent se défendre, à travers tout, de l'aimer.

Ils l'aimaient, « la douce France », et la tenaient pour la plus noble amie des vaincus de la Destinée. Aussi quels soulèvements d'espérance dans le vieux continent gémissant sous le poids des monarchies usées, quand notre XVIIIe siècle annonça la paix de justice entre les hommes et quand la Constituante annonça son dessein de la réaliser. Ah! je ne le sais que trop, la chute fut sanglante et profonde.

Les révolutionnaires trébuchèrent aux planches de l'instrument de mort, et Napoléon, succédant aux jeunes généraux de l'ère nouvelle qui apportaient la justice et la liberté dans les plis du drapeau tricolore, dépensa l'énergie de ce peuple en d'effroyables tueries, sans autre but que de revivifier dans le sang le rêve mort de César et de Charlemagne. 1815 apporta la fin de la violente épopée, et le Français, de sa pente naturelle, tout aussitôt revint aux revendications de justice et de liberté dont 1830 et 1848 furent, pour une heure, l'éclatant triomphe.

Sans doute, d'inouïes catastrophes suivirent : la guerre civile de Juin, le coup d'Etat de Décembre aboutissant logiquement à la folie de la guerre franco-allemande; après la désorganisation de l'armée, la patrie livrée à l'invasion par l'incapacité de nos chefs militaires et la trahison du plus fameux de tous, enfin la guerre civile reparue, noyée dans des torrents de sang. Mais, au-dessus de cette tragique histoire, quelque chose planait des temps anciens, l'idéal d'humanité dont les penseurs du xviii° siècle avaient fait le meilleur de la conscience populaire. Nos détracteurs, sans doute, le disaient trop haut pour que nous y puissions jamais atteindre. C'est que nous avions voulu d'abord le placer aux sommets d'où toute la terre le pût voir. Et, quoi qu'il en pût être, l'état d'esprit demeurait en nous qui, par notre puissance d'assimilation, par notre élan de généralisations hardies, nous permettait de nous dire les porte-parole du genre humain.

C'est pourquoi, jusque dans l'invasion même, la République avait surgi du sol. La République, un mot qui peut représenter tout le bien, tout le mal, suivant ce que la font ceux que l'esprit public met en situation de la forger à leur image. Que dire des luttes stériles des vingt années passées ? Pour juger librement nous manquons de la reculée nécessaire. Tout ce qu'on peut dire, c'est qu'il ne s'est rien fait que par la bourgeoisie républicaine, qui, seule maîtresse, a gouverné ce pays suivant les données d'empirisme estimées par elle les plus propres à assurer le maintien de son pouvoir. Elle seule pourra donc porter, dans l'histoire, la responsabilité du fait accompli et de ses conséquences.

Les deux crises les plus notables de ce règne ont été, sans contredit, le Boulangisme et l'affaire Dreyfus. Le Boulangisme fut un accès de régression césarienne, principalement causé par l'impuissance et le désarroi des partis. Poussée de l'ancien virus qu'on avait cru détruit et qui travaille encore trop de cerveaux simplistes, attardés dans les conceptions d'un autre âge. Malgré tout, il semblait que l'esprit de la Révolution, comme on dit, dont le césarisme est la perversion, était resté vivant au fond des âmes. L'esprit de la Révolution, caractérisé surtout par le besoin d'une justice égale entre tous les hommes.

Eh bien! le mal paraît plus grand que les pessimistes eux-mêmes avaient pensé. Car l'affaire Dreyfus nous a soudainement révélé que le gouvernement, pour violer la loi, pour outrager la justice, pour faire prévaloir le mensonge sur la vérité, n'avait pas même besoin de sauvegarder les apparences, et que les politiciens, ainsi que les masses qu'ils expriment, s'accommodent fort bien de tels actes ouvertement commis, quand les préjugés de race ou de religion, et quand les intérêts électoraux, peuvent y trouver leur compte.

Voilà le point exact où nous sommes descendus. Les chefs du peuple, au pouvoir ou dans l'opposition, se sont mis au service des idées qu'ils condamnent, par simple lâcheté de caractère, et l'on sait si le Parlement a suivi. Le Parlement, pouvoir sauveur, pouvoir d'idées, a consommé sa propre défaite, a scandaleusement renié tout ce qui faisait sa raison d'être. C'est la grande course à l'abîme.

Pour l'honneur de la France, comme il y eut autrefois la protestation des philosophes dans Rome décadente, il se trouve des Français — non des moindres — pour prendre acte de ce qu'ils refusent leur adhésion à l'iniquité, à l'illégalité, au mensonge. Hier, je citais M. Buisson. Aujourd'hui, voici M. Gaston Paris.

qui nous apporte cette éloquente déclaration, qu'en d'autres temps nous aurions jugée superflue.

Quand un peuple ne croit plus à l'intégrité incorruptible de ses juges, tout chancelle dans sa conscience, tout s'obscurcit dans son sentiment du droit. Placer la justice en dehors et au-dessus de toutes les passions, de toutes les haines, de toutes les cupidités, c'est le premier devoir des gouvernants. La royauté française l'avait admirablement rempli sous Louis IX, qui plus d'une fois avait incliné les intérêts de la couronne devant les décisions du droit et qui recommandait à ses gens de loi de ne jamais favoriser sa cause au détriment de ceux qui plaidaient contre lui. Ses successeurs n'agirent pas de même. Ils firent de la justice un instrument de leurs rancunes et de leurs convoitises, et ils faillirent ainsi à la plus sacrée de leur mission. Cette mission, c'est l'Etat moderne qui en a hérité aujourd'hui. Représentant direct de la nation, il est plus tenu encore à lui conserver sa foi dans la justice, sans laquelle il n'y a plus de conscience publique. Puissent le comprendre ceux que la confiance de leurs concitoyens a investis du redoutable pouvoir de châtier le crime et de protéger l'innocence! Puissions-nous ne pas revoir des jours où les enquêtes judiciaires ne seraient que des comédies, où les témoins véridiques seraient menacés ou réduits au silence, où les débats intéressant l'honneur et la vie des citoyens seraient enveloppés de ténèbres!

Et quand un homme qui honore la France traverse une de nos grandes villes, que croyez-vous qu'il arrive? On le hue, on lui jette des pierres pour avoir parlé de la sorte, et il faut que la gendarmerie le protège contre les césariens et les antisémites, maîtres de la rue.

Et le gouvernement de la République, que dit-il? Rien. Car ce sont ses plus fermes soutiens qui manifestent contre Grimaux, à Nantes.

Et les protestations de « l'opinion républicaine »? Quand les fougueux rhétoriciens des « Droits de l'Homme » se souviendront des « Immortels Principes » qu'ils représentent, je ne manquerai pas d'en informer mes lecteurs.

13 août 1898.

XIX

Les secrets bien gardés.

Le colonel Picquart est poursuivi pour le crime d'avoir communiqué à M⁽ᵉ⁾ Leblois, son conseil, les lettres du général Gonse, qui intéressent autant la sûreté de l'État que tout document où il n'est pas dit un mot de l'Etat ni des conditions de sa défense. On n'a pas oublié dans quelles circonstances le colonel Picquart fut amené à faire cette communication sous le sceau du secret professionnel. Il avait découvert l'identité de l'écriture d'Esterhazy avec celle du bordereau, et la conclusion qui s'imposait, c'était la revision du procès de Dreyfus. Ses chefs ne disaient pas non, ne disaient pas oui, ne sachant trop encore jusqu'où la lâcheté des pouvoirs civils leur permettrait de résister à l'évidence. Ils disaient à Picquart bien gentiment : « Cherchez », et, au milieu de ses recherches, quelqu'un de l'Etat-Major (serait-ce du Paty?) faisait le coup de l'article mensonger de l'*Eclair*, et l'on expédiait, sous de faux prétextes, le colonel gêneur en Tunisie. Mais, avant de partir, il avait échangé, avec le général Gonse, des propos souvent cités, qui n'ont point été démentis.

— Vraiment, aurait dit le général, vous prenez cette affaire fort à cœur. *Après tout, ce n'est pas vous qui êtes à l'île du Diable !*

Et le colonel de répondre :

— *Je n'emporterai pas ce secret dans ma tombe.*

Et cette parole n'était point hors de propos, car bientôt le général Leclerc, commandant en Tunisie, recevait l'ordre d'expédier le colonel Picquart, avec un nombre insignifiant de cavaliers, dans les parages voisins du lieu où le marquis de Morès a rencontré la mort. Si les Arabes ne s'étaient point montrés, la fameuse lettre où Esterhazy proposa d'attirer sa maîtresse en Tunisie pour lui faire envoyer par un de ses spahis un coup de fusil dans le dos, montre à quels genres d'accidents la terre d'Afrique nous expose. Le général Leclerc heureusement s'opposa au départ du colonel, que rien ne justifiait. Sans cela le juge d'instruction Fabre ne serait point présentement saisi d'une affaire Picquart.

On comprend aisément que, dans ces conditions, le colonel, pressentant qu'on l'envoyait peut-être à la mort, ait chargé l'homme de loi qui était son ami d'enfance de venger, s'il y avait lieu, sa mémoire. Les lettres du général Gonse prouvaient jusqu'à l'évidence que les chefs du colonel, connaissant par le menu toutes les circonstances de l'enquête à laquelle il s'était livré, lui avaient officiellement gardé toute leur bienveillance, et l'avaient même d'abord encouragé dans sa recherche de la vérité. Rien de plus. Voilà de quels faits le juge d'instruction Fabre est chargé de tirer cette conclusion que le colonel Picquart a porté atteinte à la sûreté de l'Etat. Je ne doute pas qu'il n'y réussisse à la satisfaction de ceux qui le décoreront, l'un de ces jours, pour ce bel ouvrage. J'ose prédire, en outre, qu'il ne lui sera pas cherché noise par M. le procureur Feuilloley, comme à ce maudit Bertulus.

Il s'agit, dira-t-on, de défendre jalousement les secrets de l'Etat, ainsi que le patriotisme le commande. En êtes-vous bien sûrs qu'il s'agit de cela, ô détenteurs privilégiés du patriotisme spécial qui aboutit à mettre au-dessus de la patrie les intérêts particuliers d'une caste militaire? Les secrets d'Etat? Dieux! Que deviennent-ils entre vos mains?

Les notes secrètes d'un officier, parce qu'elles disent tout, sont au premier rang des papiers qui ne doivent être en aucun cas divulgués, sauf quand l'intérêt public le rend absolument nécessaire. Eh bien! nous sommes loin de compte. Un ministre a-t-il besoin de ces renseignements mystérieux pour combattre le concurrent qu'on lui oppose? Aux élections, les archives du ministère sont à sa disposition, ainsi qu'en fait foi l'aventure Turrel-Berlioz. Voilà le cas que fait du secret professionnel l'homme le plus haut placé dans la hiérarchie militaire, le ministre qui a la garde des secrets de l'armée.

Un journal croit-il utile à la campagne qu'il mène contre Zola de déshonorer la mémoire d'un mort? Les dossiers secrets sont à sa disposition. Il y peut choisir telle pièce qu'il lui plaît, sans même s'occuper de vérifier l'authenticité de la provenance, et surtout sans y joindre les documents contradictoires qui peuvent suivre. Encore un secret mal gardé. Et, chose suggestive, ces accidents ne se produisent que dans l'intérêt des hommes au pouvoir. Serait-il possible que nos maîtres en fussent arrivés à confondre l'intérêt de l'Etat avec ce qui est seulement leur propre avantage? Cela s'est vu en d'autres temps. Il semble que la tradition ne s'en soit pas perdue.

Peut-on concevoir un cas plus extraordinaire que l'histoire de la pièce secrète envolée des armoires de l'Etat-Major, que garde férocement l'archiviste Gribelin, pour se trouver dans la poche d'Esterhazy, le traître? Là-dessus, tout au moins, la lumière paraît faite et les circonstances de l'accident sont connues. Le lieutenant-colonel du Paty de Clam est accusé par un témoin d'être l'auteur du méfait, et le témoin précise mille détails probants. Et le soupçon viendra à tout le monde que, si le lieutenant-colonel du Paty de Clam en est arrivé à ce point d'inconscience de livrer un document secret au traître Esterhazy, il est peut-être l'auteur de la communication de la même pièce à l'*Eclair*, avec cette circonstance aggravante que le document avait été, au préalable, faussé, pour prouver la culpabilité de Dreyfus. Et que résulte-t-il de toutes ces découvertes ? Rien. Un juge prétendait appliquer la loi. Le ministère Brisson lui a fait savoir que la loi n'était pas faite pour tout le monde.

Ainsi se masque l'intérêt de quelques privilégiés sous le prétexte mensonger des intérêts de la patrie. Que faisait de plus l'ancien régime, objet de tant de déclamations éloquentes ? La loi, la justice égale pour tous : des mots, des mots. Les secrets d'Etat seront gardés ou violés suivant qu'il plaît aux maîtres du jour. Et tout le progrès sera que ces maîtres nous soient donnés par le suffrage populaire au lieu de venir des hasards de l'hérédité. Ce progrès-là ne me satisfait point, puisque nul homme sensé n'y peut voir autre chose qu'une insigne tromperie.

14 août 1898.

XXII

Il parlerait.

Esterhazy et la fille Pays sont libres. L'Etat-Major a tenu parole, La partie civile s'est effondrée.

Ainsi, il n'y a plus moyen de conserver aucune illusion sur ce que le gouvernement de la République appelle la justice et la loi. Sous ces mots : rien qu'impudente tartuferie et lâche mensonge. Voilà ce qu'apprend au monde stupéfait la décision du procureur Feuilloley transformée, pour « la décence », en arrêt de la chambre des mises en accusation. Il n'y a plus de juges, puisque ceux qui s'arrogent indûment ce nom violent les lois, contre les innocents, en faveur des coupables. Il n'y a plus de juges, puisque si l'un d'eux par hasard veut juger, on l'arrête cyniquement dans son œuvre.

Et comme la justice — même imparfaite — est la clef de voûte de l'Etat, et que, lorsqu'elle vient à manquer, tout s'abîme, nous voyons les pouvoirs civils et militaires, avec l'esprit public lui-même, dans le plein désarroi de l'anarchie. Des chefs de l'armée, retour de Sedan et de Metz, imposent leur infaillibilité pour loi suprême du pays, et les chefs civils de la République dégradée rivalisent de bassesse pour faire de ce mensonge le principe intangible du gouvernement de la France. Alors, rien n'est plus à sa place dans l'Etat, ni les chefs militaires offrant leur démission aux jurés de la Seine et faisant campagne dans les journaux, au lieu de s'appliquer à réparer les fautes et les crimes de ceux qui furent leurs maîtres, ni les gouvernants vautrés dans le plus odieux arbitraire, ni les réprésentants du peuple suivant, en troupeau vaincu, le triomphe de l'iniquité, ni le peuple lui-même inconscient des effroyables lendemains que nous préparent ses préjugés d'ignorance ou de servitude couronnés d'égoïste indifférence.

L'injustice est ancienne dans le monde, mais partout les protestations de la conscience l'accompagnent. Fortes ou faibles, elles décident du sort des nations. Quand Rome, dont l'histoire fut un prodige, commença de se décomposer pour mourir, de grandes voix s'élevèrent qui prirent leur temps à témoin que quelques-uns ne consentaient pas à cette déchéance. Nous les honorons, après des siècles écoulés. Mais Rome, qui ne voulut pas les entendre, tomba dans l'abîme et périt.

La France, à beaucoup d'égards, n'a pas une histoire moins glorieuse. Elle a produit des esprits aussi hauts, elle a joué dans le monde un rôle incomparable, et les monuments de son noble génie attesteront, tant qu'il vivra des hommes, sa grandeur. Mais quand je la vois se laisser déborder par l'élan des races voisines, aussi bien dans la guerre que dans le commerce et l'industrie, et jusque dans le développement même de sa puissance reproductive, quand je vois que, très grande encore par l'art et la pensée, en dépit de son infériorité dans l'action, elle semble renoncer d'elle-même à l'antique primauté morale qui fut le meilleur de sa renommée, je me demande si les qualités de vive intuition qui la lancèrent au premier rang des nations civilisées suffiront à l'y maintenir, dans la compétition des peuples de conception plus lente accumulateurs des forces de durée.

C'est le problème que les Français sont en train de résoudre, bien que ceux qui prétendent les diriger paraissent n'en avoir nulle conscience. Si les hontes du temps actuel n'étaient le fait que de certains politiques comme tous les pays en ont vu, l'historien, le philosophe n'y considéreraient que la misère d'un jour. Mais Brisson, Bourgeois, Cavaignac lui-même, ne sont rien, là-dedans, que les faibles agents d'une décomposition de forces supérieures. Le fait qu'ils s'annonçaient comme représentants de principes, comme réformateurs, comme porteurs d'idées, sert seulement à montrer ce que peut donner de recul, en ce moment, une force réputée progressive. Et l'attitude officielle du parti révolutionnaire — qui ne peut rien être que par les revendications de justice — convenant de laisser passer l'iniquité sans mot dire, met le dernier trait au tableau. Quant à ce qu'on appelle l'opinion publique, comment se manifeste-t-elle? Par les cris de : Mort aux Juifs! par les outrages aux protestants, aux libres penseurs, par les insultes à ceux qui demandent la loi, par le regret qu'éprouve le maire de Clisson de ne pouvoir pendre Grimaux aux arbres de sa garenne, ou — ce qui est plus grave encore pour ceux qui pensent différemment — par le silence.

Tel est le bilan d'aujourd'hui. J'attends celui de demain. Esterhazy et la fille Pays sont en liberté. Le gouvernement est à leurs pieds. Le traître tient à sa merci l'Etat-major. On ne peut pas le condamner, il parlerait. Il faut payer son silence pour la sauvegarde de tous les organisateurs de mensonges. Il nommerait ses complices, il avouerait le crime qui n'est pas le sien seulement. Nos maîtres pour rester nos maîtres ont besoin qu'il se taise. Que faut-il pour cela? Rien. Supprimer les lois seulement, tuer dans les cœurs la croyance aux approximations humaines de justice, anéantir l'espoir que le droit aura son jour, frapper l'innocence et glorifier le crime. Telles sont les grandes leçons de choses qui nous viennent de l'éducateur Brisson, préparant, dans d'austères méditations, la chute de sa patrie.

15 août 1898.

XXIII

Le crime d'innocence.

Et maintenant, qu'on le fusille! Je parle naturellement du colonel Picquart. Quelle funeste idée a donc eue le général Leclerc d'arrêter par un contre-ordre la mission qu'avait reçue son subordonné d'aller se faire assassiner par les Arabes sur le chemin de Gabès, avec douze cavaliers sacrifiés dans le tas, comme petites gens sans importance! Au procès Zola, le général Gonse a formulé l'axiome suivant : « Nous n'avons pas l'habitude de faire assassiner nos officiers. » J'ose dire à ce sous-chef d'Etat-Major qui ne connaît pas la pièce de 120, qu'il n'est pas mieux informé des « habitudes » de son ministère.

Le général Billot, qui me paraît avoir, en ces matières, plus d'autorité que le général Gonse, m'a fait dire par un officier supérieur, au plus fort du bruit déchaîné par l'article *J'accuse* :

1º Que, sur son honneur, il tenait Dreyfus pour coupable.

2º Que, dans l'affaire du jugement, le général Mercier avait fait *des sottises*.

3º Que lui, Billot, s'y serait pris autrement, et *qu'il se serait débarrassé de Dreyfus en l'envoyant dans un endroit d'où il ne serait pas revenu*.

4º (Ici un renseignement sur l'état de notre défense, que je m'abstiens de reproduire).

5º Qu'il attendait de moi que je lui donne un coup de main pour en finir avec les Juifs.

Je n'aurais jamais rien dit de cette histoire, si la lâcheté de nos gouvernants ne nous avait mis au point de ne plus rien ménager.

Je m'abstiens provisoirement de tous commentaires sur les cinq paragraphes de cette communication officieuse, que j'affirme sur l'honneur avoir reçue textuellement en la forme sus-énoncée. Je les gravai dans ma mémoire, et j'en fis confidentiellement part à plusieurs de mes amis qui connaissent le nom de l'intermédiaire.

Est-il besoin de dire combien l'affirmation de Billot relative à la culpabilité de Dreyfus me toucha peu? L'homme qui a dit quatre fois à la tribune que Dreyfus avait été condamné *légalement*, quand il sait que c'est le contraire de la vérité, se juge lui-même. Tout ce que je veux retenir aujourd'hui, c'est que Billot blâmait surtout le général Mercier d'avoir fait de l'illégalité en forme de loi, et trouvait plus simple de faire massacrer les gens sans l'ombre d'une forme de justice.

J'en conclus que le général Gonse avait grand tort

de dire que le Ministère de la Guerre répugnait, le cas échéant, au massacre de nos officiers, et il devra reconnaître que j'apporte ma preuve. Il me fallut quelque empire sur moi-même pour ne pas lui répondre à la Cour d'assises. Aujourd'hui je n'ai plus les mêmes raisons de silence, et je mets chacun à même de juger si la tentative d'assassinat de Gabès a le caractère d'une imagination du colonel Picquart.

N'ayant pu l'assassiner, nos maîtres, civils ou militaires, l'ont outragé et l'ont fait traîner dans la boue par les bandes dont ils disposent. Puis, innocentant de vive force le criminel Esterhazy, avec ses deux complices, du Paty de Clam et la fille Pays, par l'impudente suppression des témoignages accusateurs, ils sont logiquement tenus de garder Picquart en prison et de le faire condamner pour crime d'innocence. Bernard Lazare a démontré dans l'*Aurore*, avec la pleine clarté de l'évidence, que les griefs relevés contre Picquart sont précisément ceux qu'on doit imputer à ses adversaires.

Dans quel intérêt a été faite la communication mensongère de l'*Eclair?* De quoi s'agissait-il, sinon d'accabler Dreyfus par le moyen d'un faux? A qui s'en prendre, sinon à ceux contre qui le juge Bertulus a relevé des faux commis dans le même intérêt? M. Brisson ayant sauvé les coupables, c'est bien le moins qu'on fasse payer pour eux leur victime. On sait, à n'en pas douter, que la publication du bordereau est imputable à l'expert Teyssonnières, dont l'exemplaire, seul, manque au dossier, et c'est Picquart qu'on poursuit. On ne peut faire autrement. Teyssonnières est témoin à charge contre Dreyfus : l'impunité lui est garantie.

A quand la fusillade de Picquart? Vraiment je ne sais pas pourquoi l'on y met tant de formes. Un vieux reste de préjugés de la franc-maçonnerie gouvernante! Le général Gonse, lui-même, n'est pas sans mériter le reproche d'indulgence. Après avoir mis Picquart sur le chemin de Gabès, il lui écrivait de bonnes lettres, pleines d'amitié doucereuse. Allons, Brisson, montre à ces gens ce que tu peux faire ! Pas de faiblesse, Président ! A nous, notre belle justice de Madagascar ! En tête de l'*Officiel*, d'abord, le texte du jugement, et le récit de l'exécution. Puis « *des juges* » ! Feu sur la vérité ! Feu sur la justice ! Et pour que l'exemple soit bon, je demande qu'Esterhazy tire le coup de grâce.

17 août 1898.

XXIV

Les dessous.

M. Cornély a senti le besoin d'expliquer aux étrangers « les dessous » de l'affaire Dreyfus. M. Cornély n'est pas précisément une bête. Ce n'est pas lui qui dirait : « L'Europe n'a pas besoin de s'occuper de ce qui se fait chez nous », car il sait qu'avec ou sans notre permission, l'Europe s'en occupera tout de même, et, sans intervenir dans nos affaires, portera sur nous le jugement qui lui semblera bon.

Le temps est loin, hélas ! où, ayant le sentiment de faire des choses dignes d'être louées, nous nous vantions de notre grand renom dans le monde. C'était le thème du chauvinisme ; et le fameux mot : « Tout homme a deux patries : la sienne et la France », nous paraissait le superlatif de la gloire nationale. Aujourd'hui, inversement, la conviction où nous sommes qu'il se passe en notre pays des événements abominables — par la volonté froidement réfléchie des gouvernants et avec la complicité de l'indifférence populaire — porte la presse de l'Etat-Major, du clergé, des ministres et de toutes les nuances du parti réactionnaire, à médire de l'estime de l'étranger. Nous ne voulons plus qu'on nous admire ou qu'on nous blâme, nous ne voulons plus qu'on nous juge, et pour cause. Nous prétendons ineptement nous soustraire aux appréciations du dehors et n'avoir aucun compte à tenir des critiques de l'opinion civilisée. Et la raison n'en est que trop manifeste. Nos gouvernants ont contre eux la pensée unanime de tous les peuples en voie d'évolution sociale, y compris les politiques de l'autocratie. Nulle part le sentiment public ne s'est prononcé aussi nettement à cet égard qu'en Russie. Il a fallu, ô honte! à la requête du gouvernement français, un ordre du Tsar pour imposer silence à la « presse amie ».

M. Cornély sait cela, et il n'est pas des sots qui croient que les deux extrémités du boulevard marquent la fin de la terre. Il a donc cru devoir expliquer aux étrangers les dessous du *malentendu* à son point de vue propre de réactionnaire.

Ses explications ne sont point sans saveur. Il reconnaît d'abord l'existence d'une *caste militaire*. Ce sont les termes même dont il m'est arrivé souvent de faire usage. M. Cornély n'est point de ces publicistes qui se servent de mots au hasard. S'il dit *caste*, c'est *caste* qu'il a voulu dire, c'est-à-dire constitution d'une oligarchie fermée, en dehors du reste de la nation. C'est, en effet, le maintien de cette *caste*, au prix des pires iniquités, qui est tout le nœud du problème. La faveur, systématiquement organisée, en ferme l'accès à tout ce qui ne porte pas l'estampille du clergé, à tout ce qui conçoit autre chose, comme principe de gouvernement, que la force brutale du sabre contre l'idée. Sur ce point encore, les aveux de M. Cornély ne sont pas moins clairs. Il reconnaît que « l'Eglise et l'armée » (c'est naturellement sous ce nom la *caste mili taire* qu'il faut entendre) font cause commune contre la pensée, au secours de laquelle accourt naturellement la protestation des universitaires. Je n'ai rien à reprendre à cela, et me voilà encore une fois d'accord avec mon distingué contradicteur.

Je dis contradicteur, et il le faut bien, puisque M. Cornély me reproche de « dresser chaque matin l'acte d'accusation de l'Etat-Major ». Comment ferais-je autrement? Ma conception d'un Etat-major est celle d'un corps qui se vouerait exclusivement à la prépation scientifique de la défense du territoire, et non d'une moinerie militaire consacrant ses efforts à maintenir la domination du sabre et du goupillon sur les esprits et sur les corps. Nous avons vu l'amiral Cervera aller faire bénir son épée par la Vierge Marie avant de partir pompeusement pour son irréparable défaite. M. Lockroy, radical, met tout le personnel de la marine dans la main d'un amiral qui proclame que la victoire dépend de la protection de saint Michel. Quand on croit sincèrement qu'une prière a plus d'effet qu'un obus à grande capacité, il faut entrer dans les ordres pour vaincre à coup d'oraisons. Autrement, on s'expose à l'accident de Cervera, très pieux, qui, par son imbécile stratégie, a porté le coup de grâce à sa patrie.

M. Cornély, qui, entre nous, préférerait, je suppose, une arme médiocre au meilleur chapelet, en cas de bataille, prétend que « la République mourra de cette antinomie », et que le clergé et la « *caste militaire* » viendront à bout de l'esprit de justice et de liberté. Pour ce qui est de la République le plus fort est fait, je le reconnais, puisque les chefs du parti républicain l'abandonnent. Et, aussi longtemps que l'infirmité mentale des foules tolérera les lâchetés et les hontes dont nous sommes témoins, j'aime mieux en pouvoir mettre la responsabilité au compte de la monarchie cléricale que de voir de prétendus républicains ensevelir un si beau nom sous cette boue. Pour ce qui est de l'esprit de justice et de liberté, j'ai confiance en lui pour trouver sa voie. Il est homme lui-même, l'homme en conscience du beau, l'homme en espérance du bien, l'homme en chemin de devenir. Contre lui, l'ignorance et la force. Ce n'est rien. Chaque jour un peu de l'ignorance diminue, un peu de la force décroît. Chaque jour un peu plus de l'homme se fait, un peu plus de justice, un peu plus de liberté.

C'est vrai, il y a des rafales sombres, où dans le déchaînement furieux des puissances du passé, toutes les constructions d'avenir paraissent menacées. Mais le triomphe de l'esprit est supérieur à ces contingences. Le pis qui puisse advenir c'est qu'un peuple qui s'obstine dans l'iniquité subisse l'ultime déchéance, tandis que l'Humanité passe, en route vers les hautes conquêtes de l'avenir.

La Fortune a placé la France, sous Brisson, à ce double chemin. Brisson a choisi pour lui-même. Que fera la France ?

18 août 1898.

XXV

Contribution à l'opinion publique.

En un temps où l'on se plaît à invoquer « l'opinion publique » pour justifier les pires attentats aux plus vulgaires principes de la justice humaine, il est permis de se demander ce que c'est au juste que cette « opinion souveraine » pour qui l'on réclame le droit de faire, par un arrêt sans appel, la vérité du mensonge.

Où siège l'opinion publique? Serait-ce dans la presse honorée des faveurs de l'Etat-Major? Ou bien dans le Parlement unanime qui, affolé d'intérêts électoraux, prend parti, à la suite de Cavaignac et de Brisson, contre la loi, contre le droit, contre toutes les garanties inscrites dans nos codes pour assurer aux innocents un traitement différent de celui des coupables? Ou encore dans les manifestations de la rue organisées par les bandes césariennes et antisémites, sous l'œil indulgent d'une police amie? Ou « cette opinion publique » qui se prétend supérieure à la justice elle-même, serait-elle faite principalement de la lâcheté des hommes qui, entre la satisfaction idéale de combattre pour la vérité et les avantages notables qu'on trouve à se mettre du côté des plus forts, poussent les faibles au service de tous les pouvoirs d'ignorance, d'intolérance et de tyrannie? Est-ce Brisson, l'opinion publique? Est-ce Billot, Cavaignac, du Paty de Clam ou Didon? Est-ce Georges Berry, qui veut *qu'innocent ou coupable* un homme reste au bagne? Est-ce Marinoni, parce qu'il a beaucoup de lecteurs? Soutiendra-t-on que c'est le nombre des suffrages qui fait la vérité, et qu'avant Galilée la terre ne tournait pas?

Je suis un peu embarrassé pour me reconnaître au milieu de tant de sophismes dont l'humanité se leurre. Je ne fais point fi de l'opinion publique, mais, me souvenant de tous les crimes historiques qui furent par elles proclamés haute justice, je professe que ses arrêts, comme tous autres, sont sujets à revision. Je n'ai point exclu l'antique Jéhovah de mon ciel pour le faire revivre sur la terre, dans la foule inconsciente. Bien loin de diviniser les obscurs mouvements des masses, j'y vois le jeu de forces aussi redoutables que mal déterminées, et je voudrais, avec tous les démocrates sincères, faire de cette opinion publique légère, irresponsable, quelque chose qui, par la culture la plus étendue et, partout où cela se peut, la plus profonde, se rapprochât du plus beau développement de la conscience humaine. C'est à quoi travaillent, aux différents degrés de la hiérarchie, tous les éducateurs ouvrant la multitude des esprits à la lumière.

Ils y travaillent par l'enseignement de la parole et parfois aussi, comme on l'a vu récemment, par l'enseignement de l'exemple. Et ce faisant, ces hommes sont, à vrai dire, les premiers des patriotes, car ils ensemencent d'idées et d'actes la patrie. M. Bourgeois peut les suspendre, les interdire, essayer de les intimider par ses circulaires. Ils passent, labourant, jetant au sillon les moissons de l'avenir, et Bourgeois en sera pour sa courte honte.

J'en prends à témoin aujourd'hui la lettre suivante qui m'arrive de l'Ardèche. J'ai supprimé de ce document quelques passages pour ne pas appeler sur certaines personnes les foudres de M. le grand maître de l'Université. Le signataire est un jeune avocat en train de conquérir ses grades universitaires. C'est pour ce motif que je n'ai pas cru devoir donner son nom.

 Monsieur,

Je viens de lire l'article que vous consacrez dans l'*Aurore* de mercredi à MM. Buisson et Pécaut : je suis bien jeune, mais depuis longtemps déjà je suivais la pensée de ces hommes, soit dans les publications universitaires, soit dans *Le Bulletin de l'Union pour l'action morale,* et c'est pour moi une grande joie d'avoir mis ma conscience à une telle école puisque, sans connaître leur opinion sur une de ces questions fondamentales qui l'intéresse, je me suis trouvé tout de suite penser comme eux ; et tous ceux, amis ou adversaires, que je connaissais comme des consciences droites, n'ont pas hésité ; nous nous sommes tous trouvés sur la même route et marchant dans le même sens contre le même danger. Croyez que ceux-là sont des hommes et qu'ils se maintiendront dans la route droite ; s'il en doit périr, si nous devons être frappés, qu'importe ! si ceux qui nous suivent passent sur nous ; mais nous triompherons.

Les temps ne sont plus héroïques, mais les hommes

héroïques se lèvent ; je ne suis qu'un petit avocat, encore étudiant, mais, en voyant combien les rigueurs contre les hommes de conscience font avancer notre cause, je regrette amèrement de ne pas occuper une haute situation pour pouvoir être frappé.

Ce n'est point pour vous dire ces choses que vous savez que je vous écris, mais pour vous faire remarquer, d'après ce que j'ai pu connaître, combien est grand l'acte de courage de M. Buisson et sa séparation profonde d'avec M. Bourgeois ; il n'y a pas trois mois que ces deux hommes combattaient ensemble et subissaient les rigueurs du cabinet Méline dans les circonstances suivantes :

Le 5 avril, M. Buisson, appelé par le Sou des Ecoles laïques, venait faire, à Lyon, une conférence sur l'enseignement primaire laïque ; il était accompagné par M. Bourgeois, qui venait lancer là les idées (? ? ?) et le programme politique qui devaient servir de prétexte à la lutte électorale entre radicaux et opportunistes. Vous ne sauriez croire tout ce que fit le cabinet Méline pour faire échouer cette conférence.

Le préfet fut en toute hâte appelé à Paris ; il en revint avec des ordres spéciaux ; les inspecteurs furent convoqués à la préfecture et défense fut faite d'assister MM. Buisson et Bourgeois, si bien que le corps enseignant, dont l'admirable M. Buisson fut le chef aimé pendant plus de vingt ans, ne pouvait même pas aller lui porter ses remerciements.

De plus, le recteur lui-même fut obligé, par ordre, de rendre visite à M. Buisson, son camarade d'Ecole Normale, et à M. Bourgeois, son ami, *dans le plus strict incognito*.

Vous voyez par là tout ce qu'on fit à M. Buisson, parce qu'il était accompagné de M. Bourgeois ; que n'a-t-il pas fallu pour qu'ils se séparassent, et vous comprenez pourquoi Bourgeois n'a pas osé désavouer Buisson ; celui-ci a combattu pour lui sans rien attendre en retour ; il n'est pas encore tombé assez bas pour oublier ceux qui se sont sacrifiés pour lui. Mais si une conscience comme Buisson soutenait Bourgeois, il fallait bien qu'il eût longuement réfléchi pour cela ; s'il l'a quitté et renié, c'est que son ancien ami est tombé bien bas dans son estime et qu'il juge bien sévèrement la conduite de celui dont il invoquait autrefois la solidarité. Voilà ce que je tenais à vous dire.

Je me rappelle que, lorsque Bourgeois vint à Lyon accompagner Félix Faure, l'Université lui fit une magnifique ovation ; qu'il vienne donc aujourd'hui, après avoir ressuscité les moyens discrédités par l'Empire, il verra qui l'acclamera : tous les échappés des boîtes de Jésuites qui pullulent dans les Facultés de plus en plus, à mesure que la bourgeoisie devient plus craintive ; tous ces bons petits jeunes gens qui, à la Faculté de droit, voulaient m'écharper avec un de mes camarades, quand, au début de l'affaire, nous étions seuls à pousser le cri de nos consciences en faveur du droit violé, de la légalité méconnue. Mais l'énergie s'impose, aujourd'hui nous sommes une légion, et c'est du respect que nos camarades, hier nos ennemis, ont pour nous.

Vous intitulez votre article : *Des Hommes*. Ayez confiance ; s'il en est parmi la vieille génération comme Pécaut, il en pousse parmi la jeune. Que les « jeunes gens » de quarante à cinquante ans, venus dans de tristes époques, soient des Deschanel, des Bourgeois et autres, nous ne les suivrons pas ; un parlementarisme diplomatique vide et faux a borné leur conscience ; non seulement ils craignent pour leurs peaux, mais surtout ils craignent pour leurs peaux de maroquin ; ils n'ont même pas la crainte humaine, ils n'ont que celle des petits ambitieux. Eh bien ! nous, nous ne désirons rien et n'ambitionnons rien : nous avons confiance dans la vie, parce que nous sommes sûrs de notre pensée droite et de nos cœurs bons ; nous n'arriverons peut-être pas, nous ne voulons pas arriver, nous voulons vivre et nous vivrons, et nous vaincrons ou nous mourrons.

Au sein de nos familles, nous luttons ; contre nos camarades, nous luttons ; ici, dans ce petit pays, empoisonné par la prose à Judet, je suis honni : qu'importe !

L'afficheur public refuse d'afficher les placards du *Siècle*, je les fais venir et je les poserai, non la nuit, mais en plein jour ; on dira que je suis fou d'abord, mais personne n'osera me toucher, et la conviction, soutenue par l'énergie de l'acte, s'imposera peu à peu, et malgré les mensonges de la presse vendue et malgré l'ignorance des esprits grossiers, je suis bien tranquille : nous vaincrons.

Agréez, etc.

Ceux qui pensent librement font-ils partie de l'opinion publique ? J'ose le croire. C'est pourquoi j'ai cru, en publiant cet écrit tout empreint des plus généreux sentiments, apporter à mes lecteurs une indication encourageante, en même temps que fournir une utile contribution à l'histoire de l'opinion publique de mon temps.

19 août 1898.

XXVI

Enfin !

Enfin, nous allons pouvoir jouir d'une tranquillité bien gagnée. L'affaire Dreyfus est enterrée pour jamais. Il n'y a plus que Picquart à envoyer aux travaux forcés, Zola à mettre sous les verrous après un simulacre de procès en octobre prochain, des recteurs à suspendre, des professeurs (race odieuse) à casser, des étudiants à signaler aux sévérités de Bourgeois, des juges à décorer, du Paty de Clam à faire monter en grade et à promouvoir dans la Légion d'honneur. Après cela, nous pourrons dormir en paix s'il ne survient pas d'incident nouveau.

D'ailleurs, Brisson veille, et s'il voit survenir quelque porteur de vérité, Cavaignac a promis de passer ce fâcheux par les armes.

Donc, la paix partout. Vivez heureux, bons bourgeois, qui pensez orgueilleusement : « Nous sommes la France », et qui concevez l'esprit français comme une émanation du gouvernement, quel qu'il soit, à travers des foules hiérarchiquement disciplinées. Le préfet dit ce qu'il faut croire et le gendarme l'impose, sous la sanction du curé, qui, après avoir touché son mois, bénit tout ce qui lui tombe sous la main, à commencer par le percepteur et sa caisse. Nous avons, dans la paix, une invincible armée, puisque la confiance sera décrétée; et si nos généraux, affranchis de toutes critiques, nous mènent à la boucherie comme en 1870, ce ne sera pas la faute de Zola. Nous avons une magistrature modèle puisqu'elle est obéissante et s'emploie de tout son zèle au service des plus forts. Nous avons une Administration incomparable, puisqu'elle est tout organisée pour supprimer l'initiative des hommes, les dispenser de la fatigue de penser, de vouloir et de faire; puisqu'elle assouplit chez les fils de la Révolution toute velléité d'indépendance, jusqu'à leur faire des âmes de fonctionnaires.

Nous avons le gouvernement le plus beau, puisque nous avons mis la République au point de faire revivre l'arbitraire d'ancien régime, avec cette différence que les anciens révoltés on fait leur soumission et demandent la faveur de quelques coups de bâton supplémentaires. Je ne dis rien de la Chambre. Comment peut-on assez louer un Parlement où la Révolution et la contre-Révolution s'accordent unanimement à condamner ceux qui mettent la loi au-dessus des volontés d'un ministre, et à décréter que tel ou tel homme est coupable, d'après des pièces qu'on lui interdit de connaître pour lui épargner la tentation d'y répondre?

Que nous manque-t-il? Rien du tout, je pense. Dreyfus est bien tranquillement au bagne, avec la consolation d'avoir pour geôlier Trouillot, radical, au lieu de Lebon, modéré. C'est un réformateur qui lit ses lettres et décide quels élans familiaux lui doivent être permis, et quels refusés « par ordre supérieur ». Sûrement cela n'était pas pour plaire au prisonnier de penser que c'était un modéré qui le barricadait dans son île. Tandis que Trouillot et Bourgeois, après Lebon et Méline, c'est le retour aux grands souvenirs de Chautemps et de sa chiourme républicaine. Esterhazy (Présentez les armes!) soupe au boulevard avec

Mme Pays, et du Paty de Clam n'est plus obligé de se cacher dans les urinoirs pour se concerter avec son ami en vue d'utiliser, dans la fabrication des faux, les secrets de l'Etat-Major. Quant aux documents « qui intéressent la sûreté de l'Etat », on peut s'en remettre aux traîtres du soin de ne les pas laisser dormir au fond de leurs poches. Quels autres que de grands patriotes auraient fait ce régime à notre patrie ? Aussi, dès demain, allons-nous commencer à vivre, à faire grand. Brisson prépare les réformes de Méline qui étaient celles de M. Buffet. N'est-ce pas manifestement l'accord tant rêvé de tous les Français ?

Quant à la Chambre, vous allez voir ! Un député plaisant nous reprochait, l'autre jour, de nous laisser *obséder* par l'affaire Dreyfus, et d'en oublier les fameuses *réformes* dont il est détenteur. Ces réformes ne lui font négliger, à lui, que les principes dont il proclame qu'elles s'inspirent, à savoir : le droit individuel et la justice égale pour tous. Qu'importe ! le voilà maintenant libéré de notre obsession. Attendez seulement que le rapporteur de la sous-commission de la troisième commission du dixième bureau ait fait préparer dans les ministères le rapport destiné à faire l'étonnement des nations civilisées !

Tant de bonheurs seraient-ils faits pour nous ? Il y a lieu de l'espérer. Je ne vois qu'un point qui cloche dans cette République idéale : c'est la sécurité personnelle de chacun. Quand Doumer, présentement occupé, pour se faire des rentes, à bâtonner et à fusiller les Tonkinois, comme Galliéni les Malgaches, nous aura rapporté d'Indo-Chine le mirifique impôt sur le revenu qu'il y exila par patriotique devoir, quand tel autre réformateur aura nationalisé les chemins de fer, les mines et la Banque, ce sera, malgré tant de joies, bien ennuyeux de voir Pierre tout le temps condamné pour le crime de Paul, et cela par la raison que Paul est d'une autre religion que Pierre. Vous verrez qu'il y aura des gens dont ce système troublera la tranquillité d'âme. A cause du principe de liberté, qu'ils pensent ce qu'ils voudront. A cause du principe de justice, dès qu'ils feront mine de parler, qu'on les fusille !

20 août 1898.

XXVII

Des excuses.

Cela ne va pas se passer ainsi. Je réclame pour Esterhazy des excuses. Il faut, pour l'honneur de l'armée, que M. le ministre de la guerre lui demande pardon publiquement. Car M. Cavaignac, lui aussi, a calomnié cet honorable officier, décoré de cette Légion d'honneur qui rejette Zola comme indigne. Je n'ai pas rêvé, n'est-ce pas ? que le discours ministériel, affiché sur toutes les murailles avec le contre-seing de *tous les députés* sans exception, annonçait qu'une punition disciplinaire allait être infligée à l'officier qui avait méconnu, disait-on, quelques-uns de ses devoirs.

Il est vrai que le devoir d'un officier français n'est pas d'écrire qu'il souhaite de se mettre à la tête des uhlans pour brûler Paris, et que ses chefs sont des « clowns ».

Il est vrai que le devoir d'un officier français n'est pas de se mettre à la solde de l'Allemagne pour deux mille francs par mois ou toute autre somme convenue.

Il est vrai que le devoir d'un officier français qu'on accuse d'espionnage n'est pas de se taire, et de courber la tête sous le pire outrage qui soit.

Il est vrai que le devoir d'un officier français n'est pas de fabriquer des faux, avec la complicité reconnue d'un de ses camarades posté dans l'Etat-Major, pour rejeter sur ceux qui ont découvert son crime la responsabilité d'actes dont ils sont innocents.

Il est vrai que le devoir d'un officier français n'est pas d'escroquer, sous des prétextes divers, les parents, les amis qui ont la confiance trop prompte.

C'est ce qu'avait pensé M. le ministre de la guerre lorsqu'il annonça à la Chambre, après consultation du jurisconsulte Brisson, son dessein d'infliger quelques jours d'arrêts de rigueur à l'officier français qui s'était rendu coupable de ces peccadilles. On sait l'enthousiasme des députés devant un tel développement d'énergie. C'était une question d'*honneur national :* le Parlement fut, en conséquence, unanime.

C'est alors qu'un méchant homme, nommé Bertulus, eut la condamnable pensée d'appliquer à l'officier susdit la plus faible des pénalités que, pour de tels manquements, encourrait tout autre citoyen. L'idée, comme on pense bien, parut exorbitante à Brisson, farouche gardien du droit, qui, lorsque Cavaignac le permet, défend la justice, la liberté et autres « *balançoires* », suivant le mot du bonapartiste fameux dont s'inspire aujourd'hui la politique républicaine. Trois jours d'arrêts de rigueur, n'est-ce pas assez pour un *oubli* momentané de soi, qui de toute évidence ne touche pas à l'honneur, puisque l'officier mis en cause continue d'en porter fièrement l'insigne? Le procureur Feuilloley se rendit à ce raisonnement brissonnien, mais Bertulus, âme damnée des Juifs, membre du seul syndicat de trahison dont Esterhazy ne soit pas, ne voulut rien entendre. Il fallut lui arracher sa « victime », *manu militari,* c'est le cas de le dire.

Enfin, justice est faite, si j'ose ainsi parler. Sous la protection, non des lois, mais des législateurs, l'ami de du Paty de Clam, et, par celui-ci, de Cavaignac lui-même, pourra continuer son honorable carrière. Tout cela est bon, et nos patriotes de profession en éprouvent une joie singulière. Maintenant, on me dit qu'il y a des cannibales sans vergogne qui réclament les trois jours d'arrêts de rigueur. Cela me paraît de la sauvagerie. Souvenez-vous de l'indignation de Van Cassel lorsque l'avocat de Perreux eut l'audace de demander compte à Esterhazy de la lettre du Uhlan. On admira fort, à ce moment, l'attitude de l'officier qui se trouvait hors d'état de répondre. Dreyfus avait cherché à se disculper, la canaille ! Esterhazy, lui, quand on lui parlait de ses relations avec Schwarzkoppen, n'osait souffler mot. C'était admirable. Va-t-on continuer cette persécution ? Trois jours d'arrêts de rigueur ? Un tel châtiment dépasse la mesure. D'ailleurs les faits ne sont pas prouvés puisque Esterhazy les nie. Et son honneur étant intact, comme le constate la croix, une punition, si légère qu'elle fût, serait, je ne crains pas de le dire, un outrage à l'armée, et, par conséquent, à la patrie.

Il est vrai que M. Cavaignac s'est fait l'écho des accusateurs. Mais M. Cavaignac a été bien prompt. Esterhazy est déjà assez fâché de tout le bruit qu'on a fait à propos de ces misères. Il n'y a pas à dire, le ministre a fait tort à son subordonné en laissant entrevoir que celui-ci pouvait bien ne pas être l'innocence même. On doit réparation d'un tort. M. Cavaignac serait désolé d'avoir porté dommage à un de ses officiers dont la réputation dans le monde n'est plus à faire. Allons, monsieur le ministre, un bon mouvement. Une gentille lettre d'excuses. « Mon cher camarade », comme dit le général de Pellieux, croyez que je blâme « l'abominable campagne » (toujours du même auteur) que le syndicat juif, etc., etc. »

Ce serait toujours un commencement de réparation. Après cela, le grade de lieutenant-colonel et la rosette d'officier. Et, si encore l'homme n'était pas content, à la prochaine Exposition on pourrait l'exhiber avec son uniforme français dans la section allemande.

21 août 1898.

XXVIII

Confiance ! Confiance !

Raisonnons, si ce mot ne paraît pas un outrage au patriotisme de ceux qui conçoivent la France comme une caserne de discipline silencieuse sous le sabre de du Paty de Clam et la lance d'Esterhazy. Raisonnons de cette solution de l'affaire Dreyfus qui consiste à ne la point résoudre suivant le mot d'ordre de Billot, de Méline, de Cavaignac et de Brisson. Je ne veux pas examiner l'affaire en soi, il suffit de prendre acte des conséquences.

Zola est un grand criminel, c'est connu. Pourquoi? C'est qu'il ôte au pays la confiance en des chefs militaires qui ne sont rien moins que les plus distingués élèves des préparateurs de Sedan. On a condamné Zola. On le condamnera autant de fois qu'il sera nécessaire. C'est fort bien. Là-dessus, par ordre de la magistrature civile et militaire que Brisson veut bien mettre à la disposition d'Esterhazy, tout le monde est d'accord. Nous voilà bien tranquilles.

Ah! si Zola avait été acquitté, comme l'a fort bien démontré le général de Pellieux, c'était une autre affaire! Il faut que vous sachiez que les plus savantes dispositions stratégiques, la meilleure organisation militaire, la supériorité même de l'armement, sont des choses qui ne comptent pas pour la guerre, en comparaison d'un article de journal. Cette particularité de l'art militaire n'est pas assez connue. Apprenez qu'il suffit d'un article qui déplaise à M. de Pellieux pour annihiler tout l'effet du génie de nos généraux. Et si vous passez outre à cette règle qui nous vient, paraît-il, d'Alexandre et de César, confiez à nos meilleurs chefs une armée modèle : ils ne pourront, comme ils l'ont déclaré, que la conduire à la boucherie.

Heureusement les douze jurés à qui l'on avait remis, ce jour-là, le soin de la défense nationale ont condamné Zola. Dès lors, nous sommes en sécurité. La confiance renaît. M. de Boisdeffre est invincible. D'abord, nous avons confiance dans Félix Faure qui n'étant rien que par la loi, consent que la loi soit violée, quand c'est son bon plaisir. Nous avons confiance dans Brisson qui livre les Juifs à Drumont et fait condamner Zola par Périvier, comme avait fait faire Méline par Delegorgue, au moyen de l'entorse à la loi qui consiste à ne retenir qu'une phrase dans un écrit de six cents lignes. Nous avons confiance dans Sarrien qui pense qu'on peut condamner un homme sans lui montrer les pièces qui l'accusent, et qui ne veut pas qu'on poursuive du Paty de Clam et Esterhazy dont la condamnation pour faux pouvait diminuer notre confiance en l'épaulette intangible. Nous avons confiance dans Cavaignac comme dans Billot, qui chassent Picquart de l'armée pour avoir manqué de confiance en Esterhazy, de patriotisme insoupçonnable. Nous avons confiance dans les conseils de guerre dont le prochain jury de Versailles dira s'ils acquittent et condamnent *par ordre* ou au petit bonheur. Nous avons confiance dans Ravary, dans Gribelin. Nous avons confiance en Boisdeffre qui, pour un oui, pour un non, donne crânement sa démission aux douze premiers jurés qu'il rencontre. Nous avons confiance en Gonse qui pousse avec tant d'amabilité épistolaire l'un de ses subordonnés dans la fosse. Nous avons confiance en du Paty de Clam qui, s'il conduit une charge avec autant d'entrain qu'il fabrique une fausse lettre, dépassera Lasalle et Murat. Nous avons confiance, pour tout résumer d'un mot, en Esterhazy, chef de bataillon patriote qui, pour plus de sûreté, rédige ses états de service lui-même, et ne craint pas de rencontrer Schwarzkoppen en personne, fût-ce même pour lui dévoiler (par bravade patriotique) les secrets de notre défense. J'espère qu'on ne nous demandera rien de plus, car je ne crois pas qu'il fût possible d'aller au delà d'une si rare confiance. Il faut reconnaître, d'ailleurs, que tous les chefs susdits se tenant étroitement embrassés, et faisant front commun pour « l'honneur de l'armée », la confiance dans l'un, de Félix Faure à Esterhazy, implique la confiance dans l'autre.

Ainsi le patriotisme professionnel est désormais satisfait, et la France est grande et forte au delà de toute mesure. Presque aussi redoutable qu'à la veille de la guerre franco-allemande, quand l'expérience ne nous avait pas encore enseigné ce qu'il advient de la confiance sur commande. Nous avions livré au Napoléon, après le coup d'Etat, tout ce qui faisait la force morale de la France dans le monde, ses traditions historiques de pensée, et, avec toutes nos garanties de contrôle, les principes vivants de notre Révolution, du droit, de justice et de liberté. Sacrifice douloureux, sans doute : « En revanche, nous avons la force », disait-on. Aussi quel enthousiasme à la déclaration de guerre ! Il n'y avait pas de canons. Il n'y avait pas d'approvisionnements. Il n'y avait pas de soldats dignes du nom de chefs. Mais il y avait de la confiance partout, de la confiance à ne plus savoir qu'en faire.

On acclamait tous les uniformes dorés. On criait : Vive tout le monde ! Et les dépêches du théâtre de la guerre ? Ce n'est pas elles qui nous auraient découragés. Rappelez-vous celle-ci qui est textuelle, à quelques heures de l'invasion commençante : « L'ennemi paraît devoir entrer sur notre territoire, *ce qui serait favorable à nos manœuvres.* » Et les Français se disaient : « Bonne affaire, voilà les Allemands dans la souricière. » En ce temps-là, Boisdeffre s'appelait Lebœuf, acclamé du Parlement et des foules pour ses « boutons de guêtre » En ce temps-là, Brisson s'appelait Emile Ollivier, Bourgeois s'appelait Rouher. Lebœuf, Emile Ollivier, Rouher et le peuple du plébiscite avaient une excuse : les ministres ne savaient pas quel usage généraux et civils avaient fait de la confiance sans limites du peuple français, et l'expérience n'avait point permis au peuple français lui-même de juger ses maîtres.

22 août 1898.

XXIX

Esterhazy devant ses juges.

Enfin, voilà les arrêts de rigueur qui nous furent promis. Esterhazy est renvoyé devant un conseil d'enquête qui, pour tous les faits à propos desquels il a été acquitté ou mis hors de cause, lui infligera *peut-être* une punition disciplinaire. C'est à peu près comme si Pranzini avait été condamné à 16 francs d'amende.

Esterhazy déclaré non coupable par le général de Pellieux, avant même l'expertise du bordereau; Esterhazy innocenté par l'ineffable commandant Ravary, en vertu du fameux principe : « Notre justice n'est pas la vôtre »; Esterhazy acquitté par le conseil de guerre, sous la présidence du général de Luxer; Esterhazy reconnu par le général de Pellieux comme un « cher camarade », et vengé par le même officier supérieur de « la campagne abominable » menée contre cet honorable représentant de l'armée; Esterhazy acclamé, choyé, embrassé, par une foule de « patriotes » en délire, au premier rang desquels un prince d'Orléans; Esterhazy protégé par l'avocat général Van Cassel qui le défendit si noblement, par le moyen de documents mensongers, contre les arguments de la défense à la Cour d'assises de Paris; Esterhazy arraché des griffes du juge Bertulus par le procureur Feuilloley qui dépend de Sarrien qui dépend de Brisson qui dépend de Cavaignac, ministre de la Guerre; Esterhazy l'ami de Schwarzkoppen et de du Paty de Clam; Esterhazy le Uhlan au profit de qui toute justice française fut systématiquement faussée pour couvrir l'acte le plus manifeste de trahison; Esterhazy l'escroc, Esterhazy le faussaire, Esterhazy le traître que les trois pouvoirs sacro-saints : législatif, exécutif et judiciaire s'empressent à défendre contre la vindicte des lois, va passer devant un conseil d'enquête afin que l'impartialité de Cavaignac et de Brisson nous soit révélée.

Car on outrage ces chefs d'Etat, lorsqu'on leur impute à blâme l'impunité scandaleuse de l'homme que l'Europe et l'Amérique s'accordent à reconnaître pour la plus insigne canaille connue. Ils ont violé toutes les lois pour le disculper, c'est vrai. Mais c'est dans l'intérêt de la France qui avait besoin d'apprendre ce qu'on peut faire impunément contre la justice et contre la vérité. Maintenant qu'ils ont fait la démonstration — et nul n'alléguera qu'elle soit incomplète — voyez de quel cœur ils sévissent contre ce même homme à l'égard de qui on leur reproche leurs faiblesses. Un conseil d'enquête! Rien que ça, mes maîtres! De ce coup, Urbain Gohier qui n'est jamais content va se rendre.

Peut-être le général de Luxer en sera, ou le général de Pellieux, ou le commandant Ravary, ou l'archiviste Gribelin. Ah! cette fois Esterhazy ne s'en tirera pas à bon compte.

— Mon cher commandant, dira le président, comment vous portez-vous ce matin?

— Peuh! fera l'autre, j'ai un Picquart après moi, qui m'ennuie...

— N'est-ce que cela? Ce pékin aura son compte. Est-ce tout?

— Oh! Je ne suis pas exigeant. J'avais espéré voir le colonel du Paty de Clam parmi mes juges.

— Impossible, il travaille au dossier de Picquart.

— C'est que si on m'embêtait, j'aurais des choses à dire.

— Très bien. Ne les dites pas. Nous sommes fixés.

Tout ceci à huis clos, pour ne pas compromettre la sécurité de la France.

Et quand Esterhazy se sera retiré, l'officier préposé par Cavaignac à la communication des pièces secrètes aux juges, suivant la nouvelle législation qu'inaugura Mercier et que sanctionne Brisson, pénétrera dans la chambre du conseil et donnera lecture du document qui suit :

« Le ministre de la guerre n'entend pas que les
« membres du conseil d'enquête jugent *par ordre*,
« comme osa l'affirmer cet infâme Zola. Le soldat
« est à la fois discipliné, obéissant et libre. C'est
« connu. Seulement, pour permettre à chacun de
« remplir en conscience son devoir, Nous, Cavaignac,
« portons à la connaissance de qui de droit l'ordre
« du jour, en date du 25 juillet dernier, par lequel
« le colonel du 145ᵉ de ligne, en garnison à Montmédy,
« a fait connaître à ses subordonnés son sentiment
« sur un jugement qui ne lui convenait pas :

Le vote des trois membres du conseil, dit cet officier supérieur, semblerait indiquer de leur part *un esprit d'opposition que le chef de corps ne saurait tolérer — et, sans vouloir en rien peser sur la conscience de ses subordonnés — le colonel est absolument décidé à faire au besoin, par sa manière d'être à leur égard, supporter à qui de droit les conséquences d'une conduite qui semblerait vouloir se mettre en opposition avec les décisions certainement impar-*

tiales et raisonnées du commandant du détachement. *Les officiers intéressés voudront bien se le tenir pour dit une fois pour toutes.*

« A bon entendeur, salut. »

Là-dessus les juges délibèreront, comme on dit. J'entends déjà gronder dans la rue les cris patriotiques qui accueilleront, ainsi que de coutume, la sentence : « Vive Esterhazy ! Vive l'armée ! »

23 août 1898.

XXX

Le ministre perplexe.

Et, pendant ce temps-là, M. Sarrien, ministre de la Justice — car si nous n'avons pas la justice, nous possédons un ministre de la chose — avait devant lui, sur sa table, la demande en revision formée par Mme Dreyfus. Consacre-t-il ses nuits à pâlir sur ce dossier qui ne contient pas vingt lignes d'écriture ? Je ne sais. Recherche-t-il la vérité, après s'être donné tant de mal pour l'ensevelir au fond de l'abîme, comme ce roi qui jetait une perle à la mer et promettait des trésors à qui l'irait chercher ? Tout est possible. Comme homme d'Etat, il organise l'illégalité, l'injustice, le mensonge : c'est sa manière de comprendre le devoir envers la patrie. Comme ministre chargé de prononcer sur un cas de revision, c'est saint Louis sous son chêne, avec Cujas et Bartole pour assesseurs. Il est souverain juge. D'un signe de tête, il sauve la loi violée ou l'achève. On a beau être cuirassé de tous les sophismes où s'abrite, depuis des siècles, l'iniquité, c'est tout de même, il faut le croire, un mauvais moment à passer quand la main se lève pour la signature qui va, de sangfroid, consommer le crime.

Je suis sûr que M. Sarrien, dont la férocité n'est pas le trait dominant, préférerait un autre emploi de ses facultés. Seulement Cavaignac tourmente Brisson qui ne lui laisse pas de relâche. C'est bien ennuyeux de faire de la peine à ses amis, quand on n'a pas l'âme méchante. Ce Dreyfus est au bagne, et Cavaignac est ministre de la guerre. Cela ne prouve pas d'une façon absolue que l'un ou l'autre ait tort ou raison. Mais, pour l'influence parlementaire, avec tout ce qui s'ensuit, cela fait néanmoins une sensible différence. Dreyfus n'a que la loi pour lui, tandis que Cavaignac a le sabre, et les hommes, de tout temps, font plus de cas de la main qui brandit le fer que de la simple parole de justice et de vérité. Enfin, M. Sarrien a pour rassurer ce qui lui reste de scrupules les révélations mystérieuses du *dossier ultra secret* qui est le fond de toute l'affaire, car c'est là que nos ministres puisent le courage de violer toutes les lois en rassurant leur conscience sur ce qu'ils ont *des preuves de culpabilité certaines*. Un de ces jours, je m'expliquerai là-dessus, quand j'aurai donné au général Billot le temps de respirer, car il faudra, à ce propos, que je revienne sur les renseignements dont je dois la communication à son obligeance.

Par tous ces motifs, et par d'autres encore, peut-être, M. Sarrien ne se presse pas de faire à Mme Dreyfus la réponse qu'elle attend. Revisera-t-il, ne revisera-t-il pas? Il est allé aux champs pour demander l'inspiration aux spectacles de la nature. C'est bien dur de refuser la revision en alléguant que l'illégalité n'est pas claire, quand on peut lui amener une demi-douzaine de témoins qui, interrogés sous la foi du serment, attesteront qu'au procès de 1894 la loi fut outrageusement violée. Il n'a d'ailleurs, lui-même, pas le moindre doute là-dessus, comme Cavaignac et Brisson qui, moins crânes que Billot, n'ont jamais osé dire que Dreyfus avait été *légalement* condamné. D'autre part, reviser c'est discuter, et ni Brisson, ni Cavaignac, ni Sarrien, même soutenus par les faux du dossier ultra secret, ne sont en état de supporter la discussion. Tout leur système croulerait du coup, et avec leur système, leur dernier vestige d'autorité. Il y a le huis clos sauveur, avec la condamnation, non par ordre, grands dieux! mais par amicale suggestion, à la mode de Montmédy.

L'ennui, c'est qu'après l'expérience de 1894, ceux-là mêmes qui admettaient le huis clos, avant d'avoir appris ce qu'un ministre de la Guerre était capable d'en faire, ont besoin maintenant, pour croire à la justice, de la voir. En ce cas, tout serait perdu. On n'aurait pas la guerre, comme on l'annonce grotesquement pour effrayer le public. En revanche, tous les exploiteurs de mensonges s'effondreraient à nos yeux. Voilà le désastre qu'il s'agit, avant tout, d'éviter.

Telles sont, suivant toute apparence, les méditations de notre garde des sceaux. Ne pas reviser le gêne, parce que c'est attacher son nom à une si manifeste violation de la loi qu'un avenir prochain stigmatisera cet acte, il n'en peut douter, comme l'une des plus cyniques ignominies de notre temps. Reviser ne le gêne pas moins, car il faut, en ce cas, ou compliquer la revision d'un escamotage qui ne peut plus tromper personne, ou se résigner à laisser apparaître nos institutions militaires et civiles surmontées d'une couronne de fautes dont quelques-unes sont des crimes. Or, chacun sait que l'intérêt de la patrie est de couvrir les défaillances des chefs de tout ordre pour les perpétuer plus sûrement.

Ainsi va M. Sarrien, ballotté d'une hypothèse à l'hypothèse contraire, et ne sachant que résoudre.

La loi commande de dire oui ou non. Il ne dit ni oui ni non. Et comme aucun détail n'est fixé, rien ne l'empêche de léguer la solution de l'affaire à son successeur, qui la passera de même à un autre, et ainsi de suite jusqu'à la fin des temps. C'est ce qu'on appelle gouverner.

Il y aurait bien un moyen de sortir d'embarras. Ce serait, pour en finir, d'examiner de près les pièces du dossier ultra secret et le roman de leur origine. Mais personne n'y songe. Ce serait trop simple.

24 août 1898.

XXXI

Gouverner, c'est prévoir.

Un ancien président du Conseil disait l'autre jour à un de mes amis : « Ce qu'il y a d'inquiétant dans cette affaire Dreyfus, c'est que la discussion fait de nouveaux *dreyfusards*, chaque jour, tandis qu'il n'y a pas d'exemple d'une seule conversion en sens contraire. » Pour un politicien, ce n'est pas trop mal raisonné. Ai-je besoin de dire que notre homme est un « jurisconsulte éminent » qui reconnaît, *dans la conversation privée*, que Dreyfus fut illégalement condamné, en conséquence de quoi l'excellent député vote l'affichage du discours de M. Cavaignac?

Quand on fait une politique qui est tout justement la négation des opinions personnelles qu'on avoue, je comprends qu'il soit ennuyeux de voir augmenter, tous les jours, le nombre des gens qui se forment une conviction par eux-mêmes et donnent l'exemple « inquiétant » de dire ce qu'ils pensent. D'autant plus que la vérité n'est pas moins contagieuse que le mensonge, et que tout homme qui ose dire publiquement sa pensée suscite, par voie de suggestion, des imitateurs. Voyez le mouvement qui s'est produit dans l'Université, c'est-à-dire dans un milieu où le développement de la culture mentale favorise le plus la liberté des jugements. On est, en général, peu porté à l'action dans le monde des professeurs. On y a besoin de calme et de paix, pour la bonne gymnastique de l'esprit, et pourvu que les puissances de la terre ne viennent pas troubler la méditation de façon trop violente — ainsi qu'il arriva pour Archimède — on se dit communément satisfait à bon compte.

Il y a cependant un point sur lequel les hommes de pensée ne peuvent pas transiger, c'est précisément leur droit de juger suivant leurs lumières et leur juste fierté de ne point se mentir à eux-mêmes. C'est de là que vient le conflit où s'engage ridiculement le ministre Bourgeois contre les maîtres de notre corps enseignant. Parce que les intérêts politiques d'un parlementaire s'accommodent de ce que la justice soit faussée, la loi violée, et que tous les pouvoirs dont il dispose conspirent au maintien d'un régime destructeur des conquêtes de civilisation, il faut que les hommes qui s'appliquent à recueillir et à accroître le legs des traditions mentales de l'humanité s'infligent brutalement, à eux-mêmes, le plus flagrant démenti, cessent de parler d'une justice égale pour tous, des garanties de la loi et de la suprématie de la vérité sur l'organisation de mensonges où prétend se fonder la force d'un ministère! Au temps des gouvernements venus de Dieu, on pouvait risquer ces folies.

La vérité avait besoin des siècles, et les violateurs d'humanité reposaient dans ce qu'on appelle leur gloire, avant d'avoir entrevu l'effondrement prochain de leur construction monstrueuse. Mais, lorsqu'on a pour tout titre, au lieu de la délégation divine ou de l'hérédité légendaire, les hasards du remous populaire en un jour d'élection, lorsqu'on n'était rien hier et qu'on ne sera que bien peu de chose demain, lorsqu'on a pour unique raison d'être de représenter la loi, d'annoncer la justice et le droit, avec, pour moyen, le gouvernement de la vérité au grand jour, prétendre en imposer aux hommes et leur faire renier ce qu'ils croient, exiger d'eux l'apostasie publique au bénéfice de Trouillot, cela passe les limites de l'ordinaire bêtise gouvernante.

La vérité va trop vite aujourd'hui. Paul Stapfer, faute des bûchers que regrettent sans doute nos rhéteurs de la franc-maçonnerie, n'a pas besoin d'en appeler à la postérité du décret de suspension, honteux pour le seul signataire. Il n'a, pour triompher d'eux, qu'à laisser, un jour encore, les politiciens protecteurs du Uhlan s'enliser dans leurs propres fourberies. On parle de protestations qui se préparent dans l'Université de Paris. Je ne sais ce qu'il en sera. Mais ce que j'affirme, c'est qu'à mesure que nos maîtres d'un jour découvriront de plus en plus leur mauvaise foi, leur mépris du droit humain, leur haine de la vérité, les esprits libres se grouperont de plus en plus pour résister à l'iniquité et pour dénoncer le mensonge. Voilà pourquoi l'ancien président du Conseil, dont je citais le mot tout à l'heure, voit avec tant d'effroi monter le flot des « dreyfusards ».

On a commencé par nous appeler traîtres, vendus aux Juifs et je ne sais quoi encore. Maintenant nous sommes trop. La calomnie retombe sur les menteurs. Et, dès lors, un sourd travail se fait dans les esprits, avec l'aide des parcelles de vérité que chaque heure met en lumière. Beaucoup n'ont encore rien dit, qui parleront. Car déjà leur foi est ébranlée dans une *justice* qui est obligée de défendre Esterhazy et du Paty de Clam contre les lois. Déjà ils ont conquis le doute. Ils ne tarderont pas à comprendre. Chaque minute qui tombe au gouffre nous rapproche de l'échéance fatale de la grande clameur. Le politique tremblant l'avait bien dit. Tous les jours, un de plus qui voit et qui sait, n'est-ce pas effrayant? Il n'y a qu'un moyen de ne rien craindre, c'est de servir, quoi qu'il arrive, la vérité.

25 août 1898.

XXXII

La vraie victime.

Je l'ai dit, dès le premier jour : la logique fatale des choses exige de nos gouvernants le dernier sacrifice de conscience. Esterhazy, criminel : ils l'ont voulu libre. Du Paty de Clam, complice : ils l'ont soustrait aux lois. Il faut maintenant que Picquart, innocent, soit condamné, et ce serait faire injure aux croix de la Légion d'honneur qui récompenseront ses juges que de douter un moment du verdict.

Je ne dis rien du fond : cela viendra plus tard. Les contradictions grossières entre les accusateurs de Picquart, dont quelques-uns, à la Cour d'assises de Paris, furent pris en flagrant délit de mensonge, les étranges défaillances de mémoire sur les dates, sur la disposition des fameuses pièces secrètes, ainsi que les réponses topiques qui leur furent opposées, tout concourt à montrer, jusqu'à l'évidence, qu'aucun document intéressant la sûreté de l'Etat ne fut, à aucun moment, communiqué à M⁰ Leblois par son ami. Il n'importe. Quand les traîtres authentiques se promènent impunis par nos rues, n'est-il pas *légitime* que les innocents pâtissent pour eux sous les verroux, et soient mis ainsi hors d'état de nuire... aux criminels. Telle est la cause déterminante de la future condamnation de Picquart.

Que dire des juges? Ils font leur métier, qui n'est pas beau. Ils se mettent des toques d'or et d'argent, des robes noires ou rouges, de l'hermine en peau de lapin, et je ne sais quels autres signes d'honneur qui leur assurent le respect de la gendarmerie. En revanche, il faut condamner, condamner, et déjeuner du prix des tortures humaines dont « la magistrature », comme on dit, fait ses choux gras. Et puis, quand on a défendu la société en faisant respecter les lois, il faut défendre les maîtres de la société en violant les dites lois. On les viole donc avec le même entrain qu'on a mis à les défendre. Cela dépend des jours, et surtout des accusés. Après quoi l'on voit des fils, des neveux, des cousins de monsieur le magistrat, ou de madame la *magistrate*, avancer dans les sous-préfectures et gagner des galons et des croix dans l'intérêt de la démocratie.

Il y a aussi l'avancement du juge, qui est, comme on sait, la suprême garantie de son indépendance, puisque tout son avenir est dans la main du ministre. Comment pourrait-on soupçonner un homme d'avoir jamais la tentation de céder aux suggestions de celui dont il dépend? Cela ne se passe pas à Paris comme dans notre colonie de Madagascar où les juges (des soldats, il est vrai) ont besoin, pour juger en toute liberté, de lire à l'*Officiel* le texte du jugement qu'ils devront rendre, suivi du récit de l'exécution des condamnés.

Nous faisons les choses d'une façon plus discrète. Il suffit d'un signe de tête, d'un clignement d'œil. Ou même il n'est besoin de rien, car on est fort avisé dans la magistrature, et il n'est pas besoin de beaucoup de recherches pour savoir dans quel plateau de la balance se trouve l'intérêt du plus fort.

L'intérêt du plus fort, voilà ce que nos jésuitiques rhéteurs décorent du nom de justice. Picquart le sait, l'expérience de ces derniers mois le lui a pleinement révélé, et la condamnation qui l'attend ne lui causera point de surprise. Celui-là est la vraie victime du crime abominable qui est en train de se perpétrer sous nos yeux.

Dreyfus eut contre lui une fatalité terrible, comme Œdipe au chemin marqué par le destin. La coupable légèreté d'un ministre, la passion antisémite et l'inconscience de l'Etat-Major, l'action précipitée d'un pouvoir qui n'accepte pas de contrôle, l'inattendue complicité de du Paty de Clam avec Esterhazy.

Pour s'être trouvé au point de rencontre de toutes ces choses, Dreyfus est au bagne, et les siens luttent éperdument pour sauver moins sa vie que son nom du déshonneur. Cela est émouvant. Mais combien l'histoire nous fournit-elle de semblables victimes? Nous luttons pour Dreyfus, sans doute, parce que tout homme qui souffre injustement fait appel aux meilleurs sentiments de l'âme humaine. Nous luttons surtout pour la France qui serait à jamais déshonorée si elle acceptait définitivement la complicité du crime public, dont le scandale stupéfie, à cette heure, tous les peuples civilisés de la terre. Il n'en est pas moins vrai que Dreyfus est comme l'ouvrier de l'usine saisi par un volant et broyé par le monstre de fer avant que les spectateurs aient pu faire autre chose que de pousser un cri d'épouvante.

Picquart, lui, n'est pas la victime involontaire. C'est l'homme qui, pour réparer le mal, s'offre en sacrifice, de propos délibéré. Quand il eut découvert l'erreur du conseil de guerre de 1894, étant une conscience, il dit candidement à ceux qui l'entouraient : « Hâtons-nous de réparer cette faute. » De ce jour, il fut perdu. « Essayez », lui répondit-on doucereusement. Et, toujours candide, il essaya, le pauvre. Alors on l'enveloppa d'une amitié traîtresse, on le ficela des liens ténus d'intructions contradictoires, et puis, tout ligotté, on l'expédia, par de honteux mensonges, sur la route de Gabès où l'attendait la mort.

Les avertissements, d'ailleurs, ne lui avaient pas manqué : « Vous êtes monomane, colonel, pensez à autre chose ! Ce n'est pas vous qui êtes à l'île du Diable ! » L'homme ne voulut rien entendre. Son sort était fixé. Les crimes imaginaires pour lequel on le poursuit aujourd'hui, ses chefs les connaissaient quand ils l'accablaient de lettres affectueuses. Qu'est-ce qui fait sa condamnation certaine aujourd'hui ? C'est qu'il a dénoncé les faux d'Esterhazy, où l'Etat-Major infaillible a besoin de voir *les preuves* de la culpabilité de Dreyfus.

C'est pourquoi je dis que celui-là est la vraie victime, ne souffrant que parce qu'il a délibérément sacrifié son avenir, sa liberté, sa vie pour réparer l'erreur des uns, le crime des autres. Un jour, les hommes s'inclineront devant lui, lui offriront la réparation tardive. Que diras-tu ce jour-là, Brisson, toi qui as fait innocenter un criminel, n'ayant aucun doute sur son crime, toi qui auras fait condamner un innocent, sachant son innocence ?

26 août 1898.

XXXIII

Encore un.

Et voilà, sinon le clergé catholique, au moins un de ses membres qui s'en mêle. Je reçois d'un prêtre catholique français, qui occupe une situation fort en vue dans un pays de langue française, la lettre ci-dessous que je publie sans y changer une virgule :

LE DÉSHONNEUR

Dans le débat qui trouble si profondément la France aujourd'hui, il est sans cesse question de l'honneur : l'honneur de l'armée ; l'honneur de la France. Quelques réflexions à ce point de vue ne seront peut-être pas hors de propos.

Un capitaine de l'armée française, en dehors de l'accusation portée un jour contre lui, était un parfait gentilhomme, a été soupçonné de trahison, crime de lèse-patrie, jugé et condamné, et, depuis quatre ans, subit un affreux châtiment. Mais, des doutes sont survenus sur sa culpabilité, et des documents sérieux ont fait poser la question d'une grave erreur commise.

Il semble que la simple honnêteté commandait alors de revoir les motifs de la condamnation : mais l'Etat-Major de l'armée s'est empressé de déclarer que l'honneur militaire était engagé à maintenir, envers et contre tous, la décision du conseil de guerre. L'honneur cessait d'avoir l'honnêteté pour base.

Cependant il a été constaté que le plus grave des documents qui avaient motivé la condamnation n'avait été montré, dans le procès, ni à l'accusé ni à son défenseur. D'après la loi, ce seul détail rendait le jugement nul de plein droit, et imposait la revision du procès : l'Etat-Major a passé sur la loi comme sur l'honnêteté, et le gouvernement et la magistrature ont pris parti pour l'armée, et tous les pouvoirs officiels se sont unis pour écraser les hommes indépendants qui réclamaient la lumière et la justice, au nom de la conscience, en invoquant, eux aussi, l'honneur de la France.

Malgré les efforts de nos pouvoirs officiels, coalisés pour empêcher la discussion et la démonstration de la vérité, chaque jour des documents nouveaux s'accumulent pour la faire apparaître, et, non seulement l'illégalité du jugement ne peut plus être niée, mais les observateurs les plus intelligents et les plus attentifs, des jurisconsultes, des professeurs, des savants, des hommes éminents et honorés de tout ordre, ont la certitude que la condamnation, illégale dans la forme, est encore totalement injuste dans le fond.

Les preuves abondent, en dépit des efforts tentés pour les empêcher d'être vues : le vrai coupable est découvert et désigné; les diplomates étrangers qui trafiquaient de sa trahison le dénoncent; on sait le prix qu'il recevait de sa félonie.

Eh bien, malgré tous ces motifs, le gouvernement français, les chefs de l'armée, les magistrats ne veulent rien entendre et n'ont que le souci d'innocenter le nouvel accusé.

Qu'y a-t-il donc au fond de cet abime ténébreux? On dit que, si le vrai coupable était frappé, il se découvrirait des complices trop haut placés, qu'il faudrait frapper aussi, ce que l'on veut empêcher à tout prix. Et c'est un tel honneur qu'il s'agit de sauver.

Que les complices le sachent : tout se fait, tout se sait. Le proverbe aura raison. Et l'opinion publique ne sera satisfaite que quand elle saura tout et que pleine justice sera rendue à qui de droit.

On a fait crier : Mort! mort! contre ceux qui criaient : Justice! des foules honnêtes ne voulant pas croire à la forfaiture officielle se sont ameutées; le pays dans sa majorité, en est encore là, et ceux qui le trompent le maintiennent dans son erreur, sous prétexte que les preuves démontrant l'innocence du condamné ne sont pas fournies. C'est d'un jésuitisme indigne. En droit, c'est à celui qui accuse à fournir les preuves; cependant, dans le cas actuel, ceux qui plaident l'innocence s'offrent à en produire les preuves; et ce sont les accusateurs qui ne veulent rien entendre.

Le ridicule et l'odieux s'unissent à l'injustice. Que ce soit le lot de l'Etat-Major : il l'aura voulu et mérité. Mais si c'est la France, que devient son honneur, à elle, en tout cela? Si le supplicié de l'île du Diable n'est qu'un martyr, la France se fait tyran, c'est elle qui est le bourreau, car le gouvernement, c'est-à-dire le Président de la République, avec ses ministres et les deux Chambres, l'armée et la magistrature réunis, cela est considéré comme étant la France.

Mais la France, tyran! la France, bourreau! Cela hurle. Aussi, elle est oppressée comme par un affreux cauchemar, et l'on se demande ce que va être son réveil. En attendant, elle baisse dans l'estime général.

7

Les peuples avaient pris l'habitude d'admirer la France et de l'aimer comme la nation généreuse, passionnée pour le droit; mais ils sont déconcertés et stupéfaits en la voyant fouler aux pieds les principes de liberté qu'elle avait si glorieusement proclamés. Il serait peut-être excessif de dire que, dans l'affaire Dreyfus, ceux qui mettent leur honneur au-dessus de la justice travaillent à la honte de la France, mais, assurément, ils la font baisser dans l'estime des peuples.

Le monde assiste, à l'heure présente, à de grandes ruines : la ruine matérielle de l'Espagne et la ruine morale de la France. Hé bien, de prime abord, une observation facile montre, parmi les causes de ces chutes lamentables, l'alliance du militarisme et du cléricalisme jésuitique, car ceux qui se sont le plus montrés dans l'affaire Dreyfus, ce sont les soudards et les moines, l'armée et le clergé. C'est l'influence doublement délétère de ces deux agents qui a fait déchoir, dans le rang des puissances, des nations qui étaient douées pour les plus nobles destinées.

Des voix indépendantes publient, mais on ne le redira jamais assez, que le militarisme et le cléricalisme sont les deux plaies des sociétés modernes, parce qu'ils sont tous deux contraires à la justice et à la liberté. Ils ont ruiné l'Espagne à tous les points de vue, et, en attendant la ruine matérielle, ils sont en voie de ruiner moralement la France; ils la déshonorent.

Il reste à savoir comment la France va digérer la honte qu'ils s'efforcent de lui ingurgiter à si forte dose.

UN PRÊTRE FRANÇAIS.

Si l'auteur de cette lettre habitait la France, je ne crois pas que la discipline ecclésiastique lui en eût permis la publication, même sans la signature, dont il a souhaité la suppression, par crainte, sans doute, de scandaliser ses collègues. Je vais plus loin. Je prends la liberté de supposer qu'en ce cas, les suggestions de l'entourage eussent été plus fortes que l'élan spontané de conscience d'où sa protestation a jailli. Je ne crois pas l'offenser par cette remarque de pure psychologie. Il me plait seulement de constater, au moment où je publie cette lettre, plutôt violente, du curé de X..., de noter que, dans toute la France, pas une voix du clergé catholique ne s'est encore fait entendre, dans l'affaire Dreyfus, pour la justice et pour la pitié !

Il s'agit d'un Juif, et l'antisémitisme favorise trop bien les secrets desseins de l'Eglise pour qu'elle n'abandonne pas aux passions de barbarie déchaînées la victime des préjugés religieux des uns et de la lâcheté des autres. L'Église, maîtresse des sociétés humaines, a trop brûlé de Juifs pour que l'envie lui vienne de défendre un Juif, aujourd'hui, quelque preuves qu'on apporte à l'appui de sa cause. Il faut supprimer l'hérétique ; ce fut la loi suprême. Et, si le malheur des temps oblige à le tolérer, au moins ne peut-on concevoir l'idée de le sauver des bourreaux, ceux-ci fussent-ils sans excuses ?

Il y a plus encore. Les pouvoirs engagés dans l'universel effort pour achever le condamné de l'île du Diable, sont tous ceux dont Rome a besoin pour installer sur nous sa domination des corps et des âmes, qui remplace la liberté par le dogme imposé, et la justice par l'implacabilité d'un Dieu brûleur. Ce que la monarchie n'a pas pu faire par le clergé, il va le demander maintenant à la République. C'est dans cette pensée que nos évêques abandonnent si bruyamment, à la suite de Léon XIII, le duc d'Orléans pour Félix Faure. La possession et la force de l'*ultima ratio* des choses de la terre a toujours été le desideratum principal de l'Eglise. Elle possède le ciel : c'est beau, mais c'est bien loin, et les hommes s'accordent fort mal sur ce qui s'y passe. Il lui faut la terre aussi, par la voie de conséquence. Le moyen ? La conquérir par la parole, quand la parole suffit ; et si la parole ne suffit pas, par le sabre, ainsi que l'exprima le Père Didon coupe-têtes.

Pour cela, il fallait mettre la main sur l'armée. On l'a fait, par la complicité des « classes supérieures », dont l'éducation se trouve accaparée par les jésuitières. L'avancement a été organisé au profit d'une *caste*, comme dit si bien Cornély, et l'ineptie de nos chefs militaires nous a conduits à Sedan. En revanche les fusillades de Mai, sans qu'un prêtre, en huit jours, trouvât un mot de pitié pour trente mille prisonniers méthodiquement égorgés, mirent le sceau à la suprématie des vaincus de Sedan et de Metz, sur le gouvernement civil qui leur devait la France démembrée.

Entre l'Etat-Major et Dreyfus, pour le prêtre, il s'agit de savoir, non pas qui a raison, mais qui peut le servir. La réponse est d'autant moins douteuse que c'est, conscients ou inconscients, dans l'intérêt du dogme que quelques malheureux, pleins d'indulgence pour le zouave du pape, Esterhazy, se sont rués sur le Juif qu'ils ont cru, et plus tard qu'ils ont voulu coupable.

Notre « prêtre français » a vécu hors de France, dans un pays de liberté où l'hérésie parle assez haut. De là une mentalité bien différente de celle du clergé français. Dans la lettre privée, qu'il m'adressait en même temps que celle que je publie, mon honorable correspondant me disait : « Vous serez peut-être surpris de rencontrer ces pensées chez un homme de mon caractère et de mes fonctions, mais c'est par suite d'aberrations étranges que cela peut paraître étonnant. » Oui, en effet, c'est une *étrange aberration*, le mot n'est pas trop fort, que celle qui a détourné des voies de la pitié, pour les jeter dans les œuvres de violence et de sang, les disciples de celui qui, du haut de la montagne, cria vainement à la terre inattentive : « Tu ne tueras pas. Tu ne jugeras pas. »

28 août 1898.

XXXIV

Souvenirs d'Arménie.

Il y a des gens qui s'étonnent de l'inertie de l'opinion dans l'affaire Dreyfus-Esterhazy, et de la facilité avec lesquelles les masses plébéiennes ou bourgeoises s'en laissent imposer par les bas politiciens d'en haut et par quelques professionnels de l'uniforme, intéressés à confondre la France avec une demi-douzaine d'officiers d'Etat-Major. Le phénomène, cependant, est fort ancien chez nous, et tous les historiens ont remarqué que les brusques réveils qui suivent ces longues somnolences étaient la cause de nos révolutions. La continuité de l'évolution progressive s'accommode, en effet, très mal de cet état d'esprit.

Sous la monarchie, nous nous en sommes pris aux rois, accusés de réprimer l'élan populaire. Je ne nie pas qu'ils s'y soient, tour à tour, employés de leur mieux. Cependant nous voyons aujourd'hui que le peuple français ne gémit point sous la loi brutale d'un despote. Qu'arrive-t-il? C'est qu'il nous manque justement la réaction de liberté qui suit partout les actes de la tyrannie. Ou, plutôt, les rôles se trouvent transposés. Les chefs du peuple subissent, avec une lâche résignation, la puissance oppressive des préjugés qu'ils condamnent, et n'osent, par crainte des forces combinées d'ignorance, revendiquer la justice et le droit qu'ils prétendent représenter. Et il faut des savants, des lettrés, des hommes généralement peu disposés aux agitations de la vie publique, pour faire entendre les protestations généreuses dont les politiques autrefois faisaient leur gloire.

Je ne me propose point aujourd'hui de raisonner de ces choses qui offrent une abondante matière à la philosophie. Je veux seulement noter qu'une occasion récente a scandaleusement révélé le même état d'âme dans notre démocratie. C'est au crime effroyable des massacres arméniens que je fais allusion. Là, il ne s'agissait pas d'un Juif. C'étaient des chrétiens qui étaient en cause. Et lesquels? Des hommes paisibles, industrieux, travailleurs, de mœurs douces et patriarcales, pillés, torturés, massacrés, brûlés pour le seul fait d'être chrétiens, et de se refuser à renier leur foi. Femmes, enfants, vieillards, trois cent mille créatures humaines mises à mort — sur l'ordre exprès du sultan — par les *mêmes Infidèles* contre qui nos aïeux se ruèrent en ces téméraires croisades dont on nous chante les gloires. Trois mille chrétiens brûlés en bloc dans l'église d'Orfa. Je ne dis rien des femmes violées et du cimetière d'enfants massacrés à Diarbékir dont *l'Illustration* a publié la photographie. Et, pendant ce temps, quelles protestations de la France? Rien. Le misérable Hanotaux, muet. Les Chambres, muettes. Les députés catholiques, silencieux. Aussi les révolutionnaires.

Oh! je sais bien, on cite un prêtre, le Père Charmetant, qui s'est voué, de toute son énergie, à demander pitié pour les victimes de la barbarie d'Orient. Les autres demeuraient cois, le pape, trop politique, n'ayant point bougé. La Russie laissait faire : donc la République française n'avait rien à dire. Les Chambres se taisaient honteusement, et quand tout fut fini, quand, après *des années* écoulées, il ne resta plus, dans les vilayets arméniens, que quelques bandes misérables crevant, aux carrefours, de faim et de misère, alors, nous eûmes, au lieu du grand cri de justice attendu, de jolies petites interpellations anodines de MM. de Mun et Denys Cochin, destinées à sauver les apparences.

Et la presse, qu'en dire? Nous fûmes trois ou quatre, tout au plus, à protester dès le début. Le reste ne dit mot, et les motifs, qui ont été publiquement donnés de ce silence, sont bien loin, j'ai le regret de le dire, de faire honneur à la corporation.

Quant à l'opinion publique elle demeura simplement indifférente. Les protestations, les meetings furent sans écho. On ne nous accusa point cette fois d'être *vendus aux chrétiens*, comme on nous accuse aujourd'hui d'être « vendus aux Juifs ». Ce toupet manqua à certains de nos accusateurs. La riposte eût pu être curieuse.

Pour nous, qui défendons la justice au profit des chrétiens, quand les chrétiens sont victimes du Turc; au profit du Juif, quand le Juif est victime du fanatisme chrétien, nous fîmes notre devoir jusqu'au bout, mais nous ne pûmes réussir à réveiller en France les vieilles passions généreuses des ancêtres. Le sultan cessa de massacrer, quand il lui plut. La France se désintéressait de ces choses. Alors, comment s'étonner de l'indifférence des foules dans l'affaire Dreyfus où le préjugé catholique contre les Juifs conspire à détourner les cœurs de la simple pitié humaine?

Je n'éprouve donc, pour ma part, aucune surprise de ce qui se passe. Tout au contraire, les nobles protestations dont nous sommes témoins me remplissent de confiance en l'avenir. La Justice et la Vérité, même méconnues de tout un peuple, resteront la Justice et la Vérité, c'est-à-dire des choses supérieures aux aberrations d'un jour. Mais déjà, grâce à quelques-uns, on ne peut accuser la France d'avoir renié les hautes traditions du passé. L'iniquité est de tous les temps et de tous les pays. Malgré l'écrasement d'une centralisation de fer, nous avons prouvé qu'il y avait des Français, debout, qui refusaient de s'incliner devant la force au service du mensonge. Par ceux-là se refera la France généreuse et juste dont les peuples attendent le réveil.

29 août 1898.

La Petite République me reproche *d'exagérer*, quand j'écris à propos des massacres arméniens : « Les députés catholiques demeurèrent silencieux. Aussi les révolutionnaires ». *La Petite République* a raison, car je n'ai pas tenu suffisamment compte du remarquable discours de Jaurès, en novembre 1896 (les massacres commencèrent en mars 1894) et de l'ordre du jour excellent, voté par les socialistes, à la suite de cette belle manifestation oratoire. Je regrette d'autant plus cet oubli — excusable dans la hâte d'un article écrit en chemin de fer — que je me souviens d'avoir, à ce propos, dans mon journal, publiquement félicité et le parti socialiste et son chef.

Cela dit, je suis obligé de maintenir mon appréciation sur la situation actuelle du parti socialiste parlementaire, que j'ai formulée en ces termes : « *Les chefs du peuple subissent avec une lâche résignation la puissance oppressive des préjugés qu'ils condamnent, et n'osent, par crainte des forces coalisées d'ignorance, revendiquer la justice et le droit qu'ils prétendent représenter* ». Ce n'est pas, je suppose, dans le journal où Jaurès fait présentement la plus belle campagne pour la justice et pour la vérité, qu'on approuvera le vote des députés socialistes en faveur de l'affichage du discours Cavaignac. Les plus féroces se sont abstenus. Je serais surpris que *la Petite République* approuvât cette neutralité lamentable entre la jésuitière de l'Etat-Major et la Justice qui demandait secours.

31 *août 1898*.

XXXV

Tout croule.

Eh bien ! cette vérité en marche qu'on a tant blaguée, je crois qu'elle arrive, messieurs les faux patriotes, qu'en pensez-vous ? Depuis trop longtemps on accumulait les mensonges. Tout se déclanche à la fois, comme nous l'avions annoncé, tout croule du même coup : l'édifice est à terre.

C'est à M. Cavaignac, ministre imposé par les Esterhazistes, que nous devons cet ouvrage. J'éprouve, pour ma part, un plaisir tout spécial à l'en remercier. Il doit commencer à comprendre maintenant, avec son ami Brisson, combien il est dangereux pour un gouvernement de violer délibérément toutes les lois au profit des criminels contre un innocent. Brisson lui-même, avec Sarrien, son ministre de la Justice, reconnaîtront peut-être aussi, qu'il est dangereux de condamner les gens sans leur montrer les documents sur lesquels on les condamne. Un conseil de guerre l'avait fait une première fois. Cavaignac, Brisson, Sarrien, et toute la Chambre avec eux, républicains modérés, radicaux, socialistes révolutionnaires, monarchistes de toutes les monarchies, césariens en tête, trouvèrent la chose admirable, et rejugèrent Dreyfus, et le condamnèrent à l'unanimité, toujours sur des documents dont la critique lui était enlevée. Puis, le colonel Picquart ayant proposé de démontrer qu'on s'était trompé, Brisson, pour toute réponse, le fit mettre en prison, où il est encore.

Après cela on était bien tranquille. Il suffisait désormais de faire annuler par Sarrien les arrêts du juge Bertulus, de supprimer la déposition des témoins accusateurs de du Paty de Clam, et d'innocenter le traître Esterhazy, pour rendre à nos gouvernants une paix bien gagnée. Tout ce programme s'exécuta le plus méthodiquement du monde, et Brisson se réjouit dans l'austérité de son âme.

Hélas! Il avait compté sans la manie de Cavaignac qui, à l'exemple de Perrin-Dandin, ne pouvait se déprendre de juger. Le jugement, désormais historique, rendu par lui à la tribune et affiché sur toutes nos murailles, ne suffisait pas à notre ministre de la Guerre. S'il avait voulu simplement la justice, il n'avait qu'à laisser faire les tribunaux en leur accordant la faveur d'appliquer, par exception, les lois. Mais cette idée ne lui était pas venue. Il avait jugé une fois. Il voulait juger toujours. Et comme, en dehors de nos députés unanimes, tous les hommes en possession d'une tête sur les épaules lui avaient répété que sa grande démonstration décisive n'était qu'une ridicule parodie, Cavaignac, têtu comme une mule, se remit à juger dans son cabinet, entendant des témoins et rendant des sentences. De là tout le malheur. L'infortuné fut bien forcé de faire lui-même des découvertes qu'il avait interdites au juge Bertulus.

Au point de vue de l'art, c'est dommage. Nous étions en bon chemin. On accusait de trahison ceux qui défendaient la patrie et réclamaient de l'Etat-Major la préparation de la guerre, au lieu d'une fabrication de faux. On condamnait les innocents, on acquittait les traîtres. Les conseils généraux réclamaient des violences — l'un d'eux sous la présidence même de M. Cavaignac — contre ceux qui demandaient la justice et la loi. Le conseil général de Maine-et-Loire déclarait, en termes exprès, qu'il lui fallait un coup d'Etat. Les députés soumis laissaient faire. Le maire de Clisson exprimait le regret de ne pouvoir pendre Grimaux aux branches de sa garenne. La rue était aux foules hurlantes. Les lâches, chaque jour, donnaient à la vérité des soufflets, alléguant que c'était dans un intérêt de parti.

Et, tout d'un coup, plus rien. C'est la totale débâcle. Le colonel Henry, chef du bureau des renseignements, est forcé de reconnaître qu'il a fait de fausses pièces pour prouver la culpabilité de Dreyfus. Avec du Paty de Clam, cela fait au moins deux faussaires dans l'Etat-Major. C'est beaucoup pour « l'honneur de l'armée », sans parler d'Esterhazy. Les césariens, il est vrai, viennent de découvrir que la faute d'un homme n'engage que lui, et que l'armée n'est pas atteinte par le crime d'un faussaire. C'est ce que nous répétions depuis le commencement de l'affaire. Seulement, ces mêmes hommes ne voulaient rien entendre, et prétendaient qu'en dénonçant la trahison du Uhlan et les machinations de ses protecteurs, nous outragions l'armée.

Un chef du bureau des renseignements n'est pas le premier venu. On avait choisi celui-ci parce qu'il ne connaît aucune langue étrangère. Il y a même des raisons de penser qu'il ne sait pas le français. Son titre était d'avoir reçu le fameux legs du colonel Sandherr : la charge de prouver *à tout prix* que Dreyfus est un traître. Il s'est acquitté de ce rôle jusqu'au bout.

C'est par sa déposition mensongère, qu'il a fait chasser le colonel Picquart de l'armée. C'est encore sur la même déposition mensongère que nos bons juges civils s'apprêtaient, dans quelques jours, à condamner le même colonel Picquart à plusieurs années de prison pour le crime d'avoir fait son devoir en découvrant la trahison d'Esterhazy. Je l'entends encore insulter Picquart, le traiter de menteur, aux ricanements des chefs qui le couvraient de leurs bienveillants témoignages.

Eh bien, cet homme, maintenant, il va falloir le juger. Brisson voudra même peut-être qu'il soit jugé légalement, puisqu'il n'est pas Juif. Une première question va se poser, bien simple, mais très grave. Pourquoi le colonel Henry a-t-il menti? Pourquoi le colonel Henry a-t-il fait des faux? Quel intérêt pouvait-il avoir à maintenir un innocent au bagne? Ah! ce *pourquoi* douloureux, que d'efforts on va faire pour l'esquiver! On n'y réussira pas, puisqu'il n'y a plus de faux pour étayer les mensonges. Pourquoi le colonel Henry s'est-il fait faussaire? Dans quel but? Au profit de qui? Inspiré, poussé, aidé par qui? Qu'on réponde!

Cela est d'autant plus nécessaire qu'on a vu tout l'État-Major et tous les gouvernements, celui de Méline comme celui de Brisson, jouer leur va-tout sur ces faux et jurer que c'était la vérité même. On n'a pas oublié la superbe du général de Pellieux à la

Cour d'assises, basant sur ces faux la démonstration irréfutable de la culpabilité de Dreyfus, et faisant, *sur cette preuve*, condamner Zola. On se souvient des paroles outrageantes dont il foudroya Picquart, lorsque celui-ci affirmait que ces pièces « avaient tous les caractères d'un faux ».

C'est Henry qui, en niant l'authenticité du *petit bleu* accusateur d'Erterhazy, fut cause de l'acquittement du traître. C'est Henry dont le faux a convaincu Cavaignac, Brisson, Sarrien, et toute la Chambre avec eux, que Dreyfus était coupable, et leur a fait accepter, à eux législateurs, qu'un homme pût être convaincu d'un crime en dehors des garanties de la loi. Sur ce faux tout repose. Quand il disparaît, tout s'effondre.

La condamnation de Zola n'a plus de sens, puisqu'elle a été obtenue par la production de pièces fausses. L'acquittement d'Esterhazy ne signifie plus rien, puisque c'est un faussaire qui a empêché les juges de reconnaître l'authenticité d'une des principales pièces à charge. Le colonel Picquart, renvoyé de l'armée sur la déposition d'un faussaire, il ne reste plus qu'à le réintégrer dans son grade. Je ne parle pas du procès actuel qui devient grotesque, ayant été provoqué par l'offre que faisait Picquart de prouver le faux maintenant avoué par Henry.

Du Paty de Clam, soustrait obstinément à l'instruction, doit reprendre le chemin du cabinet du juge, après avoir été mis préalablement en sûreté, avec Esterhazy, son complice. Et Bertulus, ayant vu vrai, malgré l'obstination de M. Feuilloley à lui fermer les yeux, doit revenir des plages normandes pour juger, tandis que le procureur, qui avait si bien réussi à entraver le cours de la justice, doit être rendu aux charmes de la vie privée.

Pour Dreyfus, le cas est simple. Il a été condamné sur le bordereau qui est d'Esterhazy, et sur les pièces du dossier secret dont la principale est reconnue fausse. Il reste les documents du fameux dossier *ultra secret* révélé par le faussaire Henry, à la Cour d'assises. On ne peut pas croire que l'homme qui a semé des faux dans le dossier secret, a dû prendre des libertés moins grandes avec le dossier ultra secret. C'est donc la revision à bref délai, avec jugement public.

Il n'y a plus, alors, que la situation de l'Etat-Major à régler. Quelle confiance peut avoir le pays en des hommes qui se sont laissé si grossièrement duper et qui, à ceux qui les avertissaient charitablement, n'ont trouvé d'autre réponse que cette ineptie : « Nous sommes l'armée. Qui doute de nous insulte l'armée »? La retraite du présent Etat-Major est désormais inévitable. Puisse-t-on remplacer par des hommes de guerre l'étrange troupe qui va disparaître!

Quant à M. Cavaignac, j'ignore ce que fera de lui la Chambre qui lui doit d'avoir, à l'unanimité, contresigné un faux sur toutes nos murailles, et lamentablement discrédité la France aux yeux de l'étranger. Si la responsabilité ministérielle était, chez nous, autre chose qu'un mensonge, il serait déjà démissionnaire. Il a déclaré que le faux prouvait la culpabilité de Dreyfus *d'une façon irréfutable*, et la Chambre l'a cru, ou a feint de le croire. Cela, d'ailleurs, n'était de la compétence ni du ministre, ni des députés. A pas un homme n'est venue l'idée que c'était l'affaire de la justice. Puisque la Chambre reste, non moins coupable que le ministre, pourquoi le ministre s'en irait-il? Bien plus, je vois qu'on fait un mérite à M. Cavaignac d'avoir mis la main sur Henry. J'aurais cru l'outrager en le félicitant de ne s'être pas fait le complice d'un faussaire. S'il a fait son devoir, un jour, c'est après y avoir gravement manqué en arrachant violemment du Paty de Clam à son juge, et en exigeant de Brisson l'arrestation de Picquart pour empêcher la vérité de se produire. En ce qui concerne l'administration de la guerre dont il a la charge, l'aventure a-t-elle révélé en lui la capacité de critique et l'esprit de contrôle attentif reconnus nécessaires? Voilà de quoi la Chambre ne se cassera pas la tête.

Et puis, il y a Brisson, qui ne pouvait pas ignorer qu'il commettait une action criminelle en jetant en prison Picquart, par la seule raison qu'il offrait de faire la lumière. Et puis, il y a Félix Faure qui a su de tout temps que Dreyfus avait été condamné contre la loi et qui a honteusement laissé faire, comme il l'a avoué à des témoins que nous pourrons produire. Mais Brisson, Félix Faure, ce ne sont que des chefs. Ça n'a pas d'importance.

1ᵉʳ septembre 1898.

XXXVI

Le bilan.

Le général de Boisdeffre a donné sa démission, et le colonel Henry, par faveur, s'est coupé la gorge. Deux morts. Du Paty de Clam, Esterhazy, jouissent délicieusement de la liberté. Pellieux prépare ses « boucheries », Gonse étudie le 120. Picquart est toujours en prison et Dreyfus au bagne. Cavaignac et Brisson qui ont mis ce drame au point sont ministres sous Félix Faure. Voilà le bilan du jour. Le diable sait ce que nous apportera demain !

Cavaignac est si bien ministre qu'il veut le rester, et qu'après avoir livré le gouvernement de la France à la risée du monde, il croit avoir encore l'autorité nécessaire pour « présider à la répression des actes » qui ont entraîné, comme il dit, son erreur. Le général de Boisdeffre a montré plus de bon sens. En attendant qu'il soit appelé à rendre ses comptes, il a compris qu'il ne pouvait plus rester à la tête de l'armée. Il était évidemment propre à tout autre emploi que celui de chef d'Etat-Major. Toutefois, je ne le recommanderais pas comme facteur : les correspondances dans ses mains ne sont pas sûres.

C'est donc Cavaignac et Brisson qui se chargent maintenant de faire la lumière, n'ayant pu réussir à faire l'obscurité. Les journaux de l'Etat-major nous répondent de leurs intentions excellentes. C'est une caution à peser. Seulement, quand on s'est laissé si bêtement rouler par un faussaire, quand, malgré le cri général qui dénonçait le faux, on s'est porté garant, avec des trémolos patriotiques dans la voix, de l'authenticité d'une pièce fabriquée, quand on a par stupidité malfaisante trompé la Chambre et le pays, quand on a poussé l'entêtement de sa faute jusqu'à protéger contre la justice un traître, jusqu'à faire emprisonner les gens qui vous offraient la vérité, jusqu'à violenter les juges pour sauver un officier d'Etat-Major accusé de faux, peut-être n'est-on pas en très bonne posture pour obtenir la confiance publique, lorsqu'on annonce, après l'échec des pires machinations, qu'on va tenir une conduite de droiture et de loyauté.

A qui fera-t-on croire qu'on sera tout feu pour la vérité, comme on était précédemment tout feu pour le mensonge? Comment empêcher les soupçons de jaillir à chaque pas? Voilà déjà M. de Pressensé qui nous raconte que si l'on a mis la main sur Henry, c'est qu'il n'était plus possible de faire autrement, c'est qu'il allait paraître une publication « projetant des flots de lumière sur le véritable caractère des documents vendus à l'étranger ». S'il en était ainsi, cela diminuerait beaucoup la valeur du *confiteor* de notre ministre de la Guerre.

D'ailleurs, nous avons d'autres indications qu'il n'est pas permis de négliger. Une note officieuse du *Temps* ne nous a-t-elle pas informés, dès la première heure, que la découverte du faux n'avait en rien changé l'opinion de M. Cavaignac sur la culpabilité de Dreyfus? Je ne saurais dire si la Chambre est de taille à tolérer un second exposé de preuves « irréfutables » du même acabit. Mais, en dehors de la Chambre, qui ne compte plus depuis son vote unanime en faveur de l'affichage d'un faux, à qui fera-t-on admettre que, la preuve de culpabilité annoncée comme décisive venant à manquer, la culpabilité demeure établie? Même pour des députés, cela est d'une absurdité trop grosse.

Je vois bien que quelques farceurs allèguent que la découverte du faux ne change rien, parce que la pièce est de deux ans postérieure à la condamnation de Dreyfus. C'est justement ce que nous disions en nous plaignant que Cavaignac condamnât une seconde fois Dreyfus sur des pièces qui ne lui avaient pas été montrées. L'expérience vient de prouver le danger de cette procédure traîtresse, approuvée de tout un Parlement. Mais pense-t-on qu'Henry se fût donné la peine de fabriquer un faux — au risque du bagne — pour prouver la culpabilité de Dreyfus, s'il avait eu dans le dossier une bonne pièce authentique?

Hélas! il n'avait rien, le malheureux, et il voulait absolument — ou plutôt on l'avait mis au point de vouloir à tout prix — que Dreyfus fût coupable. Il savait que le bordereau était d'Esterhazy et que tout examen sérieux le démontrerait, à la condition de n'être confié ni au général de Luxer, qui suivit le rapport de l'expert Teysonnières sans s'apercevoir que les graphiques manquaient, ni à M. Cavaignac qui a pour méthode de garantir d'abord l'authenticité d'une pièce et de l'examiner après. Il savait que la pièce « ce canaille de D.., » ne se rapporte pas à Dreyfus. Il lui fallait un document avec le nom de Dreyfus en toutes lettres. Il fit un premier faux à l'usage du public pour la publication de l'*Eclair*, et, cela lui ayant réussi, il en fit un second à l'usage du ministre, qui tomba dans le panneau grâce à une disposition d'esprit toute particulière. Quant aux fameuses lettres de l'empereur Guillaume, dont le capitaine Pauffin de Saint-Morel fit un si beau rapport à M. Rochefort, il ne reste plus qu'à savoir si elles sont d'Esterhazy, de Henry ou de du Paty de Clam. Peut-être furent-elles composées en collaboration?

Et c'est avec ce bagage de *preuves* qu'on voudrait recommencer une farce nouvelle d'affichage. Cela sera plus difficile qu'on ne croit. Je sais bien que M. Cavaignac garde la pleine confiance des journaux esterhazistes, qui le louent d'avoir fait ce qu'il avait empêché Bertulus et Picquart de faire. Mais il faudra désormais, devant l'opinion publique, d'autres répondants. M. Cavaignac n'a frappé qu'Henry tout seul. Ce n'est rien. Bertulus, déjà, était en arrêt sur un autre coupable, et Picquart n'a pas dit son dernier mot.

Lisez le *Gaulois* du Juif de l'Etat-Major, et vous y verrez que le premier *devoir* de M. Cavaignac est, non pas d'établir la vérité quand même, mais « **d'isoler le colonel Henry,** *d'établir et de démontrer que ses actes* **n'ont aucune connexité avec l'affaire Dreyfus** ». Voilà à quel degré d'impudence en arrivent les officieux des complices du colonel Henry. L'officier qui fait un faux pour prouver la culpabilité de Dreyfus commet un acte sans connexité avec l'affaire Dreyfus. Un bel état d'âme, n'est-ce pas? chez l'homme qui formule cette pensée, et surtout une haute opinion de son public? J'aime mieux Georges Berry : « Innocent ou coupable, il faut que Dreyfus reste au bagne. »

Notez que, d'après le même journal, « le ministre est persuadé que le colonel Henry n'a pas agi *motu proprio* ». C'est donc que le coupable avait un inspirateur, et probablement des complices. Qui donc l'a suggestionné? Ceux-là même, sans doute, qui, grâce à d'étranges complicités, lui mirent en main l'arme du suicide. L'affaire ne peut en rester là. Il faut que ces complicités soient connues. Pourquoi M. Cavaignac a-t-il envoyé Henry au Mont-Valérien — ce qui supposait une punition disciplinaire (pour le crime de faux!) — au lieu de le déférer immédiatement à l'autorité judiciaire et de le diriger sur le Cherche-Midi, où le règlement, plus sévère, eût contraint à la confiscation du rasoir destiné à tirer d'affaire les amis empêtrés ?

Malgré tout, on n'esquivera pas la question des responsabilités. Il y a dans l'Etat-Major des dupes. Il y a aussi des complices. L'attitude de M. Cavaignac dans l'affaire du Paty de Clam a prouvé qu'il n'était pas l'homme qui convient pour faire la part des uns et des autres. Le suicide du colonel Henry a naturellement rendu l'espoir aux partisans du mensonge. Courte joie avant le dénoûment qui s'apprête !

Le ministre même qui devait nous « assommer » se trouve avoir donné le coup de massue aux césariens, aux Jésuites qui nous l'imposèrent. Avec lui ou contre lui, nous achèverons de mettre toute la vérité au grand jour.

2 septembre 1898.

XXXVII

Le dossier ultra secret.

Tous les journaux officieux sont d'accord pour reconnaître que Cavaignac ne se rend pas. Il a dit que Dreyfus était coupable avant d'avoir examiné le dossier. Donc Dreyfus est un traître. La preuve, c'est que Mercier l'a fait juger contrairement aux lois, et que Brisson accepte de couvrir de son austérité ce crime. L'opinion publique réclamant une démonstration, Cavaignac dit : « Je vais fournir la preuve irréfutable. » Sur quoi il exhiba un faux fabriqué suivant toutes les règles de l'art, et la Chambre, unanime, décréta pour tous les Français, la conviction obligatoire. Cavaignac, il est vrai, se trouve aujourd'hui obligé de reconnaître que la pièce sur laquelle il avait édifié son jugement est l'œuvre d'un faussaire. Mais un tel homme ne se trouble pas pour si peu. Sa preuve irréfutable était un faux. Qu'à cela ne tienne ! Il en trouvera une autre. « Messieurs, viendra-t-il dire, ma perspicacité habituelle a été mise en défaut, l'autre jour. Un méchant colonel m'avait trompé. N'en parlons plus. J'ai examiné à nouveau le dossier de l'affaire, avec ce flair subtil que je tiens de mon prédécesseur Mercier, et je vous apporte une autre preuve irréfutable. Si, par malheur, on m'avait encore abusé, j'en produirais de nouvelles. Et cela, tant que vous en voudrez. » J'attends, non sans curiosité, le succès de ce langage.

Mais ce serait trop simple. Il paraît qu'on a trouvé mieux. Le dossier secret étant percé à jour, c'est le coup du dossier ultra secret qu'on va décidément nous faire. On connaît le thème de Billot, l'homme qui a donné sa parole d'honneur que Dreyfus avait été *légalement* jugé, ayant en mains la preuve qu'il disait un mensonge. D'après ce ministre, pour la parole de qui nous avons la garantie du colonel Henry le faussaire, à la Cour d'assises, le dossier ultra secret est comme le voile de Tanit : qui y touche périt. Si ce dossier est publié, c'est la guerre, voilà ce que le général Billot m'a fait dire mystérieusement par son colonel X..., après l'avoir crié à tous les carrefours. Vous voyez la conséquence. Tout ce qu'on peut faire, c'est de s'en rapporter au ministre, à Billot qui ment, ou à Cavaignac qui se laisse imbécilement tromper par un faux dont la publication fut accueillie, en France et en Europe, par un haussement d'épaules.

Voyons les nouvelles canailleries qui se cachent là-dessous. N'ayant reçu de Billot aucune confidence directe ou indirecte sur le contenu de ces papiers, je suis fort à mon aise pour en raisonner, sans craindre d'être accusé de trahir un secret quelconque. Qu'est-ce que peuvent être ces documents? Etablissent-ils que nous avons pratiqué l'espionnage en Allemagne, comme l'Allemagne l'a pratiqué chez nous, par Esterhazy et ses complices, à raison de 2.000 francs par mois? A personne on ne fera croire que la révélation de tels actes nous fait courir un risque de guerre. Ne pouvons-nous expliquer la possession de ces documents que par des procédés usités dans tous les services d'espionnage? L'Allemagne, à cet égard, fait si peu de mystères qu'il est question, de l'autre côté des Vosges, de publier les papiers qui nous furent volés. Vraiment, nous n'avons pas à nous gêner avec de tels voisins.

Chacun s'est fait ce raisonnement. Aussi s'empresse-t-on de nous dire que le cas est bien autrement grave. M. Millevoye, ami de l'Etat-Major où brillait l'étoile de Henry le faussaire, a révélé confidentiellement à toute une réunion publique, dans la banlieue, que le dossier ultra secret se composait de lettres de l'empereur Guillaume à Dreyfus. C'est tellement bête qu'il faut revenir de chez Norton pour donner dans de pareilles inepties. Mais que peut-on attendre de gens qui ont mis trois mois à découvrir que le faux d'Henry était écrit sur deux feuilles de papier différentes, ingénument collées ensemble, dont l'une était un fragment de la pièce : ce canaille de D...? A de pareils hommes, on fait accepter tout ce qu'on veut.

L'idée d'un faux ne s'était pas présentée à eux pour le document grotesque d'Henry, et quand on le leur a dénoncé, ils ont répondu en jetant en prison ceux qui leur rendaient le service de les éclairer. Pourquoi la pensée leur serait-elle venue que Guillaume II avait autre chose à faire que d'écrire à Dreyfus? Les pièces, au contraire, leur ont paru si convaincantes que M. de Boisdeffre, violant le secret d'Etat (ce pourquoi l'on poursuit Picquart), a expédié le capitaine Pauffin de Saint-Morel à M. Rochefort pour lui révéler le mystère dont le directeur de l'*Intransigeant* s'est empressé de faire part à ses lecteurs.

Les démentis n'ont pas manqué, bien entendu. Mais les *malins* vous prennent depuis ce temps dans les coins pour vous dire : « Silence. L'empereur Guillaume a donné sa parole de gentilhomme que Dreyfus n'avait jamais été au service de l'Allemagne. Or, l'empereur a menti. Si nous le prouvons, c'est la guerre. » Est-il concevable que nous en soyons arrivés à prendre au sérieux de telles sottises! Tout autre que Cavaignac, sans doute, aurait déjà découvert que les lettres de l'empereur Guillaume sont des faux, comme « la pièce irréfutable ». Mais si elles sont vraies, si Guillaume a menti, qu'il en porte la honte! Dans quelle situation serait-il pour nous déclarer la guerre, avec l'unanimité de l'opinion civilisée, y compris celle de son propre peuple, contre lui? Nos grands généraux nous ont-ils donc mis si bas au point de vue militaire que nous ne puissions plus même rendre la justice chez nous? M. Cavaignac, l'autre jour, disait précisément le contraire. Et l'alliance russe, de quelle aide nous est-elle donc? N'est-ce pas toutes les grandes voix de la Russie, y compris celle de M. Zekrewski, président de la Cour de cassation, qui nous invitent à reviser le procès Dreyfus?

Non. Tout cela n'est qu'un mensonge de plus, ajouté à d'autres mensonges. Le dossier ultra secret vaut le dossier secret, et, comme le fait très bien remarquer un de nos lecteurs, le faux n'a pas pu être commis dans la pensée qu'il fallait à tout prix cacher au public les vraies pièces secrètes, puisque le faux était pièce secrète lui-même. M. Cavaignac a patriotiquement omis d'en lire une partie. La pièce était destinée à convaincre ceux qui connaissaient déjà le dossier ulta secret. Cela juge la valeur de ces papiers. La cause pour laquelle le général Mercier a violé les lois avec la complicité de Félix Faure, la cause pour laquelle le général Billot a menti, la cause pour laquelle M. Cavaignac a accepté les yeux fermés le faux du colonel Henry, la cause pour laquelle il a fait emprisonner Picquart qui lui proposait la vérité, la cause pour laquelle il a arraché du Paty de Clam des mains de la justice, par des procédés que la Cour de cassation elle-même condamne, la cause pour laquelle césariens et cléricaux veulent qu'un innocent soit au bagne, la cause pour laquelle Brisson couvre de son nom cette criminelle entreprise, la cause pour laquelle Henry a été trouvé mort hier, au Mont-Valérien, avant de pouvoir répondre aux questions redoutables qui l'attendaient, la cause pour laquelle le commissaire de police de Boulogne n'a trouvé dans la cellule de Henry ni sa valise ni même l'arme dont il s'est servi pour se donner la mort (le tout ayant été expédié préalablement au ministère de la guerre), la cause pour laquelle M. Cavaignac est occupé, suivant le conseil du *Gaulois*, à « *isoler* Henry », la cause pour laquelle tout le gouvernement va essayer d'obscurcir encore la vérité et de violenter la justice, c'est qu'il y a, au-dessus de Henry — subalterne qui a commis la sottise d'avouer — des responsabilités très hautes qu'on veut dégager à tout prix.

De là le mensonge du dossier ultra secret après le mensonge du dossier secret. Assez mentir. Finissons-en. La revision, la revision au grand jour ne peut plus être évitée. Il faut que les responsabilités, toutes les responsabilités soient connues. Elles le seront, malgré Cavaignac et Brisson et Félix Faure, et la conséquence n'en pourra être que bienfaisante à la patrie.

3 septembre 1898.

M. Eugène Fournière, député, qui eut le malheur de s'abstenir dans le vote sur l'affichage du discours Cavaignac, souhaite que je lui donne une place à part en dehors de « la neutralité lamentable ». Je le fais de grand cœur. Je sais que Fournière avait résolu d'intervenir dans la discussion et, si je regrette infi-

niment que des « amis » l'en aient dissuadé, je sais
qu'il est homme à prendre sa revanche. Il était nouveau
venu. Il eut le tort d'écouter ceux dont sa question
sur *la légalité* de la procédure eût gêné le vote ministériel auquel ils s'étaient résolus. Une belle occasion
lui fut ainsi enlevée de se trouver seul contre le
suffrage unanime en faveur du faux. Mais sa droiture
ne peut pas être en question. Personne n'a de doute
là-dessus.

3 septembre 1898.

XXXVIII

Hautes complicités.

M. Cavaignac est démissionnaire.

Le motif? Il ne veut pas entendre parler de la revision. Vous souvient-il du procès de ce photographe
spirite, qui, sous l'Empire, fournissait aux gens l'image
authentique des esprits? On trouva chez lui tout un
assortiment de poupées de plâtre qui figuraient dans
ses clichés les êtres invisibles de l'autre monde, et
l'homme fut condamné pour escroquerie. Or, il se
trouva parmi ses clients un bon bourgeois qui avait
acquis, à beaux deniers comptants, la photographie de
l'esprit de son grand-père et la jugeait très ressem-
blante. On lui montra les poupées et on lui fit toucher
du doigt la supercherie. Il écouta la démonstration
du juge avec une extrême bienveillance, et quand
celui-ci crut l'avoir convaincu : « Tout cela est possible,

fit le spirite intraitable, mais il n'en est pas moins vrai que j'ai en poche la photographie authentique de l'esprit de mon grand-père. » Tel M. Cavaignac après la constatation du crime du colonel Henry. Il a découvert les faux, trois mois après tout le monde. « C'est égal, dit-il, je n'en ai pas moins les poches pleines de documents authentiques. »

La plupart des journaux hostiles à Dreyfus montrent plus de bon sens, *La Lanterne*, *L'Echo de Paris*, *Le Journal*, *Le Soleil*, *Le Journal des Débats* se prononcent avec éclat pour la revision. *Le Gaulois* demande seulement qu'on consulte l'*armée*, c'est-à-dire les chefs, dont l'attitude louche est cause de toute cette anarchie. M. Paul de Cassagnac et M. de Kerohant expliquent en termes décisifs que les prétendus secrets de M. Cavaignac ne sont plus qu'une farce, et qu'il n'y a qu'une revision possible : la revision au grand jour. Il n'y a pas, en effet, d'autre moyen d'en finir.

Le gouvernement l'a compris. M. Brisson, M. Sarrien, M. Delcassé se sont rendus après une longue résistance. M. Cavaignac, non. Il basait sa démonstration sur un faux. Qu'à cela ne tienne ! Il remplacera par un autre document le document *irréfutable* qui soudainement vient à lui manquer. Il en a fait informer le monde par un député du Gers, qui a choisi la *Libre Parole* pour truchement. Notre ministre de la Guerre, dit l'officieux *Figaro*, « *après l'étude approfondie, personnelle, du dossier, à laquelle il vient de se livrer* » (on croit relire le discours à l'appui du faux), « est prêt à déclarer à la Chambre que sa conviction n'a pas changé, que Dreyfus est coupable et qu'il n'y a pas lieu de procéder à une revision dont les conséquences seraient, d'après lui, très graves » (pour la bande des faussaires).

M. Brisson ayant jugé qu'une seconde *étude approfondie* du dossier par les méthodes bizarres de M. Cavaignac était superflue, le ministre de la Guerre se retire, de quoi il y a lieu de féliciter cordialement les ministres qui demeurent. Non qu'il nous importe en rien que M. Cavaignac garde son portefeuille ou y renonce. Nous ne l'avons pas combattu de parti pris et nous ne lui demandions que la justice par la loi. Cela, nous sommes bien forcés de le reconnaître, il nous l'a cyniquement refusé, et si on l'avait laissé faire, il eût entraîné le gouvernement, par pur entêtement de mulet, dans on ne sait quelle violente aventure. Après des hésitations trop longues, M. Brisson, comprenant que M. Cavaignac, par sa prodigieuse gaffe, avait perdu toute autorité sur le pays, ressaisit la direction du pouvoir qui lui échappait. Il parle en chef de gouvernement et l'on s'aperçoit que M. Cavaignac n'est pas indispensable à la France.

Il était temps. Une petite faction militaire qui s'arroge le droit de parler au nom de l'armée était en train d'englober tous les pouvoirs publics dans d'inextricables complicités. N'est-il pas fou de penser que le colonel Picquart, ancien chef du bureau des renseignements, a été frappé par ses chefs, **uniquement pour avoir découvert la trahison d'Esterhazy**, parce qu'il fallait à certains personnages haut emplumés que le coupable fût un Juif? Est-il plus criminel, au point de vue de la patrie, d'avoir fait un faux pour charger l'innocent, que d'avoir innocenter le traître? Tout ce monde se tient. Ce qu'a fait Henry contre Dreyfus, les autres l'ont fait au profit du plus ignoble agent de trahison que la France ait jamais connu.

Henry a fabriqué une *preuve* de la trahison de Dreyfus. Le général de Pellieux, qui s'est porté garant de cette pièce, a conclu sans expertise que le bordereau n'était pas d'Esterhazy, et, après avoir eu en mains les lettres du Uhlan, a écrit à ce « cher camarade » pour lui fournir les moyens de se défendre contre « l'abominable campagne » qui consistait à lui mettre sous les yeux sa propre écriture. Henry rendait visite à Esterhazy : cela est prouvé par son propre témoignage. Le colonel du Paty de Clam avait avec le traître des rendez-vous quotidiens. Il fabriquait, pour le servir, de faux documents. Il lui livrait des pièces du dossier secret. Non seulement ses chefs, Boisdeffre et Cavaignac, ne l'ont pas fait poursuivre pour ce crime d'État, mais ils l'ont arraché, en violation de la loi, à la justice qui lui demandait des comptes.

Certains hommes n'ont qu'une idée maintenant : tâcher de sauver les faussaires, comme le prouve ce précédent qui montre la responsabilité de quelques grands chefs effroyablement engagée au service du crime. Dans cette voie, chacun, à sa façon, est obligé d'aller jusqu'au bout. Henry a fait un faux ; un faux imbécile que tout le monde avait déjà percé à jour. M. Cavaignac ne fait pas de faux. Il viole seulement les lois pour sauver le faussaire du Paty de Clam. Ce n'est pas beaucoup mieux. Est-ce moi qui dis cela ? Non, c'est la Cour de cassation.

Le gouvernement, par son procureur Feuilloley à qui la Chambre des mises en accusation fut docile, a fait enlever du Paty de Clam au juge Bertulus qui le tenait bien. Il a fallu pour cela la plus rare impudence unie à ce mépris des lois que le général Mercier paraît avoir transmis en héritage à Billot aussi bien qu'à Cavaignac en personne. La Chambre des mises en accusation, par un monstrueux abus de pouvoir, a prétendu juger le fond, n'ayant à se prononcer que sur une question de compétence. C'est le renversement des lois. Mais qu'importe, puisque c'est pour le bien des faussaires ?

Par un reste de pudeur on n'avait pas osé publier l'arrêt. Nous connaissons maintenant le morceau, et nous comprenons que ses auteurs n'en soient pas fiers. Ces magistrats dont la Cour suprême vient de casser l'arrêt, se sont cyniquement constitués juges du fond qui ne leur était pas soumis, et, après avoir, de leur autorité, supprimé la déposition de Christian Esterhazy qu'il ne leur appartenait pas d'apprécier, ils ont mis du Paty de Clam hors de cause. Si ses relations répétées avec le traître sont prouvées, ont-ils osé dire, il n'est pas certain qu'il en soit résulté des actes coupables. Or, ces actes coupables, Bertulus demandait précisément la permission de les établir, et la Chambre des mises en accusation, ne les jugeant pas prouvés à son gré (ce qui ne la regardait pas), lui refusait l'autorisation d'en faire la preuve.

Le conseiller rapporteur, M. Bard, avait stigmatisé cet arrêt de ce mot : « Il est à la fois ambigu et contradictoire. » Et il ajoutait : « L'arrêt proclame l'inanité des charges, alors qu'il s'agit de savoir si le juge est compétent pour les rechercher. » Et la Cour de cassation, conformément aux conclusions de son rapporteur, a déclaré en termes exprès que les magistrats avaient violé la loi :

Attendu que la Chambre des mises en accusation a commis une violation de l'article 76 du code de justice militaire **par défaut d'application.**

La Cour avait dit d'abord : *Par* **refus** *d'application*. Tous les journalistes présents l'ont entendu. Ce texte est celui de l'*Agence Havas* elle-même. Mais on a réfléchi que le refus d'appliquer la loi officiellement constaté, c'était le déni de justice, crime de forfaiture puni par l'article 135 du code pénal. On a donc obtenu de la Cour de cassation qu'elle remaniât son arrêt, ce qui est une nouvelle violation de la loi, et non la moins scandaleuse.

Dans le cas présent, l'acte de la Chambre d'accusation est d'autant plus criminel que le pourvoi de la partie civile ne compte pas, et, le procureur général Bertrand s'étant bien gardé de se pourvoir, il résulte de cette abominable manœuvre que l'arrêt de la Cour de cassation restera, pour le moment, sans conséquences judiciaires.

Voilà à quelle accumulation d'arbitraire et d'illégalités scandaleuses M. Cavaignac, pour couvrir de hautes complicités, a conduit le gouvernement de la République. Je n'ai point à faire sa psychologie et à rechercher sa part d'initiative ou l'effet des suggestions de son entourage. Il suffit de considérer les actes auxquels il entraîna la faiblesse de ses collègues pour comprendre qu'en violant systématiquement toutes les lois fondamentales d'une organisation civilisée, il nous menait d'un pas rapide à la complète subversion de l'Etat.

M. Brisson, pour nous faire sortir heureusement de cette crise douloureuse, a la bonne fortune d'avoir devant lui deux indications qui ne peuvent pas le tromper : la justice et la loi. Qu'il fasse la justice conformément aux lois, et tous les bons Français, comprenant que c'est le premier intérêt de la patrie, soutiendront ce noble effort de réparation nécessaire.

4 septembre 1898.

XXXIX

Cherchez!

M. Cavaignac a clairement montré, par sa lettre de démission, le point où son intelligence gauchit. Il n'a pas encore compris la question qu'il prétend résoudre. Le malheureux persiste à croire qu'il est juge, et l'on n'a pas réussi à lui faire entrer dans la tête l'idée que son opinion sur l'innocence ou la culpabilité de Dreyfus n'a pas plus de valeur légale que celle du premier venu. J'oserai même dire que l'autorité du premier venu est supérieure à celle de M. le ministre de la guerre, qui s'est porté garant de l'authenticité d'une pièce que tout le monde lui avait signalée comme un faux. Comment M. Cavaignac peut-il ignorer à quel point il a aggravé son cas en prétendant qu'il avait sérieusement étudié le dossier — ce qui n'était pas exact — et en n'arrivant à l'examen des pièces qu'après avoir compromis la Chambre et le gouvernement dans la plus folle aventure? L'aéronaute qui tombe de ballon doit avoir, au moins sur le premier moment, le sentiment de ce qui lui arrive. M. Cavaignac, dégringolant la tête en bas, rêve d'une ascension au-dessus des humains, et délire, en halluciné, de ce qu'il croit et de ce qu'il veut. N'a-t-il point quelque ami pour lui dire que cela n'a plus d'importance, par la simple raison qu'il a trop grossièrement trompé la France une première fois? Il serait temps de lui faire comprendre que sa sincérité n'est que la preuve de l'incapacité critique qui le disqualifie.

Après ce qui s'est passé, nul homme en France ne peut plus dire à ses concitoyens: « Rapportez-vous-en à moi. J'ai vu. » Tous ceux qui nous ont tenu ce langage ont montré, par la suite, que, s'ils avaient vu, ils n'avaient pas regardé. Il faut donc désormais que l'examen soit public. Cela est devenu fatal, d'ailleurs, puisque tous nos maîtres, de Félix Faure, le Cynégète, à Méline, à Billot, à Cavaignac, et — j'ai le regret de le dire — à Brisson lui-même, ont eu pour principale occupation jusqu'ici de nous tromper.

On a dit qu'il y avait à l'Etat-Major une fabrique de faux. Hélas! il n'est que trop vrai. Mais j'ose dire que c'est le moindre mal. Ce qui effraye, ce sont les hautes complicités que je dénonçais hier et qui englobent des ministres de la Guerre, des chefs de gouvernement et le Président de la République en personne. Pourquoi ces hommes ont-ils entrepris de charger l'innocent et d'innocenter le faussaire? Pourquoi, lorsqu'on les avertit qu'ils ont entre les mains un faux, passent-ils outre, et font-ils arrêter celui qui les éclaire? Croit-on qu'il n'y ait que le faux de Henry dans l'affaire? C'est par la multiplication de ses faux que toujours le faussaire se dénonce. On en a trouvé un. Et les autres? Se souvient-on de l'histoire de la fausse photographie du colonel Picquart à Carlsruhe? Tous les journaux de l'Etat-Major donnèrent de la voix là-dessus, et l'un d'eux demandait déjà l'arrestation du « *traître* ». Dès qu'il fut avéré que Picquart n'avait pas quitté Paris, tout ce bruit tomba, et le faux demeura pour compte à ses auteurs. Qu'en est-il advenu? Picquart, si j'ai bonne mémoire, déposa une plainte à ce sujet. Qu'en a-t-on fait? Vous croyez que cela porte M. Cavaignac à réfléchir? Pas un moment. Un faux découvert est un faux qui ne compte plus. Il y a les autres dont il garantira, jusqu'au prochain suicide, l'authenticité.

Et veut-on une preuve effrayante de cet état d'esprit? Ranc raconte dans le *Radical* que le colonel Picquart ne fut pas le seul à avertir le gouvernement que le document Henry était un faux. En effet, M. le comte Tornielli, ambassadeur d'Italie, ne pouvant supporter qu'on attribuât cette imbécillité à son attaché militaire Panizzardi, se présenta devant M. Hanotaux et lui donna sa parole d'honneur que la pièce était fausse. Or, non seulement Hanotaux ne fit pas arrêter Tornielli comme Cavaignac Picquart, mais *il promit sur sa parole d'honneur qu'on ne se servirait pas du document*. Et, à trois jours de là, on envoyait Pellieux et Boisdeffre le porter à la Cour d'assises pour enlever la condamnation de Zola par la publication d'un faux.

L'histoire est racontée dans le plus grand détail par tous les journaux italiens. On a prétendu que le général de Pellieux avait agi de son autorité privée. En ce cas, que ne l'a-t-on poursuivi pour révélation de documents secrets? On ne le pouvait pas, puisque, vingt-quatre heures plus tard, M. de Boisdeffre était venu garantir, à son tour, l'authenticité du faux. Et ce n'est rien encore. *Cinq mois après*, M. Cavaignac apporte aux députés, comme une rare merveille, cette pièce dont le ministre Hanotaux a promis qu'on ne ferait pas usage, pour cause de fausseté.

Comment nier que nos gouvernants aient fait usage d'un faux, sachant que c'était un faux? Voilà dans quelles mains nous sommes tombés. Niera-t-on maintenant les hautes complicités? Est-il bien sûr que Henry soit le principal coupable? Tout démontre le contraire. Il a payé pour lui-même et pour d'autres qui l'ont mis en mouvement. Qui?

Je prends, à ce propos, la liberté de poser une question curieuse. Comment se fait-il que les membres de l'Etat-Major impliqués dans l'affaire aient été comblés de faveurs au delà de tout? Méditez le tableau suivant :

Gonse. — Nommé commandeur de la Légion d'honneur en 1895.
— Est mis dans des conditions exceptionnelles, en 1897, *quelques jours après l'interpellation Castelin*, au tableau d'avancement pour le grade de *général de division*.
— A été nommé dans des conditions exceptionnelles général de division en juillet 1897.
— Est resté depuis ce temps au ministère de la guerre, bien que son emploi ne fût que celui d'un général de brigade.
Gonse, versé dans l'*artillerie*, en 1880, à la suppression du corps d'état-major, n'a fait que croupir dans les bureaux du ministère de la guerre, et a évité tout service de troupe.
Son ignorance du 120 et du frein hydraulique (V. procès Zola) est particulièrement admirable d'un officier d'*artillerie*.

Du Paty de Clam, mis en 1895 au tableau d'avancement pour le grade de lieutenant-colonel, contrairement aux dispositions réglementaires qui disent que pour qu'un officier de l'Etat-Major de l'armée figure au tableau d'avancement, il faut qu'au moins un officier plus jeune de grade que lui et venant des corps de troupe soit mis au tableau.
On a expliqué cette infraction aux règlements en disant que, *l'année précédente*, il y avait eu au tableau un officier plus jeune de grade que du Paty.
— Nommé lieutenant-colonel en 1896, il était destiné à

être chef du deuxième bureau de l'Etat-Major de l'armée, ce qui le rendait, en temps de paix comme en temps de guerre, le conseiller du haut commandement en ce qui concerne les armées *étrangères*.

Henry. — Nommé officier de la Légion d'honneur en 1895.
— Mis au tableau d'avancement pour le grade de lieutenant-colonel en 1896, immédiatement après le départ de Picquart.
— Nommé lieutenant-colonel en 1897.

Henry, d'une ignorance absolue en toutes choses, n'occupait certainement sa place que pour défendre l'œuvre du deuxième bureau : « l'affaire Dreyfus ».

Lauth. — Mis en 1896 au tableau d'avancement pour le grade de chef d'escadron.
— Promu chef d'escadron dans l'été de 1897.

Immédiatement après sa déposition au procès Zola, un témoin qu'on pourrait nommer rapporte l'avoir entendu, en pleine salle des témoins, demander au général Gonse une place *d'attaché militaire* dans une ambassade. Le général Gonse lui promit d'un ton paterne qu'il aurait la première vacance.

Gribelin. — Mis au tableau dans des conditions exceptionnelles pour le rang de chevalier de la Légion d'honneur, en 1896, immédiatement après le départ de Picquart.
— Nommé chevalier de la Légion d'honneur aux promotions de *janvier* 1898.

Il doit y avoir une explication de cette pluie de grades et de décorations. Cherchez, Brisson. Vous trouverez.

5 septembre 1898.

XL

La parole à Picquart.

Si Picquart est en prison, c'est parce qu'on a voulu l'empêcher de parler.

Or, en ce moment, il aurait des choses importantes à dire.

Il faut qu'il puisse parler. Il est urgent de le mettre en liberté.

Picquart a été mis en réforme, et, par suite, chassé de l'armée, sur les seuls témoignages de Henry — et de Gonse ou de Gribelin — partenaires de Henry.

On l'a chassé de l'armée parce qu'on a voulu enlever tout crédit à sa parole qu'on savait devoir révéler un jour les « crimes de l'Etat-Major ».

Cela est d'autant plus grave que l'on sait, malgré le huis clos, que le conseil de guerre de 1894 a jugé dans des conditions flagrantes d'illégalité.

Il s'agit de savoir, aujourd'hui qu'on parle de revision, si, au moins, le conseil de guerre a *justement* jugé.

Il faut qu'on entende Picquart, qui, seul, connaît l'affaire à fond, l'ayant suivie pas à pas depuis 1894.

Quand Picquart a offert la vérité à Brisson, Cavaignac a exigé qu'on l'emprisonnât. Puisque l'heure de la vérité est venue, il faut donner la parole à Picquart.

5 septembre 1898.

XLI

Les responsabilités.

On se fait, au Ministère de la Guerre, l'idée la plus bizarre de ce que signifie, dans toutes les langues, le mot de responsabilité. C'est un concert unanime de tout ce qui se prétend chef de quelqu'un ou de quelque chose pour rejeter la responsabilité qui lui incombe sur le subalterne coupable d'être trop bien entré dans l'esprit de ses supérieurs. Les généraux de Pellieux, Gonse et de Boisdeffre croient se tirer d'affaire en disant piteusement : « Nous avons été trompés. » C'est ce que plaidait le général Lebœuf après Sedan, incapable même de comprendre que le devoir d'un chef est non pas de *croire* l'inférieur sur parole, mais de *savoir*.

Par ce système, le général de Pellieux ayant obtenu des jurés la confiance dont l'expérience a montré qu'il n'était pas digne, il lui suffit de dire comme Lebœuf qu'on a abusé de sa candeur. La candeur de Lebœuf nous a coûté l'Alsace et la Lorraine. La candeur de Pellieux et de ses « chers camarades » (dont Esterhazy) nous vaut l'effroyable anarchie où nous nous débattons. Quand on est si candide, la prudence commande de ne pas dépasser le grade de caporal.

Car, commander, messieurs les généraux, ne veut pas dire simplement qu'on est capable de donner un ordre. Cela suppose aussi qu'on est capable d'en comprendre la raison, et de se rendre compte, à la fois, et des faits qui le motivent et des conséquences qu'il doit avoir. Et cette connaissance justement exige l'effort intellectuel (pardonnez ce mot) du chef lui-même, qui ne saurait être remplacé par l'automatisme discipliné de l'inférieur, à qui l'on prêche justement qu'il n'a pas besoin de comprendre.

Si Cavaignac s'en rapporte à Boisdeffre, qui s'en rapporte à Gonse, qui s'en rapporte à de Pellieux, qui s'en rapporte à du Paty de Clam, qui s'en rapporte à Henry, qui s'en rapporte à Gribelin, c'est Gribelin qui commande, et, tout lampiste qu'il est, il ne fait pas la lumière, parce que son métier est de se conformer aux idées des autres, quand ils en ont, au lieu d'avoir des idées lui-même.

C'est précisément ce qui est arrivé. Seulement, au lieu de descendre jusqu'à Gribelin, on s'arrête à Henry parce qu'il est mort, grâce au rasoir ami qui permet de rejeter sur lui, sans protestation de sa part, tous les péchés de ses chefs. Henry n'a rien été qu'un instrument discipliné, ou, si l'on veut, une inconscience suggestionnée jusqu'au crime. Pour avoir compris que la soumission aveugle avait un terme le colonel Picquart est en prison, grâce à Brisson, l'homme-équité. Pour s'être livré en esclave aux volontés irresponsables par lesquelles son âme obscure était hypnotisée, Henry fut récompensé du grade de lieutenant-colonel et de la croix d'officier de la Légion d'honneur.

Et voilà que ceux qui l'*honorèrent* ainsi lui font payer chèrement leurs faveurs. *Le Temps* essayait, l'autre jour, de faire la psychologie de ce malheureux, dont les états de service sont fort beaux, et concluait que le poste de chef du bureau des renseignements, supérieur à ses facultés, lui avait, comme on dit, tourné la tête. Je ne puis croire que l'article soit de M. Cavaignac. Cependant il repose sur une erreur. Henry n'était point chef du bureau des renseignements quand il a commis son crime. Il était sous-ordre du colonel Picquart, tout simplement, et la psychologie du crime, avec les responsabilités qui en découlent, résulte précisément de circonstances que le rédacteur du *Temps* paraît ignorer.

Se souvient-on qu'au lendemain du fameux vote sur l'affichage Cavaignac, M. Eugène Fournière demanda à interpeller le gouvernement « *sur l'authenticité des pièces communiquées à la Chambre dans la discussion de l'affaire Dreyfus* »? C'était le résultat de la lettre du colonel Picquart. Brisson, bien entendu, refusa la discussion, et Cavaignac appuya son subordonné dans ces termes : « La Chambre, dit-il, ne permettra pas que l'on vienne tous les jours demander au gouvernement de s'expliquer sur la même question; elle ne peut pas mettre en discussion les assertions d'un homme qui soutient qu'un document, qu'il avoue n'avoir jamais vu, a tous les caractères d'un faux. »

Admirable interversion des rôles. Celui qui n'a pas vu, connaissant à fond les circonstances du fait, en a conclu que la pièce était fausse. Et celui qui prétend l'avoir *étudiée* (ce qui, j'en suis fâché pour lui, était contraire à la vérité) n'a pas vu ce qui aurait sauté aux yeux d'un enfant de l'école primaire.

Mais alors une question se pose, bien curieuse. Comment se fait-il que le colonel Picquart, chef du bureau des renseignements, n'ait pas vu cette pièce *capitale*? C'est là le beau de l'histoire, car c'est là qu'on va voir comment les responsabilités s'engrènent.

La découverte du *petit bleu* accusateur d'Esterhazy, aggravée de la certitude que le bordereau était de son écriture, avait jeté le trouble dans quelques esprits. Des gens qui connaissaient le dossier ultra secret sur lequel M. Cavaignac est en train d'édifier un nouvel effondrement de sa judiciaire, commençaient à penser tout doucement au fond d'eux-mêmes que Picquart pourrait avoir raison, et hochaient la tête de façon inquiétante pour ceux qui avaient reçu le legs de Sandherr : la culpabilité de Dreyfus à tout prix. (*Voir la déposition d'Henry à la Cour d'assises.*)

Alors le faux surgit. Mais comment? Celui qui devait en avoir le premier connaissance, le chef du bureau des renseignements, fut justement l'homme à qui on eut soin de ne le point soumettre. Les chefs de Picquart lui dirent triomphalement : « Cette fois, nous avons la preuve. Nous avons le document décisif. Etes-vous collé, hein? » Je ne sais ce que répondit l'autre. Mais il paraît qu'il ne semblait pas convaincu. Alors on l'entreprit, on le chapitra, le ministre lui-même, m'a-t-on rapporté — ce bon apôtre de Billot. Et quand on lui eut dit toutes les circonstances de l'affaire, Picquart n'hésita pas : « C'est un faux », dit-il froidement. Pour avoir prononcé cette parole, *quelques jours après* il était sur la route de Gabès, où Billot, suivant la méthode qu'il regrettait de n'avoir pas appliquée à Dreyfus, s'apprêtait, avec ou sans rasoir, à le faire assassiner.

Tout cela va le mieux du monde. Mais si je comprends bien pourquoi Henry, redoutant la perspicacité de son chef hiérarchique, n'eut garde de lui présenter son faux, si je comprends pourquoi il fit plus aisément confiance à l'ineptie de Gonse et de Boisdeffre qui n'a trouvé d'égale que la claivoyance de M. Cavaignac, quelqu'un m'expliquera-t-il pourquoi ce même Gonse et ce même Boisdeffre et ce même Billot **ne voulurent pas montrer la pièce à Picquart?** Ce n'est pas qu'ils en fissent mystère, puisqu'ils la communiquèrent à Pellieux pour le résultat que l'on sait. Quelqu'un m'expliquera-t-il encore pourquoi ces mêmes hommes, lorsqu'ils virent que Picquart ne voulait pas *comprendre* et obéir servilement à la suggestion de ses chefs, préparèrent contre lui, avec accompagnement des tartuferies affectueuses du général Gonse, l'attentat de Gabès, dont le général Leclerc eut l'honneur d'empêcher l'exécution?

Croit-on vraiment que la responsabilité de ces chefs soit engagée pour quelque chose là-dedans, et qu'il leur suffira de dire, après le *providentiel* coup de rasoir : « Henry nous a trompés! » Est-ce bien sûr? Henry les a si peu trompés, qu'averti que la pièce était fausse le gouvernement avait promis de ne pas s'en servir. Comment accorder la bonne foi avec la précaution de cacher le document faux au seul homme à qui le règlement en confiait le dépôt, et cela par l'évidente raison qu'il en avait d'instinct dénoncé le caractère? Comment aussi expliquer les faveurs militaires, grades et croix, qui furent la récompense d'une garde si bien montée autour du crime du faussaire?

J'en ai dit assez pour me faire comprendre. Il n'en faut pas plus, pour aujourd'hui. Ce que je demande, c'est que les responsabilités restent où la loi les a placées, et qu'on ne permette pas aux chefs qui ont des comptes à rendre de se croire quittes d'embarras à la seule condition de tout rejeter sur un mort.

Henry, soldat discipliné avant tout, n'était point homme à s'engager tout seul, sans être inspiré, suggestionné, conduit par une voix d'en haut dans une conspiration contre son chef hiérarchique, pour aboutir à la fabrication d'un faux. Cela dépassait de toute évidence sa force d'initiative. Avec qui donc sa destinée fût-elle de faire le sombre chemin? Jusqu'à présent, nous ne savons qu'une chose avec certitude. C'est que du Paty de Clam, voisin d'Henry à l'Etat-Major, travaillait aussi dans le faux contre Picquart au profit du Uhlan national Esterhazy, traître professionnel à qui il confiait pour son usage les pièces du dossier secret.

Nous savons aussi que, la justice civile s'étant permis de s'occuper de l'affaire, Cavaignac et Brisson sauvèrent Esterhazy et du Paty de Clam des enquêtes du juge, et cela par des procédés que la Cour de cassation vient de flétrir comme une violation de la loi. Peut-être comprendra-t-on que ce précédent ne nous donne pas confiance en nos gouvernants pour répartir, suivant la justice, les responsabilités supérieures dans le crime du colonel Henry.

6 septembre 1898.

XLII

La revisison loyale.

Il y a, dirait Sganarelle, revision et revision. Qu'est-ce que la revision qu'on nous prépare? Si elle est loyale, je suis content : voilà tout ce que j'ai à en dire. Il faut que le crime de Dreyfus soit prouvé, pour une fois, suivant les formes légales et autrement que par des faux. Si la preuve de la trahison est faite, eh bien! les Français seront unanimes à flétrir le traître. S'il est établi que l'accusation est vaine, les Jésuites eux-mêmes seront forcés de se rendre à l'évidence. Je sais bien qu'ils se promettent de contester toujours, afin de laisser, s'il se peut, un doute dans les esprits et de tenir la France au bord de la guerre civile aussi longtemps qu'ils auront l'Etat-Major de leur côté. Mais j'ai bonne confiance que, lorsque les pièces auront été produites, il sera difficile aux plus menteurs de continuer leurs mensonges.

Je dis quand les pièces auront été produites, parce que je ne prends pas au sérieux l'effort de quelques journaux esterhazo-cavaignacquistes en faveur du procès à huis clos. Après le premier procès illégal, après la tentative éperdue de l'Etat-Major pour maintenir un homme au bagne par le moyen d'un faux, après la preuve décisive d'inintelligence donnée par M. Cavaignac, aidé du capitaine Cuignet et consorts, après le témoignage honteux de la lâcheté parlementaire affichée par le vote unanime, il n'y a plus qu'un moyen d'agir sur l'opinion publique : la vérité, toute la vérité. Les malheureux qui ont, pour satisfaire leurs passions de jésuites, désorganisé l'Etat-Major de l'armée, ont cherché à nous effrayer de la guerre. Cette manœuvre a piteusement échoué. Il existe en Europe, en Orient, en Extrême-Orient, cent causes de guerre, qui, au premier signal, mettraient les continents en feu. Personne ne bouge par crainte des incalculables catastrophes qui pourraient s'en suivre. Nous sommes maîtres chez nous, comme a dit M. Cavaignac aux applaudissements de tous. Alors, que nous veut-on ? Comment la guerre résulterait-elle de ce que nous prétendons juger un homme légalement et justement, quand tous les gouvernements d'Europe précisément nous demandent de le faire ?

On ne pourra pas faire de procès à huis clos. Mais, je n'en vois pas moins de honteuses tentatives pour essayer d'en imposer dès à présent aux juges futurs.

La première de toutes, c'est que le Gouvernement refuse de reviser le procès pour cause d'illégalité, quand l'illégalité est flagrante. M. Brisson sait que des pièces secrètes ont été communiquées aux juges de 1894, en chambre du conseil. Il sait que nous en pouvons produire de nombreux témoignages. Il sait qu'au moment où nous allions faire la preuve, le juge Delegorgue nous arrêta du mot dont il portera le poids dans l'histoire : « La question ne sera pas posée. » Il sait que la loi qui garantit aux citoyens la sécurité, la vie, l'honneur, a été outrageusement violée par ceux-là mêmes qui en ont la garde. Mais il ne veut pas le savoir, parce qu'il faudrait punir les violateurs, et que les lois de la République brissonnienne ne sont dures qu'aux faibles. Voilà dans quel sentiment nos ministres abordent la revision. Sauvons Mercier, c'est-à-dire l'homme qui a causé tout ce mal, et toute cette honte : telle est leur première pensée. De la vérité pure et simple, ils n'ont cure. Médiocre garantie pour l'œuvre qu'ils se proposent d'accomplir.

Il y a malheureusement d'autres signes de leur état d'esprit. Le *Temps* avait indiqué, des quatre cas de revision prévus par la loi, celui que le gouvernement avait l'intention d'invoquer. Or il se trouve, comme par hasard, que ce moyen, étant inapplicable, eût abouti fatalement au refus pur et simple de la Cour de cassation, et le *Temps*, averti, s'est hâté de rectifier l'opinion de son informateur. Or savez-vous de qui venait l'information? Du ministre Bourgeois, demeuré bon cavaignacquiste, qui s'occupe, quand la Suisse et l'Instruction publique lui en laissent le temps, de faire avorter la revision.

Hélas! il y a pire. Brisson, comme chacun sait, est l'ami de tout le monde. Je sais des républicains qui, lorsqu'il a formé son ministère, sont allés candidement lui demander, pour toute garantie, d'examiner *lui-même* les pièces du dossier. Il le promit, et n'a pas tenu parole. Ou, s'il a tenu parole, sa faculté critique n'a d'égale que celle du brave capitaine Cuignet et de Cavaignac lui-même. Maintenant que sa négligence à remplir son devoir a causé le scandale de l'affichage du faux qui a ridiculisé le Gouvernement de la France et pour jamais compromis le crédit de la Chambre, Brisson dit : « Je revise », et il pousse amicalement Cavaignac de l'épaule.

Il revise. Seulement, de crainte que sa revision n'afflige césariens et Jésuites que ce franc-maçon entend ménager, il se fait interviewer par l'*Echo de Paris*, qui fut, jusqu'à l'effondrement de Cavaignac, le truchement de l'Etat-Major, et déclare que dans sa conviction Dreyfus est coupable. Cuignet, Cavaignac et Brisson, trois têtes dans un même képi! De qui se moque-t-il, Brisson, dans cette affaire? Il n'ignore pas que son opinion, sans valeur légale, n'a pas plus de poids que celle de M. Cavaignac, triste victime d'un faussaire, dont le faux n'a trompé, pour un jour, dans le monde, que Cavaignac et Brisson, précisément.

Le chef du Ministère n'attend donc rien de sa déclaration, sinon l'effet de suggestion produit par sa parole sur les juges éventuels de Dreyfus. C'est le renouvellement du fameux « *par ordre* » de Zola, avec une fleur de jésuitisme laïque qu'on ne saurait trop admirer. On ne dit pas au futur conseil de guerre : Il faudra recondamner cet homme avec ou sans preuves. Oh! non. Le chef du Gouvernement se borne à dire : « Je *sais* qu'il est coupable. O vous dont l'avancement sera dans ma main, dites-moi, je vous prie, ce que vous en pensez. » Ainsi fut condamné Dreyfus. Ainsi fut acquitté Esterhazy. Si c'est là la revision loyale de Brisson, je demande à quel signe se reconnaîtra la déloyauté.

7 septembre 1898.

XLIII

Le nouveau parti.

On nous apprend qu'il va se fonder un nouveau parti sous la direction de M. Cavaignac. Le programme n'en est point connu. Il y a lieu de supposer que la rédaction en sera confiée au moine Didon Coupe-Têtes. En ce cas, la suprématie du pouvoir militaire sera inscrite au frontispice, et c'est un coup de maître de confier à un civil l'exécution de cette réforme décembriste. Par des laïques a triomphé chez nous, depuis 1815, le gouvernement des curés.

Jusqu'ici, tout ce que nous voyons de la nouvelle politique annoncée, c'est la glorification du colonel Henry, faussaire. On l'excuse d'entrain, on le justifie, le discours prononcé sur sa tombe le cite en exemple comme un héros. Un de nos confrères les plus connus écrit cette phrase, déjà citée, qu'on ne saurait trop reproduire :

> *En attendant que la justice lui rende les honneurs publics qu'il a bien mérités, les Français ont voué un culte domestique à ce bon citoyen, à ce brave soldat, à ce serviteur héroïque des grands intérêts de l'Etat.*

Et plus loin ce chef-d'œuvre :

> *Ces falsifications sont permises et légitimes. Celle d'Henry était utile, s'il est vrai qu'en certains sujets la foule est une enfant et l'opinion publique une véritable mineure.*

Quelqu'un de ces jours on annoncera une souscription pour élever au criminel une statue.

M. le général de Pellieux se contente de reprocher à M. Paul Meyer d'être cause de ce sang versé. De la part de l'homme qui s'était porté garant de l'authenticité du faux avec une si noble arrogance, le trait est admirable. Il faut reconnaître, en effet, que sans les « dreyfusards » le faux et le faussaire continueraient de trôner à l'Etat-Major.

Quelques journalistes, d'autre part, se demandent seulement si M. Cavaignac n'aurait pas mieux fait d'étouffer l'affaire, et de laisser un homme au bagne, avec un faux pour preuve de son crime. C'est, dans toute sa beauté, le thème fameux de M. Georges Berry : « Innocent ou coupable, pas de revision ». Je me demande si M. Georges Berry n'a pas des titres plus sérieux que M. Cavaignac lui-même à la direction du nouveau parti. Ce n'est pas lui qui aurait mis le colonel Henry en face d'un rasoir. Il l'aurait nommé général, et tout eût été dit.

Ce rasoir, cependant, tourmente le chrétien Drumont, qui propose, si l'on veut le nommer dictateur, d'enfermer au Mont-Valérien tous ceux qui ne vont pas à sa messe, avec un rasoir suggestif en guise d'indication urgente. Seulement, comme il nous connaît bien, il craint avec raison que nous nous servions tout simplement de son arme pour faire la barbe à l'ami Esterhazy. En ce cas, il aviserait. Il y a bien des « baïonnettes intelligentes ». Nous avons vu que le dernier rasoir du Mont-Valérien n'était pas si bête.

M. Paul de Cassagnac, plus modéré se contente de regretter la Bastille.

A la place de M. Cavaignac, ministre de la guerre, je n'aurais pas commis *la lourde et impardonnable sottise d'acculer le colonel Henry au suicide* et de déterminer ainsi fatalement une revision dont je ne veux pas, et qui est injurieuse au dernier degré pour la justice militaire et l'armée.

A la Bastille, Picquart! à la Bastille, l'avocat Leblois! à la Bastille, les Trarieux, les Monod, les Pressensé! à la Bastille, tous les protestants, tous les Juifs, tous les journalistes qui font de l'affaire Dreyfus un prétexte et une occasion pour avilir l'uniforme et insulter le drapeau!

Ceux qui « avilissent l'uniforme » et qui « insultent le drapeau », c'est ceux qui soutiennent que Dreyfus a été *illégalement jugé* : **ce qui est vrai**.

Je recueille ces appréciations diverses pour noter l'état d'esprit de quelques contemporains. Il serait trop fâcheux que les historiens futurs en perdissent la mémoire.

Quant à M. Cavaignac lui-même, il ne se décourage pas. Le premier officier qu'il avait chargé de faire cette fameuse étude du dossier dont il avait parlé, à la tribune, comme lui étant *personnelle*, l'a induit en erreur. Il le reconnaît, bien entendu, faute de ne pouvoir faire autrement. Il a donc changé de capitaine, et, satisfait du capitaine Cuignet qui lui a découvert un faux signalé par cent mille personnes, et dont le gouvernement averti avait promis de ne pas faire usage, l'ancien Ministre de la Guerre affirme que sa subtilité mérite une confiance aveugle, et qu'on doit l'en croire quand il dit que Dreyfus est coupable. Chose remarquable, le capitaine Cuignet lui-même se trouve de cet avis, et ne s'en cache pas, car il a la permission, lui, de renseigner le public sur les secrets d'Etat.

Le *Temps* et les *Débats* s'efforcent de raisonner doucement M. Cavaignac et de lui montrer, avec mille précautions oratoires, qu'eût-il cent fois raison, il a perdu le droit d'exiger du pays qu'on s'en rapporte à sa parole. Rien n'y fait. Il veut juger Dreyfus à lui tout seul et prétend que son illustre gaffe lui confère désormais une autorité sans seconde. Cela paraît excessif à beaucoup : notamment aux ministres de Brisson, qui ont retourné leur veste gentiment. Viger, qui nous appelait « traîtres » et voulait nous poursuivre « jusque dans nos tanières »; Bourgeois, qui attendait de quel côté soufflerait le vent et qui envoie aux journaux des notes pour faire échouer la revision. J'en passe, et des pires, n'est-ce pas, Lockroy ?

Bourgeois est revenu de Suisse, où il se reposait des fatigues de Brisson, pour se mettre du côté de la victoire. Viger, interrogé par un reporter, a déclaré qu'il s'adonnait exclusivement à l'agriculture (plus de tanières, mes amis) et que les vrais criminels, dans tout cela, c'étaient le charançon, la pyrale et le phylloxéra. O grande âme !

Quant à Trouillot, c'est le plus beau de tous. Il refuse d'envoyer au condamné la photographie de ses enfants, car une échelle de corde pourrait se dissimuler sous l'image. Il monte, infatigablement, la garde autour du mur de Dreyfus. Mais consolez-vous, c'est un tout petit mur. « Le prisonnier peut s'asseoir dessus. On l'a surmonté d'une palissade à travers laquelle il peut voir la mer. » S'asseoir sur un mur surmonté d'une palissade à travers laquelle on regarde la mer, quelle étrange posture ! Faut-il que ce Trouillot soit humain pour offrir au condamné de telles douceurs !

De tout cela je conclus que les ministres de Brisson ne seront pas du nouveau parti, s'il n'est pas le plus fort. De quel parti seront-ils ? Voilà ce que leur attitude passée ne permet pas de soupçonner. Le plus simple pour eux serait d'être du parti de la justice et de la vérité. Mais, jusqu'à l'effondrement de Cavaignac, cette idée ne leur était pas encore venue. Ils avaient même poussé le *Cavaignacquisme* jusqu'à emprisonner la vérité dans la personne de Picquart. Quand il en est temps encore, qu'attendent-ils pour réparer ce crime?

8 septembre 1898.

XLIV

Et Picquart.

Et Picquart? Que fait-on de Picquart? Oublie-t-on qu'il est en prison pour l'unique faute d'avoir proposé à M. Brisson de lui prouver qu'un faux était un faux?

Il avait précédemment un autre méfait à sa charge. C'est d'avoir dit à la Cour d'assises, en présence du général de Pellieux, dont le témoignage trompait les jurés, que ce même faux était un faux. Antérieurement encore, il faut le reconnaître, il s'était rendu coupable d'un crime encore, le plus grand de tous. Il avait, étant chef du bureau des renseignements, mis la main sur un espion. Dans la conception du patriotisme qui est celle de Boisdeffre, cela n'est pas permis, paraît-il. Car cet espion était Esterhazy, bandit, escroc, faussaire et traître, qui avait de hautes intimités dans l'Etat-Major. Il avait écrit contre la France et son armée des lettres infâmes qui attestaient chez lui les plus vils sentiments. Il était en relation constante avec l'attaché militaire allemand. Criblé de dettes, tous les records de Paris étaient à ses trousses. Un tel homme était intangible. La raison, c'est que le colonel du Paty de Clam faussaire, c'est que le colonel Henry faussaire, tous deux de l'Etat-Major, étaient liés à lui, en une association criminelle dont toutes les circonstances ne sont pas encore clairement expliquées.

Esterhazy était intangible, et pourtant le colonel Picquart osa se mesurer avec lui. Au nom de l'honneur de l'armée, au nom du patriotisme français, le colonel Picquart fut vaincu. Tout l'Etat-Major, doublé de ses faussaires, tous les ministres, tous les pouvoirs publics, juges, Chambre unanime suivie du populaire, prirent parti d'enthousiasme pour Esterhazy contre Picquart. Cela paraît fou. C'est l'expression atténuée du fait tout nu.

Et la cause de ce renversement de toutes les idées connues? Ah! la cause? Nous touchons au point délicat. Cherchez et vous trouverez l'Eglise. Il n'y a plus qu'un pouvoir debout en France, comme en Espagne : celui-là. Toutes les forces du passé se groupent derrière elle, et les oppositions officielles, par lâche cœur, ne servent qu'à rehausser sa puissance. L'Eglise surtout est maîtresse de l'armée, par le favoritisme éhonté de l'avancement dont elle tient tous les accès. On n'arrive aux premiers grades que par le consentement de « *la caste militaire* », comme disent ces messieurs, faite de tout ce qui représente l'ancien régime en France, sous la surveillance et la protection du haut clergé romain. Contre cette toute-puissance, Picquart entreprit de lutter seul, et lutta. Il ne se proposait rien que de faire condamner un espion au service de l'Allemagne. C'est lui qui fut chassé de l'armée, après avoir été durement flétri par les imbéciles stratèges de l'école de Sedan, par les « patriotes » revenus tout empanachés des capitulations en masse, mauvais défenseurs de la patrie, mais bons Jésuites à tout faire.

Esterhazy, espion, était ancien zouave du pape, s'il vous plaît. C'est un titre qui vaut des indulgences. Mais cela n'aurait pas suffi à le disculper s'il ne se fût trouvé un Juif condamné comme traître dans l'Etat-Major, et si la culpabilité d'Esterhazy reconnue n'eût entraîné l'innocence de Dreyfus. Dreyfus, puisqu'il faut le nommer, était le scandale de l'Etat-Major. Un Juif au poste de confiance où l'art du faussaire donne la main à l'art de trahir, cela ne s'était jamais vu. C'était intolérable. Du Paty de Clam qui travaillait, comme on dit maintenant, dans « le faux légitime » aidé d'un autre officier, petit-fils de Juif et antisémite distingué, se rua sur le Juif et le mit à bas par la condamnation rendue en violation des lois, ce qui rend les juges coupables de forfaiture.

C'est contre tout cela que le colonel Picquart se mit follement en ligne, quand il eut découvert que le bordereau était d'Esterhazy. Résultats : le Uhlan traité de « cher camarade » par le général de Pellieux, qui veut absolument l'aider à se défendre contre ceux qui attaquent « l'honneur de l'armée » en la personne précieuse de ce traître, le grotesque rapport Ravary, l'espion acquitté par le conseil de guerre qui ne s'aperçoit même pas, en suivant la démonstration des experts, qu'il n'a pas les pièces sous les yeux, le triomphe d'Esterhazy culminant en l'embrassade d'un prince d'Orléans, la condamnation de Zola sur la production par Pellieux et Boisdeffre d'une pièce fausse, signalée comme telle au gouvernement, la mise en réforme de Picquart, après l'échec du guet-apens de Gabès, M. Cavaignac emballant la Chambre au moyen du faux universellement dénoncé, et, quand le faussaire a reconnu son crime, sa mort plus que suspecte, et la défense du criminel, et l'apologie du faux dans les feuilles de l'Eglise. J'allais oublier la *punition disciplinaire* d'Esterhazy dont le principal effet est d'imposer aux Français une pension annuelle de deux mille francs (juste ce que Schwarzkoppen lui donnait par mois) au profit de l'espion qui nous vendait à l'Allemagne.

Vraiment, c'est une belle défaite pour Picquart, et, il est juste, après tout, quand on a livré une telle bataille, d'en expier l'éternelle gloire dans les prisons du ministère brissonnien.

M. Brisson veut reviser et je le défie bien de faire autrement. Par malheur, c'est un caractère timoré qui n'ose. Cavaignac, au temps où il régnait, a exigé de lui que l'on emprisonnât Picquart, parce que Picquart offrait de prouver que la grande preuve de la culpabilité de Dreyfus avait tous les caractères d'un faux. Brisson a obéi : à regret, je voudrais croire. Maintenant il est chef de son propre gouvernement. Il tâtonne, il hésite. Il ne peut se décider à libérer Picquart, ce qui importe plus, pourtant, à la renommée de Brisson qu'à celle de Picquart lui-même. Et il prépare, dans les gémissements, le procès scandaleux où l'on nous annonce que nous verrons condamner l'homme qui fut contre tous les faussaires, et contre tous les traîtres, et contre tous les lâches, un bon serviteur de la patrie.

Oui, Picquart condamné sur les réquisitions des Feuilloley et des Bertrand, que la Cour suprême a flétris comme ayant violé la loi *tout exprès* (*refus* d'application de la loi et non *défaut*, telle fut la sentence illégalement changée), d'accord avec les Caze, les Villers, les Corentin-Guyho, les Vaux d'Achy, les Wendling. Voilà les hommes qui vont dicter la condamnation de Picquart, eux condamnés eux-mêmes pour leurs actes publics par la juridiction dont ils relèvent en attendant la justice immanente.

On a fait revenir de vacances un président connu pour le déchaînement de ses propos contre Picquart, et on va lui livrer sa victime. Et contre le colonel Picquart, quels témoins se lèveront? Boisdeffre, Gonse, Pellieux, Lauth, **du Paty de Clam** et **Henry** (!), ces deux derniers, faussaires reconnus, protégés par les autres, et complices d'Esterhazy, espion de l'Allemagne.

Est-ce là votre justice, Brisson?

9 septembre 1898.

XLV

ET LES AUTRES?

Et du Paty de Clam? Et les autres? Qu'en faisons-nous, s'il vous plaît? Je sais bien qu'il est convenu par la volonté de Billot, de Cavaignac, de Boisdeffre et Cie, qu'ils sont innocents, puisqu'on supprime les preuves qui se dressent contre eux, à mesure qu'elles apparaissent. Mais ce petit jeu-là ne peut pas durer toujours. Billot est parti : avec lui, ses mensonges. Cavaignac se retire, dans la pleine gloire du faux par lui proposé à la confiance du suffrage universel, aux applaudissements de la Chambre unanime. Boisdeffre lui-même nous a faussé compagnie, en prenant la précaution de nous laisser à sa place son ancien sous-chef d'Etat-Major pour représenter les traditions dont il ne veut pas emporter les secrets dans la tombe.

Voilà donc Brisson redevenu une façon de chef de gouvernement. S'il ne saisit pas cette chance de faire prévaloir sa volonté — supposé qu'il en ait une — il est irrévocablement perdu. Cavaignac déjà lui avait imposé des complicités assez lourdes, dont il ne peut espérer de se disculper que par un viril effort de justice totale. L'arrestation de Picquart offrant à M. Brisson la vérité, alors qu'il suffisait de l'entendre pour épargner au Gouvernement et à la Chambre l'acte qui les couvre à la fois de ridicule et de honte, doit être pour notre président du Conseil un assez gros remords. Je veux croire, jusqu'à la fin, que nous n'aurons pas le spectacle de Picquart condamné pour avoir dit vrai. Ce serait vraiment une trop cruelle infamie. Avant d'endosser ce crime, Brisson réfléchira. Mais du Paty de Clam, mais Esterhazy ? qu'en faisons-nous ?

Esterhazy est un bandit de la pire espèce, en dépit de ses belles notes militaires. C'est même un traître avéré, cela n'est plus discutable aujourd'hui. Et tous ceux qui l'ont défendu, félicité, acclamé — prince d'Orléans en tête — sont obligés de se taire présentement, n'ayant pour se rabattre que la glorification de Henry le faussaire. Esterhazy est l'auteur du bordereau malgré le jugement officiel qui dit le contraire. On a affirmé qu'il touchait 2.000 francs par mois de l'Allemagne. Il n'a pas osé démentir le fait, par crainte qu'on n'en fournisse la preuve. Ses rapports avec Schwarskoppen nous sont connus. Tout cela s'étale dans les journaux sans qu'il ait pu balbutier une parole de défense.

Sans doute, on ne peut le poursuivre pour le bordereau, puisque ceux qui devaient à la patrie de le condamner pour espionnage l'ont acquitté suivant les formes de la loi. Sans doute, on ne peut le poursuivre pour le faux commis au détriment du colonel Picquart avec du Paty de Clam et la fille Pays, puisque le procureur général Bertrand et le procureur de la République Feuilloley, pour couvrir de hautes complicités, ont fait mettre ces criminels hors de cause, par des violations impudentes de la loi que la Cour suprême a stigmatisées.

Mais qui ne sait qu'il y a d'autres preuves que le bordereau et que les faux *Blanche* et *Speranza* contre lui ? Sans parler des reçus d'argent et des pièces dont l'existence est proclamée par ceux-là mêmes qui en sont détenteurs, comment expliquer « *les relations répétées* », comme dit le juge Bertulus, du traître avec des officiers supérieurs de l'Etat-Major ? Comment expliquer l'incuriosité des juges sur ce point décisif ? Rappelez-vous l'effort éperdu qui fut fait à la Cour d'assises par le général Gonse et le général de Pellieux pour nous prouver qu'Esterhazy n'avait pas pu se procurer les documents dont il est question dans le bordereau. Aujourd'hui que les rapports constants de l'espion avec le colonel du Paty de Clam et le colonel Henry sont établis de façon indiscutable, aujourd'hui que la complicité qui les unissait dans le faux en faveur d'Esterhazy et contre Dreyfus est prouvée, aujourd'hui que l'empressement de certains chefs à les couvrir coûte que coûte apparaît dans son évidence, aujourd'hui que la recherche des complicités latérales ou supérieures s'impose à tout esprit animé de la plus élémentaire justice, le gouvernement va-t-il se faire complice lui-même de ces hontes en empêchant, comme il l'a fait cyniquement jusqu'ici, la pleine lumière sur des crimes contre la patrie ?

Henry étant faussaire, que deviennent ses faux témoignages ? Mentait-il lorsqu'il établissait les prétendues indiscrétions de Picquart par un récit que contredisaient et les dates et les dispositions mêmes de ses partenaires ? Mentait-il lorsqu'il osait, lui, menteur, jeter un démenti à la face de Picquart, qui disait la vérité ? Mentait-il lorsqu'il croisait le fer, en vertu de son mensonge, au nom de l'honneur de l'armée ? Mentait-il dans tout ce qu'il a dit, dans tout ce qu'il a voulu prouver contre Picquart, qui souleva contre lui tant de haines par l'unique raison qu'il ne voulut pas mentir ? Et, s'il mentait, comme l'atteste, avec son aveu, le coup de rasoir qui lui parut préférable à l'éternelle flétrissure, que deviennent les témoignages identiques de tous ceux qui livraient la même bataille, alors surtout qu'un autre faussaire apparaît dans la troupe, du Paty de Clam — l'ouvrier diabolique de l'affaire Dreyfus, ainsi que dit Zola —

du Paty de Clam, le sombre complice de Henry, d'Esterhazy et d'autres encore qui, jusqu'ici, ne sont que soupçonnés?

Tout ce monde mentait-il quand il fabriqua, pour étayer l'interpellation Castelin, la publication de *l'Éclair*, qui était un faux?

Tout ce monde mentait-il quand inspirateurs de faux et faussaires fabriquèrent les trois faux dont triomphèrent et Cavaignac et sa Chambre — pour un jour? Mentaient-ils ceux qui, ayant été prévenus que la pièce était fausse, la donnèrent comme vraie, après avoir promis sur leur parole d'honneur, de ne pas s'en servir? Mentent-ils ceux de nos présents ministres qui se prononcent pour la revision et prennent en sous-main toutes les mesures pour la faire échouer?

Comment se reconnaître au milieu de cette avalanche de mensonges, sinon par un déblaiement général de toutes ces ignominies, pour faire une grande voie de lumière vers la justice et la vérité? Cela, le gouvernement de M. Brisson le veut-il? Hélas! je m'efforce de le croire. Mais je ne vois rien jusqu'ici pour me confirmer dans cette espérance.

On continue les mêmes poursuites contre Picquart, qui sont un crime de M. Cavaignac dont M. Brisson, paraît-il, revendique décidément sa part. Esterhazy défie toutes les lois d'Etat, avec du Paty de Clam son complice, et une agence officieuse nous fait savoir que le cousin de M. Cavaignac ne sera pas inquiété parce qu'Henry a déclaré à M. Cavaignac (qu'est-ce donc qui le prouve?) qu'il avait été *seul* à perpétrer son crime. Alors la parole de Henry le faussaire fait foi? C'est admirable. Et sur l'attestation du faussaire, son complice, qui est aussi le complice du traître, qui a peut-être aidé, plus ou moins consciemment, à lui fournir les documents que l'autre a vendus, échappera au châtiment que réclament à la fois l'honneur et l'intérêt de la patrie?

Eh bien! non. Cela ne sera pas. Si les juges de Dreyfus, si les juges d'Esterhazy, si les hauts complices de

Henry, de du Paty de Clam, d'Esterhazy, si les Ministres de la Guerre, si les gouvernants ont peur de la lumière, et si les Chambres, imbéciles et lâches, n'osent rien dire, voici que l'opinion se réveille. La défense du traître par les prétendus patriotes, l'aveu du faux par les plus farouches représentants de « l'honneur de l'armée », l'apologie du faux et la glorification du faussaire par « les honnêtes gens » de l'Eglise, ont fini par ouvrir les yeux des hommes de bonne foi, abusés par les mensonges systématiques de tous les pouvoirs sociaux en bataille contre la justice et contre la vérité. L'opinion publique se fait, vengeresse de tout cet amas d'infamies.

Que M. Brisson se réveille à son tour, et qu'il se hâte! Il n'a que trop dormi. Sinon, le sort commun l'attend, de tous ceux que la France trouvera du côté du mensonge et de l'iniquité.

10 septembre 1898.

XLVI

Leurs études.

Les journaux de l'Etat-Major affirment avec persistance que le général Zurlinden s'est prononcé ou est décidé à se prononcer contre la revision. Tout est possible dans l'ère de folie que nous traversons. Cependant je ne puis m'empêcher de remarquer que cette absurdité serait encore plus extravagante que les autres. Le général Zurlinden devait avoir entendu dire, quand il a pris possession du Ministère de la Guerre, qu'il était question de reviser le procès de Dreyfus et que M. Cavaignac démissionnait précisément parce qu'il était là-dessus d'un autre avis que M. Brisson et ses collègues. Il ne pouvait être le seul homme de France à ignorer ces faits. En acceptant son portefeuille, il a donc nécessairement joint son suffrage à ceux de ses collègues en faveur de la revision. S'est-il repenti après coup ? Voilà ce que j'ignore. Comme j'ai appris, en cette matière, à ne m'étonner de rien, je n'en témoignerais pas une trop violente surprise.

D'autant que certaines indications révèlent des arrière-pensées. Pourquoi, par exemple, n'a-t-on pas nommé un nouveau gouverneur de Paris en remplacement de celui qui devenait ministre ? Pourquoi s'est-on contenté de l'intérim du général Borius qui semble avoir reçu la consigne de garder la place chaude en cas de retraite du ministre ambitieux de redevenir gouverneur ? Je sais bien que cette hypothèse suppose le Gouvernement assez bête pour replacer à son ancien poste le général qui, ayant accepté d'entrer dans un Ministère de revision, plante là ses collègues pour s'aller réfugier dans une bonne sinécure. Nous verrons bien. La revision était décidée quand M. Zurlinden est devenu Ministre de la Guerre. C'est à la Cour de cassation, non à lui, de se prononcer là-dessus désormais. S'il s'en va, cela voudra dire, non pas qu'il n'accepte pas la revision, mais qu'il n'ose pas dévoiler les turpitudes de l'Etat-Major, et qu'il ne veut pas sévir contre les « chers camarades ». Malheureusement Brisson, dont l'irrésolution est connue, fait inconsciemment le jeu des coupables qu'il s'agit de démasquer. Il hésite, il tâtonne, il ajourne, il tergiverse, il perd le temps de l'action en méditations incohérentes.

Et ce même temps, qu'en fait M. le Ministre de la Guerre? Il l'emploie à *étudier* le dossier. Avec qui, je vous prie? Avec le général Roget, chef du cabinet de

M. Cavaignac; avec le capitaine Cuignet dont la perspicacité a découvert le faux le plus grossier, signalé par tout le monde ; avec le général Renouard, ancien sous-chef d'État-major de M. de Boisdeffre au temps du procès Dreyfus, aujourd'hui chef d'état-major légué par M. de Boisdeffre à M. Cavaignac; avec le général Gonse, sans doute, et du Paty de Clam — Henry excusé pour cause connue. Il me sera permis de penser que ces compagnons de travail n'offrent pas toutes les garanties d'impartialité désirables. Ont-ils vraiment amené le général Zurlinden à se placer au point de vue de cet Etat-Major sur qui le faux de Henry ouvre des suspicions légitimes? Prépare t-on vraiment *le coup* qui nous est annoncé? Nous le saurons bientôt. En ce cas, la crise pèserait sur M. Brisson d'un poids lourd, car son incapacité de se résoudre et d'agir serait la seule cause du mal.

Pendant qu'il se lamente sur lui-même et jette au vent l'heure précieuse, tout ce qui est compromis de l'Etat-Major et tout ce qui craint de l'être concentre ses forces sur une tentative suprême pour s'emparer de Zurlinden et donner éperdument contre la loi, la justice et la vérité. A M. Brisson de savoir s'il veut être vainqueur de cette bande ou devenir sa proie.

Y a-t-il quelque chose de plus honteux, en ce moment, que le spectacle qui nous est donné par la magistrature, incapable de répondre par un oui ou par un non à la demande de mise en liberté du colonel Picquart? La crainte de se compromettre paralyse tous ces gens. Les juges n'ont qu'une idée : prendre les ordres du Gouvernement. Et le Gouvernement vit dans l'unique pensée de se débarrasser sur autrui des responsabilités qui lui incombent. Ainsi, le colonel Picquart reste en prison pour n'avoir pas menti. S'il avait seulement fait un faux on lui élèverait des statues.

En revanche, on laisse fuir Esterhazy qui, fatigué d'attendre en vain le châtiment, prend le parti de s'y soustraire. Lauth a été expédié à Vincennes pour y faire le mort. Du Paty de Clam résiste, sous l'aile de

Brisson. Lemercier-Picard, Esterhazy, Henry, tous ses amis s'en vont. Il ne lui reste plus que la protection de M. Cavaignac, et de tous ceux à qui la loi imposerait le devoir de lui mettre la main au collet. Cet antisémite féroce se souvient-il du temps où il proposait au colonel Picquart de l'emmener dans la loge des Rothschild, à l'Opéra? Etonné du refus, quel éloge ne fit-il pas de la haute juiverie! Il déchante maintenant. C'est le moine Didon qui le sauve, avec un Ministère radical. Touchant accord!

L'entreprise est de le sauver par le silence. Le système réussit à Esterhazy d'abord. Mais le voilà en Belgique. On essaye aussi de faire le silence sur Henry. J'ai lieu de croire que ce sera plus difficile qu'on ne croit. Les députés, à moins qu'ils ne votent un ordre du jour unanime approuvant « le faux légitime », suivant la doctrine du jour, auront des curiosités. Que M. Brisson y songe. Il se trouvera bien quelqu'un pour demander comment, lorsque le colonel Picquart a pour toute arme dans sa prison une fourchette de bois, le colonel Henry, mis aux *arrêts simples* pour faux, trouva justement sous sa main un rasoir? Peut-être aussi demandera-t-on des nouvelles du procès-verbal d'autopsie? Je ne dis rien des papiers laissés par le mort, puisqu'on s'en est emparé tout exprès pour avoir le droit de mentir.

Mais il y a un point délicat encore qui me paraît avoir échappé jusqu'ici aux *études*(!) de Zurlinden et de Brisson. Auraient-ils oublié de faire une enquête sur le faux de Henry? Ont-ils la prétention de nous faire croire que c'est là un accident sans relations avec le reste de l'affaire, et qu'il n'y a pas lieu de pousser plus loin les recherches là-dessus pour arriver à la constatation de la vérité pleine et entière? Cela paraît impossible, quand les journaux apologistes des faussaires en sont à dire qu'un soldat si discipliné n'a pu agir que sur l'ordre de ses chefs, en ajoutant, bien entendu, que cet ordre fut donné dans l'intérêt de la patrie — ce qui reste à démontrer.

Il faut donc qu'il y ait eu au moins quelque forme de recherches ressemblant plus ou moins vaguement à une enquête. Et, puisque M. Zurlinden *étudie* les pièces du dossier, j'aime à croire qu'il a compulsé ce document, qui n'est pas le moins important de tous. Mais alors, comment se fait-il qu'on n'ait pas entendu l'homme qui était le chef hiérarchique de Henry quand le faux a été commis ? C'est le colonel Picquart qu'on le nomme. Le général Zurlinden doit le connaître. C'est lui, Picquart, qui, bien longtemps avant le capitaine Cuignet, a dit que le faux était un faux. C'est même pour cela qu'il est en prison. Il en sait assez long sur Henry, celui-là, et, ayant *flairé* le crime, il peut probablement dire des choses sur les circonstances qui l'ont accompagné.

Eh bien ! non. On ne l'a pas entendu. On ne veut pas l'entendre. Zurlinden étudie le dossier avec Cuignet, Gonse, du Paty de Clam et Cie. Mais il se défie de la contradiction, et pour cause. Voilà ce que notre Gouvernement appelle la recherche de la vérité, et le reste du genre humain : l'organisation du mensonge.

11 *septembre* 1898.

XLVII

Leurs preuves.

Les tergiversations du Ministère ont produit leur effet. L'État-Major, triomphant de voir Picquart maintenu en prison pour avoir dit la vérité, fait, par Zurlinden, un suprême effort contre la revision. Au point où nous en sommes arrivés, la manœuvre ne peut plus réussir, et *le Temps* lui-même est obligé de constater que la revision est devenue, quoi qu'il arrive, inévitable.

Seulement on déroute l'opinion, qui attendait que le Gouvernement fût son guide; on énerve le pays stupéfait d'entendre des publicistes, dont quelques-uns sont des mandataires du suffrage universel, faire hautement l'apologie du faux et la glorification du faussaire. Si nous continuons de ce train, quel jugement pourront porter sur nous les peuples qui, depuis la Révolution, nous tenaient pour les grands propagateurs du droit et de l'universelle justice entre les hommes? Vraiment nous payons cher les atermoiements de M. Brisson. Il est temps d'en finir.

Débusqués de toutes leurs positions, les ennemis de la vérité reculent successivement de mensonges en mensonges. Voyez plutôt les étapes parcourues.

Il n'est plus question du bordereau. M. Cavaignac lui-même, si facile à convaincre, n'a pas eu le courage de prononcer le mot. Il est acquis, aujourd'hui, que la seule pièce sur laquelle fut officiellement condamné Dreyfus est d'Esterhazy On a organisé l'acquittement du traître, mais chacun sait à quoi s'en tenir, à commencer par les juges qui se sont frappés eux-mêmes en l'acquittant. Aussi les polémistes les plus renommés pour leur mauvaise foi n'osent désormais souffler mot du document fondamental.

De la fameuse pièce « ce canaille de D... », il n'est plus question à cette heure. C'est elle pourtant qui fut communiquée secrètement aux juges monstrueusement crédules autant qu'ignorants de la loi. C'est elle qui décida de la condamnation d'un innocent. Aujourd'hui, on se garde de l'invoquer. Ces messieurs ont fini par découvrir que les chefs d'espionnage ne désignaient jamais les agents par la première lettre du nom véritable. C'est l'enfance de l'art. On veut bien convenir maintenant que la pièce ne se rapporte pas à Dreyfus, et quand le colonel Picquart offrit d'en faire la démonstration, M. Cavaignac eut bien soin de ne pas entendre.

Grandeur et déchéance d'un document par lequel Dreyfus est au bagne, et qui eut la gloire d'être, devant le public, le premier exploit des faussaires de l'Etat-Major ! Les hauts complices n'ont jamais voulu rechercher comment la photographie de cette pièce s'était envolée de leurs tiroirs (amicalement entr'ouverts) pour se retrouver — *fausse* — dans les colonnes de *l'Eclair*, et, en original, dans la poche d'Esterhazy. C'était alors « le document libérateur ». Aujourd'hui, cette preuve, mensongère contre Dreyfus, se retourne contre ceux qui, en étant détenteurs, ont trahi les secrets d'Etat — sans avoir été jamais inquiétés, bien entendu — et n'ont rien trouvé de si simple, pour convaincre l'opinion de la culpabilité du Juif, que de fausser la pièce supposée décisive.

Je ne dis rien des trois faux de Henry — lettres et réponse — produits par M. Cavaignac à la tribune comme « la preuve irréfutable » résultant de son étude *personnelle* du dossier. Il serait trop cruel d'insister. Il doit exister encore, sur les murailles de nos villages, des lambeaux de chiffons blancs, où, sous le contre-seing de M. Deschanel attestant la Chambre unanime, M. Cavaignac nous garantit l'authenticité de trois faux. Le plus beau de l'affaire, c'est que, si on ne l'avait doucement poussé dehors, le même homme voulait encore, après cela, nous garantir l'authenticité d'autre chose?

Dois-je constater aussi l'effondrement de la légende Lebrun-Renault si laborieusement édifiée par M. Cavaignac? Ce n'était qu'un cri dans le camp des faussaires : « Dreyfus a avoué. » Aujourd'hui, admirez le silence des amis de l'Etat-Major sur cette aventure. M. Cavaignac, pourtant, s'était porté garant de l'affaire avant de rien connaître. Dès qu'il y mit le nez, il s'abstint prudemment de montrer *le rapport* qu'il demandait à Billot, mais il produisit quoi? Une note au crayon sur *une feuille détachée* (pourquoi détachée?) du carnet d'un gendarme qui a dit à plus de vingt témoins le contraire de ce qu'il écrivit sur ce papier, à une date que rien n'authentique, puisque la feuille n'est plus en place par une raison qu'on ne donne pas. Il est d'évidence que si l'on avait voulu faire un faux, on n'eût pu le produire que sur une *feuille détachée*. Il y a d'ailleurs, dans cette affaire, un autre document entaché de suspicion grave, par des motifs à la fois simples et forts dont il ne me plaît pas de parler aujourd'hui. Dans un tel déballage de faux, il convient que chacun ait son tour. En tout cas, plus de faux aveux comme preuve contre Dreyfus! Il a fallu abandonner, après tant d'autres, cette ligne de défense.

Parlerai-je des preuves indirectes, aujourd'hui abandonnées? Nous avons les fausses photographies du colonel Picquart à Carlsruhe, dont le fabricateur, s'il y a une justice, devra être appelé à rendre compte, un de ces jours. Le commandant Lauth, photographe attitré de l'Etat-Major, devrait bien demander que l'affaire fût éclaircie. La presse de Boisdeffre en fit un assez beau tapage, réclamant chaque matin l'arrestation de Picquart comme traître. Puis, quand le faux fut exposé, on se tut subitement. Il avait suffit que la police imbécile des faussaires leur fît croire que Picquart s'était absenté de Paris, pour que l'idée leur vint de fabriquer un faux sur cette simple information. Quand on a l'habitude du faux document, quoi de plus patriotique que de fabriquer les pièces dont on a besoin pour confondre ceux qui plaident l'innocence de l'homme qu'on veut coupable!

Les faux *Blanche* et *Speranza*, nés de la collaboration du traître Esterhazy, de la fille Pays et du colonel du Paty de Clam, avaient le même objet : prouver la culpabilité de Dreyfus, en jetant le soupçon sur l'homme qui recherchait la vérité. Ils sont aujourd'hui mis à nu et l'on sait par quelle violation de la loi le faussaire a pu échapper jusqu'ici au châtiment de son crime. Ainsi qu'il est arrivé pour les *fausses photographies*, depuis que les documents *Blanche* et *Speranza* sont reconnus faux, les littérateurs de l'Etat-Major observent là-dessus un silence de poisson.

Pour des faussaires, n'était-ce pas un trait de génie d'accuser le colonel Picquart de faux ? C'est ce qu'ils ont fait à propos du *petit bleu*, et le grand argument d'Henry était que son chef ne lui avait pas montré ce document d'abord. Les événements ont révélé que Picquart n'avait que trop de raisons de se défier de son subordonné, faussaire, occupé à dénoncer comme faussaire l'homme qui révélait la trahison d'Esterhazy, car il fallait que celui-ci fût innocent pour que l'Etat-Major pût garder Dreyfus au bagne. On fit donc beaucoup de bruit de ce prétendu faux, et les accusations de Lauth, d'Henry, de Gribelin ne manquèrent pas. Seulement elles étaient si ridicules qu'elles ne purent soutenir l'examen. Aujourd'hui, il n'y a plus guère que le Juif de l'Etat-Major, Arthur Meyer, qui y fasse obliquement allusion, quand il voit ses patrons trop embarrassés. Cela ne compte pas.

Faut-il mentionner les prétendus voyages de Dreyfus en Belgique, les prétendus rendez-vous dans le bois de Vincennes avec des agents étrangers ? Il ne semble même pas qu'on ait pris la peine de faire des faux pour étayer ces histoires. Elles ne reposent sur rien. Ce sont de simples allégations mensongères, utiles seulement à quelques journalistes en retard quand la polémique les serre de trop près.

Chose admirable ! Voici qu'on abandonne jusqu'aux lettres de l'empereur d'Allemagne à Dreyfus, faux de première classe, que la risée publique ne permet plus de produire.

Ainsi toutes les preuves contre Dreyfus se sont, une à une, détruites d'elles-mêmes, par la simple raison qu'elles ne pouvaient soutenir le plus superficiel examen.

Que reste-t-il donc désormais ? Quel est le noir culot

du dossier ultra secret? Eh bien! voilà le grand mystère. On **nous joue** maintenant la farce du « contre-espionnage. » On en est à faire annoncer dans les journaux que notre contre-espionnage en Allemagne nous a fourni des preuves de la culpabilité de Dreyfus. Que sont ces preuves? Des dires d'espions, naturellement, en des correspondances que l'on ne peut pas livrer au public, dit-on, car ce serait livrer à nos ennemis le nom de ceux qui les trahissent.

Telle est la suprême ligne de défense de ceux qui veulent empêcher la revision, pour cacher les crimes, non de Dreyfus, mais de ceux qui l'ont condamné en violation de la loi, et veulent le garder au bagne, par des preuves mensongères et des faux.

J'examinerai demain le conte grotesque du « contre-espionnage. »

P. S. — Les agences annoncent que, décidément, le général Zurlinden est opposé à la revision. Comme M. Cavaignac, de qui il a reçu les leçons par le général Roget, par le capitaine Cuignet, sans parler des Gonse, du Paty de Clam et autres intéressés de l'Etat-Major. M. Zurlinden ne veut pas que la Cour de cassation soit saisie. L'œil de la justice lui fait peur pour Mercier, Boisdeffre et leurs sous-ordres.

M. Brisson peut mesurer la faute qu'il a commise en ne mettant pas le ministre en face de la revision dès le premier jour. Il n'a plus qu'un moyen de se tirer d'affaire. Prendre le portefeuille de la Guerre, et dévoiler au pays les abominables machinations contre la justice et contre la vérité, par la revision à ciel ouvert. Il ne doit pas ignorer que toutes les difficultés lui viennent de Félix Faure. Qu'il le dise hardiment et qu'il mette ce protecteur éminent des faussaires face à face avec les responsabilités qui l'attendent.

12 septembre 1898.

XLViII

Ce n'est pas clair.

« Il est impossible de faire la revision, il faut laisser un innocent au bagne parce que nous serions obligés de montrer des rapports fabriqués après coup et sur commande par deux ou trois Lemercier-Picard exotiques. » Cette conclusion d'un article de Ranc, dans *le Radical*, résume d'un mot tout ce qu'il est besoin de répondre au conte bleu du contre-espionnage dénonçant Dreyfus.

D'abord il n'est pas besoin du tout de livrer au public le nom de nos espions, et ce n'est pas les avocats de la défense qui feront des difficultés là-dessus. Alléguera-t-on l'autorité que peut leur donner leur situation dans leur pays? Qu'est-ce que cela peut faire s'ils n'apportent pas à l'appui de leurs dires aucune preuve, quand il est reconnu que celles échafaudées, *après coup*, par l'Etat-Major, durant quatre années, sont le produit d'inventions ineptes ou reposent sur des faux?

On va répétant que les preuves ne peuvent pas être admises en faveur de Dreyfus lorsqu'elles résultent des témoignages de l'étranger ou de pièces fournies par l'étranger. Et ces témoignages seraient valables — sans *aucune pièce à l'appui* — lorsqu'ils émanent d'étrangers, ayant sur leurs compatriotes la seule *supériorité* de trahir, pour de l'argent, leur patrie? Les honnêtes gens qui donnent leur parole d'honneur, et peuvent joindre, à l'appui, des documents authentiques, ne seront pas crus. En revanche les plus viles canailles inspireront assez de confiance pour que, sur leur simple allégation, un homme, contre qui nous voyons s'acharner les faussaires, use lentement dans l'infamie du bagne toutes les heures de sa vie.

Quel Français est à l'abri d'une telle dénonciation sans preuves? Ainsi, nous sommes tous, désormais, dans la main des espions allemands. Ceux d'entre nous qu'il leur plaira de désigner partiront pour la Guyane et n'en reviendront plus! Voilà sous quel régime les faussaires de l'Etat-Major et leurs complices, ainsi que les grands chefs qui veulent sauver ces criminels du châtiment des lois, prétendent nous faire vivre. Je me refuse à croire que le peuple français en soit arrivé au degré d'imbécilité nécessaire pour tolérer un régime qui met l'honneur, la sécurité, la liberté, la vie de tous les citoyens à la merci de tout ce qu'il y a chez nos ennemis de plus ignoble et de plus vil.

Ce n'est pas tout. Les ministres crédules, les chefs complices des faussaires dont ils assurent l'impunité, suscitent la multiplication des faux. Les Billot, les Boisdeffre, les Gonse font les Henry, les du Paty de Clam, les Lauth, les Gribelin, comme les Chasles firent les Vrain-Lucas. Pour les criminels de l'Etat-Major qui faisaient des faux, quoi de plus tentant que d'en faire fabriquer par d'autres! Ces contre-espions qui dénoncent Dreyfus, les faussaires les connaissaient. Leur était-il bien difficile d'inspirer, de dicter certains rapports — supposé que ces pièces ne soient pas tout simplement des faux, comme le reste? Vraiment la tentation pour des hommes habitués à travailler dans le faux document était trop grande. Quel sentiment peut retenir un faussaire, quand l'occasion se présente de s'adjoindre, dans les plus bas fonds, un faussaire?

Et qu'on ose nous dire de quels événements ces fausses pièces sont contemporaines. Il est acquis qu'elles n'existaient pas lors du procès Dreyfus. Elles ont été fabriquées comme les autres *après coup*, pour démontrer la culpabilité d'un homme condamné sans preuves. Mais quatre ans se sont écoulés depuis la condamnation. A quel moment précis ces faux ont-ils été mis au dossier, et comment? Il faudra répondre là-dessus, et je prédis qu'à ce moment le scandale de l'ignoble machination apparaîtra dans son plein. Il faut être bouché d'une triple bêtise pour ne pas s'apercevoir que les dates peuvent être, dans ce mensonge spécial, un élément d'information particulièrement suggestive. Chaque chose en son temps. Pour aujourd'hui, je demande s'il n'y a pas, dans le dossier secret, des rapports mettant sur la trace d'Esterhazy, et je serais curieux de savoir pourquoi de ceux-là l'on ne nous a rien dit. Enfin, je demande si les rapports où se trouve en toutes lettres le nom de Dreyfus n'auraient pas fait, dans le dossier, une apparition remarquablement tardive. Je sais bien qu'on ne me répondra pas. Mais la question est posée tout de même (pends-toi, Delegorgue!) et le procès de revision nous donnera, avec beaucoup d'autres choses, la réponse.

Oh! ce nom de Dreyfus en toutes lettres, pour suppléer le D... qui ne veut pas dire Dreyfus, il fallait le trouver à tout prix. Que de neuvaines ont dû être dites par les bons Pères, pour qu'un document se rencontrât où l'on pût lire ces sept lettres tout au long. Les neuvaines aidant, on mit le nom dans *l'Eclair*, puis dans la pièce dont M. Cavaignac et la Chambre unanime ont sali nos murailles. Enfin le voilà (depuis combien de temps?) dans des rapports d'espions allemands. Ceux-là n'avoueront pas et ne se couperont pas la gorge pour si peu de chose.

Donc, la preuve est *irréfutable*, n'est-ce pas? Car si un traître allemand (qui joue peut-être deux jeux à la fois, ainsi qu'il arrive le plus souvent) dénonce un Français, il n'y a pas besoin de document quand on a le meilleur de tous : la parole d'un vendu. Dreyfus ne connaît pas cette pièce. Il n'a pas pu en démontrer la fausseté. Qu'importe! C'est notre nouvelle manière de rendre des jugements contradictoires, c'est le grand résultat de la Révolution française. On déshonore un homme, on le martyrise, on le tue sans lui dire pourquoi. Méline, Billot, Boisdeffre, Cavaignac, Henry et du Paty de Clam estiment que ça n'a pas d'importance.

Et la rédaction du document, voilà qui ne doit pas être ordinaire. Non que je suppose une réédition du charabia nègre qui faisait la sécurité de conscience de M. Cavaignac. C'est encore bien plus drôle. Songez qu'il ne s'agit point d'une lettre où l'on dirait : « J'ai découvert qu'il y avait un traître parmi vous. Il y a telles ou telles raisons de croire que c'est Dreyfus », ou bien : « Je sais que c'est Dreyfus, par telles ou telles raisons. »

Non. Dreyfus était depuis longtemps au bagne quand nos contre-espions clairvoyants s'avisèrent qu'il y était pour juste cause, bien qu'ayant été condamné à la fois illégalement et injustement, sur une pièce inconnue de lui, qui ne le concernait pas. Qu'ont-ils pu écrire à leur bon colonel Henry, ces excellents informateurs? Sans doute quelque chose comme ceci : « Vous avez condamné *de chic* le capitaine Dreyfus, et vous croyez peut-être qu'il est innocent? Eh bien! pas du tout, c'est ce qui vous trompe. Voyant cet homme au bagne, nous le flairons coupable. Nous sommes ainsi dans le contre-espionnage. Aujourd'hui, nous avons le plaisir de vous annoncer que, pas plus tard qu'hier, l'empereur Guillaume a dit à l'un de nous : « Dreyfus est un traître. N'en dites rien. Ça se saurait. » Demain, vous recevrez d'autres attestations du même genre. Envoyez galette par retour. » Ce n'est pas là le mot à mot, il est vrai. Mais c'est immanquablement le sens.

Là-dessus tout l'Etat-Major d'une voix, avec ses journalistes, de s'écrier : « *C'est clair*. » Eh bien non, ce n'est pas clair, messieurs les chevaliers du faux. C'est même fort obscur, et pour éclaircir tout cela vous ne trouverez rien que la justice de la loi au grand jour.

Voilà pourquoi la revision se fera en dépit de Zurlinden et de Cavaignac, et de Boisdeffre, et de Gonse, et de du Paty de Clam et de Gribelin — Henry se trouvant hors de cause. Il n'y a plus de possibilité, pour qui que ce soit au monde, de sortir de cette impasse autrement que par la pleine lumière. Le bon Dieu n'y suffirait pas. À plus forte raison ce tartuffe épais de Félix Faure. Il paraît que c'est lui qui a donné le dernier coup de pouce à Zurlinden pour le mettre en ligne contre Brisson. Il faut s'attendre à tout de ce malheureux, hormis à un mouvement de cœur ou de tête.

Ah! si Brisson voulait! Même après ses fautes, l'occasion lui est offerte d'une des plus belles pages de l'histoire.

13 septembre 1898.

XLIX

La revision à ciel ouvert.

L'attitude du général Zurlinden nous met en état de crise. Ce n'est pas le moment de rechercher ce qu'il fût advenu si Brisson eût montré autant d'énergie qu'il a laissé paraître de faiblesse. Les partisans d'Esterhazy et ses complices de l'Etat-Major, terrassés par la découverte du faux de Henry, ont retrouvé leur impudence, leur audace première. Ils en sont à glorifier le crime de faux commis pour maintenir un innocent au bagne, et à réclamer logiquement des mesures de violence contre ceux qui appellent la justice, contre ceux qui invoquent la vérité.

Leurs écrits resteront pour l'histoire de ce temps. Mais les événements déjà échappent aux volontés humaines. En vain les criminels, soutenus de complicités supérieures, tentent un suprême effort pour dissimuler les produits de la grande fabrique de faux de l'Etat-Major. Trop tard. Assez de lumière déjà s'est fait dans les esprits, pour que le public ne soit pas en disposition de se laisser tromper davantage.

Tout allait le mieux du monde, jusqu'ici, dans l'ombre et le mystère. Les faussaires avaient vraiment trop beau jeu. Ils affirmaient toute contre-vérité avec une impudence sans égale, et l'opinion publique, militarisée, leur faisait confiance. C'était à qui emboîterait le pas derrière le régiment du mensonge. Aujourd'hui les menteurs continuent bien de mentir, mais on ne les croit plus : cela fait une différence.

De là l'inutilité de toutes les rodomontades auxquelles se croient obligés les baladins et les tranche-montagnes du grand parti des faussaires. Autant d'effets manqués. La France ne se contentera plus, comme l'avait espéré M. Cavaignac, de déclarations sur pièces authentiques ou fausses, au petit bonheur, et Brisson n'a fait que se rendre à l'inéluctable en constatant que la revision ne peut plus être évitée.

Quelle autre solution de la crise ? Il faut choisir entre la vérité publique et la violence. Je sais bien que l'appel à la force brutale ne manque pas d'amateurs. Toute l'école de Sedan se vante de faire merveille contre des citoyens sans défense, et, par la voix du dominicain Didon, l'Eglise nous rappelle qu'elle prise par-dessus tout le secours du sabre.

La lâcheté des chefs républicains semblent inviter les réacteurs de toutes dénominations à ne rien ménager. Enfin, toutes les notions de droit, de justice et de liberté sont à ce point confondues que tout paraît permis à qui sera le plus fort. L'antique distinction de la vérité et du mensonge n'a même plus cours parmi nous, puisque des publicistes peuvent, sans soulever l'indignation publique, professer qu'il peut être *légitime* et même glorieux de faire un faux. Nous ne descendrons pas beaucoup plus bas. Je crois bien que nous avons touché le fond.

Et cependant les doctrinaires de coups d'Etat doivent s'apercevoir que l'opinion des peuples civilisés, dont ils font si peu de cas, compte tout de même. Car, n'eussent-ils pas à craindre l'énergique résistance d'une imposante minorité combative, ils se trouveraient encore dans l'impossibilité de faire violence aux lois pour fonder, aux yeux de l'Europe qui les juge, un gouvernement nouveau sur ce programme inconnu jusqu'ici de l'histoire : *la politique du faux*.

Sans doute, c'est ce qu'on voudrait faire. Mais on ne peut pas le dire au *Journal officiel* et mettre en projets de loi les articles de journaux où s'étale l'apologie des faussaires. Or, après les événements de ces dernières semaines, tout ce qui suscite des obstacles à la production de la vérité en plein jour aura, pour le public, le caractère d'une entreprise en complicité des hommes qui prétendent qu'il est bon de conduire et de gouverner les Français par des faux. L'aveu n'est plus nécessaire. Au point où nous en sommes arrivés, les hommes qui veulent autre chose que la vérité pleine et entière sont des partisans du mensonge, ont une main dans la main des faussaires.

Quand les questions sont ainsi posées, l'hésitation de l'esprit public ne peut pas être très longue. Tout un peuple ne se met pas d'accord pour demander qu'on le trompe. L'incertitude venue des mensonges sur les prétendus dangers que la vérité fait courir à la patrie, se dissipe au plus léger examen. M. Cornély lui-même, dans *le Figaro*, convient que la revision ne nous fait courir aucun danger de guerre. Il apparaît, maintenant, que la terreur qu'on veut nous inspirer aurait pour unique résultat de laisser dans l'impunité les fautes et les crimes de ceux-là mêmes dont la fonction est de défendre la patrie, et qui, sans responsabilité, sans contrôle, en sont arrivés à perdre l'élémentaire conscience du devoir.

C'est dans l'intérêt de la patrie, précisément, dans l'intérêt de sa force défensive, dans l'intérêt de son renom et de sa dignité dans le monde, telles que la veulent ses traditions glorieuses, que le Gouvernement de la République française doit, sans perdre une heure, se hâter de réagir contre le courant de folie qui entraîne nos partis de réaction au service *per fas et nefas* de l'Église. Il n'y a qu'un remède à notre mal : la loi, le droit, la vérité. En dehors de cela, rien que la confusion dans la course à l'abîme. On nous a mis dans la nécessité de ne plus croire personne. Nous voulons voir. Que la revision tourne au profit ou à la confusion de Dreyfus, il n'importe. Il faut la vérité, toute la vérité pour tout le monde.

Radicaux ou modérés, ce que nos gouvernants doivent comprendre, c'est que le procès de revision ne peut plus être évité, et que l'opinion ne permettra pas qu'il soit une farce, comme d'autres procès que nous avons vus dans cette affaire. Ce qu'on exige, ce qu'on a le droit d'obtenir, c'est un jugement clair et honnête, cette fois, et, dans les circonstances présentes, nous n'avons pas d'autres garanties qu'un procès public.

Les gouvernements ont donné trop de preuves de leur consentement à la condamnation d'innocents, comme de leur désir d'innocenter à tout prix des coupables, pour être encore admis au bénéfice de la confiance aveugle. Assez de mystères à l'usage des faussaires complices du traître Esterhazy ! Assez de mensonges ! Il est temps de savoir où s'arrêtent les complicités criminelles, pour refaire une France officielle en qui le Peuple français puisse croire. La vérité au grand jour. La revision à ciel ouvert.

14 septembre 1898.

L

Le Devoir de Brisson.

Quelque peine qu'on se donne pour obscurcir les choses et déconcerter les esprits, la crise actuelle ne peut pas aboutir autrement qu'à la revision dans les formes de la loi, avec toutes les pièces et tous les témoignages au grand jour. Que M. Zurlinden soit ou non Ministre de la Guerre, cela ne peut intéresser que lui-même. Il n'a pas encore révélé un tel génie que nous ayons le sentiment d'une perte pour la patrie quand il rentre dans le rang.

Vous souvient-il de Boisdeffre au procès Zola? Si le jury ne condamnait pas l'auteur de « J'accuse... », le chef d'Etat-Major nous menaçait de nous planter là. Quelle affaire! Voyez-vous la France, disait-on, sans le successeur de Miribel, sans l'homme qui a signé la convention militaire avec la Russie? Et c'étaient des bras levés au ciel. Et c'étaient des roulements d'yeux patriotiques. Le jury là-dessus condamna Zola d'entrain, trop heureux d'échapper à la boucherie prédite par les élèves de Sedan. Nous étions sauvés, et nos maîtres jouissaient en toute paix des douceurs du pouvoir, sans se troubler d'un homme condamné au bagne en violation des lois, quand, du jour au lendemain, Boisdeffre, condamné par le faux de Henry, est obligé de partir. L'admirable, c'est que personne ne fit un geste pour le retenir, hors Cavaignac, non moins compromis que lui par la même aventure, et obligé lui-même de se démettre à son tour. Boisdeffre était parti, et la France subsistait. Merveille ! Il est vrai qu'il nous avait légué son ancien sous-chef d'Etat-Major pour continuer toutes les traditions condamnées. C'est ainsi qu'en France tous les gens qui s'en vont demeurent.

De même Zurlinden, qui n'est resté ministre jusqu'à samedi que pour permettre à Félix Faure de parader à la revue, car si le ridicule Elyséen ne peut avoir le panache sur la tête, il veut au moins l'avoir à ses côtés. Zurlinden s'en ira et la France pensera : « Tant mieux ». Un autre Zurlinden viendra, et la France pensera « Tant pis ». A moins que, cette fois, M. Brisson soit décidé à ne pas se laisser imposer de généraux par Félix Faure, et comprenne que la suprématie du pouvoir civil dont il a fait son programme lui impose, dans les circonstances présentes, de prendre lui-même le portefeuille de la Guerre.

Il y aura des criailleries, j'en conviens, et l'Etat-Major aux abois jettera feu et flammes. Mais quelle est, devant le pays, l'autorité de gens qui ont couvert jusqu'au bout les faussaires, même après les faux publiquement reconnus ? Rappelez-vous le fameux mot de Gonse, au procès Zola : « *Je réponds de Henry comme de moi-même.* » Quand on a proféré de telles paroles, et quand, après le crime découvert, tous les gens qui vous ont soutenu s'empressent à la glorification du faussaire, on a perdu tout crédit sur l'opinion publique, et le moindre châtiment qu'on puisse encourir c'est d'être à jamais disqualifié.

Que M. Brisson entre donc le front haut au Ministère de la Guerre, et qu'il parle en chef de Gouvernement, et qu'il parle en homme qui a pu se tromper, qui a pu pécher par faiblesse de caractère, mais qui n'admettra jamais, devant le monde civilisé, qu'on ait la prétention de servir la France par des faux. Qu'il parle, et la France l'entendra, et l'Europe ne lui marchandera pas le respect. Qu'il dise ces simples mots : « J'apporte la Justice. Je suis la Vérité. » Et tous les fous se tairont, et tous les criminels baisseront la tête. Il annoncera la revision et montrera que, Dreyfus innocent ou coupable, il n'y a pas d'autre issue à l'effroyable crise de nerfs qui nous déchire. Il proclamera que toute revision est menteuse, que toute revision n'est qu'une aggravation de la crise, si elle ne se fait pas à ciel ouvert. Et, à ce propos, je lui soumets ce raisonnement d'un de nos lecteurs qui se dit un simple ouvrier : « Vous croyez Dreyfus coupable ? S'il est acquitté à huis clos, rien ne pourra vous décider à croire qu'il est innocent. Vous croyez Dreyfus innocent ? Rien, s'il est condamné à huis clos, ne pourra vous décider à croire qu'il est coupable. » Donc, pas d'autre moyen de sortir de l'inextricable embarras que la vérité dans la pleine lumière, sous les yeux de tout le monde.

Ceci dit, ceci prouvé, il faudra agir. Ce sera le moment psychologique où Hamlet philosophe au lieu de faire. Brisson devra franchir le pas, et procéder, d'une résolution immuable, à l'action. Il n'est pas question de représailles, de vengeance, de victoire d'un parti sur l'autre. Le programme est heureusement plus noble et plus beau. Il s'agit tout simplement de rendre la France à elle-même et, pour cela, de la délivrer d'une coterie galonnée qui prétend s'exempter de tout contrôle, et *faire marcher* le pays, comme disait Baragnon, par tous les moyens qu'il lui plaît, à commencer par les plus condamnables. Il faut punir les coupables, il faut réprimer le crime. Il faut surtout et d'abord que l'innocent se sente en sûreté. Pour cela, on ne demande rien que la justice de la loi, la justice de la loi égale pour tous

Cela, hélas! est une nouveauté dans e temps où nous vivons, et il faut du courage, non pas pour dire qu'on veut remettre la justice en honneur, mais pour le faire. Parce que Esterhazy a été chassé de l'armée (avec une pension de deux mille francs à la charge des contribuables, pour récompense de sa trahison), parce que Henry a avoué pour se réfugier dans la mort, parce que du Paty de Clam, que Cavaignac voulait sauver, vient d'être frappé à son tour, parce que Boisdeffre et Cavaignac ont dû se retirer, parce que Lauth au premier jour recevra le châtiment mérité, il semble que tout soit dit, et que la revision n'ait plus qu'une valeur de simple formalité.

S'il en était ainsi, la résistance ne serait pas si désespérée. Au-dessus de Dreyfus, qui ne représente qu'un cas particulier, il y a la lutte pour la possession de la France. Les hommes qui ont reçu de leurs maîtres la tradition des grandes capitulations de la guerre franco-allemande, et se sont délicieusement baignés, au retour, dans le sang de leurs concitoyens, sont tout prêts à recommencer le cycle épouvantable. Ce qui leur fait horreur, c'est que la France ait la prétention de s'appartenir, c'est qu'elle cesse d'être leur chose. Il paraît que nous ne nous sommes débarrassés de nos rois et de leur noblesse, unie à l'étranger contre la France il y a un siècle à peine, que pour retomber sous le joug d'une inepte caste militaire, ne connaissant ni loi ni frein, fabriquée tout exprès à notre usage par les bons Pères. Eh bien! cela ne sera plus. Il ne faut plus que cela soit, Brisson, car vous voilà placé à une heure de l'histoire où il dépend de vous de changer cette destinée.

Pour cela, nul ne vous demande de persécution, de tyrannie contre qui que ce soit de vos concitoyens. Il n'est besoin que de faire la justice, la justice tout entière. Ce qu'on attend de vous, en France comme dans tous les pays de civilisation, c'est de châtier les criminels suivant la loi, non plus par des peines dérisoires, c'est, tout au moins, de révéler au pays toute l'étendue du mal par l'impartial exposé de tous les méfaits qui nous ont mis au bord de l'abîme ; c'est de condamner ou d'acquitter Dreyfus selon les mérites de son cas, c'est de ne pas permettre que l'héroïque Picquart soit frappé pour être noblement resté fidèle à son devoir, pour avoir bien servi la France, pour être resté, à travers toutes les ignominies assaillantes, le soldat du devoir et de la vérité. Tous ceux qui se levaient contre lui ont déjà senti les premières atteintes de la justice immanente. Henry mort (sur l'aveu de qui aucune instruction n'est ouverte encore), Esterhazy, du Paty de Clam renvoyés de l'armée, de Pellieux offrant sa démission, Lauth expulsé de l'Etat-Major en attendant l'enquête sur les fausses photographies, Gonse accablé sous le poids de sa déposition au procès Zola,

> Ils ne mouraient pas tous, mais tous étaient frappés.

Seul, Picquart, en butte à la haine mortelle de ces hommes dont il dénonçait les crimes, outragé, frappé par eux, est resté debout. Oui, debout, sous les verrous de Cavaignac et de Brisson, et il vient de se rencontrer des « *juges* » (!) pour lui refuser jusqu'à la liberté provisoire en attendant le procès. Brisson, puisque vous êtes en voie de vous reprendre, vous ne voudrez pas vous joindre à tous ces criminels pour porter le dernier coup à l'homme qui est l'honneur de sa patrie.

15 septembre 1898.

LI

Les faux juges.

L'incohérence, l'ataxie mentale des hommes qui nous gouvernent, paraissent être arrivées au point où elles ne peuvent plus croître. La folie qui s'est emparée de tous ces gens consiste à croire qu'ils sont juges de Dreyfus.

Mercier a voulu juger pour le conseil de guerre. On sait comment il aboutit à la criminelle violation de la loi dont il n'a pas encore eu le courage de demander lui-même réparation. La justice l'attend. Il ne paraîtra pas toujours légitime aux pouvoirs publics de frapper l'innocence et de soustraire le crime au châtiment des lois.

Après lui, Billot, qui se fit juge à son tour, avec Méline. Billot mentait, c'était plus simple. Il donnait sa parole que Dreyfus avait été légalement condamné, sachant que ce n'était pas vrai. Il donnait sa parole que Dreyfus avait été justement condamné, et basait sa prétendue conviction sur les faux de Henry, et sur d'autres pièces de même valeur, qui ne peuvent avoir d'efficacité judiciaire aussi longtemps que l'homme qu'elles accusent n'aura pas été admis à y répondre. Le cas Méline est peut-être plus grave encore. L'ambassadeur d'Italie avait averti Hanotaux que les pièces fournies par Henry étaient fausses. Il avait engagé sa parole d'honneur et celle de son roi. M. Hanotaux avait donné sa parole de ne pas s'en servir. Et Méline, qui savait cela, s'en servit. Il s'en servit à la Cour d'assises, comme M. Cavaignac, que nous devons croire également renseigné, s'en servit plus tard à la Chambre.

M. Méline, je le sais, prétend que le général de Pellieux a parlé sans autorisation. Si cela est vrai, comment se fait-il qu'il n'ait pas été arrêté sur l'heure, ayant livré au public des pièces secrètes dont il n'avait pas le droit de disposer? Comment se fait-il que Picquart soit poursuivi pour avoir dit la vérité, et Pellieux protégé contre la loi pour avoir propagé le mensonge? Comment se fait-il que M. de Boisdeffre, qui savait que les pièces étaient arguées de faux, ait confirmé le dire de son subordonné, au lieu de le démentir? Comment se fait-il que M. Cavaignac, mis au courant des choses par M. de Boisdeffre, ait osé affirmer aux Chambres l'authenticité de documents dont la qualité lui était connue? On sait que M. Hanotaux, invité à démentir les allégations du *Corriere di Napoli* résultant des confidences de M. Tornielli, n'a pas pu le faire. Et, comme pour mieux prouver leur mauvaise foi, on a vu les porte-parole autorisés de l'ancien Ministère chercher à faire croire que le démenti de M. Brisson, relativement à une prétendue démarche de M. de Münster, s'appliquait à l'affaire Tornielli-Hanotaux. La vérité a été rétablie, et le mensonge du gouvernement Méline-Billot s'est compliqué seulement d'un nouveau mensonge. Nous ne sommes plus à les compter. Voilà comment ont jugé des politiques s'arrogeant, en violation des lois, le pouvoir judiciaire. Ils ont voulu frapper illégalement, de nouveau, l'homme déjà illégalement condamné, ils n'ont abouti qu'à se frapper eux-mêmes.

On aurait pu croire que l'exemple servirait de leçon. Tout au contraire. Cavaignac n'eût pas plutôt remplacé Billot qu'il voulut juger à son tour. Comme député de l'opposition, il s'était déjà brillamment exercé à ce métier, pour lequel il ne lui manquait que le droit, sans parler des aptitudes. Aussitôt ministre, il chaussa des bésicles fumées pour y voir clair, et se mit à juger comme un sourd. On sait le résultat :-trois faux donnés pour « *pièces irréfutables*, » malgré les avertissements venus de toutes parts. Il y avait sans doute l'unanimité de la Chambre pour confirmer le dire du ministre, et l'obligation pour les citoyens de lire les affiches mensongères. Mais ce n'est pas assez pour qu'un faux devienne vérité. Le plus beau de l'affaire, c'est que la confiance de Cavaignac en lui-même n'en fut pas un instant entamée. Il avait jugé à l'envers, il fallait qu'il jugeât encore, et, si on l'avait laissé faire, il proposait de nous servir le même jugement *irréfutable* sur d'autres pièces qui se seraient trouvées authentiques ou fausses, au hasard.

Enfin on se débarrassa de ce faux juge, et tout le monde crut qu'on allait rentrer dans le bon sens, qui est de régler tout simplement l'affaire Dreyfus conformément aux prescriptions de la loi. Pas du tout. On s'obstine plus que jamais dans le système de Mercier, qui était celui de Billot, qui était celui de Cavaignac. Zurlinden, que le faible Brisson se laisse imposer par Félix Faure, se mit à juger sans délai, avec l'aide des Roger, des Cuignet, qui avaient si remarquablement servi les jugements de Cavaignac. Est-il besoin de dire qu'il jugea tout comme M. Cavaignac avait jugé, sur pièces fausses ? Cela ne pouvait être autrement, puisque les faussaires ont bourré le dossier de leurs documents fabriqués. Brisson, cette fois, trouva que c'était trop.

Mais voici que devant lui se dresse le honteux Félix Faure, qui a dit au docteur Gibert, du Havre, que Dreyfus avait été condamné en violation des lois, mais qui veut que « le Juif » reste au bagne, parce que ceux qui entendent que cela soit ainsi le menacent de raconter des histoires déplaisantes sur la façon dont l'ancien Ministre de la Marine organisa les transports de Madagascar, sans parler d'autres révélations non moins fâcheuses. Félix Faure donc, violant la Constitution, après avoir violé la loi, prend parti pour Zurlinden contre son propre Gouvernement, au mépris de tous ses devoirs. Et qu'est-ce qu'imagine Brisson, pour résister ? Après Zurlinden, de faire Sarrien juge. Et voilà Sarrien occupé à juger Dreyfus, avec le secours de Zurlinden, qui tient lui-même ses lumières du cabinet Cavaignac.

Quel malheur que tous ces gens soient simplement en dehors de la raison et de la loi ! Ni Mercier, ni Billot, ni Méline, ni Cavaignac, ni Roget, ni Cuignet, ni Zurlinden, ni Sarrien, ni Brisson ne sont juges. Leur opinion sur l'innocence ou la culpabilité de Dreyfus ne vaut pas plus que celle de quiconque, en dehors des pouvoirs judiciaires établis par la loi. Je sais qu'ils ont, pour les encourager dans cette voie, l'exemple de toute la horde césarienne et antisémite qui, chaque matin, juge Dreyfus et le condamne *à priori* sur ce fait capital qu'il appartient à la même race que Jésus. C'est aussi l'opinion de Boisdeffre, de Pellieux, de Gonse, de Henry, de Lauth, de du Paty de Clam, et même du lampiste Gribelin. Mais, considérant que la plupart de ces hommes basaient leur avis sur des faux, que deux d'entre eux *au moins* avaient fabriqués tout exprès, leur autorité s'en trouve diminuée. Quelques-uns sont hors de combat. Les autres le seront bientôt. Il est difficile, dans ces conditions, de proposer à la France, comme on l'avait fait jusqu'ici, de se ranger derrière eux.

Alors, où sont nos guides ? Je ne comprends même pas que la question se pose. Je ne vois que la loi, la vérité. Que les juges jugent : c'est là tout le nœud de l'affaire. Il n'y a pas d'autre difficulté. Zurlinden (lui, militaire) a frappé du Paty de Clam que le ministre, prétendu civil, Cavaignac, s'entêtait à sauver. Est-ce pour ses faux ? Le châtiment est aussi incompréhensible que les arrêts simples avec rasoir pour Henry. Est-ce pour d'autres méfaits ? On ne nous le dit pas. Or, il est grand temps pour nous de savoir. Car nous voyons clairement que toutes ces obscurités, tous ces mensonges pour couvrir les grands complices et tromper les Français, mènent la France à l'abîme. La punition — si ridicule qu'elle soit — de du Paty de Clam achève de ruiner officiellement le procès Dreyfus, dont ce faussaire fut le principal metteur en œuvre, comme l'a crié Zola. Henry s'est fait justice. Que reste-t-il de sa déposition contre Dreyfus, contre Picquart ? Il prétendait qu'un agent secret lui avait révélé la trahison de Dreyfus, et refusa de nommer son agent. Et l'allégation du faussaire fut tenue pour preuve. Il osa dire à Picquart : « Vous avez menti », et il a dû reconnaître que c'était lui le menteur. Il restait du Paty de Clam, que nous avons vu faussaire à son tour. Et Zurlinden est obligé de détruire officiellement le témoignage de cet homme à son tour, au risque de montrer que M. Cavaignac n'a pas rempli son devoir.

Alors, il apparaît que l'heure de la justice est venue, de la justice selon la loi, la seule qui compte.

Nous savons que les demi-châtiments n'ont pour but que de couvrir les criminels, qu'ils soient traîtres comme Esterhazy (toujours décoré !) ou faussaires comme du Paty, également légionnaire de l'honneur. Nous demandons, nous exigeons la loi, toute la loi.

Dreyfus a été jugé illégalement. Cela peut être prouvé en une demi-heure. Si le Gouvernement n'admet pas ce cas d'annulation, c'est qu'il veut sauver Mercier, le premier criminel, dont le grand complice, après coup, fut Félix Faure. Les faux Henry, les faux du Paty de Clam, sont des « *faits nouveaux* » peut-être. Brisson, qui, faute de ferme cœur, recourt à ce système de revision, sait qu'en ce cas c'est *à la Cour de cassation seule* à se faire une opinion sur le dossier. Et, là-dessus, il admet que Zurlinden juge d'après les aides-juges de Cavaignac, et que Sarrien juge avec Zurlinden pour guide. C'en est trop. Il faut en finir. Car ce jésuitisme militaire et laïque menace de discréditer à jamais la France. Avec les faux documents, nous n'avons encore vu, dans cette affaire, que de faux juges. Nous ne réclamons rien que des preuves authentiques et des juges : mais des vrais, des juges cherchant, par la légalité, la justice.

16 septembre 1898.

LII

Monsieur Félix.

Cette fois, M. Félix Faure est en scène, et c'est lui-même qui s'y met. Des naïfs jusqu'à présent trouvaient incompréhensible qu'il n'intervînt pas pour rappeler juges, soldats, ministres au respect de la loi. C'était mal le connaître. Une telle idée ne lui vint jamais. Il savait que la loi avait été violée dans l'affaire Dreyfus, et il avait si peu conscience des responsabilités encourues pour ce crime qu'il l'avouait dans le particulier, entre deux bouffées de cigare.

Quand la question fut soulevée, sa pauvre cervelle bouffie de vanité bourgeoise n'eut de place que pour une pensée : il faut venir au secours des violateurs de la loi. Ainsi, grâce à lui, fut déchaînée la crise mortelle qui n'a d'analogie dans l'histoire d'aucun peuple de la terre. Le représentant suprême de l'ordre légal en France devint le centre de résistance à la légalité. Son inintelligence naturelle, aggravée par la terreur de certaines révélations dont on le menaçait du côté de la Boulange antisémite, lui fit trouver la chose toute simple. Seulement, comme tout sentiment de droiture lui est étranger, comme le ridicule mélange de snobisme et de fausse bonhomie qui le caractérise est d'un fourbe assez bas, il laissa croire à ses propres ministres qu'il demeurait neutre et se contenta de soutenir sous main les mensonges d'un Billot.

La démarche de l'ambassadeur Tornielli auprès d'Hanotaux pour dénoncer le faux de Henry lui parut sans doute la chose la plus ridicule du monde. Un faux, après tout, ce n'est qu'un mensonge écrit. Comment s'émouvoir d'une pareille misère, quand, pour défendre la violation des lois, on se condamne à vivre de mensonges ? Un faux pour prouver — à deux ans de la condamnation — la culpabilité de Dreyfus, quelle importance à cela, je vous prie, puisqu'on a fait, du premier coup, mieux encore en condamnant Dreyfus illégalement et sans preuves ?

C'est en vertu de ce beau raisonnement que le général de Pellieux et le général de Boisdeffre furent autorisés à verser le faux au procès Zola. On a prétendu que c'était une frasque de Pellieux. Nouveau mensonge. Quand on poursuit Picquart, qui n'a fait aucune révélation nuisible aux intérêts de la patrie, on n'eût pas hésité à poursuivre Pellieux, qui, en arrachant un arrêt au jury par le moyen d'un faux, avait discrédité pour longtemps dans le monde et l'Etat-Major et le Gouvernement de M. Félix Faure. Pellieux a violé le secret *par ordre* : voilà ce que prouve son impunité. D'ailleurs, ce secret, il n'avait pas le droit de le connaître. Je dirai, l'un de ces jours, comment il fut révélé *pour venir au secours de la trahison*.

Mais si l'on a tâché d'ergoter misérablement sur la déposition de Pellieux, il a fallu se taire sur la démarche de l'ambassadeur d'Italie. Méline, Hanotaux, Billot, mis au défi de nier, ont gardé le silence. Qui peut douter que Félix Faure fut le premier à apprendre d'eux qu'il y avait dans le dossier au moins trois pièces fausses ? Pour passer outre, pour oser produire des documents fabriqués au jury et plus tard à la Chambre, comme une « *preuve irréfutable* », il fallut, outre une audace peu commune, l'assurance de n'être pas désavoué par le « grand patron » de tous les Ministères. Celui-ci dut promettre la complicité de son silence aux complices des faussaires, et même il tint parole, chose rare. Sans lui, sans ses encouragements, sans ses promesses, rien n'était possible. Par lui le crime fut aisé, les criminels se croyant certains d'être absous.

Seulement il arriva ce que nul n'avait prévu. Henry, poussé sottement à bout, avoua : les preuves du faux — l'eût-on jamais pensé? — crevant les yeux de M. Cavaignac lui-même. Dès lors on vit s'effondrer tout l'échafaudage de mensonges si laborieusement construit par M. Félix Faure, Président de la République française. Tout s'effondra. Mais lui, Félix Faure, resta debout, et, en homme sûr de son lendemain, il reprit « le travail » en sous-œuvre. Ah! ce fut un beau coup d'imposer le général Zurlinden à Brisson, assez simple pour ne pas demander ses sûretés, d'abord. Un maître-tour de cafard pour désorganiser le Ministère en acte de revision, jeter Brisson à bas et se donner la chance d'un cabinet de complices, pris au hasard des sous-Billot et des sous-Méline qui pullulent. Brisson d'abord faiblit. Nous ne le savons que trop. L'arrestation de Picquart, pour avoir dit vrai, fut une infamie, et, s'il est condamné, ce sera l'éternel déshonneur de ceux qui auront trempé dans cette honte. Brisson, pourtant, finit par ouvrir les yeux, et la fourberie de Félix Faure fut tout à coup démasquée. Car la revision que Brisson a résolu de faire, c'est la revision au grand jour, dont les intéressés, pour raisons trop connues, ne veulent à aucun prix ; au premier rang, Sa Majesté Félix, effaré de la vérité venue, comme les bêtes de nuit devant le soleil.

Zurlinden évincé, il n'y avait plus personne pour soutenir M. Félix dans le Ministère. On a bien parlé de Lockroy, mais ce serait si drôle que je n'ose le croire. En tout cas, ce n'est pas celui-là qui risquera jamais un de ses cheveux pour une opinion quelconque. Félix Faure donc, fut dans l'obligation, pour défendre sa royauté, de combattre ses ministres, lui irresponsable, en vue de leur imposer la sauvegarde du mensonge. Il parla, mais, Brisson et les autres sachant désormais à quoi s'en tenir, cette éloquence fut perdue. Il paraît que la journée d'aujourd'hui consacrera le triomphe de la loi, de la justice, de la vérité sur le Président qui a pris position contre la loi, contre la justice, contre la vérité.

Félix ne le sait que trop bien, et sent le châtiment venir. Alors, il appelle à lui tous les hauts et bas ouvriers des œuvres de l'Etat-Major. Arthur Meyer accourt avec sa juiverie cynique, prête à tout faire, et nous avons la note élyséenne du *Gaulois*. On nous apprend que Félix ne connaissait pas le dossier. En ce cas, pourquoi disait-il au docteur Gibert que Dreyfus avait été condamné illégalement? Mais « le cœur cocardier » du Président (Arthur Meyer mettant sa cocarde à Félix! Tableau) a été remué par les explications de Zurlinden, qu'il avait préalablement eu la précaution de jeter lui-même dans les jambes de Brisson. Le Président, « que ses hautes fonctions mettent presque tous les jours en relation avec les ambassadeurs des puissances » (surtout quand, après leurs révélations, il incita ses ministres à se porter garants de l'authenticité des faux), se rendit compte de l'impression que produirait la revision à l'étranger. (Tiens! je croyais que nous n'avions pas le droit de nous servir de cet argument dans ces débats, surtout depuis que M. Cavaignac avait triomphalement découvert que nous étions maîtres chez nous). Mais les méchants « politiciens » (oh! ce mot dans la bouche d'Arthur Meyer!) sont contre Félix Faure, qui n'est pas un politicien, lui, oh! non. Que va-t-il faire? Arthur Meyer veut bien nous rassurer. *Il ne tentera pas un coup d'Etat.* Merci, mon Dieu! J'ai vraiment cru que les petits Berge allaient me faire prêter serment de fidélité!

Sachez-le, Félix Faure s'en ira, tout simplement. « Il montera à cheval pour aller à la revue », « il ne montera pas à cheval comme Boulanger, pour en r'venir ». S'il fait chaud, en effet, il fera mieux de prendre le bateau-mouche. Il y a justement un arrêt à Charenton. En tout cas, je ne saurais trop l'engager à nous laisser son adresse. Quand le règne des lois sera rétabli, il se peut que des explications soient requises de lui par le juge d'instruction Bertulus. Au revoir, Président.

17 septembre 1898.

LIII

Acquittement par ordre.

Je disais, hier, que le faux document Henry fut révélé au général de Pellieux par le général Billot pour disculper la trahison. En effet, c'est ainsi que fut obtenu l'acquittement d'Esterhazy, *par ordre*, ainsi que l'affirme Zola.

On s'apprête à condamner le colonel Picquart, ce qui serait un crime de plus, puisqu'il n'a rien révélé qui intéresse, à un degré quelconque, la sûreté de l'Etat. Mais Pellieux, mais Boisdeffre, mais Billot, ayant porté le plus grave préjudice à la France par des révélations de pièces secrètes, d'ailleurs fausses, tombent directement sous le coup de la loi. Je dis Billot, car il est clair que si Pellieux a rendu public à la Cour d'assises, avec le concours de Boisdeffre, le contenu d'une pièce secrète qui s'est justement trouvée un faux, c'est que Billot la lui avait communiquée, ou Boisdeffre sur l'ordre de Billot. Le général de Pellieux n'est pas de l'Etat-Major. A aucun titre, il ne lui appartenait de connaître un document secret. Pourquoi donc ministre et chef d'Etat-Major lui firent-ils cette communication au mépris de la loi? Ah! voilà précisément la clef du mystère. C'est que M. de Pellieux était juge d'instruction du traître Esterhazy.

Tous ceux qui ont assisté au procès de Zola, devant le jury de la Seine, n'ont pas oublié avec quelle emphase M. de Pellieux fit état de ses pouvoirs judiciaires. Quand on lui reprocha sa perquisition *illégale* chez le colonel Picquart, il n'eut qu'une réponse : « Je n'ai pas excédé mes pouvoirs de magistrat. »

D'après ce militaire, le magistrat est un homme qui dispose des lois à son aise. En tout cas, M. de Pellieux était juge : il le proclame lui-même. Or, c'est à ce titre de juge, pour le mettre en demeure de se prononcer dans le sens du Gouvernement, que Billot lui fit communiquer la pièce fausse de Henry. Il s'agissait de *faire* la conviction du juge qui instrumentait contre Esterhazy, et comme Méline avait déclaré que l'affaire Dreyfus et l'affaire Esterhazy étaient deux choses distinctes, qui n'avaient entre elles aucun rapport, Billot, pour bien montrer qu'il n'était pas dupe du mensonge de son chef, résolut de prouver au juge Pellieux qu'il devait disculper Esterhazy dans l'affaire du bordereau et, pour cela, lui fournit, sur d'autres points, des preuves *décisives* de la culpabilité de Dreyfus. Malheureusement la preuve décisive se fondait sur un faux, et, depuis la démarche du comte Tornielli — et même avant, puisque Picquart le lui avait dit à lui-même — Billot ne l'ignorait pas.

Je dis que Billot communiqua ce faux pour *faire* la conviction du juge. Je le dis et je le prouve.

Quand Scheurer-Kestner comparut pour la première fois devant le magistrat Pellieux, il se trouva en face d'un homme tout confit en douceur exquise. Je le vis le lendemain, et voici textuellement ce qu'il me dit :

— Mon ami, tout va bien. Le général de Pellieux est un honnête homme. Il m'a dit textuellement qu'il ne rechercherait rien que la vérité sans se préoccuper des conséquences pour qui que ce soit, et son interrogatoire m'a montré qu'il disait vrai. Il m'a déclaré que je pouvais lui parler avec une aussi complète franchise que si je parlais au général Saussier lui-même, qu'il savait mon ami, à qui chacune de mes paroles serait fidèlement rapportée. Là-dessus, j'ai répondu à toutes ses questions de mon mieux, et je suis content d'avance, puisque, moi aussi, je ne recherche rien que la vérité.

Ainsi s'exprima cette âme simple. A quelques jours de là, je revis mon Scheurer-Kestner, que je trouvai fort déconfit. Ce fut une très différente histoire.

— J'ai de nouveau comparu, me dit-il, devant le général de Pellieux. Quelle surprise ! J'ai trouvé un homme totalement changé. L'autre jour, j'étais en confiance. Aujourd'hui j'ai trouvé un homme uniquement préoccupé d'objecter quelque chose à tout ce que je disais. Cela devint si fort que je ne pus m'empêher de lui en faire la remarque : « Mais, général, lui dis-je, il y a quelques jours, vous étiez tout autre ? » Et sais-tu ce qu'il me répondit ? — « Je crois bien. *Dans ce temps-là, je n'avais pas* **vu** *les preuves de la culpabilité de Dreyfus. Maintenant je les ai* **vues**. *Est-ce que votre ami Billot ne vous les a pas montrées ? Demandez-lui donc de vous les faire voir, et vous serez fixé.* »

Ainsi parla le juge d'Esterhazy, convaincu (par son propre aveu) de l'innocence du traître, parce que son ministre lui avait montré les prétendues preuves de la culpabilité de Dreyfus.

Si j'avais parlé au dernier procès de Versailles, j'aurais raconté cette histoire en face du général de Pellieux, qui n'aurait pas pu me démentir, car j'étais autorisé par Scheurer-Kestner à citer textuellement les paroles du juge d'Esterhazy, recueillies sur un carnet de notes au sortir de l'interrogatoire. Sous la dictée de Scheurer-Kestner, j'écrivis le texte exact. Je ne puis pas le reproduire ici, mot à mot, parce que j'écris de la campagne, n'ayant pas le texte sous la main ; mais je m'en suis tenu aussi près que me l'a permis ma mémoire, et je garantis le sens d'une façon absolue. Scheurer-Kestner le confirmera quand il sera nécessaire.

De tout ceci, je prends la liberté de conclure :

1° Que le général Billot a délibérément violé la loi qui lui imposait le devoir de ne révéler à personne tout ou partie des pièces secrètes, et que, s'il arrive jamais qu'il y ait une justice en France, il doit être poursuivi et condamné de ce chef.

2° Que le général Billot, d'après le général de Pellieux lui-même, n'a eu d'autre but, en manquant à ses devoirs, en violant la loi, que d'agir sur l'esprit du juge, ainsi que le juge lui-même l'a reconnu, parlant à un témoin. Que le général de Pellieux, objet d'une telle confidence, ne pouvait faire autrement que de se rendre à l'avis de son chef suprême intervenant, au mépris des lois, dans une procédure judiciaire, pour amener le juge à une opinion déterminée. Que, dans l'espèce, il s'agissait, suivant Billot, de prouver l'innocence d'Esterhazy, en ce qui concerne le bordereau, par des preuves établissant, sur d'autres points, la culpabilité de Dreyfus. Que ces preuves étaient fausses, mais que, eussent-elles été vraies, il n'en résulte pas moins du fait constaté que l'intervention illégale du Ministre de la Guerre auprès d'un juge militaire équivaut, manifestement, à « *l'acquittement par ordre* » affirmé par Zola.

3° Que le résultat de l'intervention du Ministre de la Guerre, appuyée de pièces fausses, a été, sans contestation possible, d'attenter à la liberté du juge et de fausser toutes ses appréciations. C'est ainsi qu'on a vu le général de Pellieux conclure, *sans expertise préalable*, que le bordereau n'était pas d'Esterhazy, et ajouter foi, sans contrôle, à tous les mensonges du traître. C'est ainsi qu'on a vu, après le grotesque rapport Ravary, le général de Luxer conduire les débats de manière à favoriser Esterhazy, tandis que le général de Pellieux, qui se tenait derrière lui, intervenait dans la discussion, en violation des lois et de toutes les règles des débats judiciaires.

C'est ainsi qu'on a vu le commissaire du Gouvernement reprocher à un témoin de manquer de bienveillance envers le traître, et s'attirer cette réponse : « Je ne suis pas ici pour être bienveillant. Je suis ici pour dire la vérité. » D'où il résulte clairement que Billot ne s'est pas borné à imposer au juge de Pellieux sa volonté d'innocenter Esterhazy, par le procédé susindiqué, mais qu'il a manifestement opéré la même pression sur l'esprit des juges du conseil de guerre dont Pellieux a ouvertement troublé la liberté.

De tous ces faits, la conclusion dernière, c'est que l'intervention de Billot auprès de Pellieux, fût-elle seule prouvée, suffit à constituer un fait nouveau qui met à néant l'acquittement d'Esterhazy.

18 septembre 1898.

LIV

Conséquences.

La revision est décidée. Il faut que, cette fois, toutes les garanties de justice instituées par la loi soient scrupuleusement observées. Je vois que tous ceux qui se sont donné tant de peine inutile pour empêcher la revision, se rabattent maintenant sur la revision à huis clos. Depuis que quelques-uns des faux de l'Etat-Major sont connus, et les autres soupçonnés seulement; depuis que, grâce à l'Etat-Major, les pièces secrètes courent le monde dans la poche des traîtres; depuis que nous avons vu le huis clos de l'affaire Dreyfus aboutir à la violation de la loi, à la condamnation de l'innocence; depuis que nous avons vu le huis clos de l'affaire Esterhazy aboutir à la violation de la loi, à l'acquittement du crime; depuis que nous avons constaté l'immense effort d'arbitraire et de mensonge dont tous les pouvoirs de l'Etat se sont montrés capables, il n'y a plus qu'un moyen de rétablir la paix dans les esprits, c'est la justice au grand jour, sous le libre contrôle de l'opinion publique.

Le fantôme des menaces de guerre s'est évanoui sous les risées, et quant aux prétendus secrets d'Etat, nous savons maintenant ce qu'ils dissimulent de machinations honteuses contre la justice et contre la vérité. Le général de Pellieux avait essayé de nous faire croire que si l'on s'obstinait à rechercher les responsabilités de l'Etat-Major (où trônaient les faussaires et les complices des faussaires), il n'y aurait plus de confiance en l'armée. C'était outrager les soldats de la France et le peuple français tout entier. Boisdeffre et Gonse, et Lauth, et du Paty de Clam, et Henry, sans parler de Billot et de Cavaignac, ont été balayés à grands coups de lumière. Ecoutez maintenant la réponse du général de Négrier à M. de Pellieux :

Jamais, à aucune époque, les chefs de l'armée n'ont été plus respectueux des lois, plus unis, plus prêts à se dévouer les uns pour les autres ; *jamais nous n'avons eu plus de confiance dans nos troupes, et cette confiance, les troupes nous la rendent en toutes circonstances. Elles nous en donnent la preuve.*

Il était impossible de mieux faire justice des menaces de l'Etat-Major. Gardons le souvenir des paroles de ce soldat, et comprenons enfin que la confiance ne se fondera jamais sur le mensonge.

Je veux signaler de même, en passant, l'énergique protestation du général Metzinger, qui nous montre « l'armée aussi dédaigneuse des menaces de l'extérieur que des provocations des mauvais citoyens ».

La « *grande muette* » parle tout le temps, comme on voit, et elle dit vraiment d'excellentes choses. « Le dédain des menaces de l'extérieur? » Réponse topique à ceux qui nous prédisent la guerre, si nous osons instituer la justice au grand jour dans la République française. « Les provocations des mauvais citoyens »? Réprobation manifeste des propos odieux de Pellieux, de Boisdeffre, à la Cour d'assises de la Seine. Il est bon que la condamnation de tels hommes et de leurs dignes acolytes Henry, du Paty de Clam et autres (qui occupent le premier rang dans la catégorie des mauvais citoyens) vienne d'un soldat justement anxieux de dégager l'honneur de l'armée.

Quant à moi, qui n'ai jamais cessé de rendre hommage au drapeau, je me suis toujours gardé de confondre l'armée avec ceux qui la compromettent, sous prétexte de la couvrir. Ce n'est pas moi qui dirai que le patriotisme militaire peut commander de faire des faux. Car je tiens que c'est dégrader l'amour de la patrie de le mettre en opposition avec le besoin de justice, avec le culte de vérité, qui d'abord contrebalancent en nous les primitifs instincts de brutalité sauvage.

C'est pourquoi je suis bien sûr de servir utilement mon pays, et de déplaire seulement aux « mauvais citoyens », militaires ou civils, qui font leur joie de l'iniquité et leur pâture du mensonge, en réclamant justice pour le colonel Picquart.

Qu'a-t-il fait? Comment ce méchant bêta de Cavaignac, qui n'a malheureusement pas l'excuse des bonnes intentions, a-t-il pu livrer un homme, qui est un héros, à ce glaive que le moine Didon rage de voir rester au fourreau, et qui n'a épargné la trahison du Uhlan que pour frapper celui qui l'a dénoncée? Il a suffi, pour cela, de considérer comme secret d'Etat les lettres du général Gonse, confiées par Picquart à son conseil, sous le sceau du secret professionnel, pour sa défense en cas de mort. Et le guet-apens de Gabès montre que la précaution n'était que trop justifiée. Dire que ces pièces intéressent, au moindre degré, la sûreté de l'Etat est un honteux mensonge. Je ne puis croire que Brisson, au moment où il a déjoué les pièges tendus de toutes parts, et décidé de faire la revision honnête, ne comprenne pas que sa résolution est l'éclatante justification de tous les actes de Picquart.

Du premier jour, Picquart prévit l'épouvantable crise et adjura ses chefs de la conjurer en faisant justice de la trahison, en exposant aux yeux de tous l'impartiale vérité. Ses chefs refusèrent de l'entendre. Ils prêtèrent l'oreille aux faussaires qui leur apportaient la justification menteuse de leur prétendue infaillibilité. Et le chef du bureau des renseignements fut frappé, et il va l'être encore, ose-t-on dire, **pour avoir, dans l'exercice de ses fonctions, découvert un espion en acte de trahir**. On le chassa de l'armée, mais sa mise en réforme — par un coup providentiel, si j'ose dire — emporta la plus belle revanche : son remplacement par le chef, aujourd'hui reconnu, des faussaires.

Est-il possible que le châtiment des criminels n'implique pas que justice soit rendue à celui qui les a fait connaître? Picquart a dénoncé la trahison d'Esterhazy, aujourd'hui indiscutée. Où sont les faux patriotes qui acclamaient le traître et mêlaient ignoblement les cris de : *Vive l'armée!* et de : *Vive Esterhazy!* Je les vois au ban de l'opinion. La conséquence n'est-elle pas la justification de Picquart? La rhétorique même de tous les cabotins du patriotisme *flambard* n'exige-t-elle pas que Picquart soit glorifié? Et l'amour sans phrases de la patrie ne nous obligerait-il pas à honorer le bon serviteur comme à châtier le traître?

Les poursuites contre Picquart? Tous ceux qui y ont participé, tous ceux qui y participeront encore, auront sur eux la tache ineffaçable. Picquart a offert la vérité. L'histoire dira que c'est uniquement pour cette cause qu'il fut frappé. Picquart n'a livré aucun secret d'Etat. Il aurait pu avoir la tentation de le faire pour sa défense. La pensée ne lui en est pas venue.

Mais du Paty de Clam, lieutenant-colonel d'Etat-Major, a livré une pièce secrète, lui. Et à qui? A un traître, pour sa défense. A un traître, de la trahison de qui il ne pouvait pas douter. Et, pour comble, il n'est pas douteux qu'il ait fabriqué avec Henry le faux de *l'Eclair*. Son châtiment? Une ridicule punition disciplinaire, après les efforts désespérés de Cavaignac et de Zurlinden pour le sauver. Il n'est pas poursuivi.

Pellieux, Boisdeffre, pour faire condamner Zola, ont livré une pièce secrète au public. Et cette pièce était un faux, et le Gouvernement, averti, avait donné sa parole de n'en pas faire usage. Et la conséquence a été le discours de M. Cavaignac et le discrédit jeté sur la République française par le honteux vote unanime de la Chambre. Pellieux et Boisdeffre ne sont pas poursuivis.

Le général Billot, dans l'espérance de m'induire à cesser ma campagne pour la justice et pour la vérité — dont il avait peur — m'a fait révéler, par un colonel envoyé tout exprès, un secret *très sérieux* sur l'état de notre défense. Je suis convaincu que son délégué n'a commis, dans ses conversations privées, aucune imprudence. Il n'en est pas moins vrai que nous sommes au moins deux qui savons ce que nous ne devrions pas savoir. Pour sauver son portefeuille, Billot a trahi un secret de la défense nationale. Ce crime est puni par les lois. Le général Billot est-il poursuivi? Non.

Le même général Billot, et Boisdeffre déjà cité, ont révélé une pièce secrète (fausse naturellement) au général de Pellieux, juge instruisant contre Esterhazy, pour obtenir ainsi, en violation de toutes les lois un acquittement du traître. Scheurer-Kestner en témoignera dès qu'on prendra la peine de le lui demander. Il n'est pas douteux que pareille communication ait été faite aux autres juges. Et ni le général Billot ni Boisdeffre ne sont poursuivis.

Et pourquoi a-t-on fait toutes ces choses? Parce que le général Mercier avait violé la loi en révélant à des juges des pièces secrètes pour obtenir la condamnation d'un officier contre qui il n'avait pas de preuves suffisantes. Le général Mercier est-il poursuivi? Pas encore.

Que conclure de tout cela, sinon que le premier acte de la procédure de revision est la libération du colonel Picquart.

19 septembre 1898.

LV

Pour commencer.

Des conséquences de la revision, que j'envisageais sommairement hier, la plus urgente est, à n'en pas douter, la mise hors de cause du colonel Picquart. Les poursuites exercées contre l'ancien chef du bureau des renseignements sont le fait de M. Cavaignac. Cela n'est pas niable. Pourquoi, jusqu'aux quelques semaines de dictature de l'étrange ministre qui osa proposer un coup d'Etat à ses collègues, n'avait-on jamais songé à procéder judiciairement contre l'homme dont le seul crime fut de découvrir la trahison d'Esterhazy? C'est que l'on croyait, après l'avoir chassé de l'armée pour l'unique raison qu'il avait bien servi la patrie, le tenir dans le silence par la crainte d'un procès où l'on comptait trouver des juges pour le condamner, quoi qu'il pût dire. Tout allait bien ainsi, tant que l'existence du Gouvernement reposait sur le fameux mensonge de Billot : « Dreyfus a été condamné *légalement* et justement. » Dans la sérénité de sa conscience, Picquart attendait son jour.

Mais voilà que ce sombre nigaud de Cavaignac, qui avait basé sa conviction de la culpabilité de Dreyfus sur la légende des aveux à Lebrun-Renault avant même de connaître es documents, imagine de faire partager sa conviction à ses concitoyens par les procédés de raisonnement qui, dans sa simplesse, lui ont paru décisifs. On sait le reste de l'histoire. Seulement on oublie, depuis la vérité connue, que ce qui parut *clair* en ce temps-là, ce fut le mensonge. Par la vertu du faux, Henry, du Paty de Clam étaient rois, et M. Cavaignac ne pensait, n'agissait que par eux. Quand Picquart se leva pour dire tranquillement : « La pièce est fausse, et je le prouverai quand on vous dra », Henry et du Paty de Clam jugèrent que le jour était venu de perdre à jamais ce porteur de vérité. A l'instigation de ces faussaires, Cavaignac, affolé de voir que *les preuves*, qui suffisaient à son intelligence, paraissaient dérisoires au public, exigea de Brisson, sous peine de démission et de crise, l'arrestation de Picquart. Tout cela était, il faut bien l'avouer, d'une logique excellente. Quand les faussaires règnent, l'honnête homme n'est à sa place qu'en prison.

Seulement, depuis que ces faits se sont passés, il est arrivé cette surprise que les Euménides, la Providence, ou la fatalité des choses, ont fait justice de ces criminels (en attendant la suite), comme il arrive immanquablement tôt ou tard. Alors tout a changé. Qu'est devenu Cavaignac, avec ses deux hommes de confiance : du Paty de Clam et Henry ? Il promène dans la solitude son rêve d'halluciné, plein de confiance aux faux dont il se faisait fort d'établir l'authenticité, à la seule condition de jeter en prison ceux qui se permettent de discuter ses fallacieuses preuves. Oui ! Il lui fallait seulement, pour avoir raison, boucler dans un cachot bien noir ses adversaires. Il ne demandait que cela, le doux homme. Moyennant quoi, il se chargeait de faire triompher sa manière de voir.

Hélas ! Henry est mort trop tôt. Sa déception fut si grande ! Il paraît qu'il ne put jamais comprendre la raison de son arrestation. « Pourquoi moi, murmurait-il, et pas les autres? » Il fallut un coup de rasoir pour interrompre ce raisonnement. Sans la précipitation de cette mort, on eût organisé la défense du faussaire bien mieux encore qu'on ne l'a fait quand sa tombe fut fermée, et le *malentendu* entre lui et ses chefs eût pu se dissiper à la gloire de tout le monde. Malheureusement, le faux fut constaté sans atténuation possible, et l'on eut beau ne pas faire d'autopsie et ne pas ouvrir d'enquête, après avoir escamoté les papiers du mort, il subsista des doutes — tant le monde est enclin aux soupçons — sur la perspicacité du ministre qui avait pris le monde entier à témoin qu'un faux était une pièce authentique. Ainsi disparut Cavaignac de l'affiche, c'est le cas de le dire.

Puisqu'il est parti, puisqu'il a dû subir l'affront de voir du Paty de Clam, qu'il sauva au prix de la violation des lois (voir l'arrêt de la Cour de cassation), frappé par son successeur, pourquoi l'œuvre de ces trois hommes, Cavaignac, du Paty de Clam, Henry, subsiste-t-elle contre le colonel Picquart? Un tel scandale doit, au plus tôt, prendre fin. La politique de bascule qui consisterait, tandis qu'on fait la revision du procès Dreyfus, à frapper l'homme qui l'a rendue nécessaire en découvrant le véritable traître, ne serait plus qu'une odieuse tartuferie dont M. Brisson porterait le déshonneur. On ne peut point faire au mensonge sa part. La vérité publique veut la justice complète.

Le châtiment des criminels a pour contre-partie nécessaire la justification de celui qui les a découverts. La huitième chambre déjà l'a formellement reconnu, tout en statuant par un refus sur la demande de mise en liberté du colonel Picquart. Elle a dit, en termes exprès, que « l'aveu d'un faux commis par le lieutenant-colonel Henry, faux qui a entraîné son suicide, *peut avoir les conséquences les plus sérieuses en ce qui concerne les faits reprochés au lieutenant-colonel Picquart* ». Quand on ajoute au suicide d'Henry l'expulsion de du Paty de Clam, le renvoi de Lauth, la démission de Boisdeffre, l'offre de démission de Pellieux, et les suspicions qui pèsent sur Gonse, tous témoins contre Picquart, n'est-ce pas le procès jugé, avant l'ouverture des débats, par l'effondrement de tous les accusateurs? Ainsi que je l'ai déjà dit, la libération du colonel Picquart est la préface de la revision du procès Dreyfus.

Quant au procès de revision lui-même, qu'il suive paisiblement son cours. Nous ne demandons rien que la justice pour tout le monde, la justice honnête, la justice claire aux yeux de tous, car nous venons de constater les effets de la justice à huis clos. Cette satisfaction nous sera certainement donnée, car le général Zurlinden disparaît, se jugeant impuissant désormais à couvrir les méfaits de l'Etat-Major. Il s'en va en déclarant que l'examen approfondi du dossier l'a maintenu dans sa conviction que Dreyfus est coupable. Cette opinion vaut tout justement celle de M. Cavaignac, qui, nous le savons maintenant, ne valait rien. Elle a été faite par les mêmes hommes qui ont fait la conviction de M. Cavaignac, et par les mêmes procédés de critique dont nous avons pu apprécier la valeur. M. Zurlinden n'est pas juge de Dreyfus, pas plus que M. Cavaignac. Comment peut-il avoir la prétention de juger sur des pièces ignorées de l'accusé? Qu'il laisse parler la justice, et, s'il le peut, qu'il explique comment une punition disciplinaire lui a paru suffisante contre le cousin de M. Cavaignac, coupable seulement de faux, de vol de document secret, sans parler des graves soupçons qui l'impliquent dans la trahison d'Esterhazy.

La lettre de M. Zurlinden est tout simplement le dernier trait du Parthe Félix Faure, car le Président, qui le mit là tout exprès contre Brisson, est visiblement de moitié dans le coup. Il s'agit d'impressionner d'avance les juges militaires devant qui comparaîtra Dreyfus, et de renouveler l'*ordre* de Mercier, manifesté par la pièce secrète. Chaque chose en son temps. Nous avons déjoué d'autres machinations plus graves

P. S. — J'écris ces articles, de la campagne, à dix heures de Paris. On m'envoie un numéro du *Gaulois* où je suis pris à partie. Le journal du Juif d'Etat-Major, Arthur Meyer, baptisé de l'Eglise dans de basses cuvettes d'eau bénite au Lubin, prétend m'enrégimenter parmi ceux qui refusent le salut au drapeau. Une phrase de mon article d'hier, mise là tout exprès en prévision des jésuiteries, m'en sépare nettement pour la centième fois. C'est parce que j'aime la patrie, que je ne veux pas revoir Sedan où nous a conduits « *la caste militaire* » (le mot est d'un ancien rédacteur du *Gaulois*) que sert à genoux M. Arthur Meyer. C'est parce que j'aime l'armée — qui n'est pas autre chose que la France sous les armes — que je la veux un instrument de défense nationale, et non l'outil de guerre civile aux mains de l'Eglise des Didon *coupe-têtes* et des « *youpins* » de sacristie qu'ils emploient. C'est parce que je ne confonds pas les Henry et les du Paty de Clam avec l'armée elle-même que je puis vraiment dire que j'honore l'armée, tandis que M. Arthur Meyer lui fait outrage.

20 septembre 1898.

LVI

Dernières cartouches.

Au moment où la procédure de revision commence, mon étonnement, quand je jette un coup d'œil sur l'œuvre de ces derniers mois, est qu'il ait fallu un si long temps pour obtenir ce résultat si simple : un homme jugé suivant les lois. Car, toute la fumée du combat dissipée, il est aisé d'apercevoir aujourd'hui qu'il n'a jamais été question d'autre chose.

Le mal est venu de ce que les pouvoirs publics organisés pour la défense des lois se sont insurgés contre l'ordre légal : juges, soldats, Président de la République, ministres et Parlement. Toutes ces puissances coalisées ont, chacune en ses formes particulières, fait fi de la justice et de la légalité. L'ouverture de la revision est la rentrée pure et simple de la République française dans le droit. Il eût été si simple de n'en pas sortir ! Ce qui m'émerveille, c'est que l'opinion publique ait eu besoin de ces longues discussions, de ces polémiques violentes, de ce déchaînement de colères, de ce vain conflit de mensonges et de faux officiels contre la vérité, désarmée mais invincible, pour comprendre qu'il n'était d'autre refuge contre le désordre des esprits et l'anarchie des pouvoirs que la justice de la loi.

En d'autres pays, l'unanimité de la presse n'eût pas manqué de rappeler chaque membre du corps gouvernant à son devoir. Chez nous, il n'en a pas été de même. Les partis de réaction ont de trop puissantes racines dans ce que l'ancien régime nous a laissé d'oligarchies cléricales et militaires, pour s'accommoder sans de vives résistances au triomphe de l'impartiale justice sur la violence et sur l'arbitraire. Ils ont tout fait pour dérouter l'opinion, et, pendant une période qui nous a paru démesurément longue, ils y ont réussi.

Rappelez-vous de quel front tous les organes de l'Etat-Major, recevant les communications du colonel Henry, le faussaire, nous menaçaient de l'intervention de l'étranger et nous montraient la guerre imminente. Aujourd'hui, lisez la réponse de M. Cornély lui-même :

> Et de quoi d'ailleurs pourraient s'inquiéter les bons citoyens ? D'une intervention de l'étranger ? En serions-

nous donc là, qu'après vingt-sept ans d'efforts et de travail, après des sacrifices acceptés sans compter par nos patriotiques populations afin d'avoir une armée formidable, nous fussions encore assez faibles, assez malheureux, assez déprimés pour ne pas oser administrer la justice sans l'agrément du vainqueur, pour ne pas oser être les maîtres chez nous ?

Les gens qui ont recours à cet argument de miséricorde outragent à la fois le bon sens et la fierté nationale qui ne veut pas que nous soyons obligés de demander à l'étranger la permission de condamner ou d'absoudre, de confirmer ou d'abroger.

En tout cas, aucun d'eux n'est militaire, car je me refuse à croire qu'il y ait un militaire français qui sacrifie quoi que ce soit à la crainte de la guerre.

J'en appelle à tous mes lecteurs. Dans toute ma campagne d'articles quotidiens ai-je jamais dit autre chose ? Je n'ai qu'une réserve à faire. La dernière phrase du rédacteur du *Figaro* me paraît d'une ironie trop cruelle pour le général Mercier, pour le général Billot et tous ceux qui, à leur exemple, ont proposé de sacrifier la loi, garantie de justice, à « la crainte de la guerre ». Soyons généreux aux vaincus.

A-t-on oublié les fioritures de Billot et de toute sa bande sur « l'honneur de l'armée? » C'est encore le même Cornély qui va répondre :

Les bons citoyens seraient-ils inquiets de la crainte de voir l'armée abaissée parce qu'on revise le jugement d'un conseil de guerre, ou désorganisée, déshonorée — on a osé parler de l'honneur de l'armée ! — parce que quelques officiers attelés à une besogne indigne d'eux ont pu commettre des fautes et devenir répréhensibles ?

Mais c'est se moquer du monde que de faire supporter à des corps, à des professions, à des castes, le poids des erreurs ou des défaillances de quelques-uns de leurs membres.

Es-ce que la réhabilitation des victimes des erreurs judiciaires déshonore la magistrature qui leur a donné des juges ?

... Qu'on me montre donc une corporation composée

d'hommes qui ne soit pas sans cesse traversée par le scandale des fautes individuelles!

Non! Quoi qu'il arrive, l'armée sortira intacte de cette crise qui se passe en dehors d'elle. Elle en a vu bien d'autres, depuis le connétable de Bourbon jusqu'à Bazaine!

Pas un de nos lecteurs qui ne puisse témoigner que j'aie cent fois répété et ressassé jusqu'au dégoût ces mêmes remarques, sans réussir à me faire entendre des polémistes de mauvaise foi qui n'avaient d'autre argument, pour empêcher la justice, que de nous représenter, en dépit de l'évidence, comme des ennemis de la France et de l'armée.

Quant à la fameuse objection des secrets d'Etat intéressant la sécurité de la patrie, ce sont les faits eux-mêmes qui se sont chargés d'y répondre. On a découvert que les secrets d'Etat dont il s'agissait étaient d'abord des faux, et qu'ils intéressaient, non la sécurité de la France, mais la sécurité des criminels. Ainsi nous avons appris que le premier intérêt d'un peuple civilisé est de sauver la justice des machinations du crime, et il est apparu à tous que, dans une affaire où tant de passions ont si gravement obscurci les plus claires notions d'équité, il n'y a plus qu'un moyen de refaire la paix des consciences : la vérité totale en plein jour.

C'est ce point gagné qui est notre victoire. A l'accusé de répondre aux charges qui pèseront sur lui. Que la justice loyale fasse son œuvre, et nous serons satisfaits.

Mais comment ne pas dénoncer dès à présent l'entreprise qui se continue pour fausser le verdict qui doit être rendu dans la pleine liberté des juges? Après Boisdeffre, après du Paty de Clam, après Henry, après Billot, après Cavaignac, instruments dociles de cet Etat-Major plutôt discrédité voici que Zurlinden, étudiant le dossier avec l'aide du général Roget, chef de cabinet de M. Cavaignac, du capitaine Cuignet, du cabinet de M. Cavaignac, et du général Renouard, ancien sous-chef d'Etat-Major du général de Boisdeffre à nous légué par M. Cavaignac, s'érige de son autorité privée en juge de Dreyfus, et, sans l'avoir entendu, sans connaître ses réponses sur des pièces dont il ignore l'existence, se substitue aux juges futurs pour le condamner une seconde fois, en violation des lois qui le protègent.

Ce n'est pas tout. Pour impressionner la justice civile, devant laquelle les amis des faussaires voient avec crainte comparaître aujourd'hui le colonel Picquart, et pour venir en aide aux fabricateurs, quels qu'ils soient, du faux de *l'Eclair*, on nous a raconté que M. Zurlinden n'avait pas craint de se faire l'exécuteur testamentaire des dernières volontés de Henry le faussaire, et de préparer les éléments d'une poursuite contre le colonel Picquart, accusé d'avoir fait un faux (oui, un *faux* contre les faussaires! N'est-ce pas admirable?) pour noircir Esterhazy, officier français, traître en fuite, que Boisdeffre, Cavaignac et Billot ont précieusement gardé dans les rangs de la Légion d'honneur. Cette fois, c'était trop. M. Zurlinden lui-même a dû faire démentir l'extravagante machination que lui prêtaient ses amis.

Dernières cartouches des faussaires. Pour eux la bataille est perdue, à condition que M. Brisson soit capable de se rester fidèle à lui-même. A ceux qui s'étonneraient qu'il pût me rester un doute là-dessus, je demanderai ce qu'ils pensent de l'insigne faiblesse d'un chef de Gouvernement qui, dans la lutte terrible où il est engagé, ne craint pas de donner aux grands complices des faussaires, à ceux par l'ordre de qui les faux ont été commis, l'appui du gouvernement de Paris. Le général Zurlinden, en effet, feint jésuitiquement d'ignorer que Dreyfus a été condamné en violation des lois. Pourquoi? sinon pour couvrir les crimes de l'Etat-Major, que la revision tant redoutée doit faire apparaître au grand jour. Voilà l'homme qu'on rétablit dans son ancien poste de gouverneur de Paris, sous prétexte que cela fut l'objet d'un marchandage entre lui et M. Félix Faure.

M. Brisson n'a pas réfléchi qu'il paraissait ainsi s'associer d'avance à l'entreprise de pression illégale organisée par les représentants du jésuitisme éperonné sur la conscience des juges éventuels de Dreyfus. Le ministère est maintenant sauvé des néfastes influences qui faillirent le perdre et jeter la France en de mortels désordres. Il a eu le courage de réagir contre les exigences du césarisme et de la Compagnie de Jésus. S'il faiblit, c'est la justice livrée, c'est la République perdue. S'il ose aller jusqu'au bout de son devoir, la gloire lui restera de la vérité rétablie dans ses droits, de la justice restaurée, de la paix faite dans les esprits par la victoire définitive de la Révolution française sur la sombre coalition des moines et de l'armée de Condé.

21 septembre 1898.

LVII

Le retour offensif des faussaires.

Grâce à la lâcheté de M. Brisson, nous avons un retour offensif des faussaires. Est-ce lâcheté qu'il faut dire, ou imbécillité? Les deux qualités ne sont pas contradictoires.

Lorsque M. Zurlinden accepta d'être ministre pendant huit jours pour protéger les faussaires, il passa avec Félix Faure, pour le compte de qui il opérait, un marché dont les clauses indiquent chez lui des sentiments fort éloignés des grands désintéressements de l'histoire. Ce général nous faisait la grâce d'accepter le portefeuille de la Guerre pour donner un coup de main aux complices de Henry. Mais, comme il pensait bien que cela ne durerait guère, il stipula qu'il lui serait permis de ne pas se donner de successeur, afin de reprendre sa place dès que Brisson, s'étant vu berner, lui signifierait l'ordre de départ. Car, nous en sommes venus là, que les hautes sinécures militaires sont instituées, non plus dans l'intérêt de la patrie, mais pour le plus grand avantage de certains individus placés sous le patronage des forces d'ancien régime maîtresses de la République.

Brisson donc trouva tout naturel qu'un tel marché lui fût offert par Félix Faure, et ne comprit même pas, sans parler du scandale de ce trafic des fonctions militaires, que l'énoncé seul de la transaction indiquait l'intention peu déguisée de le prendre pour dupe. Le reste de l'histoire est connu. Sur les sommations violentes des césariens et des antisémites, Zurlinden, après une lettre de démission dont le seul but est de couvrir les hautes complicités de l'Etat-Major dans les affaires Henry, du Paty de Clam et autres, fut triomphalement réinstallé dans sa grasse prébende. Un bon tour.

Mais l'Etat-Major, qui joue sa suprême partie, n'en pouvait rester là. La découverte des officiers faussaires avait mis à néant l'instruction contre le colonel Picquart. Tous ses accusateurs étaient perdus, compromis, entachés tout au moins de suspicions graves. Le procès croulait par la base. La veille au soir, le président de la huitième chambre déclarait à Me Labori que le tribunal était hors d'état de juger l'accusé, et lui annonçait que le parquet demanderait la remise indéfinie de l'affaire. Dans ces conditions, la mise en liberté s'imposait. On le reconnut d'un commun accord

C'était le coup de grâce des faussaires. M. Zurlinden, gouverneur de Paris, ne pouvait accepter cette éclatante défaite de l'Etat-Major. M. Brisson l'ayant mis en situation de reprendre la lutte pour le compte de ceux qui condamnent un innocent sur des pièces fausses et acquittent Esterhazy traître, il se jeta d'élan dans la mêlée. Son premier acte fut d'obtenir de la tartuferie d'un Chanoine, la transmission d'un dossier que lui-même, Zurlinden, avait préparé contre Picquart. Il s'agissait du *petit bleu* accusateur d'Esterhazy, que la bande de Henry *(bon juge)* dit être un faux fabriqué par Picquart.

Depuis la fameuse lettre du 31 mai 1897, où le faussaire Henry adressait à *son supérieur* le colonel Picquart une lettre de menaces et d'outrages **préalablement revue et corrigée par Boisdeffre et par Gonse**, tous les fabricateurs de faux n'ont cessé de jurer que Picquart avait fabriqué le « petit bleu ». Leurs mensonges ont éclaté à la Cour d'assises. Henry s'est fait justice dans des conditions que le public ne connait pas encore, sur lesquelles la lumière est en train de se faire. Mais il reste les autres, et les autres ne veulent pas lâcher prise, car ils combattent pour leur peau, sinon pour l'honneur. De là, le retour offensif dont M. Zurlinden a pris la tête.

Tous ces gens savent que la calomnie ne peut pas résister à cinq minutes d'examen. Ils savent que Henry et toute sa troupe immonde, conjurés contre Picquart, auraient depuis longtemps fait poursuivre l'homme qu'ils honoraient d'une mortelle haine, s'ils avaient pu découvrir contre lui l'ombre d'une preuve. Mais ils comptent, pour un temps, parer ainsi à l'effet qu'auraient produit sur l'opinion l'ajournement indéfini du procès et la mise en liberté de Picquart.

Et puis il y a le Cherche-Midi, avec *ses mauvaises chances*. Le colonel Picquart l'a hautement rappelé devant ses anciens chefs, tout pâles, qui n'osaient affronter son regard. « Je ne sais ce qui m'attend là-bas », dit-il, d'une voix vibrante : « Peut-être le lacet de Lemercier-Picard? Peut-être le rasoir de Henry? En ce cas, je le proclame d'avance, ce sera un assassinat. » Toute la salle a frémi, le mot tombait comme un coup de massue sur le général Gonse, qui organisa le guet-apens de Gabès, où Picquart devait trouver la mort. Le répondant de Henry devint subitement livide. Il semblait qu'un nuage lui passât sur les yeux. Et je me rappelais ce qu'il répondit à la Cour d'assises, quand on lui parla de cette tentative manquée d'assassinat *par ordre* : « Nous ne faisons pas tuer nos officiers. » Et je songeais, en même temps, à ce misérable Billot qui me fit dire par le colonel X..., aujourd'hui général, qu'à la place de Mercier il aurait fait assassiner Dreyfus.

Quelles garanties avons-nous aujourd'hui que demain Picquart ne sera pas trouvé mort dans sa cellule, avec une fausse lettre sur sa table expliquant son « *suicide* » à l'avantage de l'Etat-Major? Quelle garantie? Aucune. Brisson? Brisson qui fit arrêter l'homme coupable de vouloir lui démontrer que le faux était un faux? Brisson qui aujourd'hui fait poursuivre pour faux la victime des faussaires? Brisson qui laisse fuir Esterhazy, le traître, et livre le héros Picquart aux tortures du Saint-Office militaire? Oh non! Il laissera faire, et pleurera comme pas un.

Quant à la presse amie, elle a bien fait l'apologie du faux. L'apologie de l'assassinat ne la gênera guère.

Voilà où nous en sommes aujourd'hui sous le règne de Brisson et de Félix Faure. Félix Faure est *de mèche* avec les grands complices de Henry. Il ne dépend plus de lui de nous causer de surprise. Mais Brisson mendiant tour à tour les faveurs des amis de la vérité et des partisans du mensonge; Brisson qui se vante de vouloir la justice, et qui donne des armes à l'Etat-Major de Boisdeffre contre la justice et contre la vérité; Brisson qui remplace Boisdeffre par son ancien sous-chef, chargé de le continuer; Brisson qui laisse Gonse dans un emploi qui n'est pas de son grade pour maintenir les bonnes traditions de l'Etat-Major; Brisson qui n'a d'autre but en poursuivant Picquart que d'obtenir le pardon des césariens et des cléricaux de tout habit, au milieu de qui Philippe d'Orléans vient de prendre, en son charabia, une place si distinguée; Brisson qui met à la tête de tous ses ennemis Zurlinden pour combattre l'œuvre de justice dont il feint d'être le champion; Brisson qui, lorqu'un prétendant le menace ouvertement de la guerre civile dans une affiche où tous les républicains sont honnis, sauf M. Cavaignac, pousse l'inconscience jusqu'à mettre le chef de cabinet de ce même Cavaignac, le général Roget, à la tête d'une brigade dans Paris; Brisson qui nous mène, en se lamentant sur sa destinée, aux catastrophes dernières, qu'en dire de celui-là? Plus bête que lâche, ou plus lâche que bête? Les deux.

22 septembre 1898.

LVIII

La dictature des faussaires.

Nous n'avons pas de gouvernement, ou plutôt nous avons celui de Zurlinden et de son Chanoine entre les mains de qui Brisson, avec sa troupe radicale, s'est rendu à merci. Labori peut témoigner que, jusque dans la salle d'audience de la huitième chambre, je refusai de croire aux nouvelles poursuites annoncées contre Picquart par les feuilles clérico-césariennes, sur confidence de Zurlinden, Chanoine et Cie. En vain le bon défenseur de Picquart arguait que cette sorte de presse est le porte-parole naturel du gouverneur de Paris, je protestais, répétant : « Brisson ne permettra jamais cette infamie! »

Je faisais trop d'honneur à Brisson, à Sarrien, à Bourgeois, à toute la bande de la radicaille qui livre la République et la France — avec les garanties de justice, fondement des Etats civilisés — à la bande des faussaires éperonnés qui ne se sont jusqu'ici montrés de taille que contre des citoyens sans défense. Vraiment j'aime mieux Cavaignac. Celui-là veut seulement faire arrêter les hommes qui demandent la justice égale pour tous. C'est un hommage, et Philippe d'Orléans a compris qu'il lui devait le salut, dans son manifeste, en récompense d'intentions si profitables à sa monarchie. Les autres, plus jésuites que toute la jésuitière, se présentent comme soutiens du droit, comme champions de la vérité, et, faisant la revision, préparent une seconde édition du coup de Mercier, plus canaille, si c'est possible, que la première.

On a vu qu'Esterhazy s'est enfui à Londres, grâce aux complicités de l'Etat-Major. Le traître, acquitté par le patriotisme des juges militaires, a tout aussitôt commencé son chantage. Il a fait annoncer par deux ou trois journaux — notamment *l'Observer* et le *Daily News* — qu'il allait tout révéler, avec preuves à l'appui. On pense si la rue Saint-Dominique fut prompte à capituler devant les menaces de l'espion sauvé par les faussaires pour perdre l'innocent. Aujourd'hui, Esterhazy fait savoir par *solicitor* à la presse qu'il ne dira rien. Il paraît que les saint-dominicains ont fourni l'argument attendu contre les révélations imminentes.

Mais le danger pour eux vient de deux côtés : Esterhazy leur complice, le colonel Picquart, qui les dénonce tous. Après s'être garés du traître, il leur fallait frapper le héros à la tête. C'est pour cela que Félix Faure a voulu que Brisson replaçât Zurlinden à son ancien poste. Il s'agissait, pour le gouverneur de Paris, d'achever le coup qu'il avait préparé, sur les indications de l'Etat-Major, comme Ministre de la Guerre.

C'est ce qui fut fait, conformément au **programme de l'Elysée**. Zurlinden, reprenant un dossier de Cavaignac, préparé par du Paty de Clam, avait proposé, en Conseil des ministres, de poursuivre Picquart. Il lui fut répondu par un refus sommaire. A peine replacé dans ses fonctions de gouverneur, il s'empare à nouveau du dossier qu'il avait expédié lui-même à son intérimaire et, **de son propre chef**, entame les poursuites refusées par le Gouvernement. C'est ainsi que Brisson entend « la suprématie du pouvoir civil sur le militaire ». Le fait est que, de ce jour, il n'y eût plus de Ministère, Brisson s'étant soumis sans mot dire, et ayant abdiqué devant la révolte du soldat soutenu par le Président conspirateur. Il n'existe plus qu'un pouvoir : le duumvirat Zurlinden-Faure, chargé de nous imposer les volontés de l'Etat-Major, qui veut se venger de Picquart, aujourd'hui son prisonnier par la trahison de Brisson, et qui veut surtout se faire l'exécuteur testamentaire de Henry en organisant le fiasco de la revision.

L'Etat-Major, on le sait, est toujours aux mains de Boisdeffre par Renouard, son ancien sous-chef. L'esprit de Henry, de du Paty de Clam, de Lauth, continue de régner en ces lieux. Henry ne pouvait plus vivre, car la note officielle a menti, qui disait qu'il s'était reconnu *seul* coupable. Il avait désigné un de ses complices, le plus haut précisément. Un jour il sera dit comment on le contraignit à la mort. Si Brisson, ce jour-là, avait marché sur les criminels, il avait la victoire. Il ne sut que geindre en trémolos de mélodrame. Jamais on ne vit tel déchet d'humanité lamentable. Croiriez-vous que ce chef d'Etat, il y a deux semaines, n'avait pas lu le compte rendu du procès Zola? Croiriez-vous qu'un autre ministre apprit, il y a quelques jours, avec stupéfaction, qu'il se trouvait des contradictions entre les rapports des experts du procès Dreyfus et ceux du procès Esterhazy? Il ne cessait de répéter à son interlocuteur : « Vraiment?... Vous en êtes sûr?... C'est très curieux! c'est très curieux! » Cela est encore préférable à la parole d'un troisième : « Je ne veux pas connaître un mot de cette affaire... Je ne veux pas être pris entre mon intérêt et mon devoir. »

Pendant que nos ministres s'instruisaient par ces procédés divers, Boisdeffre, d'abord effondré, reprenait toute son assurance et réorganisait, pour le suprême combat, la troupe effarouchée des faussaires. Il n'y avait qu'un coup qui pût porter — asséné sur Picquart. Félix Faure, par Zurlinden, se chargea de l'affaire. De là l'intrigue de ce Ministère de huit jours, aboutissant à la lettre de démission qui est un ordre aux juges futurs de condamner Dreyfus — ordre endossé par Brisson nommant Zurlinden gouverneur.

De là, enfin, ce couronnement suprême de la machination Zurlinden-Chanoine, rendue possible par la seule lâcheté de Brisson : les poursuites contre Picquart, *prévenu d'avoir fait un faux* pour compromettre (!) Esterhazy, l'espion aux gages de l'Allemagne. Henry avait porté cette accusation contre son ancien chef. On ne l'a pas cru quand son uniforme lui assurait le respect. On le croit dès qu'il est reconnu faussaire.

Ainsi l'on sauve encore une fois Esterhazy, ainsi l'on arrête, au dernier moment, ses révélations. Il va revenir, je pense, promener parmi nous sa Légion d'honneur. Ainsi l'on détruit l'autorité du principal témoin dans le procès de revision. Ainsi l'on jette le désarroi dans l'esprit public, en accusant de faux l'homme qui dénonça les faussaires. Ainsi l'on se met en mesure, par la main mise sur un Gouvernement en décomposition, de faire avorter la revision ou de la faire aboutir à une seconde condamnation aussi monstrueuse que la première. Il s'agit simplement d'empêcher la Cour de Cassation d'instruire l'affaire à nouveau, comme la loi lui en fait le devoir. Qu'on laisse seulement faire les maîtres de Henry, ils ont dans leur dossier tous les faux nécessaires pour recondamner Dreyfus à plaisir, après avoir exécuté Picquart sur les faux temoignages organisés par les fabricateurs patentés de la bande.

Voilà le coup qui se prépare, et dont nous serons témoins à brève échéance — puisque le Gouvernement s'est fait complice — si l'opinion publique le permet. La justice et la vérité ont contre elles tout ce qui possède un pouvoir dans la République française, depuis le Président de la République et ses ministres jusqu'à la Chambre, jusqu'aux juges qui ont fait leurs preuves contre Dreyfus et pour Esterhazy, sans parler du procès Zola.

Une « *caste militaire* » nous tient et prétend faire de la France sa chose. Le 2 décembre et les fusillades de Mai sont ses titres à l'intérieur, Sedan et Metz, les garanties qu'elle nous offre contre l'étranger. Dans la sombre aventure où nous sommes engagés, toutes les puissances constituées de l'Etat ont pris parti pour la dictature du faux et du mensonge. Une certaine opposition elle-même a choisi cette occasion de se rallier avec éclat au Gouvernement protecteur du plus grand crime contre la patrie. On voit des journaux radicaux, non des moindres, défendre le forfait par raison d'Etat, et se prononcer en faveur du parti des faussaires dont le duc d'Orléans, après l'Eglise, a pris la tête. Jamais, depuis la Révolution, la France, qui connut tant de désastres, n'avait traversé une crise si redoutable.

Le dénouement est proche. Si l'opinion peut réagir, qu'elle se hâte. Nous sommes au bord du crime final. Déjà Brisson n'existe plus, agenouillé sous le sabre. Je me refuse à croire que le peuple français hésite à exiger la justice au grand jour des criminels dont son aveuglement a fait ses maîtres. Mais, si telle est sa volonté, c'est à lui de la dire assez haut pour qu'elle soit entendue. Dans la trahison de tous les pouvoirs, il ne peut attendre son salut que de lui-même. Il a la liberté de parler. Qu'il en use. Sinon ce sera demain la grande capitulation de la Révolution française, et, qui sait? peut-être le coup mortel à la patrie.

22 septembre 1898.

LIX

Assassins !

Eh bien ! ils tiennent enfin leur proie. Ils l'ont en leur pouvoir, ce colonel Picquart qui, seul contre les faussaires et leurs grands complices, avec le cou sous le lacet de Lemercier-Picard ou le rasoir de Henry, les fait trembler encore. Ils le gardent au fond de l'*in pace*, se promettant de ne le rendre qu'au carcan du bagne. Félix Faure, Zurlinden leur ont fait cette joie. Il a suffi d'un coup d'Etat contre le Gouvernement établi, courbé sous les exigences du sabre. C'est Brisson qui aura cette page d'histoire, avec Sarrien, Bourgeois, qui prirent le Gouvernement « pour installer la suprématie du pouvoir civil sur le militaire ». Ils ont capitulé sans bataille, en cela inférieurs à Bazaine qui, au moins, livra des combats « pour l'honneur ».

Il faut que cela soit ainsi pour que Félix Faure puisse envoyer sa dame et sa demoiselle à la Bourboule accompagnées d'un officier français, *en service commandé*, qui aimerait mieux, je suppose, être à la tête de ses troupes que de prendre son sabre pour regarder une bonne maman prendre un verre. Il faut que cela soit ainsi, pour que Zurlinden et Chanoine puissent protéger les faussaires, maintenir au bagne l'officier condamné en violation des lois, et laisser promener de Paris à Londres et de Londres à Paris, suivant qu'il se voit menacé par la vérité ou rassuré par le mensonge, le traître Esterhazy acquitté, pensionné, décoré des insignes officiels de l'honneur. Il faut que cela soit ainsi pour la pleine dictature de l'Etat-Major, qui rétablit l'ancien régime au profit de ses félonies, et donne pour maîtres aux lâches républicains des Billot, des Boisdeffre, des du Paty de Clam, des Lauth, des Henry.

Ah! quand Henry avoua stupidement devant Cavaignac ahuri et deux autres témoins, dont Boisdeffre, toute la bande se crut perdue. Le faussaire n'attachait à sa confession aucune importance. « Tout le monde le savait! » dit-il naïvement, et, dans sa candeur, il cita un nom. Ce fut son arrêt de mort. « On en a fait bien d'autres! » ajouta-t-il éperdu, songeant sans doute à Esterhazy. On ne lui répondit que par le silence, et, quelques heures plus tard, un officier lui était dépêché pour lui donner à choisir entre la dégradation suivie des travaux forcés, et la mort, avec l'affaire étouffée, et la pension militaire à sa veuve. Voilà les gens qui tiennent Picquart, révélateur de la trahison d'Esterhazy, dénonciateur des faussaires!

Toute la bande se crut perdue, et c'en était fait d'elle assurément si Brisson eût été pour cinq minutes capable d'agir en homme de cœur. Mais, la pleutrerie des ministres dépassant toute prévision permise, les malfaiteurs serrèrent les rangs et reprirent l'avantage. Boidelfre partit, se faisant remplacer par son homme-lige. Cavaignac, d'accord avec Félix Faure, nous légua Zurlinden pour le coup que l'on sait. Maintenant nous avons Chanoine, ordonnance de Zurlinden.

Victoire! du Paty de Clam tient Picquart! C'est la vengeance, une belle ruée sur la victime. On ne le tuera pas d'un coup. Il n'y aurait pas de plaisir. Le lacet de Lemercier-Piccard, a-t-il dit, ou le rasoir de Henry? Oh! ce serait trop tôt fait. Il faut qu'on ait le temps de jouir de sa torture Ah! tu as voulu, misérable, te séparer des camarades, et jouer à l'honnête homme au détriment de l'esprit de corps! Ah! tu as dit que nous avions jugé sans preuves, quand nous avions de bons faux authentiques, fabriqués tout exprès contre ceux qui ne sont pas de l'Eglise. Ah! tu as dénoncé ces faux et tu nous a mis dans l'obligation d'en avouer quelques-uns, auxquels nous tenions fort

Eh bien! mon garçon, tu vas apprendre ce qu'il en coûte de s'insurger contre nous, qui représentons, par la seule vertu du galon, le droit et l'honneur! Ton aventure servira d'exemple à ceux qui pourraient avoir la tentation de te suivre. Il nous faut un exemple éclatant, et nous l'aurons, car nous te tenons bien à cette heure. Nous t'avons à nous, tout à nous. Au secret d'abord! Car la loi qui a supprimé l'instruction secrète n'est pas faite pour les militaires, tu penses bien! Les chefs ont besoin du secret. On l'a bien vu, n'est-ce pas? Si tu avais gardé le secret, triple sot, Henry serait demain général, et du Paty de Clam, et toi-même, admis, par surcroît, au partage de « l'honneur ». Tu n'as pas voulu : il faut payer cette fantaisie.

Après cent jours de prison, un mois de cachot sans voir âme qui vive en dehors du tortionnaire instructeur. C'est un prélude. Plus d'avocat, mon bel ami! C'était bon au temps des civils. Maintenant c'est fini. Nous allons te mettre sur le gril bien gentiment, nous tous contre toi seul pour égaliser la partie. Et ce seront des questions à tendances d'où nous tirerons ce que tu n'auras pas dit, et des traquenards, comme dit Gonse, qui s'y connaît, et des outrages de toutes les heures sans le réconfort d'une parole amie. Ce sera long et ennuyeux, peut-être. Mais tu regretteras ce temps quand tu seras au bagne. Oui, au bagne, mon colonel. Au bagne, car nous te convaincrons d'être faussaire. Tu n'en doutes pas, je pense.

Ah! j'ai bien ri ce matin, en lisant les journaux de Boisdeffre. Ils reprochent à tes amis d'avoir peur de la justice. Ça, c'est drôle. Après le procès de Dreyfus, après le procès d'Esterhazy, après l'ordre du jour de Montmédy, sans parler des ministres hovas, n'avoir pas confiance dans la justice militaire du huis-clos, c'est étrange... Croirais-tu que Cornély lui-même n'est pas rassuré? Il lui semble « bien difficile qu'au point où en sont les choses le huis clos soit toléré par l'opinion, curieuse et défiante ». La bonne farce! Nous la mettrons au pas « l'opinion curieuse et défiante ». Il verra ça, Cornély, et ne soufflera mot, je t'en réponds. « La sécurité de la patrie dont nous sommes responsables, exige le huis clos », dirons-nous. Il n'en faudra pas davantage, une heure après tu seras *légalement* faussaire. Cela suffit à notre dignité. Quel ennui que la marque soit supprimée! J'aurais voulu te voir une fleur de lys sur l'épaule. J'aime les fleurs de lys partout. Qu'est-ce que tu dis? Que tu ne seras pas faussaire parce que nous l'aurons dit? Tu le seras assez pour aller au bagne. C'est tout ce que nous voulons de toi.

Vois Esterhazy. Il n'est pas traître, quoiqu'il ait trahi, puisque nous l'avons passé au blanchissage. Il est honorable même, puisqu'il garde la croix, que nous allons t'enlever. Tu te souviens, n'est-ce pas? qu'il a comparu devant le conseil de guerre en liberté, tandis que toi tu es bouclé : ce qui montre bien que tu es faussaire.

Vois du Paty de Clam (car je ne veux pas te parler de Dreyfus). Il a fait des faux, lui, n'est-ce pas? Eh bien! il n'est pas faussaire, puisque la justice n'a pas voulu le pincer. C'est à Feuilloley et à Bertrand que nous devons cet avantage. La Cour de Cassation a constaté qu'ils avaient failli. Ils seront surdécorés.

Vois Boisdeffre... Mais j'allais te dire des choses que tu ne dois pas savoir. Tu en sais assez maintenant pour comprendre ce que tu dois attendre de nous.

Quand nous aurons réglé ton compte, tu devines ce que nous ferons de la revision, n'est-ce pas? T'a-t-on dit que l'oracle de la commission de Sarrien était un ancien ministre du Cabinet de Rochebouet? C'est Mac-Mahon qui se venge..

Tu ne ris pas? La pensée du bagne, peut-être? On s'y fait très vite, Tu auras la moustache rasée et tu endosseras à nouveau l'uniforme. Il paraît que c'est ta destinée. Il y a les coups de trique que certains n'aiment guère. Mais nous n'en souffrirons pas à l'Etat-Major, je te jure. Nous y penserons même souvent avec quelque douceur. Tu auras des gardiens de choix. Compte sur nous.

Dans sa cellule, le colonel Picquart songe, et suivant, en son rêve, les pensées de ses tortureurs, sourit tranquillement au devoir. Il n'a dit qu'un mot encore : « **Assassins!** » Ce mot retentira terriblement dans l'histoire, pour l'éternelle flétrissure de ses bourreaux et des lâches qui l'ont livré.

24 septembre 1898.

LX

La preuve.

Je ne sais pas encore quelles sont les dernières créations des faussaires de l'Etat-Major contre le colonel Picquart. Un magistrat dont *le Matin* rapporte le propos, croit qu'ils ont falsifié le *petit bleu*. Cela me paraît trop simple, et je leur fais crédit d'une ingéniosité plus grande. Les faux papiers ont fait trop de bruit, dans ces derniers temps. Je trouverais plus naturel qu'on eût simplement recours aux faux témoignages. Le procès Zola nous a déjà donné quelque échantillon de ce qu'on peut faire. Mais je crois nos gens capables de trouver mieux. Je ne serais pas du tout étonné de voir surgir quelque bas mouchard à vingt sous l'heure qui jurerait *sur l'honneur* avoir vu fabriquer le *petit bleu* pour perdre ce bon patriote qui a nom Esterhazy. Esterhazy lui-même en témoignerait au besoin, et le conseil de guerre ne voudrait pas faire à un chevalier de la Légion d'honneur l'injure de douter de sa parole, je pense. Quel malheur que le colonel Henry soit mort! En voilà un qui aurait témoigné ferme, et juré (*sur l'honneur* toujours) que Picquart est un faussaire.

Il reste le commandant Lauth, qui ne s'explique toujours pas sur les fausses photographies. Il reste du Paty de Clam, autre faussaire, qui dira son fait à Picquart. Il reste de Pellieux qui le premier nous donna l'exemple de croire sur parole Esterhazy, espion aux gages de l'Allemagne, et qui déclare aujourd'hui que la culpabilité d'Esterhazy ne prouve pas l'innocence de Dreyfus, après avoir dit à Scheurer qu'il croyait Esterhazy innocent parce qu'on lui avait prouvé (*par un faux*) que Dreyfus était coupable. Il reste Boisdeffre, et Billot le menteur, qui ont fait usage d'un faux, après avoir appris que c'était un faux, car on ne fera croire à personne qu'Hanotaux ait gardé pour lui ce mystère. Il reste Félix Faure, qui mène tout le monde, et d'autres encore que l'on verra. Henry! Henry! il ne manque que toi, c'est dommage!

Le plus beau de l'histoire c'est que les faux de du Paty de Clam vont passer à l'état de prédiction réalisée. « *On a des preuves que le bleu a été fabriqué par Georges* », disait le distingué lieutenant-colonel, obligé de se reconnaître aujourd'hui l'auteur de ce faux. Par la grâce de Feuilloley, procureur de la République, et de Bertrand, procureur général, tous deux félons, violateurs de la loi, du Paty de Clam put échapper au châtiment des faussaires devant la justice civile. Mais qui nous dira pourquoi Cavaignac, Zurlinden, Chanoine, n'ont pas fait ouvrir d'instruction sur le faux « Blanche » dont du Paty de Clam est seul auteur, n'ayant été aidé, ce jour-là, ni par la fille Pays ni par l'espion Esterhazy, son complice dans le faux, et probablement dans la trahison ?

Quand Zurlinden quitta le Ministère de la Guerre, il dit à Chanoine : « Un crime a été commis au ministère de la guerre. Il faut me transmettre ce dossier. » Et l'autre, en bon serviteur, obéit, sans même savoir, ose-t-il dire, de quoi il s'agissait. Il se trouva que c'était *le crime* de Picquart (non celui de Henry, de du Paty de Clam, ou de Boisdeffre) qui indignait Zurlinden, le crime d'avoir découvert un traître ayant pour complices la fleur des pois de l'Etat-Major. Pourquoi on ne poursuit pas le faux de du Paty? Mais c'est tout simple. C'est qu'on veut en faire une vérité. Il n'y a pour cela qu'à fabriquer un supplément de faux pour prouver que Picquart est faussaire.

Il est vrai que le faux de Picquart a cette singulière chance d'avoir mis sur la trace de la trahison véritable. C'est un faux qui dit vrai Cela devait rendre ce papier suspect aux yeux des gens utilitaires qui ne font naturellement de faux que pour mentir.

Seulement l'avantage de Picquart contre ce débordement de canailleries estampillées par le Gouvernement et protégées par les juges, c'est qu'après tout le *petit bleu* n'est pas un faux, ayant été vraiment écrit à Esterhazy par l'agent qui servait d'intermédiaire à la trahison. Il suffisait que cet homme fût connu pour que toute l'entreprise des faussaires croulât subitement par la base. Or, c'est justement ce qui arrive.

Voici que la *Gazette de Cologne* et le *Berliner Tageblatt* déclarent savoir, de source autorisée, que le « petit bleu dont on a publié le texte n'est pas un « faux. Il n'a pas été écrit par le colonel de Schwarz-« koppen, mais par l'agent secret de l'ambassade « d'Allemagne, qui servait d'intermédiaire à l'attaché « militaire allemand dans ses rapports avec les « espions. »

D'autre part, le *National Zeitung* écrit, au sujet de ces mêmes incidents :

« On n'a jamais contesté, en Allemagne, que le
« colonel Schwarzkoppen ait eu des rapports avec
« Esterhazy. C'est la mission des attachés mili-
« taires d'accepter les renseignements offerts par
« des officiers comme Esterhazy.

» Le colonel de Schwarzkoppen a eu en réalité, avec
» Esterhazy, les rapports que comportait sa mis-
» sion. »

Tous les journaux de Berlin s'accordent à considérer ces déclarations comme officieuses. Pour qui connaît la presse allemande, il n'est pas douteux qu'elles n'aient été directement communiquées au public par ordre supérieur. C'est le colonel de Schwarzkoppen qui se décide à s'expliquer, et tout le monde sait qu'il ne pouvait le faire sans l'autorisation expresse de l'empereur. Depuis qu'il sait que Dreyfus endure le plus atroce supplice au lieu et place d'Esterhazy, l'ancien attaché militaire allemand devait trouver dur de se taire. Le poids d'un nouveau crime contre Picquart après le crime contre Dreyfus s'est trouvé, semble-t-il, trop lourd pour sa conscience. Et le voilà qui se lève, avouant la trahison d'Esterhazy, et reconnaissant que le *petit bleu* fut écrit par son propre agent. Il a fallu vraiment que les misérables faussaires fussent d'imbéciles canailles pour n'avoir pas prévu ce dénouement. Que va faire maintenant la bande immonde? Je ne serais pas surpris que le fameux dossier annoncé par les journaux amis, fût, de ce coup, totalement supprimé. Je le regretterais. Un peu plus tard, nous aurions connu toutes les liasses de faux qu'on va maintenant rentrer dans les armoires secrètes du lampiste Gribelin.

Cependant, ce serait mal connaître les faussaires que de croire qu'ils vont se rendre par la seule raison que la preuve est faite contre eux. Je les entends déjà pousser des cris de chacal à la seule pensée que nous invoquons le témoignage de l'étranger. Ça, c'est de l'imbécillité. Ils n'ont cessé d'invoquer le témoignage écrit de l'étranger contre Dreyfus, avec des faux

Panizzardi et des faux Schwarzkoppen à pelletées. Et quand ils osent produire la lettre d'un étranger, alléguant que c'est un faux de Picquart, celui qui l'a écrite, n'aurait pas le droit de crier : « J'en suis l'auteur » ? Excellent, l'étranger, pour accuser. Irrecevable pour défendre. Les faussaires exigent, quand ils commettent leurs crimes, avec l'infâme complicité des politiques et des juges, que l'accusé se voie refuser le droit de faire sa preuve.

C'est vraiment une trop prodigieuse impudence. S'il y a honte pour nous à être incapables de faire la justice chez nous en dehors d'un témoignage étranger, qui en est responsable, sinon ceux qui ont coalisé toutes les forces nationales de justice, et mis toutes les puissances françaises de vérité au service du mensonge ? Apprenez, canailles, que cela ne peut pas durer toujours. Nous ne connaissons encore que la moindre partie de vos crimes. Mais, par votre inconscience même, le reste est en train de se découvrir. Les Euménides sont en route, armées des fouets vengeurs. Sauve qui peut, assassins et faussaires ! Voici la preuve qui s'impose. Place à la justice qui vient !

25 septembre 1898.

LXI

L'occasion dernière.

Je persiste à penser que la résolution du Gouvernement n'est pas douteuse, car au point de la crise où nous sommes, il est tout simplement impossible de ne pas reviser. La France est divisée en deux camps : ceux qui ont cette conception, plutôt basse, que l'intérêt du pays repose sur la dissimulation des faits par le moyen du mensonge jusqu'aux faux, et ceux qui ont une assez haute estime de la patrie pour ne la point séparer, dans leur amour, de l'universelle aspiration de justice et de vérité.

Depuis un an bientôt, les politiques dont les machinations causèrent cette anarchie ont employé toutes leurs ressources de malfaisance à couvrir, par de nouvelles violations des lois, tout ce qu'ils ont pu des actes abominables que la conscience publique réprouve. Toujours fuyant devant la lumière, ils ont dû reculer pas à pas. Et voici maintenant que nous les tenons acculés dans l'impasse finale. Il faut que le mensonge triomphe de la vérité ou la vérité du mensonge.

Le mensonge ne peut compter que sur la force brutale venue des institutions qui ont organisé la domination des castes sur les masses soumises. C'est pourquoi sa victoire ne peut être que d'un jour, tandis que l'invincible vérité a pour elle la conscience chaque jour grandissante des foules en passion de justice et de liberté.

Le gouvernement actuel a l'heureuse chance d'être apparu à l'heure propice où il suffisait chez nos gouvernants d'une simple volonté de droiture pour faire cesser le mal affreux dont nous sommes menacés de mourir. La vérité à tout prix : il n'était besoin que de prononcer ce mot, et d'y conformer l'action gouvernementale, pour emporter l'assentiment de tous.

La plus belle occasion fut manquée lorsque le faux de Henry fut découvert. Une heure de décision, et la France, sauvée des mains criminelles, sentait renaître, avec la paix des esprits, la confiance nécessaire en ceux qui ont charge de ses destinées. L'occasion passa, montrant les chefs inférieurs au devoir.

Le coup Zurlinden-Chanoine offrit à nos ministres la seconde chance d'agir. Cette fois, ils étaient si directement mis en demeure que leur passivité de pleutrerie n'a peut-être pas d'égale dans l'histoire.

Enfin, voici le dernier jour où le choix leur est donné entre l'honneur et la honte. Ils n'allègueront pas l'incompréhension, l'ignorance. Ils sont de tous côtés avertis. Ils voient la conspiration clérico-militaire en plein jour. Ils connaissent ses moyens d'action. Ils savent qu'elle est prête à tout. Le passé montre qu'elle ne reculera devant aucun crime. Ils ont vu le prétendant d'Orléans se mettre ouvertement à sa tête. Ils savent que le *Gesu* tire les ficelles dans l'ombre. D'autre part, c'est le parti républicain en plein désarroi, dans la défection de ses chefs. Et puis la foule qui a le sentiment très juste qu'il faut préserver nos forces de défense, prête à suivre qui lui montrera que le meilleur moyen de fortifier l'armée c'est d'en faire l'armée de la nation, non d'une caste en décadence au service de l'Eglise romaine, c'est de chasser les chefs qui se solidarisent avec les faussaires et ne songent qu'à préparer sous main — le Gouvernement le sait — des crimes de plus grande envergure.

Telle est la situation brièvement résumée. Comment pourrais-je croire qu'au point de pousser d'un coup la France dans l'abîme ou de sauver ce qui subsiste de la Révolution française, les ministres de la République puissent encore hésiter? Les atermoiements ne sont plus possibles. Entre l'opprobre et la gloire, l'heure est venue de choisir.

Sarrien a des hésitations, disent les reporters. Il se peut. Sarrien, qui n'est pas un esprit de prime-saut, réfléchira, et finira par se rendre, comme Bourgeois qui crut habile de résister, s'est rendu. Sarrien ne cédera pas aux avances d'Arthur Meyer et autres agents immondes de la coalition du sabre et du goupillon. Il sait bien que la Commission était unanime en faveur de *l'annulation* du procès Dreyfus pour cause de communication de pièces secrètes aux juges, et qu'elle ne s'est divisée sur la question de revision que pour des motifs de procédure, quelques sophistes de basoche ergotillant sur les caractères constitutifs du fait nouveau.

Et puis, quoi ? Ce n'est pas la Commission qui gouverne, c'est Brisson, c'est Bourgeois, c'est Sarrien et leurs amis. Gouverner, est-ce donc se prélasser dans des fauteuils tandis qu'on abandonne aux autres la charge de vouloir ? O ironie des choses ! Voici qu'au moment le plus critique de notre histoire depuis la fondation de la République, les républicains s'en rapporteraient, pour dire la parole décisive qui doit finir la crise ou l'aggraver, à qui ? A M. Lepelletier, ministre du militaire Rochebouët qui tenta contre la République, sous les auspices de Mac-Mahon, le coup précisément qu'il s'agit d'exécuter aujourd'hui. Si nous aboutissons à cela, je dis que le parti républicain aura mérité l'éternelle réprobation des hommes pour la plus grande lâcheté et la plus cynique trahison qui se soit jamais vue. Peut-il convenir à Sarrien d'être dans l'histoire la personnification de cette ignominie, j'attendrai de l'avoir vu pour le croire.

En tout cas, Brisson, Delcassé, Bourgeois s'y refusent. Je veux penser qu'ils s'y refuseront demain comme hier. Un beau geste ne suffit pas. Il faut l'acte durable. Si Sarrien affolé s'en va, il reste la France, comme on a dit au procès de Bazaine. Brisson, Delcassé, Bourgeois, après avoir deux fois laissé passer l'occasion du salut, ne peuvent abandonner leur poste sans trahir. Et l'hésitation leur est d'autant moins permise qu'ils savent, à n'en pas douter, qu'aucun Gouvernement, en dehors du coup d'Etat des faussaires, ne pourra se soustraire à la nécessité de reviser.

Nous connaissons trop de choses déjà pour qu'on puisse espérer de nous cacher ce qui reste à savoir. Tout ce que pourrait tenter un Gouvernement à la manière de Billot lui-même, c'est de faire une revision d'escamotage qui recondamnerait *le Juif*, dans la caverne du huis clos, sur de nouveaux faux, avec de nouvelles violations de la loi, après avoir envoyé l'héroïque Picquart pourrir dans les culs de basse-fosse du bagne.

Alors, je ne crains pas de le dire, c'est le paroxysme aigu de l'anarchie, avec un déchaînement de violences des deux parts dont nul ne peut prévoir l'issue. C'est la crise actuelle aggravée dans une incalculable mesure. Qui ne voit qu'il vaut mieux en finir dès à présent, et de la seule façon honorable pour tout le monde, par la seule solution qui force l'estime de tous les peuples civilisés : la solution de la loi, la solution de la justice et de la vérité?

Voilà ce qu'il faut faire, Brisson. Une autre occasion ne vous sera pas offerte désormais. Il est temps aujourd'hui. Demain le destin sera scellé sur vous, et sur nous. Il faut demeurer ferme au grand poste d'honneur, et livrer le plus noble combat pour la plus belle réalité humaine : l'arbitrage de la justice dans la liberté.

26 septembre 1898.

LXII

La revision décidée.

Ainsi qu'il était aisé de le prévoir, le Gouvernement a décidé de faire la revision du procès Dreyfus. Je n'ai cessé de dire depuis longtemps qu'il n'y avait pas d'autre solution possible de la crise. Je répétais encore hier que tout Gouvernement se trouverait dans l'obligation de reviser, ou de faire un coup de violence dont les suites dépassaient toute prévision.

L'évidence était trop forte pour que les ministres eux-mêmes, si vacillants qu'ils soient, n'en fussent pas frappés. Ils ont laissé, tour à tour, échapper les plus belles occasions d'agir. Je ne leur ai point ménagé ma critique à ce propos. Mais lorsqu'ils retrouvent enfin leur volonté républicaine, lorsqu'ils s'engagent résolument dans les voies légales de la justice au grand jour, quel bon citoyen ne serait pas avec eux! Laissons brailler les braillards, et se convulsionner, sous les traits de lumière, les malheureux qui prétendent fonder le patriotisme sur le mensonge.

Les césariens, même appuyés de l'Eglise, ne tiennent pas encore la France. La République échappe à leurs embûches. Un Gouvernement de justice et de vérité se lève. Qu'il soit salué par ceux qui sont restés fidèles au noble idéal de la Révolution française!

Car il faut voir dans cette dure campagne, enfin couronnée de succès, plus haut que le redressement d'une injustice particulière. Dreyfus fut condamné en violation de la loi : cela est sûr. Toutes les présomptions s'accumulent en faveur de son innocence, à commencer par l'effort criminel des faussaires qui le voulurent coupable à tout prix. Aujourd'hui la loi, qui lui fut refusée, lui offre, comme à tout venant, ses garanties de justice. Que l'accusation et la défense se produisent librement, au grand jour, et que la vérité, toute la vérité soit connue. Si l'homme a failli, qui se lèvera pour le protéger contre le juste châtiment? S'il est innocent, qui ne sera heureux de la réparation venue? Mais quelle qu'elle soit, la conclusion du nouveau procès ne sera qu'une conséquence de la situation générale que la campagne qui s'achève aura mise à nu, sous les yeux de tous les Français.

En même temps qu'il a décidé la revision, le Gouvernement nous informe qu'il a invité le procureur général Bertrand à poursuivre tous ceux qui outrageront l'armée. Je ne recherche pas si Bertrand, si Feuilloley, magistrats violateurs impunis de la loi, ont qualité pour poursuivre qui excède son droit. C'est un autre compte. Je veux seulement constater que je ne me plains point de la résolution votée en Conseil des ministres, ayant, dès le premier jour, distingué l'armée nationale de certains chefs qui prétendent l'accaparer au profit de leurs passions de secte et de classe, derrière lesquelles s'est trop souvent cachée une ignorance présomptueuse dont nous ne pourrions attendre, au jour du danger, que des revers.

J'ai toujours dit : les fautes sont personnelles, et je le répétais il y a quelques jours encore avec M. Cornély, constatant que dans tout groupement d'hommes il y a des tares individuelles. On en convient maintenant, parce qu'on ne peut pas faire autrement après le cas d'Henry, de du Paty de Clam, et d'autres encore. Mais on disait le contraire quand nous commencions la campagne pour la justice et pour la vérité. On prétendait qu'en dénonçant les méfaits de Mercier, comme ceux qui suivirent, nous attentions à « l'honneur de l'armée ». Aujourd'hui, on se tait là-dessus. Seuls, quelques faibles d'esprit, à force de répéter ce mensonge, ont fini par y croire, peut-être. Qu'importe? Il faudra bien que l'événement les désabuse. Ils seront bien contraints d'apercevoir un jour que le meilleur moyen de fortifier l'armée, c'est d'y introduire **partout** la justice et le contrôle.

L'obéissance est un devoir pour le soldat sous les armes. Mais pour renoncer à sa liberté, dans l'intérêt supérieur du maintien de la patrie, il lui faut la garantie que rien ne lui sera commandé contre la loi. Or il peut arriver, et il arrive que l'exercice du commandement absolu, l'habitude d'avoir toujours raison à tout prix, pervertisse certains esprits et les pousse à s'arroger l'omnipotence dans l'Etat. De là à défendre, par les plus condamnables moyens, cette autorité usurpée, il n'y a qu'un pas. C'est contre une telle tendance qu'il faut avant tout réagir. Le soldat est sous une discipline de fer. Aussi le chef qui exige l'obéissance des autres, doit en donner l'exemple à son tour. Voilà ce que M. Brisson comprit très justement quand il prit le pouvoir, voilà ce qu'il signifia fort à propos aux intéressés lorsqu'il annonça qu'il tiendrait la main à ce que le pouvoir civil fût suprême.

Il l'a dit, il l'a fait. La France républicaine ne lui marchandera pas sa reconnaissance. Le devoir des militaires est de préparer la guerre et de la faire : non de gouverner. Un pays où le pouvoir civil serait enrégimenté sous le sabre tomberait au dernier rang des peuples civilisés. Le césarisme qui veut la servitude des corps, le cléricalisme qui veut la servitude des âmes avaient entrepris de nous plier sous ce joug de mort. Enfin nos gouvernants ont vu le danger, et ils ont pris place au front de bataille dans l'éternel combat pour la justice et pour la liberté. A nous de les suivre, de les encourager, de les aider. Cela nous est d'autant plus facile que nous n'attendons rien d'eux qui ne se puisse formuler au grand jour.

Nous ne demandons que la justice. C'est beaucoup, dira-t-on. J'en conviens. Mais, il ne nous faut pas moins, dans les circonstances présentes. Et nous avons conscience qu'en l'obtenant complète, en faisant rentrer dans le devoir trop de gens — civils ou militaires — qui s'en sont fâcheusement écartés, en rappellant à tous qu'il n'y a pas d'officier qui, lorsqu'on lui demande des comptes en conformité de la loi, puisse se contenter de répondre : « Je suis l'armée, ne touchez pas à l'armée », en faisant comprendre à chacun qu'il n'y a pas d'intérêt de l'armée qui ne se subordonne à l'intérêt de la France, lequel ne se peut séparer des garanties du droit de chacun, nous aurons, sans autre mandat que de nous-mêmes, bien mérité de la patrie.

Ce dont nous avons à nous féliciter par-dessus toutes choses, c'est d'avoir enfin rencontré un Gouvernement à la hauteur de sa tâche. Il n'y a pas à nier que la situation des ministres n'ait été singulièrement difficile à certaines heures, en raison de la faillite des partis politiques dans la tragique aventure dont le dénouement pacifique est désormais assuré.

Après la manifestation *unanime* de la Chambre, fondée sur une pièce tout à coup reconnue fausse, M. Brisson n'avait pour le guider aucun point de repère dans le Parlement. Il se peut qu'il en ait éprouvé quelque ennui. Pour moi, j'estime que c'est la plus heureuse chance. Il a pu se placer, pour un jour, au-dessus des groupements de partis, et considérer d'ensemble la France elle-même, sa tradition depuis un siècle et plus, son esprit, sa volonté agissante, sans se préoccuper des petits intérêts qui sont le fonds de la vie parlementaire. Dès lors, aucune obscurité, aucune équivoque n'était possible. La France ne pouvait pas dire : « Je veux l'injustice, je veux le mensonge », car alors ce ne serait plus la France. M. Brisson l'a compris, et l'acte a suivi la pensée.

Ainsi la nation qui conçut le droit comme l'apanage héréditaire de toute humaine créature et appela tous les peuples à l'émancipation si longuement attendue, est rentrée dans sa voie traditionnelle de justice généreuse. C'est là que le drapeau de la Révolution française fut glorieusement planté par nos pères. Nous le revendiquons pour nôtre, cet étendard, contre ceux de l'armée de Condé qui le canonnèrent. Il a vu, depuis ce temps, d'affreux jours. Mais nous n'avons cessé de l'aimer, et quand on le relève, nous suivons.

27 septembre 1898.

LXIII

La Revision sincère.

Le Cabinet a une bonne presse. A part une ou deux

feuilles engagées trop avant au service de l'Etat-Major, tous les journaux républicains — même *la République française* — prennent leur parti de la revision et se bornent à demander, comme nous-mêmes, qu'elle soit si loyale, « *si indiscutablement sincère, si rigoureusement juridique que personne n'en puisse contester le résultat* ». C'est ce que nous n'avons cessé de réclamer dès le premier jour. La résolution du Gouvernement a obtenu déjà ce résultat de convaincre M. Méline que les mensonges de M. Billot, pour ne parler que de celui-là, avaient fait leur temps. On nous eût épargné toute une année de crise en le découvrant plus tôt.

La Cour de Cassation a maintenant tous pouvoirs. Il lui appartient d'examiner l'affaire jusque dans ses moindres détails, et de faire la complète lumière sur tous les points que les hauts intéressés de l'Etat-Major se sont donné tant de peine pour couvrir d'épaisses ténèbres. Nous espérons que cet arbitrage suprême ne fera pas défaut aux revendications de justice. Jamais occasion plus belle ne s'offrit à nos magistrats de pacifier les esprits troublés par la défaillance successive de tous les pouvoirs de l'Etat. Du moment que la justice régulière, la justice *vraie* est saisie, comment pourrait-il y avoir plus longtemps deux partis en France, l'un pour la loi et la vérité, l'autre pour l'illégalité et pour le mensonge?

Je sais bien qu'on a vu des journalistes — même des républicains, j'ai le regret de le dire — soutenir qu'une condamnation obtenue en violation des lois devait être sans plus d'examen maintenue. Je sais qu'on a soutenu qu'il était bon qu'un homme fut condamné sur des chefs d'accusation ignorés de lui et soumis, en dehors de toute critique, à ses juges. Je sais qu'on a vu des malheureux jeter le pire outrage à l'armée française en mêlant son nom, dans leurs vivats, à celui de l'espion Esterhazy.

Je n'oublie pas qu'un général français, qui avait été juge de cet homme et l'avait soustrait au châtiment des lois, a pris parti, dans une lettre qui restera, pour le traître contre ses accusateurs. J'ai gardé le souvenir d'un sous-prétendant qui, « *pour honorer l'uniforme* », a serré sur son cœur l'officier précisément qui s'était montré capable de trahir : cela, à un moment où les lettres odieuses du misérable ne pouvaient laisser aucun doute sur ses sentiments de haine envers la France. Je ne puis pas ignorer qu'on l'a acclamé, choyé, pensionné, pour le faire taire ou le faire mentir suivant le cas. J'ai pris note maintes fois de son maintien dans la Légion d'honneur, d'où l'on expulsait Zola pour avoir dit la vérité.

J'ai relevé, à son heure, le mot sublime de M. Georges Berry, qui fut, après l'avoir dit, élu député de Paris : « Innocent ou coupable, pas de revision : que Dreyfus reste au bagne ! » Enfin nous avons entendu le descendant de l'immonde Philippe-Egalité annoncer qu'il **ne permettrait pas** à la France de faire la justice. Et le plus merveilleux de tout, peut-être, c'est que tout cela n'a pas fait la lumière dans l'esprit de certains républicains qui ont continué de faire campagne contre la justice et contre la vérité en cette compagnie.

Mais ce n'est plus que du passé, puisque nous avons fini par nous permettre ce que le duc Philippe ne nous permettait pas. Alors je me demande s'il ne serait pas temps d'en finir avec ces périlleuses folies pour rentrer simplement dans l'ordre de la raison et de la loi. Tel est le service inappréciable que notre Cour suprême peut à cette heure nous rendre.

Dans l'effroyable crise, tous les pouvoirs publics se sont montrés au-dessous de leur tâche, à commencer par la Chambre elle-même qui, par simple lâcheté, a fui le devoir. Ce que ni ministres ni Parlement n'ont pu faire, il dépend du pouvoir de justice maintenant de l'accomplir. Il le peut. Il le doit. Mais à la seule condition de s'inspirer du programme même de M. Méline, l'un des auteurs principaux du mal fait à notre pays. Il faut une revision « *si indiscutablement sincère, si rigoureusement juridique que personne n'en puisse contester le résultat* ». La formule est brève, mais elle dit tout. Nous n'en demandons pas plus. Nous ne nous contenterons pas de moins.

Qu'adviendra-t-il des affaires connexes, c'est ce qu'on ne saurait dès à présent prévoir.

Esterhazy a-t-il réglé ses comptes avec la justice française? Je me refuse à le croire. Le traître, protégé de l'Etat-Major, s'est enfui à Londres, d'où il met ses aveux à l'encan. Un jour, il avoue avoir fait le bordereau : le lendemain, il nie. Question de prix, tout simplement. Quand le moment sera venu, il sortira contre lui plus de preuves qu'il n'est nécessaire. Tant pis pour ceux qui seront convaincus de l'avoir soustrait sciemment à la vindicte des lois !

Le cas de du Paty de Clam est encore loin d'être éclairci. Il a été arraché à la justice au prix d'une violation de la loi, par le procureur général Bertrand, le procureur de la République Feuilloley, sur le compte de qui il faudra bien s'expliquer un jour. Il reste le faux *Blanche*, dont il est l'auteur. Pourquoi n'est-il pas poursuivi? Est-ce pour lui épargner jusqu'à la formalité de l'acquittement, par ordre de l'Etat-Major? Et puis, n'est-il pas impliqué dans d'autres affaires? Où est le procès-verbal des aveux de Henry? Comment n'a-t-on pas encore entendu le colonel Picquart sur le faux de Henry, qu'il fut le premier à découvrir? Trop de mystères dans tout cela. De la lumière ! De la lumière !

Et Picquart? Va-t-on permettre que le coup de Jarnac où s'illustra Zurlinden réussisse? L'opinion publique ne le permettra pas. S'il faut tirer l'affaire Henry au clair, l'histoire du *petit bleu* doit être également mise en pleine lumière. Le substitut, dans l'affaire des révélations de Picquart, a déclaré qu'il ne pouvait engager le procès avant de savoir ce qu'il adviendrait de la revision. A plus forte raison tous les incidents relatifs au *petit bleu* accusateur d'Esterhazy sont-ils intimement mêlés aux faits sur lesquels l'enquête de revision commence. Surtout quand nous savons déjà par les révélations du colonel Schwarzkoppen que rien n'est si facile que de retrouver l'auteur véritable du prétendu faux.

Dans ces conditions, comment continuer des poursuites entreprises subrepticement par un général en révolte contre l'ordre même de son Gouvernement? Le conseil de guerre doit s'effacer devant la Cour de Cassation comme la police correctionnelle elle-même. On ne saurait trop se hâter de remettre toutes choses au point.

Comment accepter qu'un procès partiel, qui est le résultat d'une machination évidente, puisse entraver le cours de la justice *totale* dont le sort est remis à notre Cour suprême? Le conseil de guerre de Dreyfus, le conseil de guerre d'Esterhazy ont, par leur mode de juger, causé tout le trouble où nous sommes. Au moment où l'on tente de remettre l'ordre dans le pays, on ne peut laisser le désordre actuel s'aggraver de poursuites manifestement inspirées par les faussaires et leurs complices en quête de vengeance. Il ne faut pas que l'illégalité du procès Dreyfus soit reconnue, pour être aussitôt remplacée par une iniquité plus grande contre l'homme qui s'est sacrifié pour la réparation enfin obtenue.

Nous comptons sur M. Brisson pour prévenir de nouveaux crimes.

23 septembre 1898.

LXIV

Vaine circulaire.

Il ne faudrait pas que M. Sarrien écrivît tous les matins un factum aussi ridicule que sa dernière circulaire. La platitude en est si rare que j'ai pris le document d'abord pour un faux. Mais Henry est mort et du Paty en vacances, tandis que les autres cherchent à se faire oublier. Il faut bien reconnaître — dût mon ministérialisme en souffrir — que le Cabinet Brisson a perdu là une remarquable occasion de ne rien dire. Sarrien croit que les hommes qui lui ont imposé à lui-même l'obligation de faire la revision du procès Dreyfus, en dépit d'une résistance qui n'est pas à sa gloire, vont s'arrêter dans l'œuvre de justice devant ses menaces de trembleur ? Commune erreur de juger les gens à son aune.

J'ai passé près de vingt années dans le Parlement sans qu'il m'ait jamais été reproché d'attaquer l'armée, et cependant il n'y avait point de circulaire Sarrien. On m'a souvent reproché d'avoir attaqué trop de choses. Comment aurais-je donc oublié celle-là ? Je vais le dire à Sarrien. C'est que personne n'a envie d'attaquer l'armée, qui est une abstraction si compréhensive qu'elle ne désigne rien de moins que la nation elle-même. On peut demander la suppression des armements en permanence, on n'attaque pas d'un coup les quatre millions d'hommes qui sont l'armée.

Sarrien l'a si bien compris qu'il a perfidement ajouté l'incidente « et ses chefs ».

Où est-ce que cela commence, les chefs de l'armée ?

Où est-ce que cela finit? Esterhazy en est-il? Et Henry? Et du Paty de Clam? Et Boisdeffre? Et Billot? M'empêchera-t-on de dire que Billot a menti quand il a proclamé quatre fois à la Chambre que Dreyfus avait été légalement condamné? Me sera-t-il permis de dire qu'Esterhazy est un traître, tout chevalier de la Légion d'honneur que le laisse M. Davout, qui fait enquêter l'honneur de M. de Pressensé par Sully-Prudhomme et Jacquin?

Ici les questions se précisent. On peut attaquer un homme. Il s'agit seulement de savoir si l'on dit vrai, et nous n'avons pas besoin de la prose de M. Sarrien pour le comprendre. Quel but se propose donc le Ministre de la Justice? De se donner un argument vis-à-vis des césariens pour son prochain discours à la Chambre? Si ce n'est que cela, passons. Autrement, il serait trop cynique de faire poursuivre des citoyens coupables d'avoir dit vrai par ces deux violateurs éhontés de la loi, Bertrand et Feuilloley, compères. Le procès Zola n'a pas si bien réussi qu'on doive avoir envie de recommencer dans des conditions pires. Quand on a déchiré le Code inpudemment pour sauver du Paty de Clam du juge d'instruction Bertulus, peut-on être bien pressé d'aller devant le jury pour venger l'honneur de ce distingué faussaire?

M. Sarrien, qui s'occupe si fort de faire respecter les lois par les autres, pourrait peut-être commencer par les respecter lui-même, en châtiant Bertrand et Feuilloley, qui sont légalement stigmatisés par la Cour suprême comme les ayant violées.

M. Sarrien, puisqu'il cherche où appliquer la loi, pourrait bien commencer par donner le bon exemple en faisant ouvrir enfin l'instruction de l'affaire Henry, afin de rechercher, comme c'est son devoir, les complices, grands ou petits, du faussaire. M. Sarrien n'a-t-il pas la curiosité de savoir où se trouve la fabrique de faux de l'Etat-Major? Il sait bien que Henry était matériellement incapable de fabriquer lui-même. Où sont ses aides? Qu'a-t-il dit? Quelles sont les circonstances de sa mort? Les soupçons qui pouvaient s'égarer sur les innocents tomberont quand on saura la vérité. Qu'il nous la dise. C'est le meilleur moyen d'éviter les imputations erronées.

Qu'est-ce que M. Sarrien et son collègue Chanoine font de l'officier du Paty de Clam? Croient-ils bonnement que les choses peuvent rester ainsi, et que nous permettrons, quand le faux est constaté, que la justice reste en souffrance?

Je laisse de côté Mercier, pour le moment. Mais Esterhazy, qu'en dit M. Sarrien? Je serais curieux de le savoir. De tous côtés les révélations arrivent, la trahison est constatée. Y a-t-il des lois contre l'espionnage, ô Ministre de la Justice? S'il y en a, que ne les appliquez-vous? On a dit, on répète, qu'Esterhazy faisait chanter l'Etat-Major. Ce soupçon n'est-il pas injurieux pour l'armée? Hâtez-vous de laver Boisdeffre en livrant Esterhazy, l'espion, à la justice des lois. Il est à Londres? Pourquoi l'avez-vous laissé fuir? Répondez, si vous pouvez.

Et l'affaire Zurlinden-Picquart, n'avez-vous point de confidence à nous faire là-dessus? Que faites-vous de la justice pour Picquart? Vous savez bien que si Zurlinden s'est mis en révolte contre son Gouvernement, c'est qu'il avait des raisons pour cela, la première de toutes étant que l'Etat-Major veut tirer vengeance de Picquart. La machination est connue, dénoncée. Vous savez qu'il y a encore des faux là-dedans : faux témoignages ou faux écrits, puisque l'auteur véritable du *petit bleu* est prêt à se montrer. Allez-vous laisser faire? Et auriez-vous pu supposer que nous regarderions assassiner un innocent sans rien dire? Pouvez-vous feindre d'ignorer que tout cela n'est que la conséquence de la découverte que fit Picquart du crime d'Esterhazy et de l'innocence de Dreyfus? L'évidence frappe tout le monde. Etes-vous donc seul à ne point comprendre? Peut-être ne vous occupez-vous point de ces misères? En ce cas vous avez tort. L'événement vous le montrera bientôt.

En vérité, je m'étonne qu'un ministre qui manque de façon si grave aux plus manifestes de ses devoirs prétende rappeler aux citoyens les leurs. Je trouve étrange qu'un garde des sceaux qui tolère que ses agents violent impunément les lois et qui s'abstient scandaleusement de poursuivre quelques-uns des plus grands criminels de l'Etat, ose reprocher aux hommes qui, au prix d'une lutte acharnée, lui ont arraché quelques lambeaux de justice dans l'affaire Dreyfus, d'avoir prononcé parfois des paroles qu'il juge (lui!) tomber sous le coup de la loi. Loi pour loi, monsieur le garde des sceaux. Faites d'abord ce que vous commande la loi, et vous serez en droit de réclamer d'autrui la même obéissance.

Si vous voulez l'apaisement, sachez que nous le voulons aussi. Mais l'apaisement, non la duperie. L'affaire Dreyfus, quand le colonel Picquart demandait au général Gonse de la tirer au clair, pouvait être vidée sans qu'il en résultât de dommage pour l'Etat-Major. Loin d'avoir à redouter les attaques de qui que ce soit, M. de Boisdeffre et ses sous-ordres auraient mérité les félicitations de tous pour la réparation d'une erreur judiciaire comme on en voit dans tous les temps. Vainement avertis par le chef du bureau des renseignements, dont c'était le devoir, ils s'obstinèrent dans leur infaillibilité prétendue, et, grâce au secret sous lequel le prétendu intérêt de l'Etat promettait de tout ensevelir, il vint se greffer sur la première faute une accumulation de méfaits tels que nul Français n'en pouvait soupçonner le nombre, ni l'étendue. C'est sur tout cet ensemble, qu'il faut faire la pleine lumière pour prévenir la récidive possible.

Les politiciens intéressés, pour leurs manigances, à tout couvrir, se refusaient à la vérité qu'on leur a montrée pendant toute une année. Il a fallu crier fort pour les faire entendre. Sans la campagne dont M. Sarrien se plaint, dans sa candeur, il ne serait pas « dreyfusard » aujourd'hui. Il n'a qu'à s'en prendre à lui-même et à ses amis du temps qu'il a fallu pour les convaincre. Il dépend de lui, il dépend de ses collègues, que cette campagne soit finie. Si la justice pour Dreyfus a pour contre-partie la plus monstrueuse iniquité contre Picquart, comment peut-on espérer de nous contraindre au silence? Il suffit à M. Sarrien de vouloir et de faire la complète justice pour que toute attaque cesse, non contre l'armée, qui n'est pas en cause, mais contre certains chefs qui ne peuvent réclamer la confiance publique qu'à la condition de la mériter.

29 septembre 1898.

LXV

Justice pour Picquart.

Des Juifs de l'Etat-Major ont découvert qu'après avoir obtenu gain de cause dans l'affaire Dreyfus, nous n'abandonnions pas le colonel Picquart. Nous n'abandonnons personne, en effet, pas plus Picquart qu'Esterhazy, Mercier, du Paty de Clam ou Boisdeffre. Nous demandons que chacun rende ses comptes, moyennant quoi nous sommes satisfaits. Le colonel Picquart aussi doit s'expliquer comme les autres, et tout ce que nous réclamons pour lui, c'est les garanties de justice que les méfaits et les crimes de ses ennemis de l'Etat-Major ont rendues plus que jamais nécessaires.

Si le général Zurlinden est seulement capable de déployer contre les Allemands les qualités de stratégiste dont il a fait preuve contre le prisonnier du Cherche-Midi, il doit reprendre au moins l'Alsace et la Lorraine. Mais quand on est si féroce contre un prisonnier garrotté, on brille rarement dans le combat à armes égales. Ce n'est pas le côté le moins étonnant de toute cette histoire, cet invraisemblable spectacle de guerriers qui chaussent des bottes éperonnées et se plantent des casques sur la tête pour décoller des timbres-poste, faire de la photographie, fabriquer au besoin des faux, ou s'adonner aux plaisirs de la procédure.

Le général Zurlinden est basochien de vocation. Comme Ministre de la Guerre, il confectionne des dossiers à se faire expédier quand il sera gouverneur. Ses amis nous ont appris qu'il avait fait un marché par l'entremise de Félix Faure, pour avoir le gouvernement militaire de Paris, à défaut du portefeuille de la guerre. Je dirais que ces trafics sont plutôt scandaleux si je ne redoutais l'effet de la circulaire Sarrien. Gouverneur ou ministre, Zurlinden a fait son coup contre Picquart et l'a réussi, grâce à l'habitude qu'a le général Chanoine de signer des pièces sans les lire. Vous verrez que celui-là mobilisera un jour l'armée française en croyant donner l'ordre de repeindre une guérite tricolore. Le coup a réussi, puisque Zurlinden, pas fier, s'en tire avec le blâme à huis clos que vient de lui décerner, dans l'ombre et le mystère, son ministre Chanoine, pour faire acte *d'énergie*.

Mais qu'est-ce que le blâme secret sinon l'aveu honteux du coup contre Picquart? Et que dire d'une prétendue justice fondée sur des coups de violence? Quel homme de bonne foi peut nier que les accusations contre Picquart ont pour unique source la haine des hommes de l'Etat-Major, qui avaient résolu, même au prix d'un crime, de garder Dreyfus au bagne, innocent ou coupable, et de sauver des lois le traître Esterhazy? Voyez qui sont les accusateurs de Picquart. Henry, du Paty de Clam, Lauth, Esterhazy, digne quatuor, sans parler de Pellieux, Gonse, Boisdeffre, qui se sont portés garants des faussaires.

Zurlinden arrive, et il n'a pas plutôt vu le dossier qu'il s'occupe du moyen de faire revenir Dreyfus. L'idée l'obsède à ce point qu'il en entretient un de ses collègues. Et puis, tout d'un coup, plus de revision, et, comme conséquence, un déchaînement de rage folle contre Picquart, un dossier monstrueux colligé sous l'inspiration de du Paty de Clam, faussaire (ferme les yeux, Sarrien), pour prouver que Picquart, dénonciateur d'Esterhazy, l'espion, *a fait un faux pour prouver la vérité*. N'est-ce pas le dernier mot de l'imbécillité (Sarrien, bouche-toi les oreilles!), surtout lorsqu'on sait qu'au premier signe l'auteur du document est prêt à se découvrir?

Malgré les canailleries et les crimes accumulés pour perdre l'innocent et sauver le criminel (ô Sarrien, que tu dois souffrir!) la revision se fait, et Picquart, qui en est le véritable auteur, n'est pas libre, et on lui retire la faveur qu'obtint le traître Esterhazy sans avoir besoin de la solliciter, le droit de comparaître libre devant ses juges. On le tient au secret, *contrairement à la loi*, pour l'énerver, le lasser, le décourager s'il est possible, et tâcher d'obtenir de lui quelque parole dont les faussaires tireront avantage, pour renouveler contre lui, après le *coup* Zurlinden, le coup du Paty de Clam avec la lanterne sourde subitement aveuglante.

Enfin, l'on prétend soustraire à la Cour de Cassation l'examen du dossier du *petit bleu*, qui lui revient naturellement puisque l'affaire Dreyfus et l'affaire Esterhazy sont une, et qu'il n'y a, par conséquent, qu'un seul et unique dossier de l'ensemble. Et les vide-cuvettes de l'État-Major (ne me poursuis pas, bon Sarrien, c'est pour Arthur Meyer seulement) s'étonnent que nous défendions Picquart et que nous demandions justice. Ils ne sont pas au bout de leurs surprises. Nous n'abandonnerons personne, ai-je dit. Personne! Cela fait beaucoup de monde.

30 septembre 1898.

LXVI

Erreur d'optique.

Un futur général que j'ai rencontré hier — il n'est encore que pousse-cailloux dans l'armée de Paris — m'a donné, je crois, la clef de l'affaire Picquart.

« Je ne comprends pas, m'a-t-il dit, tout le bruit que vous faites de cette histoire. Entre l'Etat-Major et vous je n'aperçois qu'une différence d'optique pour laquelle vous vous querellez de part et d'autre, faute de vous comprendre. Rappelez vos souvenirs. Quand Henry fabriqua son faux — ou plutôt le fit fabriquer par quelqu'un dont je vous dirai le nom plus tard — il l'introduisit subrepticement dans le dossier, avec la complicité de ses supérieurs, à l'insu de son chef hiérarchique immédiat, le colonel Picquart. Il raconta là-dessus tel conte qu'il lui plut, et empocha le prix destiné à l'agent qui était supposé avoir procuré cette pièce rare. Faux compliqué d'escroquerie, direz-vous ? Ce sont là de gros mots. Mettons, si vous voulez, ruse de guerre.

« Billot n'eut pas plutôt vu le papier qu'il se réjouit en son cœur de patriote, puisque c'était *le seul* document de tout le dossier où se rencontrât le nom de Dreyfus. Deux autres lettres, nécessairement fausses aussi, se trouvaient là comme réponses au faux principal. Billot en fit sa pâture, et Méline, Hanotaux, Rambaud, et tout le Ministère. Enfin, nous avons les *preuves!* disaient tous ces hommes d'Etat. Ce qui les étonna, ce fut l'ambassadeur Tornielli, quand il leur vint dire que la pièce était fausse. Tant de simplicité les dérouta d'abord. A-t-on jamais l'idée, quand on tient une *preuve*, de s'embarrasser de ces misères? On passa outre d'un commun accord. Et Boisdeffre, et Gonse, et Pellieux s'en allèrent à la Cour d'assises produire le faux, et se porter garants de l'honneur du faussaire.

« Que le Gouvernement de Méline fût au courant des hauts faits de l'Etat-Major, cela était déjà prouvé par la démarche du comte Tornielli. Mais nous avons maintenant l'aveu complémentaire d'un ministre. Un pauvre homme, nommé Rambaud, s'étant trouvé ce jour-là Ministre de l'Instruction publique, laisse de temps à autre éclater son importance. Il y a quelques jours, à un banquet, ne sachant que dire de lui-même, il prononça cette parole extravagante : « Comme tous » les membres du Cabinet Méline, j'ai connu le faux, » dont il aurait mieux valu ne rien dire. »

« Ces paroles affirmées authentiques ne furent pas démenties par lui pendant toute une semaine. Enfin, sur l'insistance de *la République française*, Rambaud se décida à rectifier et voici sa version qu'un député présent déclare d'ailleurs mensongère : « J'ai dit seu- » lement que le Gouvernement précédent avait eu la » sagesse de ne pas affirmer leur authenticité (des » documents faux) dans une déclaration ministérielle. » Que faut-il de plus? Se vanter de n'avoir pas *affirmé l'authenticité* d'une pièce alléguée comme preuve déci- sive contre un condamné, n'est-ce pas reconnaître qu'on sait à quoi s'en tenir?

Seulement, ce qu'on ne veut pas comprendre, c'est qu'à force de jurer que la pièce était vraie, tous ces gens ont fini par être les premières victimes de leur mensonge, et la plupart d'entre eux en sont encore à la surprise de voir qu'une pièce fausse ne compte pas. Il y a plus. L'habitude de manier, de classer, d'interpréter des faux et de les tenir pour documents authentiques (je ne dis rien de ceux qui les ont fabriqués) a fini par déterminer chez quelques officiers beaucoup plus propres à creuser une tranchée qu'à faire de la critique documentaire, une fâcheuse disposition d'optique qui les met en défiance contre tout ce qui ne sort pas de l'atelier Henry, du Paty de Clam et Cie.

Voilà pourquoi ils ont du premier coup *tiqué* sur le *petit bleu*. L'idée ne leur est pas venue un moment qu'on ne fait pas un faux pour démontrer la vérité. Non. Ils ont vu une pièce qui n'était pas *tripatouillée*, comme on dit maintenant, et cela d'abord leur a paru suspect. Comment ! voilà un *petit bleu* qui n'est pas composé de deux papiers différents, où les lignes d'écriture ne sont pas artificiellement raccordées, qu'est-ce que cela veut dire ? Il doit y avoir quelque chose là-dessous.

La chose, quand on y réfléchit, devait paraître d'autant plus étrange que l'adresse portait le nom de l'officier le plus décrié de l'armée française. Quelle vraisemblance qu'un tel homme pût servir d'espion aux Allemands ? C'était trop simple. Picquart en voulait faire accroire aux malins de l'Etat-Major. Sa pièce avait l'air trop vrai pour n'être pas fausse. Il suffisait de comparer avec les documents Henry dont répondaient le ministre et le chef d'Etat-Major. Voyez comme c'est fait un document de tout repos. Henry en a plein le tiroir de Gribelin. Voilà l'erreur d'optique dans toute sa beauté. Tout ce monde s'obstine à regarder les pièces à travers le monocle de du Paty de Clam. C'est pourquoi Picquart est faussaire pour avoir mis au dossier une pièce qui n'est pas fausse.

On ne se sortira pas de cet imbroglio tant que la Cour de Cassation n'aura pas en mains l'intégralité du dossier Dreyfus-Esterhazy. C'est bien le moins qu'après lui avoir communiqué tous les faux, on lui remette aussi la rare pièce authentique de l'affaire. Cela est indispensable si l'on veut éviter le scandale qui se produira le jour où, l'Etat-Major ayant prouvé par raison démonstrative que le *petit bleu* fut fabriqué par Picquart, Schwarzkoppen se lèvera pour dire : « Pardon! Je ne puis pas laisser condamner un innocent. C'est moi qui ai écrit le *petit bleu* en renversant mon écriture, et je vais, si vous le désirez, en écrire un tout pareil en votre présence. » Ce jour-là, Zurlinden entrera dans l'histoire avec son dossier, et n'y fera pas meilleure figure que ses amis Gonse et Pellieux avec leurs dépositions pour prouver que le bordereau était nécessairement d'un officier d'État-Major.

Esterhazy a avoué depuis, devant dix personnes — même avant de partir pour l'Angleterre — qu'il avait écrit de sa main le bordereau, et on a pu remarquer qu'il s'est bien gardé de nier le fait dans ses lettres de rectification. La démonstration de Gonse et de Pellieux leur reste donc pour compte, à moins qu'ils n'allèguent qu'Esterhazy tenait ces documents de son complice du Paty de Clam, ce qui est possible, après tout.

Leur aventure sera-t-elle un avertissement pour Chanoine, et le Ministre de la Guerre arrêtera-t-il à temps le coup Zurlinden contre Picquart, comme il eût été désirable pour Gonse et pour Pellieux qu'on eût réfréné leur ardeur esterhazyste au procès de Zola? Nous le saurons bientôt, car je ne puis supposer que Brisson laisse se perpétrer le nouveau crime des faussaires contre le grand honnête homme qui a brisé sa carrière et risqué sa vie pour les dénoncer.

C'est une honte pour les maîtres du pouvoir qu'Esterhazy ait pu fuir, que du Paty de Clam soit encore impuni, et que le plus loyal soldat de la France, Picquart, chassé de l'armée pour n'avoir pas voulu mentir, demeure — Brisson régnant — dans un cachot.

1ᵉʳ octobre 1898.

LXVII

Le coup de Jarnac.

M. Hervé de Kérohant raconte dans *le Soleil* qu'un conservateur lui disait : « Soyez certain que la revision du procès Dreyfus ne se fera pas, parce que M. Félix Faure n'en veut pas. » J'entends dire, en effet, qu'on machine à l'Elysée pour empêcher la Cour de Cassation d'aboutir. Le pire, c'est qu'il court de mauvais bruits sur M. Sarrien. Je veux croire qu'on fait injure à M. le Ministre de la Justice. Il apparaît pourtant que ce n'est pas sans raisons qu'on le représente en notable divergence avec le président du Conseil.

Ce n'est un mystère pour personne que M. Sarrien et M. Viger, Ministre de l'Agriculture, ont été dans le Conseil des ministres les derniers tenants de la thèse chère aux antisémites et aux césariens. M. Viger, au sortir de la séance où la revision fut décidée, disait à un reporter de ma connaissance : « Je m'en vais. Je ne peux pas rester. A tort ou à raison j'ai emballé mes amis derrière l'état-Major. Je ne puis pas leur dire maintenant tout le contraire! » Et le malheureux homme levait au ciel des lunettes éplorées. La nuit porte conseil. Viger n'est pas parti et je suis bien loin de m'en plaindre. Tout le monde aura remarqué que son administration a réussi à nous procurer la pluie de ces derniers jours, dont l'agriculture avait grand besoin. Le Poireau aidant, vous verrez que les amis de Viger deviendront raisonnables.

Le cas de M. Sarrien est assez différent. Sans être taxé d'opposition systématique, on peut trouver bizarre que la revision soit précisément mise en œuvre par le garde des sceaux qui l'a combattue. Ce n'est peut-être pas la meilleure garantie d'impartialité. Les motifs de l'opposition de M. Sarrien, si j'en crois le bruit des Ministères, n'était pas d'un ordre beaucoup plus relevé que ceux de son agricultural copain. Pour lui, la Chambre aurait voté contre la revision : il n'y avait pas de revision à faire. En vain lui observait-on doucement que, la pièce sur laquelle la Chambre avait votée étant un faux, la position de la question s'en trouvait changée. L'homme se bouchait les oreilles, trouvant, malgré le faux de Henry, la logique de M. Cavaignac impeccable. Tout au plus voulait-il bien ne pas demander une réédition de l'affichage. Cependant, lorsque la revision eut été votée malgré lui, Sarrien se déclara prêt à la faire. Il y a de ces natures.

Seulement, il reste à savoir ce que sera la revision de Sarrien. Est-il possible que ce soit une simple farce de ce distingué Charolais? Je vois justement dans les journaux les interprétations les plus bizarres de la lettre par laquelle il a saisi le procureur général Manau. Ce document n'a point été porté à la connaissance du public. Serait-ce par excès de modestie? Je n'ose le croire. Et voici qu'on commence à raconter que la Cour de Cassation n'a été saisie que d'un seul *fait nouveau* : le faux de Henry, lequel, étant postérieur à la condamnation de Dreyfus, ne présenterait pas, au sens judaïque du mot, le caractère juridique du fait requis par la loi pour rendre la revision nécessaire.

Lisez dans *Le Gaulois* de l'État-Major l'interview *d'un ami* du procureur général Manau.

Le procureur général estime que son devoir de magistrat consiste à se demander si le faux que le colonel Henry a avoué avoir fabriqué deux ans après le procès et les conséquences qui découlent de cet aveu, telles qu'elles sont enregistrées dans le procès verbal dit des aveux, sont de nature à constituer le « fait nouveau » dont parle le paragraphe 4 de l'article 443 du Code d'instruction criminelle, modifié par la loi de 1895, pour requérir la revision du jugement de 1894 et le renvoi de l'affaire devant un autre conseil de guerre.

C'est là l'unique question dont il a à se préoccuper. On se trompe quand on s'imagine que la Cour de Cassation sera appelée, dans son arrêt, à nous donner son sentiment sur le dossier. Quelle que soit l'opinion individuelle ou collective des magistrats suprêmes sur les opérations qui ont précédé ou suivi le jugement qui a condamné Dreyfus, sur les pièces du dossier, vous n'en trouverez nulle trace, ni dans le réquisitoire du procureur général, ni dans l'arrêt de la Cour. Pourquoi? Parce que le rôle de la Cour est limité. Y a-t-il un fait nouveau ou non? La question est là. Si Dreyfus était mort, la Cour, pour décharger sa mémoire, s'il y avait lieu — c'est une simple supposition que je fais là, bien entendu — des condamnations prononcées contre lui et le réhabiliter, aurait à donner son sentiment sur tout le dossier. Mais dans le cas qui nous occupe, il n'en est rien.

Alors même que tous les membres de la Cour, le procureur général en tête, auraient, après examen, acquis la certitude que les pièces du dossier Dreyfus — c'est toujours une supposition — ne constitueraient que des chapitres d'un roman dramatique qui ne tiendraient pas devant un examen approfondi, il leur serait interdit d'outrepasser la loi de 1895, et leur devoir resterait de se cantonner dans la question juridique : La pièce de 1896 et les conséquences qui en découlent sont-elles le fait nouveau prévu par la loi? Si non, le devoir du procureur général et le devoir de la Cour est de dire qu'il n'y a pas lieu à revision...

Tel serait le *coup* Sarrien, après le *coup* Zurlinden succédant au *coup* Félix Faure. L'illégalité du jugement de Dreyfus fût-elle cent fois démontrée, l'innocence du condamné fût-elle matériellement incontestable, la Cour de Cassation, saisie seulement d'un fait nouveau qui n'aurait pas le caractère juridique requis, ne pourrait que déplorer le malheur, et se taire.

Je ne puis du tout croire que Sarrien, en si grave matière, se soit moqué du monde à ce point. Car, s'il l'a fait, il lui en pourra cuire. Le fait nouveau résultant du faux de Henry, c'est que son témoignage dans l'affaire Dreyfus se trouve, du coup, frappé de suspicion.

Mais n'y a-t-il pas autre chose? Est-ce que les faux avoués de du Paty de Clam et ses basses manœuvres de complicité avec Esterhazy ne sont pas un fait nouveau disqualifiant le metteur en œuvre du procès Dreyfus? Par une violation des lois, Bertrand et Feuilloley, magistrats félons, ont pu sauver de la justice le cousin de M. Cavaignac. Mais son crime demeure, et il n'y aura jamais, dans aucune affaire, de fait nouveau mieux caractérisé.

Est-ce un fait nouveau, encore, la contradiction flagrante entre les experts du procès Dreyfus et ceux du procès Esterhazy : les premiers disant que le bordereau est *de la main de Dreyfus*, les autres qu'il est *de la main d'Esterhazy*, reproduite par un décalquage?

Est-ce un fait nouveau qu'Esterhazy ait dit, depuis lors, à dix personnes — dont nous aurons, quand on voudra, le témoignage — qu'il a écrit le bordereau *lui-même*.

Et l'illégalité de Mercier que la loi qualifie de forfaiture, qu'en fait-on?

Certes, si, avec un pareil dossier, Sarrien a pu venir à bout de mettre la Cour suprême en situation de dire — pour de pures raisons de basoche — que la requête introductive de la revision n'est pas recevable, il aura fait un beau *coup* et le moine Didon sera content.

Mais je ne puis croire que la Cour de Cassation se prête à cette basse manœuvre. Je ne puis croire que, même soutenu par Félix Faure, Zurlinden et toute la Boulange, et toute la cléricaille, avec le duc d'Orléans pour chef suprême, le ministre de M. Brisson se rende coupable d'une si honteuse vilenie. En tout cas, qu'y gagnerait-on d'autre qu'un redoublement d'agitation revisionniste ? Un recul de quelques semaines tout au plus et dans quel tumulte d'anarchie ! Trop de *cochonneries* ont été mises au jour pour que la revision ne soit pas désormais inévitable.

Le Temps, le *Figaro*, le *Gaulois* (joli trio) demandent « la trêve ». Le moment est bien choisi, comme on voit. On essaye d'escamoter la revision, on tente d'assassiner juridiquement Picquart. On aura difficilement la complicité de notre silence pour ces crimes.

L'attentat de l'Etat-Major contre Picquart est bien au delà des autres abominations connues. Frapper le chef du bureau des renseignements pour avoir découvert un espion, c'était déjà bien. On a trouvé mieux : l'accuser de faux pour salir cette vierge Esterhazy ! Voyez-vous le préfet de police faisant des faux pour déshonorer Vacher ?

« Après deux ans de chasse à courre, dit l'admirable Bradamante dans *la Fronde*, on force le colonel Picquart avec le *dossier de quarante-huit pages*, en plein tribunal correctionnel. Le capitaine Javey, **choisi au Mans par le général Mercier**, *qui commande la région depuis quatre ans*, le capitaine Tavernier, *cueilli à Marseille par le général Zurlinden* qui commandait cette place lorsqu'on le fit gouverneur de Paris, sont chargés d'accommoder le colonel Picquart pour le présenter au conseil de guerre. »

Et quand on se prépare à commettre le crime suprême, on nous demande de désarmer ? Nous désarmerons devant la justice, nous désarmerons devant la vérité. Jusque là, c'est la bataille contre les menteurs, les faussaires, les traîtres, et leurs complices de tout rang : la bataille sans trêve ni merci.

2 octobre 1898.

LXVIII

Bilan

Il est vraiment incroyable que le Gouvernement de M. Brisson n'ait pas encore réussi à discerner le point aigu des préoccupations publiques. Comment ne sent-il pas que l'emprisonnement du colonel Picquart par un coup de violence militaire, sur la dénonciation des faussaires de l'Etat-Major venant à la rescousse du traître Esterhazy, est le pire scandale de toute l'affaire ?

Je n'ignore pas que M. Brisson est animé des intentions les plus pures, mais le résultat de ces intentions dans le passé n'est pas sans me causer des inquiétudes pour l'avenir. M. Brisson veut la justice. Ceux-là même qui accusent la faiblesse de son caractère ne sont pas les derniers à lui rendre cet hommage. Et cependant son Ministère, en dépit de la revision décidée (dans une forme qui peut la faire échouer), nous présente un ensemble d'actes aussi fâcheux, sinon plus, qu'aucun de ceux pour lesquels le Ministère Méline-Billot sera flétri dans l'histoire.

Je conviens que c'est beaucoup dire. Voyons. Je n'ai nulle pensée de récriminer. Je veux seulement montrer où conduit le faible caractère, même chez les hommes qui voudraient bien faire.

N'est-ce pas sous le règne actuel qu'il fut donné lecture à la tribune, comme d'une pièce authentique et convaincante, d'un faux que la Chambre unanime fit afficher à tous les carrefours ? Je ne fais nulle difficulté, comme on pense, d'en rejeter la faute sur M. Cavaignac. Mais ce ministre étrange, qui donc l'avait choisi, ou plutôt subi par défaillance de volonté, sous la clameur de la bande clérico-militaire, en dépit des avertissements des meilleurs républicains, que la légèreté de ce malheureux dans l'affaire des faux aveux Lebrun-Renault mettait en défiance? Il y a plus. J'ai déjà raconté que des radicaux désireux de soutenir le Cabinet avaient fait une démarche auprès du président du Conseil pour le supplier d'examiner lui-même les pièces du dossier. M. Brisson l'avait promis. S'il avait tenu parole, c'est à lui que fût revenu l'honneur d'avoir découvert le faux de Henry, qui n'eût pas été donné comme parole d'évangile à la Chambre.

N'est-ce pas sous le règne actuel que Henry fut mis aux *arrêts simples* pour crime de faux, et qu'un officier envoyé tout exprès au Mont-Valérien mit *deux heures* à lui persuader (de la part de qui?) qu'il fallait mourir? N'est-ce pas sous le régime actuel qu'on a tenu, qu'on tient encore cachés le procès-verbal d'autopsie et le procès-verbal des aveux? Je consens que la faute en retombe principalement sur le Ministre de la Guerre. Mais la solidarité ministérielle n'est pas un vain mot, je suppose, et le Ministre de la Guerre n'a fait que ce que les autres ministres lui ont permis de faire.

N'est-ce pas sous le règne actuel que du Paty de Clam, faussaire avec l'espion Esterhazy (toujours décoré de l'honneur, ô général Davout, grand chancelier de la chose!) et la fille Pays, ses complices, ont été arrachés à la justice civile par une violation éhontée de la loi que la Cour de Cassation a mise au compte de Bertrand, procureur général, et de Feuilloley, procureur de la République, impunis? Si l'ordre de violer les lois est venu à ces hommes de M. Sarrien, Ministre de la Justice du cabinet Brisson, leur impunité se comprend. Sinon, comment M. Sarrien explique-t-il son aquiescement à cette forfaiture, et comment M. Brisson ne met-il pas son garde des sceaux en demeure d'accomplir l'acte de répression que commande le devoir ?

N'est-ce pas sous le règne actuel que du Paty de Clam, passible de la justice militaire pour le faux *Blanche*, n'est pas même poursuivi ?

N'est-ce pas sous le règne actuel qu'Esterhazy, espion, escroc, faussaire, a pu prendre la fuite après avoir été relâché quand sa culpabilité ne pouvait faire de doute pour toute conscience honnête ?

N'est-ce pas sous le règne actuel que le Cabinet, en défiance des faussaires, s'étant opposé aux honteuses poursuites contre le colonel Picquart, s'est laissé imposer ces même poursuites par une jésuitique machination de Zurlinden et de Félix Faure ?

N'est-ce pas le Cabinet actuel qui, après avoir promis d'installer la suprématie du pouvoir civil sur le militaire, n'a pas osé sévir contre le soldat révolté contre le pouvoir civil et s'est borné au blâme à huis clos dont le gouverneur de Paris se gausse ? Cela, après avoir été nargué par le moine Didon Coupe-Têtes sous la présidence de M. Jamont, généralissime ?

N'est-ce pas sous le règne actuel que le colonel Picquart fut jeté en prison pour avoir offert à M. Brisson lui-même de prouver devant toute juridiction que le faux de Henry était un faux, et que la pièce « Ce canaille de D. » ne s'appliquait pas à Dreyfus ? Or M. Cavaignac lui-même, qui avait obtenu de la faiblesse de M. Brisson cette arrestation scandaleuse, était à quelques semaines de là obligé de reconnaître qu'en effet la pièce arguée de faux par le colonel Picquart était un faux. Il ne pouvait l'ignorer d'ailleurs, puisque le fait avait été révélé à Hanotaux, qui avait informé Billot, lequel n'avait pu faire autrement que de renseigner Boisdeffre.

En quel temps vivons-nous, et lequel de ces gouvernants, civils ou militaires, n'est pas un impudent menteur ? Pour avoir dit la vérité, Picquart était en prison, et, quand il fut reconnu qu'il avait dit la vérité, que fit le Gouvernement de M. Brisson, sinon de le maintenir en prison et de le faire poursuivre ignoblement pour de prétendues révélations, sur la dénonciation d'Esterhazy, le traître, et de du Paty de Clam et de Henry, les faussaires ?

Et lorsqu'en audience publique le substitut chargé de requérir dut reconnaître qu'il n'était en état de rien prouver et demanda l'ajournement indéfini de l'affaire, entraînant la mise en liberté de Picquart, n'est-ce pas sous le règne actuel qu'on sortit à ce moment précis le dossier des faussaires contre ce même Picquart, et qu'on laissa l'Etat-Major arracher le prisonnier des mains de la justice civile dans des conditions si odieuses que celui-ci, certain qu'on ne pouvait le condamner dans un procès loyal, n'eut d'autre recours que de dénoncer à la face de l'Europe l'éventualité — possible, hélas ! — d'un assassinat?

N'est-ce pas sous le régne actuel que Picquart qui est innocent, que Picquart qui a dit vrai, que Picquart qui sera compté comme un des héros de notre histoire, est au secret, en violation des lois, pour crime d'innocence et de vérité révélée?

Que faut-il de plus pour émouvoir nos gouvernants ? N'est-ce pas sous leur règne que Picquart, soldat fidèle à sa patrie, se voit refuser le droit, dont bénéficia le traître Esterhazy, de comparaître en liberté devant ses juges ?

N'est-ce pas sous leur règne que Picquart qui n'a jamais menti se trouve aux prises, seul, sans le secours d'un conseil, avec des juges prévenus, choisis tout exprès par Mercier, coupable de forfaiture, et par Zurlinden, rebelle à son Gouvernement, décidés à trouver la *preuve* de son crime dans un dossier tout entier fabriqué par les faussaires, où le fameux *petit bleu* lui-même a été **gratté et falsifié** par Henry?

N'est-ce pas sous le règne actuel que nous sommes menacés pour honte suprême, quand un rapporteur se lèvera pour dire, au nom du Gouvernement de Brisson, que Picquart a commis un faux, de voir surgir un Allemand pour faire en deux mots la preuve qu'il est l'auteur, lui, de la pièce imputée mensongèrement à Picquart?

Et Brisson est, à n'en pas douter, un chef de Gouvernement bien intentionné. Je le dis sans ironie. Bien intentionné, mais faible. Qu'importe qu'il ne fasse pas le mal, s'il le laisse faire?

Il a obtenu de ses collègues le vote de la revision. Ce vote, Sarrien tente présentement de l'escamoter. Que fait Brisson? Quand est-ce donc qu'il s'occupera d'agir? Tant que le crime judiciaire contre Picquart sera en cours d'exécution, Brisson en sera complice, puisqu'il laisse les criminels se couvrir de son autorité. Enfin, comme c'est sur l'affaire Picquart que s'est concentré tout le final effort des faussaires, aussi longtemps que Brisson ne les aura pas débusqués, il n'y aura pas de fin de la crise. En un jour d'énergie Brisson peut tout résoudre. Je lui souhaite ce courage.

3 octobre 1898.

LXIX

Entre les Deux Chemins.

M. Brisson obtient les bonnes grâces des feuilles ennemies de la République. Il les obtient sans les rechercher assurément. Mais il les obtient tout de même, et j'ai le regret de dire qu'il les a méritées. On lui ménage l'éloge pour ne pas le compromettre. On se rattrape sur sa police, qui, en exécution de ses ordres, a si remarquablement donné contre les citoyens. O Brisson, que de belles choses vous disiez, sous l'Empire, contre les ministres qui organisaient des tumultes comme celui que vous avez voulu et préparé hier !

Car il n'y a pas moyen de nier que les bousculades d'hier soient uniquement l'effet de vos mesures. Des réunions avaient lieu, depuis longtemps, où l'on discutait de part et d'autre l'affaire Dreyfus-Esterhazy-Picquart sans qu'aucun désordre se fût jamais produit. Vous aviez, l'autre jour, mis la garde républicaine dehors à l'occasion du meeting dit nationaliste. Mais elle n'eut rien à faire qu'à regarder passer les bandes qui acclamaient tour à tour les faussaires et le duc Philippe d'Orléans, futur roi de France.

Que s'est-il donc passé, dimanche dernier ? Rien que de très simple. M. de Pressensé qui fait en ce moment une admirable campagne pour la justice et pour la vérité — je vous souhaiterais la pareille dans vos états de service, ô Brisson — loue une salle, avec son collaborateur du *Temps* Morhardt, et Vaughan, directeur de *l'Aurore*, pour y tenir une réunion publique, contradictoire comme toutes celles qui ont eu lieu précédemment. Ce n'est pas encore un crime, n'est-ce pas ? M. Déroulède, qui s'était distingué, l'autre semaine, dans une réunion *privée*, annonce à grand fla-fla qu'il assistera à cette réunion, comme il aurait pu assister aux autres. Vraiment il n'y a pas là de quoi mobiliser l'armée française. Cependant que fait le Gouvernement ? Au lieu de laisser les gens exercer tranquillement un droit reconnu par la loi, Brisson veut faire son ministre à poigne. Brisson, dont l'âme est pure, jouit de cette infirmité singulière de ne pouvoir comprendre que toute la France ne soit pas dans un contentement sans pareil dès qu'il est au pouvoir.

Donc, faute de comprendre que les citoyens aient quelque chose à désirer quand il règne, Brisson charge son préfet de police *d'agir* sur le propriétaire de la salle pour lui faire rompre le contrat agréé par lui contre salaire. Est-ce bien le rôle d'un Gouvernement d'amener les limonadiers, par la menace de contraventions qui dépendent de l'arbitraire administratif, à rompre des engagements commerciaux librement consentis? Je n'insiste pas. Le fait est. Cela suffit.

Qu'arrive-t-il? La foule convoquée par les organisateurs du meeting et par les affiches de M. Déroulède se présente, et naturellement stationne sur la voie publique, déçue de ne pas entrer et poussant des cris divers. Si l'on avait voulu organiser des rixes entre « nationalistes » et « dreyfusards », on ne pouvait pas mieux s'y prendre. Par bonheur, les Parisiens furent plus sages que leur Gouvernement, et les bagarres d'ensemble purent être évitées. Cependant Pressensé, Vaughan, Morhardt parlementaient avec le propriétaire de la salle Wagram, qui, derrière une rangée d'agents de police, refusait d'exécuter son contrat. Et, comme ils insistaient pour faire respecter leur droit légal de locataire, la police, qui, seule, était cause du droit lésé, arrêta les réclamants avec l'accompagnement ordinaire de bourrades aux républicains et de révérences à la Boulange. Je passe sur les coups de sabre ou de gourdin assénés *par derrière* à des prisonniers, dans l'intérieur du corps-de-garde. M. de Pressensé a été témoin de l'un de ces actes d'odieuse lâcheté. Nous verrons quelle répression M. Brisson jugera suffisante.

Tels sont les événements dus aux *mesures d'ordre* qui n'auraient pu être différentes si l'on s'était proposé d'organiser le désordre.

M. Brisson, sans doute, se plaint de l'impatience de ceux qui ne veulent pas rester cois, pendant qu'il laisse bafouer le pouvoir civil par Zurlinden, et qu'il livre Picquart aux vengeances des faussaires. Il paraît que cela le surprend beaucoup qu'il y ait tant de gens pour se trouver mal satisfaits des résultats d'une politique qui laisse du Paty de Clam, faussaire et révélateur de pièces secrètes, impuni, tandis que l'homme dont la haute conscience et le dévouement généreux font l'admiration de tous est jeté dans un cachot, au mépris des lois protectrices que le gouverneur de Paris, rebelle, ne veut point connaître.

Hélas ! il est trop clair que ces causes d'indignation publique ne sont pas près de finir, puisque le chef du Gouvernement ne s'est pas encore rendu compte que tout le mal venait de sa lamentable inertie. Au lieu de prêcher aux autres le calme et la modération, en présence des iniquités monstrueuses qu'il tolère et qu'il couvre au besoin de son autorité par faiblesse de caractère, que ne se recommande-t-il à lui-même une heure d'énergie, une reprise décisive de volonté !

Tandis qu'il hésite à tous les obstacles, et se perd en gémissements sur les trahisons qui l'entourent, ses ennemis gagnent en force, et ses amis se voient dans l'impossibilité de le soutenir. Toute agitation aurait depuis longtemps cessé s'il avait fait son devoir de chef de Gouvernement, quand il se vit en butte aux machinations de Zurlinden et de Félix Faure, aidées sous main par les *sournoiseries* de Sarrien, grand prêcheur d'instruction laïque qui donne son fils aux Jésuites et reçoit peut-être d'eux des conseils.

Si Brisson a du goût pour le rôle de victime éplorée, il y a des hommes en France qui sont d'un sentiment tout autre. Ceux-là ne le laisseront point en repos tant qu'il continuera à donner des armes à l'iniquité, au mensonge contre la vérité. Car c'est la justice et la vérité qu'il leur faut, et l'idée que le mensonge et l'iniquité triomphent par la faiblesse d'un homme bien intentionné ne leur est point une satisfaction suffisante.

J'ai dit, il n'y a pas longtemps, à M. Brisson, dans ce journal, quelques vérités dures. Certains me l'ont reproché, sans alléguer, d'ailleurs, que mes reproches fussent immérités. J'ai sur beaucoup de ceux qui l'entourent l'avantage de n'avoir aucun motif de le flatter, de le tromper, puisque je n'attends rien de lui.

Dans les anciennes batailles républicaines, je l'ai toujours vu du bon côté, et ce me serait une joie véritable de le soutenir dans la bataille d'aujourd'hui. Mais quand on est aux prises avec l'ennemi, quel autre souci que de remporter la victoire, et comment se ranger sous un chef qui vacille et mollit quand il faudrait agir? Par l'impartiale application des lois, M. Brisson demain peut avoir tous les républicains pour lui. Par l'hésitation, les atermoiements, les actes contradictoires de ses pensées, il peut aussi réunir contre lui tout le monde. Il est au carrefour des deux chemins, qu'il choisisse.

4 octobre 1898.

LXX

Tout pour la bande.

Les confidences d'Esterhazy viennent au jour. Tout traître est naturellement doublé d'un menteur, et jamais le misérable ne nous dira l'histoire vraie de son espionnage. Mais il n'en est pas moins tenu de laisser passer quelques parcelles de vérité dans l'histoire de ses relations avec l'Etat-Major, et ses allégations ne sont pas sans valeur lorsqu'on y peut joindre le contrôle des faits.

Lorsqu'il dit, par exemple, qu'il était *l'homme de l'Etat-Major*, il ne peut guère y avoir de doutes là-dessus, et nous n'avions pas besoin de son affirmation pour le savoir. Ce qu'il dit également des hautes complicités qui lui ont permis de fabriquer avec du Paty de Clam et la fille Pays les faux *Blanche* et *Speranza* est nécessairement vrai pour la plus grand partie, puisqu'il n'aurait jamais pu savoir, sans cela, le contenu des lettres privées du colonel Picquart, que faisait décacheter M. de Boisdeffre pour qui les lois n'existent pas.

Les détails n'ont ici qu'un intérêt de circonstance. Est-il vrai, par exemple, que pendant l'enquête Pellieux qui fut une pure *frime*, comme chacun sait aujourd'hui, du Paty de Clam faisait tous les jours passer des notes à son complice pour lui dire « sur quels sujets les différents témoins seraient examinés et lui donnait les indications nécessaires pour que ses réponses ne fussent pas en contradiction avec les leurs »? Voilà qui nous donne une crâne idée de la justice militaire.

D'ailleurs la justice civile, il faut en convenir, ne brille pas d'un plus bel éclat dans toute cette affaire. Écoutez plutôt l'histoire du recours d'Esterhazy devant la Chambre des mises en accusation :

Dans le cours ordinaire des choses, lorsqu'un appel est fait d'un ordre de poursuivre, le prisonnier soumet un rapport à la Chambre des mises en accusation. Mon rapport était prêt, et, cependant, le croiriez-vous? les juges refusèrent de l'écouter, et je fus remis en liberté sans qu'on eût pris connaissance des explications que j'aurais pu avoir à donner ni des révélations que j'aurais pu être disposé à faire. C'est là ce qu'un ministre a appelé « faire sentir l'action gouvernementale ».

Tels sont les hauts faits de nos magistrats. Que dire des imbéciles cabotins qui prétendent que nous outrageons l'armée quand nous demandons le châtiment des criminels qui la déshonorent? Outrageons-nous aussi la société civile, quand nous demandons que Bertrand et Feuilloley, qui ont arraché un criminel au châtiment de la loi, répondent de leur félonie? Sarrien ne les punit pas. Comme Brisson est peu curieux de ne lui en pas demander la raison! Peut-être Sarrien craint-il que les deux magistrats coupables de forfaiture ne lui répondent tout simplement : « Nous vous avons obéi. » Peut-être aussi Brisson craint-il que Sarrien ne lui demande, à son tour, l'explication de son impardonnable clémence envers Zurlinden révolté? Le fait est que nos gouvernants pourraient s'adresser les uns aux autres quelques questions embarrassantes.

La plus grave de toutes est de savoir pendant combien de temps encore ils vont continuer à discréditer la France aux yeux du monde entier, en montrant les lois impuissantes contre le crime et féroces contre l'innocence. Est-il possible qu'ils n'aient pas conscience qu'il y a une opinion du monde civilisé qui les juge? Ne comprennent-ils pas qu'en voyant le Gouvernement de M. Brisson, après le Gouvernement de M. Méline, se faire le complice supérieur de tant d'ignominies et de hontes, tous les peuples, amis ou ennemis, sont prêts à englober dans une même condamnation toute la nation française, en dépit des protestations qui surgissent de toutes parts contre la lâcheté du Gouvernement?

Comment M. Brisson explique-t-il que son Gouvernement ait fait relâcher Esterhazy, espion, escroc et faussaire, d'ailleurs toujours décoré de cette Légion d'honneur dont M. de Pressensé est indigne? Cela pour permettre à ce misérable d'aller à l'étranger déverser sur les chefs de l'Etat-Major des accusations dont quelques-unes sont prouvées, et dont les autres ne sont que trop vraisemblables, mais qui, produites dans ces conditions, ne peuvent plus être contradictoirement tirées au clair?

Comment M. Brisson explique-t-il que son Gouvernement ait soustrait le faussaire Henry au châtiment des lois en lui *fournissant le moyen d'un suicide par ordre* qui équivaut à un assassinat? Crime si bien couvert par le Cabinet actuel, depuis le départ de M. Cavaignac, qu'on n'a osé publier ni le procès-verbal d'aveux, par crainte des mensonges trop apparents, ni le procès-verbal d'autopsie, précédé du récit des *circonstances du séjour du colonel Henry au Mont-Valérien*.

Comment M. Brisson explique-t-il que son Gouvernement n'ose pas poursuivre du Paty de Clam, faussaire, et probablement complice d'Esterhazy pour les faits d'espionnage, comme il l'est certainement pour le crime de faux?

Comment M. Brisson explique-t-il que son Gouvernement n'ose pas frapper Feuilloley et Bertrand, par qui Esterhazy et du Paty de Clam sont libres et narguent les lois?

Comment M. Brisson explique-t-il que son Gouvernement ait commis l'acte infâme de livrer Picquart innocent aux basses vengeances de l'Etat-Major, et de laisser, pour cela, mettre la main sur le pouvoir civil par un soldat révolté?

Et si M. Brisson ne peut pas expliquer ces choses autrement que par la scandaleuse faiblesse d'un Gouvernement sans courage, qui, se promettant de faire le bien, voit le mal et le fait par simple manque de cœur, je puis tout au moins lui dire pourquoi les criminels qui le terrorisent exigent de lui ces actes dont le poids sera sur sa mémoire.

On a fait acquitter Esterhazy par un conseil de guerre, — car la vérité de la parole de Zola éclate aux yeux de tous aujourd'hui — on l'a sauvé, avec son complice du Paty de Clam, par la criminelle complaisance de Feuilloley et de Bertrand, aidés de la complicité d'une Chambre d'accusation à tout faire, parce que le procès du traître c'était la condamnation de Boisdeffre et de l'Etat-Major.

Les suicides de Lemercier-Picard et de Henry avaient le même but: sauver Boisdeffre et son Etat-Major, pépinière de Jésuites, comme disait Billot lui-même.

Les poursuites contre Picquart, qu'en attendait-on, sinon le même résultat, toujours? Perdre le grand témoin contre Boisdeffre et toute sa bande.

Eh bien! cela ne sera pas, et ceux qui auront aidé à la perpétration de ces crimes, ou qui, y ayant connivé par faiblesse de caractère, auront reculé devant l'œuvre de réparation nécessaire, se seront deshonorés en vain. Ni Boisdeffre, ni Mercier n'échapperont aux lois, non plus que du Paty de Clam et tout le reste des faussaires. Ils avaient pour eux la conspiration de la lâcheté publique. Ils sont maintenant découverts, et tout le monde voit qu'ils spéculaient ignoblement sur les prétendus secrets d'Etat pour cacher leurs crimes. Il ne reste plus maintenant que la lâcheté gouvernementale à vaincre, et comme elle ne trouve plus d'autres arguments que les coups de bâton des argousins de l'Empire sur des prisonniers sans défense, je compte qu'il en sera bientôt fait justice. Les peuples de la terre apprendront bientôt à distinguer le peuple français des gouvernants indignes qui laissent libre carrière au crime et se ruent lâchement contre l'innocence et la vérité.

5 octobre 1898.

LXXI

Sus à Picquart!

Je vois des *malins* qui nous disent : « Vous avez la revision. Que vous faut-il de plus? Laissez donc la justice militaire éclaircir le cas de Picquart. »

Je ne demande pas mieux que de voir « le cas de Picquart » éclairci par qui l'on voudra, à la simple condition qu'il y ait pour lui des garanties de justice. Comment soutenir que des poursuites intentées au moment précis où il offre de faire la preuve du faux contre Henry ne sont pas entachées de suspicion? Surtout lorsqu'elles se compliquent de poursuites nouvelles au moment précis où, les autres accusations tombant, il faut le mettre en liberté. Surtout quand ces nouvelles poursuites constituent un acte de révolte du gouverneur de Paris, frappé, pour cette raison, d'un blâme ministériel? Est-ce là une garantie d'impartialité? Qu'on ose le dire.

Et n'y a-t-il rien de plus? Quelles sont les garanties de cette justice militaire ou civile qu'on nous vante?

Dreyfus, condamné illégalement par un acte, au compte du général Mercier, que le code qualifie de forfaiture. Esterhazy, l'espion, acquitté, et disculpé notamment d'avoir écrit le bordereau que, maintenant, il avoue. Henry, que l'on met en demeure, pour sauver les grands complices, de se réfugier dans la mort. Du Paty de Clam, arraché au châtiment, avec son complice Esterhazy, par une violation des lois que la Cour suprême met à la charge de Bertrand et de Feuilloley, qui n'ont fait qu'obéir à Sarrien, ministre de la justice de Brisson. Esterhazy qu'on laisse complaisamment partir. Du Paty de Clam non poursuivi par la justice militaire en ce qui concerne le faux pour lequel elle est compétente, ni pour la complicité d'espionnage avec Esterhazy, que dénoncent les dépositions de Gonse et de Pellieux alléguant que, seul, un officier d'Etat-Major aurait pu fournir les renseignements énumérés dans le bordereau. Enfin Mercier, Boisdeffre, qui n'ont pas encore rendu de comptes. Je ne dis rien des sous-ordres.

Et pour mettre le comble à cet amas d'iniquités, la mainmise de Zurlinden sur Picquart, par un coup de surprise du gouverneur de Paris puni d'un blâme. Et sur quelles accusations, cette violence? Sur les accusations des faussaires Henry, du Paty de Clam et autres fabricateurs du dossier destiné à perdre l'homme qui dénonça leurs crimes.

Si c'est cela que des républicains osent appeler des garanties de justice, il faut bien reconnaître que leur République est, dans l'échelle des Gouvernements, fort au-dessous du régime de la Bastille. Tous ces doucereux radicaux qui feignent de ne pas comprendre, et réclament pour Picquart « les garanties de la justice militaire », ne sont dupes qu'à bon escient, sachant que c'est par Picquart que la revision se fait, malgré eux, et que les crimes des faussaires, préparateurs de nouveaux Sedan, sont découverts.

Nous ne l'oublions pas, nous. C'est contre les accusations de ces criminels que le colonel Picquart aujourd'hui est obligé de se défendre. La justice civile l'a livré lâchement, et Brisson ayant blâmé Zurlinden (sans avoir même le vulgaire courage de mettre son blâme au *Journal officiel*), laisse l'acte par lequel Zurlinden est blâmé porter ses conséquences. Picquart est au secret, malgré la loi, et Brisson laisse faire.

Picquart est maintenu devant la justice civile, mais son avocat ne peut communiquer avec lui, malgré la récente loi qui lui en confère le droit formel, et Brisson laisse faire. Picquart se voit refuser le même traitement qu'Esterhazy, espion, escroc et faussaire, qui comparut en liberté devant ses juges, et Brisson laisse faire.

Un commissaire du Gouvernement, parlant au nom de Brisson lui-même, va se lever, un de ces jours, pour demander compte à Picquart d'avoir, étant chef du bureau des renseignements, découvert un espion qui avait de hautes amitiés dans l'Etat-Major. Et il faudra que Picquart se défende. Et s'il arrive jamais que des militaires, après avoir acquitté Esterhazy, traître aujourd'hui avéré, frappent le bon soldat dont le crime est de s'être mis en travers de la trahison, il y aura peut-être encore dans nos rues des hommes ornés de galons et de panaches, il n'y aura plus d'armée, puisque la trahison sera impunie et le plus loyal service à la patrie rémunéré de châtiments. Il y aura peut-être encore dans des chambres de Ministères des fantoches pleurards qui se croiront gouvernants, il n'y aura plus de Gouvernement, puisque au-dessus des braillards « patriotes » qui acclament un traître, personne ne se trouvera pour rappeler tous ces défaillants au devoir, et les y contraindre par la loi quand ils le rendent nécessaire.

La loi, qui donc y songe? M. Manau peut-être, et les juges de la Cour de Cassation, avec lui. Nous avons besoin de le croire. Car c'est, dans le désordre actuel, le suprême recours. Mais les ministres? Mais le reste des juges? Le bref sommaire que j'ai donné de leurs méfaits montre qu'ils n'ont eu d'autres soucis dans cette affaire que de violer la loi pour protéger le crime et torturer l'innocence. Faut-il excepter M. Brisson? Peut-être. Mais que servent ses oraisons laïques, puisque, chef d'État, il lui manque tout simplement le courage de faire son devoir, ou même la simple volonté de se faire obéir.

A l'heure présente, encore, qu'imagine Sarrien? De dessaisir Bertulus de la plainte Christian Esterhazy. Pourquoi? Pour l'unique raison que Bertulus s'est montré juge indépendant et probe, et que Sarrien, qui suit l'impulsion de Félix Faure, veut encore une fois protéger Esterhazy, l'espion, l'escroc, le faussaire? M. Brisson sait-il cela? Peut-être oui. Peut-être non. Qu'importe? puisqu'il laisse faire. Quand on a livré Picquart à ses tortureurs, les pires monstruosités deviennent des vétilles.

Il y aura cependant une issue à toutes ces infamies. Par respect pour mon pays, je n'en veux pas trouver d'autre que la justice pure et simple : j'entends la justice pour tous. Pour commencer, une note publiée dans divers journaux nous montre le juge instructeur de l'affaire Picquart en voie d'opérer une retraite savante. On nous dit que les «accusations de faux, pour le *petit bleu*, avaient été abandonnées ». Vraiment! quelle surprise! Comment! Picquart n'avait pas conçu le noir dessein de calomnier ce pauvre Esterhazy? Et l'on s'en apercevrait aujourd'hui seulement?

Aurait-on fini par comprendre que l'on expose les accusateurs à se voir démentir, avec preuves à l'appui, par l'auteur véritable de la pièce authentique? Il a fallu du temps pour ouvrir ces intelligences rebelles.

Mais vous n'imaginez pas, je suppose, que le colonel Picquart en puisse être quitte à si bon compte. Non, non. Après le *petit bleu*, un autre tour. « Il existerait contre le colonel tout un dossier **autrefois rassemblé par le colonel Henry,** *et dont* **l'authenticité** *est aujourd'hui en discussion.* »

Ça, vraiment, c'est le bouquet. Un dossier rassemblé contre Picquart par le principal faussaire, qui avait déjà tripatouillé le *petit bleu* au moyen d'un grattage! Ça doit être des faux de l'année de la comète. Et le plus curieux c'est que le juge instructeur a des doutes, paraît-il, sur l'authenticité. Je parie qu'il va consulter des experts. A la rescousse toute la troupe des grotesques, Couard, Varinard, Belhomme, tous ceux qui ont découvert que l'écriture d'Esterhazy n'était pas d'Esterhazy. Paraissez, sinistres pantins! Après avoir aidé à sauver le traître, venez faire condamner le soldat qui veut sévir contre la trahison.

Jusques à quand, Brisson....?

6 octobre 1898.

LXXII

Le dossier Dreyfus.

Tout le monde sait aujourd'hui qu'en dépit des finesses de M. Sarrien, M. le procureur général Manau se prononce pour la recevabilité de la demande en revision du procès Dreyfus. M. le président Lœw, après avoir étudié le dossier, vient de désigner le rapporteur. Qu'y a-t-il dans ce dossier? Grand mystère!... depuis longtemps percé à jour.

Il y a d'abord le bordereau qu'un premier conseil de guerre a attribué à Dreyfus, sur la foi du fou Bertillon qui trouve la preuve de la trahison de Dreyfus dans deux lettres de son frère, l'une sur un fusil de chasse, l'autre sur une émission financière. Un second conseil de guerre, qui ne s'est pas moins illustré que le premier, a déclaré, sur l'autorité d'experts non moins bizarres, que le bordereau, aujourd'hui reconnu pour sien par Esterhazy lui-même, n'était pas de celui qui s'en avoue l'auteur. Les deux expertises, d'ailleurs, se contredisent l'une l'autre, puisque la première attribue la pièce incriminée à l'écriture naturelle de Dreyfus et l'autre à un décalque de l'écriture d'Esterhazy. Si bien que M. Cavaignac lui-même, voulant établir devant la Chambre la culpabilité de Dreyfus, a mieux aimé fonder son argument sur une pièce absolument suspecte qui s'est trouvée le faux le plus grossier, plutôt que d'invoquer le bordereau que chacun sait maintenant avoir été écrit par l'espion Esterhazy au service de l'Allemagne.

Il est universellement admis aujourd'hui que le seul document sur lequel ait été *légalement* condamné Dreyfus est une preuve de trahison à la charge d'Esterhazy. Seulement, c'est Dreyfus qui a été condamné — à preuve qu'il est encore au bagne — et Esterhazy disculpé, lequel se trouve actuellement en villégiature à Londres. Voilà deux sentences de conseil de guerre qui ne sont pas faites pour inspirer une confiance aveugle dans les arrêts de la justice militaire. Qu'en penses-tu, Sarrien, défenseur de « l'armée »?

A côté du bordereau, nous trouvons la pièce fameuse : « Ce canaille de D... » On se souvient que Picquart offrit à Brisson de lui prouver que ce document ne s'appliquait pas à Dreyfus, en même temps qu'il établirait la fausseté des pièces affichées par les soins de la Chambre unanime sur toutes les murailles de France. Cette démonstration était bien superflue, car l'ambassadeur Tornielli, non seulement avait donné à M. Hanotaux la parole d'honneur de son roi que les documents Henry étaient des faux, mais il avait également remis à ce même Hanotaux une lettre du colonel Panizzardi affirmant sur l'honneur que la pièce : « ce canaille de D... » **concernait un civil**, qu'il nommerait s'il était besoin. Henry lui-même avait reconnu, au procès Zola, que le document ne s'appliquait pas à Dreyfus. Il a fallu M. Cavaignac pour maintenir au dossier la pièce répudiée même par le faussaire.

Comme il est inadmissible, d'ailleurs, que M. Hanotaux ait gardé ses informations pour lui-même, puisqu'il s'était engagé à ne pas se servir de ces pièces (moyennant quoi, d'ailleurs, le Gouvernement en a fait usage tout de même), nous sommes bien forcés d'admettre que le renseignement en fin de compte est tombé dans l'oreille de M. de Boisdeffre, réceptacle suprême de tous les mystères. Donc, M. Cavaignac, au moins, savait à quoi s'en tenir, et l'idée qui lui vint de faire à ce propos arrêter Picquart par Brisson méritera peut-être un jour quelques explications de sa part. Quoi qu'il dise d'ailleurs, je doute que la responsabilité de Boisdeffre s'en trouve diminuée. Je lis dans les gazettes que notre ancien chef d'Etat-Major est malade. Je n'ai point de peine à le croire. Qu'il se soigne, car, s'il y a encore une justice en France, des juges auront sans doute bientôt des questions à lui adresser sur toute cette affaire.

En tout cas, il est maintenant établi :

1º Que le bordereau, pièce officielle sur laquelle fut *légalement* condamné Dreyfus, ne peut plus être mis à sa charge ;

2º Que la pièce : « Ce canaille de D... », sur laquelle fut *illégalement* condamné Dreyfus, dans le mystère de la Chambre du conseil, concernait un autre personnage.

Nous voici maintenant au point où l'affaire se corse. Des généraux, Billot en tête, et Cavaignac, quasi civil, et Zurlinden en queue, n'ont cessé d'affirmer qu'ils croyaient Dreyfus coupable. Si je pensais que de leur part c'est un mensonge pur et simple, je le dirais sans le moindre détour en dépit des gros yeux de Sarrien. Mais je ne le crois pas, et je le dis avec une égale franchise. Il est bien certain que Billot mentait quand il a dit quatre fois à la Chambre que Dreyfus avait *été légalement* condamné. Mais Billot était connu pour mentir, dans toute l'armée, et lui excepté, ainsi qu'un autre grand personnage dont le vrai rôle n'est pas encore connu, je crois que les autres ont parlé dans la sincérité de leur inconscience.

Ces braves gens sont sans doute de forts grands militaires : je ne demande qu'à le croire. Mais dans le grand concours des hommes dépourvus de tout sens critique, ils ont incontestablement droit à la grande médaille d'or. Cavaignac, le moins militaire de tous, a donné sa mesure, et l'admirable c'est qu'aujourd'hui encore il ne veut pas se rendre. Sur quels simili documents basent-ils leurs croyances ? C'est là la question qui se pose. Ils n'ignorent pas qu'en outre de la pièce : « Ce canaille de D... », deux ou trois autres pièces sans valeur font également partie du « dossier secret de Dreyfus ». Ce sont des râclures de tiroirs, des pièces qui dormaient dans des liasses poudreuses, ne se rapportant à rien que l'on sût. On les a mises là pour faire nombre. Henry lui-même, faussaire et *gratteur* du *petit bleu*, n'en a jamais rien pu tirer. Je ne m'y arrête donc pas.

Seulement, depuis 1894, le dossier Dreyfus s'est enrichi remarquablement — et c'est là le plus beau de l'affaire. Toutes les preuves que l'on avait contre Dreyfus quand on l'a condamné, sont reconnues aujourd'hui pour être sans valeur. Mais depuis, oh ! depuis la condamnation, les preuves abondent. Il n'y a que deux ou trois pièces au dossier Dreyfus, disait Henry. M. Cavaignac en a compté mille, et quand je pense à l'officine d'où elles viennent, je trouve que ce n'est guère.

Voyez plutôt comment le problème se pose. Voici des gens qui ont condamné un homme au bagne, sans preuves certaines, et grâce à une violation de la loi. Le vrai coupable est libre. Il a de hautes amitiés dans l'Etat-Major. Depuis l'instruction Bertulus, c'est même des complicités qu'il faut dire. Si du Paty de Clam a fait des faux pour sauver Esterhazy de Picquart, c'est qu'il avait des raisons pour cela, et tout semble indiquer qu'il lui avait fourni les renseignements nécessaires pour fabriquer le bordereau. Tels sont les intérêts aux prises.

Derrière ces personnages de premier plan, imaginez tout un monde de haut et de bas espionnage travaillant dans l'ombre à fournir des documents vaille que vaille, obtenus par des moyens généralement réprouvés de la morale vulgaire. On n'arrive guère à faire le métier d'espion qu'après une série de *cascades* dans la vie, où l'on a laissé le plus clair des scrupules communs : je parle des espions *comme il faut* aussi bien que des autres. Il ne faut pas attendre de cette tourbe aristocratique ou plébéienne autre chose qu'un immense désir de fournir, par n'importe quels moyens, de la matière achetable, c'est-à-dire des papiers capables de satisfaire l'acheteur. L'acheteur, c'est l'Etat-Major, ou, en d'autres termes, des soldats parfaitement inaptes à la critique documentaire, et disposés à payer d'un bon prix toute pièce qui, *à flair d'artilleur*, paraît avantageuse. Or ces pièces, il faut le dire, ne sont pas faciles à se procurer, car le patriotisme les défend des deux parts, soutenus des lois draconiennes dont l'application entraîne un châtiment pire que la mort, l'éternel déshonneur.

Pourtant il faut avoir quelque chose à vendre. Quand on ne peut pas se procurer le document authentique, on rédige des notes, on rapporte des conversations qu'on interprète. Mais ce ne sont là que des misères.. C'est *le document* qu'on paye. Il faut avoir le document. Eh bien! on l'a, et pour l'avoir, on le fabrique quand on ne l'a pas.

La tentation en est d'autant plus grande, chez des hommes à scrupules perdus, que les moyens de fabrication ont acquis des perfectionnements singuliers, en ces derniers temps, grâce au progrès de la chimie et de la photographie. Et ce qu'il y a de pire, c'est que les faussaires jouent à coup sûr, puisque le prétendu secret d'Etat sauve leurs faux du contrôle des critiques éclairés. Secret d'Etat, cela répond à tout. « J'ai la conviction », jure le général, très capable de commander un mouvement tournant, mais absolument hors d'état de faire la critique d'une pièce d'écriture. « Vous entendez, s'écrient les imbéciles en chœur, le général a la conviction. Allez-vous dire que c'est une canaille? » Non. Je dirai simplement que c'est un général, un homme incapable de juger de l'authenticité d'un document, parce que ce n'est pas son métier, ou un sombre dadais, comme M. Cavaignac qui s'est fait moucher par Anatole France, à ce propos, de la plus jolie façon.

Le secret d'Etat couvre tout, et les faussaires se savent, sauf accidents imprévus, à l'abri du châtiment. Bien plus, ils en fabriquent, des secrets d'Etat, et les introduisent dans leurs faux pour soustraire les pièces aux investigations trop curieuses. N'a-t-on pas vu cette chose infiniment comique : M. Cavaignac déclarant à la tribune qu'il ne pouvait lire dans son intégralité le faux de Henry à cause des secrets d'Etat qui y étaient contenus? Aurait-on jamais cru que la bile noire de M. Cavaignac pût jamais aboutir à ce degré de farce tabarinesque?

Je viens de montrer, en un bref raccourci, les ouvriers du dossier secret. Il me reste à parler des metteurs en œuvre et à dire, sans réticences, ce que je sais du morceau capital; les prétendues lettres de l'empereur d'Allemagne. C'est ce que je ferai demain.

7 octobre 1898.

LXXIII

Encore le dossier Dreyfus.

J'ai montré comment les espions de l'Etat-Major étaient fatalement conduits à passer du rôle de fournisseurs de documents au rôle de fabricateurs, et j'en ai donné pour principale raison l'incapacité de critique chez l'acheteur, et la sécurité offerte par le secret d'Etat aux faussaires.

L'incapacité de critique est prodigieuse, en effet, si nous en jugeons sur ce que nous avons vu de l'Etat-Major. Il est à peine croyable que nos grands capitaines aient mis deux ans à découvrir un faux fabriqué sur deux papiers différents collés ensemble. Il a fallu tout ce temps pour reconnaître la juxtaposition de deux feuilles dissemblables. Sans cette maladresse du faussaire, le faux serait encore ignoré et Cavaignac et la Chambre continueraient de se porter garants de l'authenticité de la chose.

Maintenant il faut dire que tout le monde ne s'y trompe pas aussi facilement que M. Cavaignac. S'il y a eu des fabricateurs de faux, favorisés par l'incapacité de critique et le secret d'Etat, il y a aussi des indulgences, et, pour dire le mot, des complicités. C'est la pente sur laquelle glissa Henry jusqu'à devenir fabricateur lui-même.

Un document est incomplet, en raison d'un accident quelconque, on le *reconstitue :* c'est le commencement. On admire la *reconstitution* qui a tous les caractères de l'original. Des pensées surgissent en des

cerveaux obscurs. On entend répéter de toutes parts :
« C'est tel document qu'il nous faudrait. Nous l'aurions déjà si nos agents étaient habiles. Ah ! si nous avions la preuve — mais là, topique — de la culpabilité de Dreyfus, avec son nom en toutes lettres, nous la payerions un bon prix, n'est-ce pas ? » Et quand on a dit cela assez longtemps, voilà le document qui arrive. On le tient. On l'a payé cher, en raison des difficultés fantastiques que rapporte l'informateur, dont l'histoire est acceptée sans contrôle.

Oui, on l'a entre les mains ce papier tant désiré, tant appelé, et l'on ne va pas perdre son temps peut-être à lui faire subir un examen minutieux, qui pourrait donner des armes aux *adversaires*. Car il ne s'agit plus de la vérité impartiale, mais d'une cause dont on est le champion, et dont il faut tenir tous les *critiqueurs* pour adversaires. Et, dès qu'on est dans cet état d'esprit, on est mûr pour tout accepter, yeux fermés, sans vouloir rien connaître des objections qui se présentent.

Et si quelqu'un vous crie : « Vous avez un faux entre les mains », comme il est arrivé pour les documents Henry, qu'on s'était bien gardé de montrer à Picquart, on passe outre en s'excusant par cette parole de prétendu patriotisme : « C'est un ennemi qui parle, donc il ment. » Et l'on va mentant soi-même, en argumentant sur un faux, jusqu'au jour où le public apprend avec stupeur que les chefs de l'Etat-Major savaient à n'en pas douter que les faux étaient des faux, et où l'on voit des ministres eux-mêmes, comme cet imbécile de Rambaud jusque dans ses rectifications, confesser le crime.

Et qu'est-ce encore que tout cela quand sous cette mentalité débile se cache l'effrayant combat de toutes les puissances d'oligarchie résumées en la force brutale, qui se prétend justifier par la mission reçue d'une théocratie souveraine ? Que faire contre toutes les puissances du monde quand on ne représente rien que la liberté de l'esprit humain, le droit de la vérité

16.

sans défense ? N'est-ce pas merveille lorsque, dans la lâcheté générale des défenseurs attitrés de la justice et de la vérité, il suffit de quelques hommes résolus pour faire reculer le monstre ? Je dis reculer seulement, car la bête n'est pas vaincue, et l'affaire Dreyfus, avec ses deux dramatiques corollaires, l'affaire Esterhazy et l'affaire Picquart, n'est qu'une scène du drame immense où se déroule la lutte de l'esprit libre contre l'aveugle troupeau des consciences asservies.

Il ne faut pas moins que ces considérations sommaires pour arriver à comprendre l'état d'âme des malheureux qui composèrent et fabriquèrent au besoin le dossier ultra secret destiné à prouver *après coup* que Dreyfus, condamné illégalement, et injustement — puisque les pièces du huis clos et celles du dossier secret sont désormais reconnues sans valeur — était néanmoins coupable, et qu'il n'y avait pas lieu de refaire un procès manifestement fâcheux pour l'Etat-Major.

Le dossier du huis clos et le dossier secret sont percés à jour, il en fallait un autre définitivement convaincant, cette fois. Ainsi fut fait le dossier ultra secret, dont le faussaire Henry, au procès Zola, ne parla qu'avec des réticences infinies. Quand un faussaire de marque est détenteur de secrets d'Etat auxquels il a de sa main travaillé, il a de ces pudeurs.

Je ne m'arrête pas un moment aux mille pièces de M. Cavaignac. Pour que cet ingénu les ait écartées d'un geste si dédaigneux, il faut que ce soit bien maigre chère. Des *ragots* d'agents et de sous-agents. De petits faux sans importance. Il faut savoir gré à l'Etat-Major de n'en avoir pas acheté davantage. Chasles payait bien, argent comptant, à Vrain-Lucas des autographes de Madeleine à Jésus !

Dans le dossier ultra secret, à vrai dire, il n'y a qu'un morceau qui compte, un morceau de roi : les lettres de l'Empereur Guillaume. On sait aussi que M. Millevoye, après avoir reçu les confidences de l'Etat-Major, raconta la chose en mystère à une réunion d'un millier de citoyens. On sait aussi que M. Rochefort, après la visite du commandant Pauffin de Saint-Morel, à lui député par M. de Boisdeffre, fit part à ses lecteurs de ce grand secret d'Etat. C'étaient des lettres de l'empereur d'Allemagne à Dreyfus. Tout s'y trouvait, la trahison, la récompense promise d'une place dans l'Etat-Major de l'empereur allemand. Un régal. Voilà des preuves ! L'ennuyeux, c'est que l'empereur, ayant donné sa parole que Dreyfus n'avait été, ni directement ni indirectement, au service de l'Allemagne, ces preuves le convainquaient de mensonge. Alors, c'était la guerre, la boucherie de Pellieux. Tous nos matamores reculaient à l'idée de ne plus se trouver seulement en face de foules désarmées. On pense bien que le gouvernement s'empressa de démentir cette histoire. Mais Millevoye et Rochefort, qui avaient leurs renseignements de source sûre, n'en voulurent point démordre et eurent aisément le dernier mot.

Nous en sommes toujours là. Je n'en saurais pas plus long moi-même, si je n'avais, cette année, rencontré en Suisse quelqu'un qu'un lien de parenté très proche avec un gros bonnet du quai d'Orsay avait mis à même de connaître certains détails dans cette affaire. On ne m'a point demandé le secret. J'ai seulement promis de ne point nommer mon auteur. L'événement, d'ailleurs, montrera bientôt que mes informations sont sûres.

D'abord, il n'y a point au dossier de lettres de l'empereur. On a parlé à Millevoye et à Rochefort de lettres de Guillaume à Dreyfus pour pouvoir nier sans mentir, tout en mentant. On voit que la Compagnie de Jésus a passé par là. Il y a des *photographies de lettres de Guillaume II, au comte de Münster*, où il est question de Dreyfus, bien entendu. On ne comprendrait pas que le *Kaiser* écrivît à son ambassadeur sans parler de leur ami commun. C'est Hanotaux qui s'est procuré ces *documents* précieux. L'historien de Richelieu en est à ce degré de sottise de croire que

Guillaume écrit à ses ambassadeurs pour leur parler espionnage ! Il est vraiment fâcheux pour la France d'avoir des *hommes d'Etat* si bêtes.

Bien entendu, on n'a pas les originaux pour la bonne raison qu'ils n'ont jamais existé. Comment s'est-on procuré les photographies ? On a fait là-dessus à ce nigaud de ministre un conte à dormir debout, dans le genre de celui que le *Daily News* a gravement narré l'autre jour. Et Hanotaux l'a cru, et il a donné vingt-sept mille francs de notre argent pour des papiers qui ne valent pas vingt-sept centimes. Et ce malheureux n'a pas eu la pensée que rien n'était si facile aujourd'hui que de fabriquer ces sortes de photographies, le procédé étant connu de tous, comme celui qui permit récemment à un autre faussaire de l'Etat-Major de fabriquer des fausses photographies de Picquart trahissant la France à Carlsruhe. Maintenant, pour excuser ce degré peu commun de stupidité, même chez un ministre, il faut dire que les fausses photographies sont d'un *artiste*, c'est mieux que du Norton. Il paraît que toutes les lois du protocole y sont observées. Hanotaux y a fait regarder — avant ou après l'achat, je l'ignore — par des professionnels, qui ont constaté que ces lettres étaient bien suivant les règles de l'étiquette allemande. Il n'y a pas d'argot. Guillaume n'appelait pas Münster « ma vieille branche ». Cela parut à Hanotaux décisif. Voilà le document le plus sérieux qu'on ait transmis à la Cour de Cassation. Jugez des autres ! On demande l'expertise d'Anatole France, de qui M. Cavaignac reçut, pour les faux de Henry, une si belle tournée d'étrivières.

Et c'est pour cacher ces faux ridicules qu'on nous menace de la guerre. Hanotaux, Cavaignac et Boisdeffre nous mesurent à leur taille. Si Guillaume a menti, hâtons-nous de le discréditer devant tous. Il perdra de ce coup toute autorité pour nous nuire, aussi bien vis-à-vis de son peuple qu'au regard de l'Europe elle-même. Sinon, faisons justice des faussaires et des dégénérés de tout ordre qui ont entrepris de gouverner la France par le crime.

8 octobre 1898.

LXXIV

Le colonel Picquart.

Le Courrier du Soir publie la note suivante, qui semble d'origine officieuse :

Un accord prochain est considéré comme fort probable, les autorités militaires n'étant pas éloignées de s'incliner devant la thèse juridique qui leur est opposée en l'espèce, à savoir que les lois civiles doivent suppléer au silence des lois militaires. Cette règle sera applicable au cas actuel du colonel Picquart.

M. le général Zurlinden, entre autres, serait disposé à accepter cette interprétation.

Il est juste de dire, d'ailleurs, que M. le gouverneur militaire de Paris s'applique à introduire plus d'esprit de conciliation dans ses rapports avec les pouvoirs civils, qui ont pu en avoir la preuve dans l'exécution des mesures prises pour assurer l'ordre au cours de la grève des terrassiers.

La levée du secret sera une première satisfaction donnée à la loi, qui a été manifestement violée par le parquet militaire. La rébellion du général Zurlinden contre son Gouvernement n'en restera pas moins à son compte, ainsi que le blâme dont il a été frappé.

Actuellement, ces deux questions se trouvent posées par les faits à M. Brisson :

1° Est-il admissible qu'un acte blâmable et *blâmé* du gouverneur de Paris suive ses conséquences au détriment de celui contre lequel il fut commis?

2° Est-il admissible que le colonel Picquart, par qui la revision se fait à cette heure, poursuivi pour avoir offert de démontrer qu'un faux était un faux, et pour avoir, dans l'exercice de ses fonctions, dénoncé comme espion Esterhazy dont la trahison est aujourd'hui reconnue, soit traité moins favorablement par la justice militaire qu'Esterhazy lui-même, qui comparut en liberté devant ses juges, et fut bien fâcheusement pour ladite *justice*, acquitté, embrassé, acclamé, quoique escroc, quoique faussaire, quoique traître?

M. Brisson médite depuis quinze jours là-dessus, et n'a pu trouver la réponse. Si j'en crois *le Journal des Débats*, la cause en serait que la nouvelle du *Courrier du Soir* n'est pas confirmée par l'autorité militaire qui ne veut pas se relâcher d'illégales rigueurs où Esterhazy et du Paty de Clam trouvent leur revanche.

Je croyais que M. Brisson nous avait promis la suprématie du pouvoir civil sur le militaire.

9 octobre 1898.

LXXV

Une préface[1].

La question que les événements ont posée devant le

---

[1] Préface de M. Clemenceau au livre de M. Paul Brulat : *Violence et raison*, publié chez Stock, éditeur.

peuple français est la suivante : un homme peut-il être jugé contrairement aux lois?

Cela paraît simple, et tous s'empresseront de dire que la réponse ne peut pas être douteuse. Aussi longtemps, en effet, que des hommes n'ont à se prononcer que sur des principes abstraits, il n'est rien de si aisé que de les mettre d'accord. Les faits, seulement, dérangent tout. Nos préjugés d'égoïsme, nos passions d'ignorance violente, dès qu'il s'agit de réalités humaines ayant leur répercussion sur chacun de nous, viennent fâcheusement troubler le bien platonique abondant en nos discours.

Supposez que, l'humanité éteinte sur la terre, un savant tombé d'une autre planète, veuille reconstituer la psychologie des peuples d'après ce qu'ils appellent leurs croyances. Lisant notre évangile, contemplant les innombrables temples consacrés au culte du Verbe de justice et de bonté, il aura bientôt fait d'en conclure que nous fûmes une nation suffisamment éprise d'universelle charité pour écarter au moins, de ses actes publics, toute manifestation trop évidente d'injustice et de cruauté.

Quel émerveillement, s'il apprenait combien de tortures, de supplices, de bûchers, de massacres isolés ou en masse, ont été, depuis dix-neuf cents ans, le résultat des sublimes paroles de paix tombées du haut de la montagne! Et quelle stupéfaction encore, s'il découvrait qu'après ces dix-neuf siècles passés, après les plus nobles prédications des grands réformateurs, après d'inouïs développements d'arbitraire féroce au nom du Dieu souverainement bon, après d'admirables révoltes de liberté ou de terribles révolutions de justice qui toutes devaient faire l'humanité meilleure, nous n'avons pas conquis une appréciable avance sur ce que nous savons des civilisations reculées où florissaient, sous le voile changeant de toutes les religions connues, les axiomes d'idéale bonté que notre machinal christianisme répète chaque jour tout en s'accommodant des faits cruels qui sont la trame de la vie.

C'est l'histoire de tous les peuples de la planète. Quelques Dieux qu'il adore, et de quelque philosophie qu'il se réclame, l'homme d'abord a besoin de se dire bon, et même en dépit de ses actes implacables, de le croire.

Universelle doctrine abstraite, universellement déformée par l'action ! Revanche féroce du *moi* sur l'idéalisme du rêve dont nous attendons d'abord la réalisation... des autres.

Il n'y a probablement pas de pays où les principes de générosité sublime aient une plus remarquable littérature qu'en France. Sur le fonds chrétien tout de sacrifice et de pacifique bonté, a fleuri depuis cent ans et plus, une religion laïque de « droits de l'homme » et de justice générale entre les humains que nous avons répandue dans le monde et dont nous nous vantons comme de notre éternelle gloire. L'Eglise et la société civile sont en guerre : interrogez-les. Dès les premiers mots vous apprendrez que c'est pour atteindre d'abord cette fin identique : la propagation de la plus grande somme de bien possible sur la terre. C'est au nom de l'amour des hommes que le croyant et l'incroyant s'entretuent. Dans tous les camps nous ne péchons, semble-t-il, que par excès d'aimer.

Au système de l'Eglise qui est, dit-elle, de donner tout et plus encore, d'aider, de secourir le faible dans le malheur, nous avons ajouté la construction superbe de la Révolution française où les droits de chacun sont garantis, sous des peines sévères, par des lois que célèbrent tous ceux qui les appliquent, à défaut de ceux qui en subissent l'effet.

Interrogez un Français sur ses Codes, dont d'ailleurs il ne connaît rien, le plus souvent, il vous dira, — sauf le cas où il en aurait préalablement pâti — que c'est la merveille du monde. Et, de fait, ce ne sont partout, en alinéas sentencieux, que strictes volontés de justice, que protection rigoureuse des personnes et des biens en vue d'assurer à tous la sécurité, l'honneur, la liberté, la vie. Tout est prévu, tout est réglé. Vous ne pouvez pas empiéter sur le droit d'autrui sans souffrir. Et quiconque vous porterait l'atteinte la plus légère, se verrait tout aussitôt arrêté dans son entreprise par un juge.

C'est admirable. Surtout quand la religion se présente pour suppléer aux imperfections de la législation humaine, et quand le gouvernement populaire nous offre, pour remédier aux défaillances de la religion elle-même, la sanction infaillible de l'opinion publique, puissance souveraine de la terre : *Vox populi, vox Dei*.

Et voilà qu'au stage le plus avancé de la civilisation européenne, dans le pays qui se vante des plus généreuses pensées, chez le peuple qui a donné le plus de sang et qui a dépensé le plus de rhétorique pour la justice et pour la liberté, à ce point qu'il ne peut vivre sans en voir au moins les noms sur les murailles, cette question tout à coup s'est posée : Un homme peut-il être jugé contrairement aux lois ?

Notez qu'on n'a jamais cessé de nous représenter la loi comme l'impartiale garantie de la justice, et que, la garantie disparaissant, la justice s'évanouit pour faire place aux sauvageries de l'arbitraire. Observez encore que priver un homme du bénéfice de la loi, c'est en frustrer quiconque, puisqu'il n'y a plus, dès lors, ni sécurité ni sauvegarde pour aucun des membres de la République. Il semble donc, comme je disais, que la réponse ne peut pas être douteuse.

La religion, qui est indulgente au coupable et ne saurait vouloir que l'innocence soit persécutée, réclamera au nom de la justice et de la charité qui ne se peuvent méconnaître, suivant elle, sans exposer l'offenseur aux châtiments divins. Les pouvoirs constitués pour empêcher le crime ne permettront pas que le crime s'accomplisse. Les hommes qui font la loi ne toléreront pas que la loi soit violée, ceux qui l'interprètent défendront le noble privilège de cette règle suprême, ordonnatrice des sociétés humaines. Ceux qui la font exécuter, glorieux de ce beau nom : « Soldats du droit », ne voudront pas descendre au rang des bas exécuteurs d'une brutalité barbare. Enfin l'opinion souveraine qui tient tout ce monde sous sa domination, comprenant que le droit lésé dans un, c'est le droit lésé dans tous, défendra son autorité méconnue, et, de son verbe souverain, fera rentrer chacun dans la juste obéissance.

C'est ce qui devait arriver conformément à toutes les conclusions de la logique inductive et déductive. Hélas ! Pour le malheur de l'art de raisonner, nous avons vu tout justement le contraire.

La religion a laissé juger contre la loi. Que dis-je ? Elle y a poussé, en arguant que la loi ne pouvait pas être faite pour un homme qui adorait Dieu suivant des rites différents de ceux de l'Eglise catholique romaine. Et pas une parole d'humaine charité n'est venue du clergé séculier ou régulier, institué pour nous donner l'exemple des vertus et nous recommander d'abord d'être charitable. Les soldats ont dit que le point d'honneur et la justice étaient deux choses différentes. Les juges n'ont point voulu juger, et se sont uniquement servis de leur puissance pour couvrir, au mépris des lois, tous les excès d'arbitraire aggravés de crimes patents. Les ministres chargés de gouverner suivant l'ordre légal se sont rués dans l'illégalité, sous le couvert des plus grossiers mensonges. Les représentants du peuple n'ont voulu représenter du peuple que l'ignorance de certains, ou les plus violents préjugés des sectaires, se refusant aux passions généreuses qui sont du peuple aussi, et répondant par des considérations électorales quand on leur demandait de témoigner pour la vérité. Enfin l'opinion publique déconcertée, stupéfaite, effarée de l'audace des hommes qui justifiaient le crime par l'intérêt prétendu de la patrie, était prête — j'ai honte de le dire — à tout laisser faire. Le croirait-on ? Tous les partis furent de la débâcle. Jamais ne se vit, pour un temps, plus complète faillite du gouvernement d'opinion.

Ces obscurcissements de la mentalité publique ne pourraient, sous peine de mort, être durables. L'horrible crise touche à sa fin. Et déjà, aux premiers rayons de lumière, nous pouvons mesurer l'effroyable danger de discrédit et de ruine où nous eût jetés une confiance aveugle en des malheureux qui ne peuvent alléguer pour excuse de leurs méfaits que la plus rare inintelligence.

Comment il arriva que, dans la défaillance de tout : clergé, Gouvernement, Parlement, groupements de partis, la liberté suffit à l'œuvre de salut, malgré les entreprises de terrorisation, nul ne peut l'ignorer, puisque l'événement est d'hier. La liberté de penser, la liberté de dire nous a sauvés du mortel péril. Un grand témoin se leva : le colonel Picquart. Il est présentement aux mains des tortionnaires. La France, reconnaissante, un jour, le voudra mettre au rang de ses héros. Un grand homme de lettres osa parler, et défier, à lui seul, tout l'effort de toutes les puissances sociales coalisées contre la justice et contre la vérité ! La gloire de Zola ne sera point marchandée. A son appel, de tous les coins de l'horizon, des esprits indépendants accoururent, et l'on vit commencer la lutte, d'abord jugée trop inégale, de l'idée libératrice, de l'idée justicière contre la brutalité du fer que le moine Didon, disciple de Jésus, veut sanglant de têtes coupées.

Je n'ai pas à prévoir les péripéties nouvelles du drame inouï qui se déroule en ce moment aux yeux de tous. Que les destinés s'accomplissent. Je veux seulement dire que parmi les bons ouvriers de la première heure, j'ai trouvé Paul Brulat, un jeune écrivain de sentiment haut et de pensée droite qui a cru, qui a voulu, qui a osé. Si j'ai accepté d'écrire ici ces quelques lignes, c'est surtout pour le plaisir de lui rendre hommage, et d'honorer en lui cette généreuse jeunesse dont quelques mécontents, déçus par des hâbleurs, ont dit qu'elle se faisait attendre. Nous l'avons vue, aux jours mauvais, nous apporter le réconfort de ses ardeurs Nous avons appris d'elle que les nobles traditions de l'esprit français ne seraient pas perdues, que le sacrifice pour l'idée était fécond encore, et qu'une réserve arrivait de pensée et d'action qui contre le mensonge et contre l'iniquité déciderait de la victoire.

Salut à l'espérance ! Nous avons autre chose à faire que de récriminer et de haïr. Il faut montrer la vérité totale aux yeux de tous. Faisons ce qu'il faut de justice pour réparer, dans la mesure du possible, les maux venus du crime, et pour en prévenir le retour, ayons un Gouvernement de lumière et de RESPONSABILITÉ. C'est une trahison de l'esprit français de dire que cela soit exclusif de l'amour de la patrie. Nos pères, glorieux, qui aimèrent la France dans l'Humanité, firent la patrie grande et belle. Pour en garder au moins tout ce qui nous est laissé, unissons-nous à eux de cœur et de pensée, marchons, sous les regards de tous, dans les voies de l'universelle justice, et rendons à l'amour des hommes la France humanitaire.

10 octobre 1898.

LXXVI

Réponse à l'Éclair.

On lit dans le journal *l'Éclair* :

Il n'y a pas, vraies ou fausses, de lettres de l'empereur d'Allemagne plus ou moins payées par M. Hanotaux dans le dossier Dreyfus.

Le journal *l'Éclair*, à qui demeurera la gloire d'avoir publié le premier faux de l'affaire Dreyfus, ne me paraît pas très qualifié pour rectifier l'information que j'ai donnée après l'avoir reçue d'une source qui rend le doute impossible.

D'ailleurs j'ai dit moi-même qu'il n'y avait pas des *lettres* au dossier, mais des *photographies*. Peut-être aussi la prétendue rectification de *l'Éclair* signifie-t-elle qu'on n'a pas versé ces *documents* entre les mains de M. le procureur général Manau, ce dont je féliciterais le général Chanoine.

En tous cas, je maintiens tout ce que j'ai dit, sans y changer une virgule. J'aurais pu même en dire davantage, si l'information plus complète n'eût été de nature à créer des difficultés au Gouvernement.

10 octobre 1898.

LXXVII

La crise.

Il y a vraiment des Français qui deviennent très bêtes. Voilà maintenant qu'on nous représente la grève des terrassiers comme une partie du plan de trahison des « dreyfusards ». Qui aurait soupçonné la *terrasse* de cette perfidie? Ai-je besoin de vous dire que le Conseil municipal est du complot? Parce qu'il s'efforce de mettre fin à la grève et de faire renaître la paix du travail dans Paris, c'est qu'il veut ressusciter la Commune révolutionnaire! Brisson est naturellement le chef de l'entreprise. Contre ces gens-là tout est permis. Par bonheur, Félix Faure, Sarrien, Zurlinden tiennent bon. Ah! les braves! Avec Hanotaux, Méline et Billot, c'est l'espoir suprême de la France, sans parler du duc d'Orléans ou du prince Victor qui sont prêts à monter à cheval derrière Boisdeffre et Cie, dès que le moine Didon leur fera signe.

La vérité est que nous sommes au plus fort de la crise. Quelques chefs militaires qui, loin de représenter l'armée, en sont la tache, tout simplement, avaient organisé le faux et le mensonge, à l'abri du prétendu secret d'Etat, afin de pouvoir disposer des hommes et des lois à leur guise. Toute tentative pour dénoncer leurs forfaits était une machination contre la patrie, car la patrie, c'était eux, et prétendre les soumettre aux lois françaises, c'était trahir.

Dans une telle donnée, ils pouvaient tout se permettre assurément, et nous voyons maintenant qu'ils ne s'en firent pas faute. L'affaire Dreyfus, un jour, paraîtra peut-être le moindre de leurs crimes, dans l'ensemble du mal qu'ils font à la patrie. Quand l'historien comparera l'effort du contribuable français pour la défense avec le résultat qu'en ont tiré certains de nos grands chefs, il faudra déchanter. Le gaspillage dans l'armée et dans la marine est au delà de tout. La Chambre pouvait y mettre un frein. Elle préfère voter l'affichage des faux pour couvrir des crimes militaires.

Souvenons-nous que le Parlement n'a pas osé demander compte de la grande fauchée de Madagascar, où l'Administration de la Guerre est responsable de la mort de six mille soldats français tués, en dehors du feu de l'ennemi, par l'incurie des *organisateurs*. Que dis-je? Ce bêta d'Hanotaux a pu écrire, en parlant de cette effroyable hécatombe, qu'il ne s'était rien vu de plus glorieux depuis les campagnes de César, et pas un député ne s'est levé pour lui jeter à la face le sang de nos soldats.

Parlerai-je de ce fameux article de *la Revue de Paris*, où l'un de nos officiers les plus qualifiés nous informe que notre meilleure forteresse ne pourrait pas tenir plus de *quelques heures* contre l'artillerie allemande, simplement parce que nous avons négligé de faire des travaux analogues à ceux qu'on a exécutés de l'autre côté des Vosges? Rappellerai-je ce général d'artillerie, promu il n'y a pas bien longtemps, dont le principal titre est d'avoir jeté ses canons dans le Song-Ki-Koï, après Langson, *sans être poursuivi par l'ennemi?*

Renverrai-je le lecteur aux suggestives brochures du colonel Humbert, du colonel Allaire, deux soldats sur qui n'a pu mordre la calomnie? Et l'idée de Félix Faure de mettre à la tête de la marine l'amiral Charles Duperré, déserteur, qu'en dire? Il faudrait des volumes, des bibliothèques pour tout raconter. N'admirez-vous pas que ceux dont la critique, si elle était écoutée, aurait pour résultat de rendre l'armée plus forte contre l'ennemi soient couramment traités de mauvais patriotes et de vendus par les malheureux cabotins qui rêvent d'une armée de cirque et hurlent que le patriotisme, après l'expérience de 1870, est de faire aveuglément confiance à l'école de Sedan? N'êtes-vous pas surtout stupéfaits qu'il se trouve encore des imbéciles pour les croire? Je vous disais bien qu'il y a des Français trop bêtes.

Le plus curieux de l'affaire, au point de vue de la psychologie nationale, c'est que, toutes les défaillances publiques du haut commandement demeurant impunies par la complicité des pouvoirs publics et l'indifférence du peuple français, quelques chefs en vinrent à penser que tout leur était permis. Ces hommes, nous avons pu juger de leur capacité mentale au procès Zola, où ils comparurent en vainqueurs, terrorisant témoins, jurés et juges, entourés de bandes qui vociféraient des menaces de mort.

Ce ne fut qu'un cri : Quoi! c'est à ces incapables (nous ne les croyions qu'incapables en ce temps-là) que sont confiées les fonctions d'où dépend le sort de nos armées! Eux, cependant, portaient beau, la main dans la main avec le traître Esterhazy, sur qui le

Van Cassel versait des larmes, et que les faux patriotes étouffaient sous leurs embrassements. Essayant de solidariser avec eux tout le corps d'officiers qui est, à proprement parler, leur victime, flagornés par les civils, vantés par l'Eglise romaine qui compte sur leur sabre pour vaincre la République française, ils parlaient haut et menaçaient de s'en aller, de nous abandonner « à la boucherie », si nous osions faire la lumière sur la façon dont il leur plaît d'administrer la justice contrairement aux lois.

Que les temps sont changés! Où êtes-vous Boisdeffre, Gonse, Pellieux, Lauth, Henry, du Paty de Clam? Et toi aussi, uhlan Esterhazy? Partis, sans que la guerre éclate, sans que la France soit anéantie! Et quelques-uns d'entre vous n'ont pas fini de rendre leurs comptes! C'est l'éternelle histoire de toutes les castes finissantes. Un jour vient où, sur un fait donné, toute l'ancienne impunité se paye. Tel est le rôle historique de l'affaire Dreyfus. Sur ce bouc émissaire du judaïsme, tous les crimes anciens se trouvent représentativement accumulés. L'expiation est en chemin. Nous avons enfin obtenu que le dossier soit remis à des juges, et voilà ce qui, du côté des criminels, ne nous sera pas aisément pardonné. Le dossier est aux mains des juges. On va tout savoir! On fera justice. Pour certains, c'est une terrible pensée. De là la rage contre Zola qui est en exil. De là le retour offensif contre Picquart qui est en prison comme ôtage. Mais Picquart et Zola triomphe tout de même, car ils feront rendre justice à Mercier, à Boisdeffre et aux siens, y compris Esterhazy lui-même, et quand ils auront fait rendre justice aux autres, il faudra bien que justice leur soit rendue.

En ce temps-là, du Paty de Clam et ses amis Bertrand, Feuilloley, Esterhazy, Boisdeffre, pour ne parler que des gros, ne feront pas une belle figure. Tant pis pour qui se solidarise avec eux!

Je sais qu'on nous menace d'un *coup* ; mot qui peut comprendre les plus abominables crimes. Il est vrai que les scélérats, en pareille occurrence, n'ont pas d'autre recours. Mais il ne suffit pas d'avoir des intentions criminelles. Il faut encore trouver des gens pour le rôle de victimes. Or, j'ai dans l'idée que ni le Gouvernement ni les citoyens ne sont d'humeur à se laisser faire.

10 octobre 1898.

LXXVIII

Cavaignac et Gohier.

On dirait que M. Cavaignac a pris la parole tout exprès, au Mans, pour justifier ce mot d'Urbain Gohier que « les éternels ennemis du peuple et de la patrie, les internationaux de Coblentz et de Rome, ont tramé ce complot : de lancer sur la nation l'armée nationale. »

Notre ancien Ministre de la Guerre, qui est un civil, s'est mis au service des passions de l'Église romaine et de la faction militaire, retour de l'armée de Condé. C'est, en effet, dans la France actuelle, la force principale contre l'idée, et il n'est pas surprenant que nos *arrivistes* de marque veuillent s'assurer d'abord le concours de ces deux puissances. M. Cavaignac ayant eu, pour son début, le malheur de faire afficher un faux sur toutes les murailles de France, vous ne pensez pas qu'il ait jamais eu la tentation d'en exprimer le regret. Tout au contraire, il réclamait le lendemain de Brisson le droit de recommencer.

Brisson refusa méchamment, et le cousin du distingué complice d'Esterhazy se trouve réduit à répandre son activité dans des discours après boire. L'autre jour il exprimait la crainte que le Ministère actuel ne recueillît que des « *déceptions* » dans sa tentative de faire la justice égale pour tous. De l'homme qui s'est porté garant de l'authenticité du faux Henry, la remarque serait plaisante si elle ne dénonçait l'incurable infatuation des esprits obturés. Tel M. Méline reprochant au Cabinet Brisson les embarras que lui ont légués les fautes, les mensonges, on peut même dire les forfaits de ses prédécesseurs.

Mais M. Cavaignac a trouvé mieux, ou pire. Il va choisir, dans toute l'armée, l'homme qui est la cause initiale de tout le mal fait à la France par l'affaire Dreyfus, l'homme qui étant Ministre de la Guerre a commis contre un de ses officiers un acte abominable que la loi flétrit du nom de forfaiture, et il ose le célébrer comme le plus haut représentant de l'armée. Ce serait un trop audacieux défi s'il n'y fallait voir l'excuse de l'inintelligence.

Vraiment on ne saurait trop admirer ce qui se passe. Le général Mercier, que nous devons comme ministre à M. Casimir-Perier qui avait admiré ses qualités de *manœuvrier* (!) dans je ne sais quelle parade, a eu une administration plutôt fâcheuse. Je ne parle pas du *flair d'artilleur* qui fit esclaffer toute la France. Si l'on veut prendre la peine de feuilleter les journaux du temps, on remarque que le général Mercier réussit à coaliser contre lui tout le monde. Monarchistes et républicains s'accordaient à le considérer comme le fléau de l'armée. Il partit dans un concert d'exécrations unanimes.

Mais voilà qu'on découvre qu'il a fait condamner un officier français, en violation des lois. Tout aussitôt revirement complet. On le considère, on le félicite, on l'acclame. A la Cour d'assises, s'il avait voulu dire, comme Billot, que Dreyfus avait été condamné *légalement*, je crois qu'on l'eût porté en triomphe. Mais il ne voulut pas mentir. Cela diminua son succès. D'ailleurs il n'exprima jamais le moindre repentir du crime commis, je veux l'admettre, par stupidité noire, et l'idée ne lui vint pas de rendre les garanties de la loi à l'homme qu'il avait atrocement frappé par derrière.

La Cour de Cassation est présentement saisie de l'affaire, et, bien que M. Sarrien n'ait pas voulu demander l'annulation pour cause d'illégalité, bientôt toute la vérité va se faire jour, et il sera publiquement constaté que le général Mercier, pour faire condamner un Juif, viola les lois élémentaires de toute justice civilisée.

Voilà le moment que choisit M. Cavaignac pour nous dire que le général qui a violé la loi et déchiré d'un coup de sabre toutes les garanties protectrices de l'honneur, de la sécurité, de la liberté, de la vie des citoyens, est l'un des plus hauts représentants de l'armée. Je dis qu'on ne pouvait pas démontrer par un plus saisissant exemple la réalité de l'entreprise que dénonce Urbain Gohier dans le merveilleux pamphlet qu'il vient de publier sous ce titre : « *L'Armée contre la Nation.* »

Gohier a accompli une évolution précisément inverse de celle où le génie de M. Cavaignac se donne carrière. Il est venu, lui, de Rome à la Révolution française, et d'emblée il s'est mis au premier rang des écrivains qui s'efforcent de faire aboutir le glorieux mouvement du dix-huitième siècle français à l'établissement de justice sociale entrevue par les grands précurseurs.

Ce qu'il y a d'étonnant dans le cas de Gohier, c'est qu'il ne veut pas être conseiller municipal, ambassadeur, député, ministre, pas même Président de la République. Non, il ne veut rien qu'écrire, et les lecteurs de *l'Aurore* savent de quelle plume il écrit. Qui n'admire sa véhémence de polémiste, son art aigu de rechercher, sous les mensonges officiels, sous les stupides préjugés dont notre bourgeoisie gavée tente de nous abêtir, le grain de vérité cachée, et, quand il a découvert ce trésor, le courage le plus difficile qui soit, celui de l'absolue probité de pensée?

Gohier a tous ces dons, avec d'autres encore, et il en fait usage ici-même, depuis une année, pour dénoncer à la nation française les exploiteurs de l'armée qui, sous prétexte qu'on doit une confiance aveugle à l'uniforme — quelques méfaits qu'il puisse cacher — préparent de nouveaux Sedans. Quel service immense à notre peuple, sous l'Empire, si quelqu'un eût pu d'avance discréditer nos grands *capitulateurs!* Gohier démasquant les menteurs, les pillards, les stratégistes qui aiguisent dans l'ombre des monastères le sabre du moine Didon-Coupe-Têtes, et ne sont capables d'actions de guerre que contre des citoyens désarmés, que fait-il sinon de provoquer les réformes qui rendraient l'armée nationale plus efficace contre l'ennemi, et mettraient à sa tête des officiers n'ayant d'autre souci, comme les généraux de la Révolution, que l'intérêt de la patrie?

Des faibles d'esprit diront : Il insulte l'armée. Ce n'est pas vrai. Il la défend. Il défend l'armée de la nation, l'armée de tous les Français, contre les factieux qui tentent de refaire l'armée d'ancien régime, au service d'une oligarchie dont le patriotisme se jauge aux actions de guerre de l'armée de Condé, auxiliaire de l'invasion allemande. L'idée qui hante Gohier c'est que les traîtres sont ceux qui, loin de renier ce passé, en préparent le retour, soit que l'esprit de classe les emporte comme autrefois aux crimes ouverts contre la patrie, soit que leur ineptie nous livre, comme en 1870, à l'envahisseur.

« Des lions conduits par des ânes », disait je ne sais plus quel officier allemand en voyant nos intrépides soldats sous la mitraille. Voilà le mot qu'il ne faut plus justifier. Pour cela, subordonner les intérêts de classe à l'intérêt de la patrie. Tel est le sentiment qui inspire le virulent réquisitoire de Gohier contre l'organisation d'un commandement militaire d'ancien régime qui annihile le meilleur de nos forces nationales. Tant que l'avancement sera mis au service des intrigues de classe et de religion, tant que les grands pillages dénoncés par Gohier seront couverts par les complaisances intéressées d'en haut, tant que le cabotinage supérieur tiendra lieu de vertu militaire, nous aurons une armée individuellement brave tout de même, mais impuissante aux mains de chefs incapables. Telle est la leçon de 1870 appuyée de l'exemple de la guerre hispano-américaine.

Au lieu donc d'injurier Gohier pour avoir osé dire la vérité, qu'on le lise, et qu'on tâche de le comprendre. Il n'y a pas de plus urgente manière de servir la patrie. Car la patrie, ce n'est pas Mercier, ce n'est pas Boisdeffre, et tous ceux qui s'en proclament solidaires. La patrie, c'est le bon sol qui vit le développement de notre histoire, et tous les Français du travail par qui cette histoire se continue. Ce sont les Français qui sont la France, et non pas ceux qui les exploitent au profit des intérêts de classe ou de dogme, car ceux-là n'ont pas de patrie, comme l'a démontré l'histoire de l'armée de Condé.

Un général est respectable, comme tout autre Français, quand il fait son devoir et respecte la loi. Lors donc que M. Cavaignac ose donner en exemple à l'armée un général qui, après s'être montré purement inepte au pouvoir, ne se recommande à l'attention de la France que pour avoir violé la justice et les lois qui sont la garantie de l'honneur et la sécurité de chacun, quand il dit aux soldats français : « Voilà votre plus haut représentant », que fait-il sinon de dénoncer sa basse conception de l'armée, qui est un outrage à la France du droit humain que voulurent nos pères ?

Et je remercie Gohier d'avoir fait, en tête de son courageux livre, la topique réponse : Votre « armée », c'est l'état-major de Coblentz, c'est l'état-major de l'Église romaine, l'état-major ennemi de la patrie, qui, après avoir livré le territoire à l'invasion, rêve de lancer des soldats français contre le peuple de la Révolution française.

12 octobre 1898.

LXXIX

Un dossier.

M. Bard, conseiller rapporteur de la Cour de Cassation, a, je suppose, tous les dossiers de l'affaire Dreyfus à sa disposition. Est-il en possession des dossiers connexes, voilà ce que j'ignore. S'ils ne lui ont pas encore été remis, je l'engage à s'en emparer dans le plus bref délai possible, car il me vient de bonne source que l'attention de certains criminels est en éveil, et l'expérience du passé nous enseigne que l'on osera tout pour faire disparaître les pièces qui accusent certains personnages.

Un dossier particulièrement me paraît devoir appeler l'attention de M. le conseiller rapporteur. C'est le dossier Esterhazy, du Paty de Clam et Pays, sur lequel M. Bertulus fondait sa prétention de poursuivre ces trois faussaires, protégés de MM. Bertrand et Feuilloley. Quand la faveur des deux magistrats félons eut arraché ces criminels à la justice, que devint le dossier? Fut-il déposé, comme c'est l'habitude, au greffe de la Cour, ou resta-t-il en sommeil au fond de quelque tiroir? Je suis sans renseignements précis là-dessus. Tout ce que je puis dire, c'est qu'au cours d'une de ses pérégrinations antérieures, un de mes amis qui a eu l'occasion de l'interroger du doigt et de l'œil, a rapporté de cet examen sommaire des renseignements *d'une authenticité incontestable* qu'il me paraît bon, dans l'intérêt de la vérité, de communiquer à M. le conseiller rapporteur par l'entremise de *l'Aurore*.

Cet ami, un vieux camarade de collège, m'est justement venu voir il y a peu de temps. Je dois dire qu'il n'est pas trop « dreyfusard ». Même il déteste les Juifs pour un meurtre judiciaire qu'ils ont commis il y a dix-huit cent quatre-vingt-dix-huit ans ou à peu près. Cela ne l'empêche pas, en dehors de l'Eglise, d'être bon, d'aimer la justice et de cultiver la vérité. C'est pourquoi, sans prendre parti dans l'affaire, mon vieux copain m'est venu brièvement rapporter *ce qu'il a vu*, après m'avoir arraché le serment de taire son nom quoi qu'il arrive.

Je tiendrai ma parole, comme on pense. Mais les indications que j'ai reçues, *je les garantis bonnes*, et M. Bard les aura tôt vérifiées s'il exige la remise du dossier, au cas où il ne l'aurait pas déjà fait.

Mon ami ne m'a pas caché qu'il ne me disait pas tout. Cependant, il m'en a dit assez pour que je ne croie pas, moi-même, devoir tout rapporter au public de ses confidences. Ce que j'en ferai connaître aujourd'hui suffira, je l'espère, pour éveiller la curiosité de M. le rapporteur. C'est tout ce qu'il faut pour le moment.

Donc le scellé Esterhazy-du Paty de Clam-Pays est un scellé *ouvert*, c'est-à-dire que les pièces qui le composent y sont reliées par un fil scellé d'un cachet de cire, de sorte qu'il n'y a point d'enveloppe à rompre pour prendre connaissance du contenu. Je ne suis point en mesure de faire l'énumération de ces documents. Un rapide coup d'œil avait seulement permis à l'indiscret certaines découvertes intéressantes.

Tiens, voici une lettre de M. le juge d'instruction Flory à Esterhazy, espion, escroc et faussaire... Oh ! aimable ! On est donc des frères, monsieur le juge, avec ce bon Uhlan? Etonnez-vous qu'un homme qui est au mieux avec des juges d'instruction, comme avec des généraux d'Etat-Major, puisse trahir la France, faire des faux, escroquer, sans en éprouver d'ennuis! Comme c'est utile, les belles relations! Seulement la liberté de M. Flory n'en est-elle pas gênée pour se prononcer dans l'affaire Zola-Judet dont un procureur qui est *de mèche* lui a confié l'instruction? Qu'importe à Zola une iniquité de plus! Passons.

Et ces deux lettres du commandant Pauffin de Saint-Morel, l'ambassadeur de Boisdeffre à Rochefort, qui, en fidèle serviteur, se laisse frapper publiquement par son chef pour avoir obéi à ses ordres secrets? A qui écrit-il, le commandant Pauffin de Saint Maurel? Mais à Esterhazy, toujours. Ah! ça, c'est donc une gageure? Pauffin de Saint-Morel y passe comme le juge. Tous amis. Qu'est-ce qu'il y a dans ces deux lettres? C'est à M. le conseiller Bard qu'il appartient d'en prendre connaissance. Mon ami prétend qu'il faut les rapprocher d'autres pièces pour leur donner leur valeur. A M. le rapporteur à rapprocher.

Mais voilà le bouquet. Le brouillon **d'une lettre d'Esterhazy au général de Boisdeffre**, commençant par ces mots : « Mon général », etc. La pièce est écrite tout entière de la main du Uhlan, **qui l'a reconnue**. Les pièces voisines ne laissent aucun doute sur le destinataire. C'est bien à M. de Boisdeffre, chef d'Etat-Major général, qu'écrit Esterhazy espion, escroc et faussaire. Curieuse correspondance! Nous connaissions les rendez-vous de du Paty de Clam, lieutenant-colonel d'Etat-Major avec Esterhazy, pour concerter leurs faux, dont ils prenaient lecture dans les colonnes vespasiennes. Mais nous ignorions que M. le général de Boisdeffre fût de la fête. Tout au moins, nous n'en avions pas la preuve. La preuve est acquise maintenant.

Sur ce point, comme on pense, je pressai fort mon ami.

— Quelle est la date de la lettre? demandai-je.
— Je n'ai pas, me répondit-il, le jour présent à la mémoire. Mais je puis vous affirmer qu'elle remonte au moment de l'expertise des lettres à Mme de Boulancy.
— En êtes-vous certain?
— Oh! oui, car on y trouve ce passage : « **Etes-vous sûr de vos experts? Si oui, je m'en rapporte absolument à vous. Dans le cas contraire, je dirai comme pour le bordereau, qu'on a calqué mon écriture.** »
— Vraiment. Il y a ça?
— Oui, oui. Je n'ai pas appris les paroles par cœur, et je n'ai pas la prétention de donner le texte absolu. **Mais je vous garantis le sens.**
— Cette phrase en dit long.
— N'est-ce pas? Plus long qu'elle n'est longue. J'ai peut-être eu tort de vous la répéter, mais elle m'avait frappé.
— Elle me frappe aussi. D'autant plus que les journaux nous ont donné dans le temps une lettre de Boisdeffre déclarant n'avoir **jamais vu ni connu** le commandant Esterhazy.
— Croyez-vous?
— J'en suis sûr. Tenez, voici la note, que je retrouve fort à point :
Le Ministre de la Guerre s'empresse de communiquer à l'*Agence Havas* la lettre suivante, qu'il vient de recevoir du général de Boisdeffre, chef d'état-major général de l'armée :

Paris, 4 décembre 1897.

Le général de Boisdeffre, chef d'état-major général de l'armée, à M. le Ministre de la Guerre.

Monsieur le ministre,

Certains journaux parus hier soir annoncent la prochaine publication d'un télégramme qui aurait été soi-disant adressé par moi au commandant Esterhazy à Londres. J'ai l'honneur de vous demander d'envoyer à l'*Agence*

Havas, pour être communiquée à la presse, la note suivante :

« Le général de Boisdeffre n'a jamais télégraphié ni écrit quoi que ce soit au commandant Esterhazy, **qu'il n'a jamais vu ni connu et auquel il n'a jamais fait ni fait faire la moindre communication.** »

BOISDEFFRE.

— C'est incroyable ! s'exclama mon ami. L'expertise des lettres à Mme de Boulancey est du 29 novembre. Comment le 4 décembre le général de Boisdeffre pouvait-il écrire cette lettre, quand l'épître du scellé Esterhazy est le témoignage manifeste d'une entente entre ces deux hommes pour tout autre chose que la manifestation de la vérité ? Comment peut-on concilier ces choses ?

— Je ne les concilie pas, répondis-je.

— Il est vrai, répartit mon interlocuteur, qu'il y a bien encore autre chose dans le dossier. Ah ! Je comprends que le général de Pellieux ne voulût pas faire de perquisition ! Il avait des raisons cet homme.

— Qu'y a-t-il encore dans le dossier ?

— Oh ! je vous en ai dit assez, trop peut-être...

— Mais non, puisque vous ne cherchez que la vérité. Et vous êtes sûr que ces pièces sont authentiques ?

— Ah ! si vous connaissiez les circonstances dans lesquelles...

— Dites.

— Non ! non ! Je ne dois pas. Allez demander cela à Bertulus. Ah ! s'il voulait parler celui-là ? Mais il ne dira rien. Vous verrez qu'on lui fermera la bouche comme aux autres. Il ne demande que cela. Ah ! si vous connaissiez la magistrature !

Et mon homme partit, les bras levés au ciel en signe de désespoir.

Ce petit récit me paraît de nature à piquer la curiosité de M. Bard, conseiller rapporteur de la demande en revision du procès Dreyfus.

13 octobre 1898.

LXXX

Changez les rôles.

Tandis que M. Bard étudie son dossier et met le nez dans les scellés circonvoisins, le colonel Picquart est toujours au secret malgré les prescriptions formelles de la loi. Combien de temps cela durera-t-il encore? M. Brisson sommeille sur cette affaire, absorbé par les manœuvres stratégiques de ses soldats dans Paris contre l'émeute absente. Le moment semble venu pourtant de prendre une décision sur la question de savoir si l'autorité militaire a le pouvoir de supprimer la justice civile dans la République française.

Le cas si clairement exposé par Me Labori à M. Feuilloley, puis à M. Sarrien, est d'une simplicité rare. On a fait une réforme en France qui consiste à supprimer l'instruction secrète. Cela nous met tardivement au niveau des monarchies environnantes. Le législateur distrait a oublié de dire en termes exprès que la loi s'appliquerait à cette juridiction d'exception qui est la juridiction militaire. C'est pourquoi le juge en botte réclame l'avantage légal sur le juge en robe de continuer à torturer secrètement son prévenu, sans l'intervention protectrice du défenseur.

Tel est le fait brutal. M. Brisson, qui a laissé, malgré son ordre exprès, Zurlinden s'emparer de Picquart pour le livrer aux vengeances d'Esterhazy, Henry, Boisdeffre et Cie, n'est point homme à exiger de l'autorité militaire l'interprétation libérale de la loi. Tout au contraire, les protecteurs d'Esterhazy, se donnant libre carrière, ont mis le colonel Picquart au secret, bien que leur droit à cet égard reste plus que douteux. Il s'agissait de mettre Picquart à la question, au moyen du dossier rassemblé par Henry le faussaire, sans être troublé par d'importuns rappels à la légalité, ou par des critiques d'avocats toujours fâcheuses aux joies des — tortionnaires.

C'est ici que se présente la difficulté soulevée par M⁶ Labori. Parce que la justice militaire a fait son coup d'Etat contre la justice civile, et parce que M. Brisson s'est laissé bafouer par son gouverneur de Paris, il n'en est pas moins vrai que le colonel Picquart, tout en ayant à répondre de ses actes à la justice militaire, demeure devant la justice civile, pour le procès antérieurement engagé. Or devant cette juridiction la loi n'est pas douteuse. Picquart a le droit de voir son avocat aussi souvent que celui-ci ou lui-même peut le juger nécessaire. Là-dessus pas de contestation possible. Sarrien même ne pourrait pas ergoter, et Félix Faure en personne ne trouverait rien à dire.

Le droit est absolu. Eh bien! c'est ce droit que réclame Labori, sans pouvoir l'obtenir. Il ne demande pas à assister aux interrogatoires du colonel Picquart par M. le capitaine Tavernier, bien qu'il ait certainement pour lui l'esprit de la loi et la volonté du législateur. Non. Il dit simplement : « Mon client est toujours devant la justice civile, et la loi, à ce titre, me permet de le voir. Je demande aux juges l'observation de la loi. » Ainsi parle M⁶ Labori. Mais les juges ne veulent pas l'entendre. Le juge civil dit : « Vous avez peut-être raison, mais, pour une autre affaire, la justice militaire s'est emparée du colonel Picquart. Je ne détiens pas le prisonnier. Il ne dépend pas de moi de vous faire communiquer avec lui. Adressez-vous aux militaires. » Le militaire répond : « Picquart est devant la justice civile? Ça ne me regarde pas. » Et Labori s'adresse au Gouvernement pour obtenir de lui qu'il fasse respecter les lois, et le Gouvernement fait le mort, craignant le déplaisir de soldats comme le général Mercier que M. Cavaignac nous donne pour *le représentant de l'armée*, quand chacun sait qu'il s'est rendu coupable de forfaiture et que son impunité est un défi aux lois.

Pourtant, il faut en finir. Picquart est au secret depuis vingt jours, et, sur la mise en demeure de Labori, M. Sarrien va être obligé tout de même de soumettre la question au Gouvernement. Malgré ses répugnances à exprimer un avis quelconque, malgré sa perpétuelle peur de toutes choses, il faudra bien que M. Brisson, entre deux gémissements, rassemble ses forces pour dire oui ou non. Je veux lui faire l'honneur de croire qu'il ne se prononcera pas contre la loi.

D'ailleurs, il faut bien dire que le mérite de sa décision se trouvera singulièrement diminué par ce fait que l'instruction est à bout de forces, et que déjà la vérité se fait jour en dépit des savantes dispositions stratégiques prises par les faussaires.

Voici, en effet, les nouvelles que *le Matin* nous donne sur l'état de l'affaire :

Le général Billot, ancien Ministre de la Guerre, qui se trouvait au pouvoir quand le lieutenant-colonel fut envoyé brusquement en Tunisie; le général de Boisdeffre, qui était chef d'état-major de l'armée à la même époque et récemment encore; le général Gonse, enfin, qui était alors le premier sous-chef de l'état-major et qui avait sous ses ordres directs le chef du service des renseignements, ont été successivement cités par le magistrat militaire et ont comparu devant lui.

On pourrait croire, à lire l'énumération de ces personnages que l'enquête n'a eu jusqu'à présent que des résultats défavorables au lieutenant-colonel Picquart. Il faut cependant reconnaître qu'il n'en est rien, au moins sur le point principal de la plainte dont il était l'objet.

Il semble, en effet, dès à présent décidé que l'accusation de *faux* d'abord portée contre le lieutenant-colonel sera abandonnée. On ne retient contre lui que le chef d'*usage de faux* — d'un faux dont il ne serait pas l'auteur.

mais dont il se serait servi dans l'intention de nuire au commandant Esterhazy.

Il va sans dire que, même sur ce terrain désormais restreint, le lieutenant-colonel Picquart se défend avec la même énergie que précédemment. Le rapporteur croit, cependant, tenir une preuve certaine des tentatives faites par le chef du deuxième bureau pour utiliser quand même ce document falsifié.

D'autres faits importants ressortent dès à présent de l'enquête. Ils ne sont pas tous à la charge de l'accusé. Ils tendraient, au contraire, à démontrer que plus d'un officier de l'état-major connaissait les efforts tentés par lui pour « prendre » M. Esterhazy et ne les avait pas désapprouvés.

Il n'est pas douteux que ces informations viennent directement ou indirectement de l'autorité militaire, car le colonel Picquart ne correspond certainement pas avec les reporters du *Matin*. Eh bien ! que nous dit-on ? L'accusation de faux est abandonnée ? Quoi, déjà ? J'ai signalé le recul de l'accusation, il y a plus de huit jours. Mais si la note du *Matin* est exacte, comme j'ai toujours lieu de le croire, ce recul tourne en déroute, manifestement.

Ah ! il ne vous a fallu que vingt jours de secret pour découvrir que le colonel Picquart n'avait pas fabriqué le *petit bleu* ? Quelle perspicacité miraculeuse ! Comment ! Le faussaire Henry et ses dignes acolytes n'avaient pas encore dressé leurs batteries ? En voilà des artilleurs ! Ah ! Picquart n'est pas un faussaire ! Vous en êtes tout surpris, n'est-ce pas ? Vous vous êtes dit : « Pourquoi l'un et pas l'autre ? » Eh bien ! voilà justement le point. S'il avait été faussaire, il ne serait pas poursuivi à cette heure.

Et, maintenant, battant en retraite par échelons, vous vous rabattez sur *l'usage de faux*, et M. le rapporteur « *croit* tenir » une preuve certaine. Nous verrons combien de temps il le pourra croire, quand ses dires et ceux de Picquart se produiront au grand jour. Trouvera-t-on quelque faux témoin, ou quelque faux artistement placé par Henry dans le dossier pieusement recueilli de ce criminel par ses exécuteurs testamentaires? J'attends, pour ma part, avec pleine confiance.

On ne démontrera pas que le colonel Picquart a failli, par la raison très simple que c'est un honnête homme et qu'il n'y a pas de plus noble cœur. Il a tout contre lui, c'est vrai : les criminels qui se vengent, l'autorité militaire qui se croit tenue, par esprit de corps, de se solidariser avec les hommes qu'elle devrait répudier la première, la lâcheté du Gouvernement, le secret, les pièges de l'instruction, que sais-je? Mais, il a tout de même une force pour lui, une force dont on ne fait pas assez de cas : la conscience invincible de n'avoir jamais servi que la vérité !

Voilà pourquoi l'accusation d'usage de faux ne tiendra pas plus que l'accusation de faux elle-même. Avoir fait usage de faux « *dans l'intention de nuire au commandant Esterhazy* », *espion, escroc et faussaire*. Rien que l'énoncé de l'accusation est d'un burlesque achevé. Picquart, chef du bureau des renseignements, *essayant de nuire* à un espion! Est-ce qu'on va prendre tous les Français pour des idiots maintenant? Les gouvernés ne sont véritablement pas si bêtes que les gouvernants.

Ah! si l'on veut absolument trouver des gens qui ont fait usage de faux, ce n'est pas l'accusé qu'il faut poursuivre, ce sont les témoins. Billot, Boisdeffre, d'autres encore, qui furent dûment avertis par Hanotaux, après que ce ministre eut donné *sa parole d'honneur* que le Gouvernement ne ferait pas usage du faux que M. de Pellieux porta subséquemment avec M. de Boisdeffre à la Cour d'assises et M. Cavaignac à la Chambre. Voilà les gens qui ont fait usage de faux, au su de tout le monde. Hâtez-vous de changer les rôles, monsieur le rapporteur. Votre accusé est un témoin. Vos témoins sont des accusés. Des accusés qui veulent discréditer d'avance le grand témoignage qui les condamne.

Allons, Brisson, rappelez-vous que Picquart vous offrit la vérité, et que c'est pour ce crime que vous le fîtes emprisonner. Voici l'heure de la réparation venue. Mandez votre Zurlinden, et dites-lui : « Général, vous vous êtes grossièrement trompé, si grossièrement que cela paraît inexplicable. Hâtez-vous de réparer votre erreur pour qu'au moins votre bonne foi ne soit pas suspectée. Faites entendre le lieutenant-colonel Picquart comme témoin dans l'affaire Billot, Boisdeffre et Cie. »

14 octobre 1898.

LXXXI

L'heure psychologique.

Eh bien! ils n'ont pas protesté. Ils ne s'étonnent pas que le chef d'Etat-Major général de l'armée reçoive des lettres d'un espion de l'Allemagne — avec lequel il a déclaré quelques jours auparavant n'avoir jamais eu aucun rapport — où le traître prend des arrangements avec le plus haut représentant de l'honneur de l'armée pour mentir et tromper la justice. J'avoue que, pour nous autres civils de rien du tout, cela ne paraît pas une chose ordinaire. Mais nos patriotes professionnels ne s'émeuvent pas de si peu. Quand on a glorifié le faussaire Henry, quand on a fait la théorie du *faux légitime*, selon les enseignements de la Compagnie de Jésus, on ne va pas prendre au tragique une si misérable aventure.

Le général de Boisdeffre a dit qu'il n'avait pas eu de communication avec Esterhazy, et nous avons maintenant la preuve qu'il en avait. Le commandant Pauffin de Saint-Morel correspondait directement avec le traître, l'escroc, le faussaire, au nom de son chef le général Boisdeffre. Les lettres sont au dossier. Esterhazy s'adressait directement au chef d'Etat-Major général lui-même pour concerter avec lui les mensonges qui ont trompé la justice devant deux conseils de guerre.

Esterhazy a écrit le bordereau, il le reconnaît, et c'est pour avoir cru qu'Alfred Dreyfus était l'auteur du bordereau qu'un premier conseil de guerre a expédié « ce Juif » à l'île du Diable. Esterhazy a écrit le bordereau, il le reconnaît, et par la complicité du général de Boisdeffre et de beaucoup d'autres, un second conseil de guerre a acquitté le traître, comme le premier avait condamné l'innocent. Cela est prouvé non pas une fois, mais cent. La lettre dont j'ai cité *l'un des passages importants* n'est pas moins explicite en d'autres endroits. Esterhazy sachant bien qu'on ne lui répondrait pas par écrit et que la trace de certains **subsides** serait prudemment effacée, voulut garder une arme contre Boisdeffre, en cas de besoin. Voilà pourquoi copie de la lettre fut par lui conservée. Il croyait l'avoir bien cachée : *déchirée en petits morceaux au fond d'un pot de fleurs*. Mais un agent subtil la découvrit, et, sans que l'habile commandant Lauth eût besoin d'intervenir, la pièce fut reconstituée. Elle sera soumise à la Cour de Cassation, avec d'autres documents encore.

Les preuves, les preuves, on tient les preuves des mensonges, des faux, des manœuvres criminelles contre la vérité, contre la justice et contre la patrie. La Cour suprême aura entre les mains tous les fils de cette conjuration abominable. Il va falloir rendre des comptes, mes maîtres, car il y a encore des lois en France, bien que vous ayez décidé qu'il n'y en avait pas pour vous. Il y a des lois qui punissent le faux écrit. Il y a des lois qui punissent le faux témoignage.

Il y a même des lois qui punissent l'espionnage, et il faut savoir enfin de qui l'espion Esterhazy tenait les renseignements par lui vendus à l'étranger, que MM. Gonse et de Pellieux, à la Cour d'assises, ont juré ne pouvoir émaner que de l'Etat-Major.

Et quand toutes les responsabilités pénales auront été déterminées, la question des responsabilités morales devra s'ouvrir à son heure, afin que nous ayons réparation du mal fait à l'armée nationale, à la nation elle-même. On ira jusqu'aux causes profondes. Il faudra nous dire comment il se fait que le pire officier de l'armée, Esterhazy, espion, a pu recevoir de ses chefs — sauf un seul, le général Guerrier — les notes les plus élogieuses, le déclarant *appelé aux commandements supérieurs*. Il faudra nous dire comment une caste d'ignorance titrée a pu, sous l'autorité de la Compagnie de Jésus, s'emparer des grands postes de l'armée et s'y maintenir par l'organisation savante de la faveur, au mépris du mérite, du travail et de la science refoulés dans l'obscurité des rangs.

Alors il éclatera que tous ces présomptueux ignorants, tous ces artisans de déroutes, mauvais soldats, étaient de mauvais citoyens. On les a vus incapables dans la guerre, malgré la haute valeur des troupes intrépides, on les voit maintenant ne reculant devant aucun crime pour maintenir sur nous la domination du *Gesu*. Alors on comprendra que notre unique souci ne fut jamais que de servir la patrie, en arrachant l'armée nationale à la faction clérico-militaire qui en a fait sa proie. Alors il apparaitra que le drame Dreyfus-Picquart n'est qu'un incident de l'immense tragédie dont le premier acte fut la Révolution française : la lutte du droit humain contre les castes de théocratie militaire qui, tout en détournant vers le ciel l'attention des foules abêties, veulent organiser d'abord à leur profit l'exploitation des peuples pour s'attribuer le plein des jouissances de la terre.

Nul ne s'y trompe de ceux qui, tout en faisant profession d'un patriotisme à panache, n'ont jamais eu un mot de blâme pour leurs ancêtres de l'armée de Condé, qui ravagèrent la France côte à côte avec les envahisseurs allemands. Ils n'ont jamais répudié ce souvenir, parce qu'ils se sentent d'instinct plus près des castes similaires de l'étranger que de leurs vagues compatriotes *non classés* dont ils n'ont que faire s'ils n'en peuvent abuser.

La foule, hélas! ne comprend pas toujours cette psychologie, et se laisse trop souvent duper aux paroles menteuses qu'on lui jette en pâture. Mais *la caste*, elle, sait merveilleusement à quoi s'en tenir, éclairée sur elle-même par son propre intérêt, n'ayant jamais eu d'autre idéal — ancien régime ou temps modernes — que de s'installer sur la France et d'en jouir. Il ne peut pas être question d'émigration nouvelle. Les temps ne posent pas la question sous cet aspect. Mais l'ancien esprit renaît, qui fomenta chez nous tant de dissensions civiles pour faire triompher Rome de l'esprit français. Nous avons senti passer sur nous le souffle maudit des guerres religieuses. « Innocent ou coupable », tue! tue! Le mot a été dit, et sanctionné par des votes populaires. De là l'espoir des guerres intestines que nous avons vu de toutes parts reparaître. Ouvrez les journaux de l'Etat-Major. Vous n'y verrez que haines déchaînées, menaces de mort, annonces de guerre civile.

Est-il vrai que sous cette parade meurtrière se cachaient les complots des criminels, aujourd'hui dévoilés, sur qui la loi va s'appesantir? Je n'ai que trop de raisons de le croire. Qu'importe aux soldats de Rome, aux soldats du roi, aux soldats de l'empereur, de faire sombrer dans le sang ce qui reste de la France démembrée? Vains ressouvenirs des vieux crimes contre la patrie! Contre la tourbe de choix bénie de Loyola, se lèveront tous les Français de la Révolution française, qui, seuls, peuvent légitimement se dire les soldats de la France. Et quand on se comptera des deux parts, ce sera pour messieurs de Rome, de Londres et de Bruxelles, la déroute sans bataille.

15 octobre 1898.

LXXXII

Eux et nous.

Jusqu'à quel point les mauvaises intentions de quelques-uns se sont-elles traduites en actes, il ne sera peut-être pas aisé de le savoir si le Gouvernement conclut, comme il semble, à l'étouffement de l'affaire. Bien entendu, tous les amis de la faction essaient de se tirer d'affaire par les dénégations et les mensonges qui conviennent à la circonstance. Le seul cri d'honnêteté qui soit parti de leurs rangs, c'est à M. Georges Thiébaud qu'il faut en reconnaître l'honneur.

« Quel dommage ! » s'écrie le fanatique césarien, d'un accent de sincère désespoir. « Quel dommage que le complot militaire inventé par les journaux dreyfusards ne soit qu'une fausse nouvelle ! » En d'autres termes, quel dommage que derrière les menteurs, les faussaires, les criminels de l'État-Major, que nous saisissons dans l'acte de comploter avec un espion de l'Allemagne pour faire acquitter le coupable et condamner l'innocent, quel dommage que derrière ces hommes, l'armée nationale, acceptant avec eux la solidarité du crime, ne se lève pas pour emplir Paris de massacres et donner au préparateur des futurs Sedans le baptême du sang français ! Quel dommage que les lois ne soient pas universellement violées par ceux qui en ont la garde ! Quel dommage que le jour de la justice vienne en dépit de toutes les résistances, et que le crime ne soit pas impuni !

C'est un état d'esprit qu'il faut noter chez certains

de nos contemporains, si l'on veut se rendre compte de ce qui se passe. Je ne crois pas faire un grand compliment à M. Georges Thiébaud en affirmant que l'idée ne lui viendrait pas, dans la vie privée, de commettre un crime. Ainsi je suppose de la plupart de ses amis, exception faite de quelques sicaires. Eh bien! tous ces gens, subitement revenus, par atavique régression, à la mentalité des guerres religieuses, glorifient publiquement les faussaires en des articles de journaux signés de leur nom, et, parce qu'ils ont au cœur la haine des Juifs et des protestants dont le principal crime est d'adorer le Dieu de M. Georges Thiébaud lui-même suivant des rites divers, nos catholiques patriotes veulent absolument reprendre contre des Français, qui ne sont pas de moins bon sang gaulois qu'eux-mêmes, la suite des meurtres religieux de Montluc.

Il faut bien constater cet état d'esprit, puisqu'il est, et que ses manifestations crèvent les yeux de tous. Ces hommes commencent par déclarer qu'eux seuls sont bons Français, et la preuve qu'il en est ainsi, c'est qu'ils le disent. D'où il s'ensuit que la France est leur chose, l'armée française leur armée, et que tous les pouvoirs publics ont pour premier devoir d'abdiquer entre leurs mains. La rue est à eux, naturellement, comme le reste, et quand ils parlent il faut admirer, et quand ils paradent, car ils ont le don du tréteau, il faut que l'Europe s'ébahisse.

Qu'ont-ils de plus que tout autre? Rien, que des qualités de candide impudence qui leur font croire plus ou moins sincèrement qu'ils ont en mains les destinées de la Patrie, et que, lorsqu'ils veulent, la France doit suivre. D'ailleurs, le patriotisme pour eux n'a qu'une manière de se manifester : le panache militaire. Et l'admirable effort intellectuel de notre peuple depuis près de dix siècles, et son gigantesque labeur n'ont, pour eux, d'autre emploi légitime que d'aboutir au Gouvernement stupide du sabre, à la suppression de la parole, à l'étouffement de la raison.

Chaque matin, naturellement, ils reprennent l'Alsace-Lorraine et font, le soir, entre deux absinthes, un horrible massacre d'ennemis. Mais parlons-nous de faire la justice au grand jour, sur le libre sol français, et sans tenir compte du plaisir ou du déplaisir que cela peut causer à l'étranger, ils tentent aussitôt d'apeurer ce même public qu'ils enflammaient naguère de leurs fanfaronnades, et déclarent que nous sommes de mauvais patriotes, puisque nous voulons évidemment la guerre.

Trop de gens, au delà de nos frontières, les croient, sur leur parole, représentatifs de l'opinion française, et jugent la France sur ce cabotinage. Il n'y a pas bien longtemps que je lisais dans un journal étranger cette phrase : « C'est la première fois dans l'histoire qu'on voit les Français avoir peur de la guerre. » Et s'il arrivait, en effet, qu'on jugeât la France sur ces malheureux, elle ferait aux yeux de l'Europe une assez triste figure.

Mais ce serait une trop forte méprise. Car, lorsqu'on cherche quels vestiges d'idées peuvent se trouver au fond de ces cervelles creuses, que trouve-t-on? Une idée étrangère au génie français, précisément, l'idée romaine d'autorité, l'idée de livrer les foules subjuguées an maître sorti de leurs acclamations serviles, l'idée du césarisme antique qui conduisit à la ruine, par la décomposition de tout, la plus grande puissance du monde ancien, l'idée du césarisme sacré de l'évêque de Rome, héritier de l'autre, qui ne réclame pas moins, pour son domaine, que toute l'étendue de la terre habitée.

Telle est la tradition des prétendus Français, la tradition ennemie du libre génie des Gaules. Le droit des hommes, pour eux, c'est d'acclamer, un jour — comme en un carnaval d'esclaves déchaînés — le maître qui s'impose, et, cela fait, de rentrer, tête basse, dans la servitude du silence. Voilà l'idéal qu'on ose proposer à des Français issus de la Révolution française. Tout l'effort séculaire de liberté, de justice, de travail fécond, de paix heureuse, anéanti sous l'arbitraire d'un seul, suivant la fantaisie changeante des prétoriens qui, par le droit du fer, se font obéir.

Le prétorien moderne, aussi arrogant que celui de la Rome antique contre les citoyens dont les subsides le font reluire, aussi impuissant contre l'étranger, aussi dénué de scrupules, aussi propre à toutes les besognes viles contre le droit et la liberté, n'est plus que l'agent du césarisme spirituel qui affiche ouvertement l'outrecuidante prétention de s'installer dans les esprits et de dicter des ordres à la pensée.

L'ancienne Rome ne connut que la servitude des corps. Le *progrès* nous doit donner, ose-t-on dire, la servitude des âmes. C'est l'évêque de Rome qui commande. Spirituel et temporel, il est le maître de tout : c'est article de foi. Toute l'histoire de la papauté n'est que la revendication de ce *droit* total sur nous, et les oligarchies militaires de vaincus qui ne peuvent montrer d'autres titres que la patrie démembrée par leur faute, ne sont que les puissances d'exécution de la pensée romaine.

Oui ! la *pensée romaine*, voilà ce qu'on prétend nous imposer comme la tradition de *l'esprit français*.

Eh bien ! Il n'y a pas de pire mensonge. Le génie de la France ne se peut exprimer par le pape de Rome, qui est, par définition, l'ennemi né de tout ce qui fait la gloire de l'esprit français. Ouvrez le *Syllabus* et voyez tout ce que le pape condamne des manifestations de la pensée humaine. C'est la liste glorieuse de toutes les revendications de la pensée française, elle-même, qui conçut la liberté comme un instrument de justice dans la paix humaine.

Lui, l'évêque universel, il est l'autorité, l'autorité divine, lui homme, quelle impudente folie ! Lui, fétu, parlant au nom de la puissante universelle du monde, et dégradant son Dieu par des réglementations de penser et de dire qui lui sont un outrage, puisqu'elles arrêtent le plein développement de la créature qui est la loi reçue du créateur.

Nous, nous sommes la liberté, toute la liberté, toujours plus, toujours plus, et toujours plus. Nous exaltons l'homme au lieu de le rabaisser, nous le voulons plus grand, plus puissant, pour être meilleur à ses compagnons de vie, et nous cherchons, et nous prétendons trouver la conciliation de toutes les libertés humaines dans la garantie du droit de chacun, dans la justice pour tous.

Vers ce magnifique idéal de la terre nous sommes en chemin, depuis le premier jour où le premier homme qui eut faim et froid demanda un peu d'aide à son frère qui le lui refusa. Depuis ce temps, hélas! que de vaincus dans l'effroyable lutte de ceux qui ne voulaient que vivre contre ceux qui voulaient vivre de la vie des autres!

Avec toutes ces défaites humaines de tous les temps passés, de tous les temps futurs, ce sera l'éternelle gloire de l'esprit français d'avoir fièrement proclamé sa haute solidarité. Nos pères ont balbutié le droit humain. Toute la terre les a entendus. Et si nous n'avons pas pu installer chez nous les bienfaits que nous avions promis à l'humanité tout entière, nous sommes tout de même les fils de ceux qui jetèrent aux hommes asservis la grande parole de délivrance.

Nous nous réclamons de tous les vaincus de l'histoire qui voulurent l'homme libre et bon. Nous sommes avec le Christ sur la montagne quand il crie : « Ne jugez pas, ne tuez pas », et nous gardons sa parole, que vous, qui prostituez son nom, vous avez méconnue. Nous sommes avec les premiers chrétiens contre les Césars oppresseurs, avec les derniers païens contre les évêques massacreurs. Nous sommes avec Hypathie, massacrée par l'évêque du Christ, avec tous ces Juifs maudits qui succombèrent dans les flammes pour la liberté de croire, avec ces grands moines révoltés pour qui le droit de vivre impliquait le droit de penser. Nous sommes avec Jean Huss sur son bûcher, accusateur du pape et de l'empereur. Nous sommes avec toutes les révoltes de liberté contre toutes les oppressions d'autorité. Et quand toutes ces défaites sublimes aboutissent à la grande victoire de la Révolution française, nous sommes avec toutes les victimes de l'intolérance révolutionnaire héritière inconsciente de l'Inquisition.

Et maintenant, et toujours, contre le pape infaillible, contre tous les pouvoirs de la soi-disant République organisés par la monarchie contre la justice et contre la liberté, nous demandons la liberté, nous demandons la justice pour tous. Et ce faisant, nous seuls, nous sommes dans la tradition de la France, nous seuls, nous sommes les bons Français, tandis que les faux patriotes qui tiennent le pavé ne sont rien qu'une basse écume romaine. C'est parce que nous avons foi en la patrie que nous réclamons sa justice, et qu'aucune menace et qu'aucune violence ne nous fera jamais fléchir.

16 octobre 1898

LXXXIII

Douce Sérénité!

Le Temps s'étonne de la nervosité de l'opinion. Vraiment, qu'y a-t-il en France pour nous émouvoir?

Un homme est condamné en violation des lois par un conseil de guerre, sur un fait que nous savons aujourd'hui devoir être mis à la charge d'un autre. Des citoyens ont demandé justice. On a pendant toute une année refusé de les entendre. Toute une presse s'est déchaînée contre eux, les accusant d'être vendus à l'étranger, les dénonçant au Gouvernement qui les a fait châtier par ses juges pour avoir réclamé l'application des lois. La chose est-elle aussi commune que le pense *le Temps*, dans les pays civilisés ?

Zola a comparu devant le jury de la Seine qui l'a condamné sur la lecture de pièces fausses, dont l'authenticité se trouvait garantie par deux généraux menaçant les jurés, l'un de la démission de l'Etat-Major, l'autre de conduire leurs enfants à la boucherie. L'accusé se vit interdire toute réponse, et le droit lui fut refusé de prouver l'illégalité de la procédure du conseil de guerre, alors qu'il ne s'était exposé à ce procès que pour faire cette preuve. J'aurais cru, contrairement au *Temps*, que de pareils faits n'étaient pas ordinaires, et que tous ces dénis de justice pouvaient légitimement émouvoir les Français.

Je ne dis rien des bandes soudoyées pour menacer les défenseurs, hurler des cris de mort jusque dans l'enceinte du Palais, par les soins de du Paty de Clam — qui depuis... — et de Gonse — qui bientôt... — sous l'œil bienveillant de la police et de la magistrature. *Le Temps* ne se scandalise pas pour si peu. Il y a cependant des gens, en France, qui n'ont pas l'épiderme aussi dure.

Mais il y a eu autre chose. *Le Temps* pourrait n'avoir pas oublié qu'en face de Dreyfus illégalement condamné, en faveur de qui sont toutes les présomptions d'innocence, il y a Esterhazy, contre qui sont toutes les preuves de culpabilité, Esterhazy que nous avons vu acquitté, acclamé, après la publication de lettres qui sont une explosion de sentiments anti-français *Le Temps* a beau dire, cela n'est pas rassurant que l'innocent soit au bagne et que le traître échappe aux lois par la complicité de tous les pouvoirs organisés pour le punir.

Car, *le Temps* s'en souvient, Zola dit que le traître avait été acquitté *par ordre*. C'est même sur ce mot qu'on prétendit solidariser toute l'armée avec l'Etat-Major. Eh bien ! quoique *le Temps* n'ait pas voulu reproduire le passage d'une lettre d'Esterhazy à Boisdeffre qui accuse l'ami du Père Dulac, ce document existe tout de même, et l'on y voit à plein l'entente de l'Etat-Major et d'Esterhazy pour faire acquitter le traître par des expertises mensongères et de faux témoignages. Cela n'est rien, pense *le Temps*. Tout le monde n'est pas tenu d'être indifférent à ce point.

Pourtant, je l'avoue, il y a d'autres faits encore. N'est-ce rien qu'on ait laissé fuir un homme dont la trahison ne peut faire de doute? N'est-ce rien que M. Davout, si susceptible sur « l'honneur » de Zola et de Pressensé, n'**ose** demander des comptes à Esterhazy, traître, escroc et faussaire, et laisse honteusement l'étoile dont il a la garde sur une poitrine déshonorée? Autrefois cela eût passé pour un scandale. *Le Temps* trouve qu'il n'y a pas là de quoi s'étonner. Il en a, une cuirasse, Hébrard!

Peut-être aurait-il pu réserver quelque surprise à la violation des lois officiellement constatée, par laquelle Esterhazy, du Paty et la fille Pays furent sauvés des juges, grâce aux canailleries de Feuilloley et de Bertrand, procureurs, ou comprendre au moins que certaines candeurs se choqueraient de voir encore ces magistrats sous l'hermine maculée.

Non. Il paraît que lieutenant-colonel d'État-major du Paty de Clam, faussaire et complice d'Esterhazy, traître, cela n'est pas pour nous émouvoir. Le lieutenant-colonel d'Etat-Major Henry a reconnu avoir fabriqué des faux pour maintenir au bagne un officier illégalement condamné. Il s'est suicidé. Etait-il avec du Paty de Clam, complice de la trahison d'Esterhazy? La question se pose, d'autant plus qu'on cache le procès-verbal des aveux, et que le suicide d'Henry *par ordre* est désormais chose avérée. *Le Temps* ne se trouble pas pour si peu, et s'étonne seulement de ceux à qui ces découvertes sont une surprise.

Le général Mercier s'est rendu coupable aux termes de la loi d'un acte de forfaiture. Le général Billot a rapporté à la tribune des affirmations reconnues jourd'hui pour mensongères. Hanotaux, Billot, Méline et tous les ministres d'alors ont su que certaines pièces du dossier Dreyfus étaient des faux, comme Boisdeffre et Gonse et d'autres encore, et ils ont envoyé Boisdeffre et Pellieux produire ces faux à la Cour d'assises pour faire condamner Zola. Voudrait-on que *le Temps* manifestât quelque émotion de telles misères ?

Cavaignac, à son tour, a produit les mêmes faux devant la Chambre qui les a fait afficher sur les murs. Boisdeffre n'avait-il pas averti Cavaignac ? Il serait intéressant de le savoir. Mais *le Temps*, sans doute, estime que le public doit former son jugement sur les faux dont le Gouvernement placarde nos murailles et ne pas se troubler la tête des pièces authentiques qui les contredisent.

Et Picquart arrêté pour avoir offert de démontrer qu'un faux était un faux, *le Temps* pense-t-il que ce soit là un incident sans importance ? Et quand le premier procès tombe, le second procès qui surgit, par miracle, fondé sur le dossier assemblé par les faussaires contre celui qui a brisé sa carrière et sacrifié sa vie pour la justice et pour la vérité, n'est-ce rien encore ?

Et le secret maintenu en violation de la loi, *le Temps* ne s'arrête pas à ces vétilles, je suppose ? Et le procureur de la République écrivant à Labori qu'il lui reconnaît le *droit légal* de voir son client, mais qu'il ne peut lui assurer l'exercice de ce droit parce que, *matériellement*, les militaires l'en empêchent ? Et le Conseil des ministres qui se réunit pour d'inutiles bavardages, et qui ne prend pas les mesures nécessaires pour réduire Zurlinden au respect de la loi ?

Cela ne vaut-il pas que l'opinion publique s'en montre préoccupée ? Où en est la France si l'autorité militaire peut impunément braver toutes les lois, et si les civils sont trop lâches pour défendre la légalité ? *Le Temps* ne croit-il pas que, pour des Français, cette question soit intéressante ? Pourquoi faire un coup d'État quand il se fait, tous les jours, sans qu'une voix s'élève parmi les gouvernants pour rétablir cette suprématie du pouvoir civil, qui nous fut promise par M. Brisson et qui nous est, chaque jour, par M. Brisson refusée?

Un ancien député écrit dans *le Gaulois* que M. Zurlinden était libre de « mettre le Gouvernement dans sa poche » et admire qu'il ne l'ait pas fait. Pourquoi nous inquiéterions-nous d'un tel état de choses? Cela n'est-il pas rassurant au suprême degré?

Pourquoi dénoncer les éternels fomentateurs de complots qui rêvent de reprendre la suite des coups de force du passé? Cela gêne messieurs de la politique, qui ont leur petite cuisine de places et de décorations à faire. Pourquoi n'aurions-nous pas confiance dans les pouvoirs publics qui, d'ensemble, ont pris parti, dans tous les cas que j'ai déjà cités plus haut, contre la justice et contre la vérité?

Quand un pays en est là, quand l'anarchie règne partout, quand les basses passions d'une plèbe qui demande un maître sont partout réveillées, quand les ambitions des prétendants cherchent l'appui des prétoriens et le trouvent, quand sous la conduite de la Compagnie de Jésus une faction militaire prétend s'approprier l'armée et en faire l'instrument de Rome contre l'esprit de la France, pourquoi les bons amis du Père du Lac s'inquièteraient-ils? En effet, je me le demande.

Seulement, s'il y a encore des Français qui rêvent de justice, de droit, de liberté, peut-être jugeront-ils que la douce sérénité du *Temps* devant les crimes qui s'accomplissent impunément est le pire symptôme d'une mentalité de décadence.

17 octobre 1898.

LXXXIV

Etat d'âme.

Et ce fut le peuple le plus spirituel de la terre !...
Aujourd'hui, on lui fait croire qu'on ne peut pas réclamer la justice pour tout le monde sans être vendu à l'étranger.

Aujourd'hui, on lui fait croire à la nécessité de la raison d'Etat contre laquelle il s'insurgea jadis dans un tumulte qui emplit toute la terre.

Aujourd'hui, on lui fait croire qu'il y a dans un dossier judiciaire de ces secrets terribles, comme dans les contes des *Mille et une Nuits*, qui, s'ils venaient à être connus, seraient la cause de cataclysmes effroyables, autant qu'incompréhensibles.

Aujourd'hui, on lui fait croire que, par peur de ces fantastiques révélations, il faut supprimer toutes les garanties de liberté, de sécurité, d'honneur et de vie, qui sont la substance même de l'organisation civilisée.

Aujourd'hui, on lui fait croire que le capitaliste juif est féroce et le capitaliste chrétien inoffensif, quand il suffit d'ouvrir les yeux pour voir qu'ils sont tous deux l'identique développement du même égoïsme d'humanité.

Aujourd'hui, on lui fait croire qu'il faut être catholique pour être bon Français et que la croyance en la transsubstantiation est le signe exclusif du patriotisme.

Aujourd'hui, on lui fait croire qu'un homme qui appelle Dieu Jéhovah est de naissance son ennemi,

VERS LA RÉPARATION

et que le schisme protestant est un indice de trahison, tandis que le schisme grec de *nos* Russes s'accommode par miracle à l'amour du drapeau tricolore.

Aujourd'hui, on lui fait croire qu'il suffit de culotter un homme de rouge pour le rendre impeccable et en faire une chose intangible, comme le *grigri* des nègres ou le *tabou* de l'Océanie.

Aujourd'hui, on lui fait croire qu'un chapeau devenu képi, suivant une formule récente, préserve l'homme de toutes les bassesses et de toutes les vilenies, à la condition de n'être pas Juif comme Dreyfus. Et si on dénonce Anastay, d'Andlau, Caffarel ou Bazaine, on attaque « l'honneur de l'armée ». Car « le salut de la patrie » exige qu'on ait confiance dans Anastay, d'Andlau, Caffarel et Bazaine.

Aujourd'hui, on lui fait croire que c'est honorer la France de crier : Vive Esterhazy ! et qu'il est du patriotisme d'acquitter un traître, et qu'il est de « l'honneur de l'armée » de condamner un innocent contre les lois.

Aujourd'hui, on lui fait croire qu'il est bon que Billot mente et que Boisdeffre complote avec Esterhazy le moyen de faire mentir les experts dans deux procès, terminés, l'un par la condamnation de l'innocent, l'autre par l'acquittement du criminel.

Aujourd'hui, on lui fait croire qu'il est sublime pour un officier de faire des faux dans le but d'obtenir une condamnation contre un autre officier, et il ne s'étonne pas qu'on déclare le faux légitime et que des aliénés lui demandent sa souscription pour un monument au faussaire.

Aujourd'hui, on lui fait croire que le gouvernement est digne d'éloges qui fait sciemment usage d'un faux pour obtenir la condamnation de Zola, coupable d'avoir dit la vérité.

Aujourd'hui, on lui fait croire que le ministre qui apporte un faux à la Chambre et le livre à la publicité des murailles doit être cru sur parole quand il affirme à nouveau la culpabilité, démontrée suivant lui par cette pièce fausse, et que cette parole suffit sans autre forme de procès.

Aujourd'hui, on lui fait croire que le devoir d'un procureur de la République, comme Feuilloley, et d'un procureur général, comme Bertrand, son compère, est de violer les lois pour sauver un faussaire comme du Paty de Clam, complice d'Esterhazy et de la fille Pays.

Aujourd'hui, on lui fait croire que le chef du bureau des renseignements qui découvre un traître est coupable de trahison, et que « la sûreté de l'Etat » veut qu'on le punisse d'avoir fait son devoir.

Aujourd'hui, on lui fait croire qu'il dépend de la fantaisie d'un soldat d'empêcher l'exécution de la loi qui accorde à tout accusé, devant le juge d'instruction, l'assistance d'un défenseur.

Aujourd'hui, on lui fait croire que les magistrats qui communiquent au défenseur de l'accusé les pièces sur lesquelles on le juge, ainsi qu'il est fait dans tous les pays du monde hormis chez les sauvages, méritent ce supplice nouveau d'avoir les yeux mangés par des araignées venimeuses, pour la vengeance légitime du « patriotisme » outragé.

Aujourd'hui, on lui fait croire que tout le patriotisme français réside dans l'Internationale noire, au nom de laquelle le Père Didon propose de faire tomber des têtes françaises.

Aujourd'hui, on lui fait croire que le patriotisme français commande de renier l'histoire de la pensée française, et d'abandonner la France au sabre trempé d'eau bénite, impuissant contre l'étranger, impitoyable contre les Français.

Veux-je dire que c'est le peuple tout entier qui se livre à cette perversion d'esprit? Non. Il y a, pour l'honneur du nom français, des protestations de plus en plus nombreuses. Mais, tandis que tous les partis d'ancien régime, moines en tête, mènent à l'assaut de la justice et de la vérité l'antique plèbe brûleuse du moyen âge miraculeusement survivante, trop d'indifférents, trop de peureux se désintéressent de ces choses. Et les parlementaires ayant peur des peureux, et le gouvernement ayant peur des parlementaires, c'est une grande déroute officielle des hautes pensées qui furent la marque du génie français.

Et ce peuple fut devant l'ennemi l'un des plus braves de la terre. Et il l'est encore. Il n'a peur maintenant que de son ombre.

18 octobre 1898.

LXXXV

Dossier et Dossier

M. Mornard, avocat de la famille Dreyfus, a eu communication du dossier soumis à la Cour de Cassation, ainsi que le voulait la loi. Nos grands « nationalistes », pour qui l'application de la loi est devenue un crime, sont en attaques d'épilepsie à l'idée qu'un accusé, ou tout au moins son défenseur, peut avoir connaissance des accusations auxquelles il doit répondre ainsi que des documents qui les motivent.

M. Alphonse Humbert, en particulier, se démène gaillardement. Il craint par-dessus tout que la Cour de Cassation ne décide de faire une enquête, et la seule pensée qu'on fasse rechercher la vérité par des juges sans sabre au ceinturon l'emplit d'une caractéristique terreur. Chose admirable ! Ce qui l'épouvante, c'est que *« l'enquête sera rigoureusement secrète »*. Scrupules inattendus chez l'un des plus féroces partisans du huis clos !

Qu'il se rassure donc, M. Alphonse Humbert, qui sera noté dans l'histoire pour *la clarté* dont les faux de l'Etat-Major illuminèrent son esprit ! Les résultats de l'enquête de la Cour de Cassation viendront au grand jour, à la différence des pièces de huis clos fabriquées tout exprès pour obtenir des juges une condamnation contre la justice, en violation de la loi. M. Humbert se plaint *que l'accusation ne sera pas représentée*, parce que déjà toute l'accusation s'effondre. Au fait, ne pourrait-on, pour plaire au journal qui publia le premier faux contre Dreyfus, contraindre l'un des membres du tribunal suprême à soutenir une opinion contraire à l'évidence ? Combien il est fâcheux que M. Alphonse Humbert n'ait pas eu de ces scrupules au procès du traître Esterhazy, *où l'accusation justement n'était pas représentée.*

Le rédacteur de *l'Eclair* se souvient-il que le ministère public se constitua le défenseur du misérable agent de trahison, tout aussi bien que le président du conseil de guerre, ce qui fit avec M⁰ Tézenas un assez joli trio de défense ? Tout cela pour défendre un traître ! Et pas un accusateur, l'avocat de Mme Dreyfus s'étant vu refuser l'entrée du prétoire, ce dont M. Alphonse Humbert lui-même témoigna publiquement son approbation très chaude. Eclairé, sans doute, par cette fâcheuse expérience, il réclame maintenant contre Dreyfus des accusateurs.

Il en aura, je puis le lui promettre, quand ce ne serait que lui-même, à la suite des membres du conseil de guerre qui, en 1871, le déclara bon pour le bagne. Déjà, ne déclare-t-il pas que la procédure de la Cour de Cassation n'est « qu'une odieuse parodie où s'abrite le parti pris d'innocenter un traître » ? Ainsi, la Cour de Cassation, parce qu'elle applique la loi au lieu de s'avilir sous les clameurs antisémites, n'a d'autre but que *d'innocenter un traître !* Et c'est M. Alphonse Humbert qui écrit cela. Et M. Brisson est hué par des bandes *patriotes*, pour l'unique raison qu'il ne veut pas avoir sur lui le poids de la justice outragée.

Des Français en sont là. Pour manifester l'amour de la patrie, il faut acquitter les traîtres, il faut, au mépris de toutes les lois, condamner l'innocent, et quand on aura cent fois prouvé que l'innocent est innocent, et que les pires énergumènes ne pourront alléguer contre lui aucun semblant de preuve, ils clameront que ce sont les juges qui trahissent. Peut-être proposeront-ils de les faire juger par Esterhazy?

En attendant ce jour qui mettra la France si haut dans l'estime du monde, nous avons ce spectacle — révoltant pour nos « *patriotes* » — du dossier d'une accusation remis au défenseur de l'accusé. M⁰ Mornard, naturellement n'a rien dit de ce qu'il y avait vu, et M. Alphonse Humbert lui-même peut s'apercevoir que nous n'avons pas encore la guerre avec l'Allemagne.

Ce dossier est très volumineux, a dit l'éminent avocat, et je ne puis vous dire combien de temps il me faudra pour en prendre entièrement connaissance. Le classement des pièces est d'ailleurs très mal fait et cela ne facilitera pas mon travail. Il se compose en majeure partie des pièces de procédure. Quant aux fameux documents dont la révélation serait grosse de conséquences, mon Dieu! je n'en ai pas vu jusqu'ici, et, vraiment, j'aime autant ne pas être dépositaire d'aussi dangereux secrets!

Ainsi les faux du dossier ultra secret sont restés dans l'armoire du lampiste. Point de lettres de Guillaume II, gravement expertisées par le protocole d'Hanotaux. Ça c'est le dossier du mystère, celui dont Henry, dépositaire de l'honneur national, disait avec un grand geste : « Je ne sais même pas où il est. » On affirme qu'il est sous clef, dans le coffre de Félix, qui ne l'a montré qu'à Gyp, après serment.

Ici une question se pose. Qu'est-ce que Gyp et Félix Faure décideront de Dreyfus? Renoncent-ils à jamais produire les faux, ou se réservent-ils, au prochain conseil de guerre, de les communiquer aux juges, à titre de pièces secrètes, sous le manteau de la cheminée? Il serait bon de le savoir. Parce que si l'on doit recommencer le petit jeu de 1894, Esterhazy, Henry, Gonse, du Paty de Clam et Boisdeffre, ainsi que leurs camarades, pourraient se rassurer.

20 octobre 1898.

LXXXVI

Contre la vérité

Tout l'effort de la bande Esterhazy, du Paty de Clam, Boisdeffre et Félix Faure est aujourd'hui concentré dans la suprême tentative pour empêcher la Cour de Cassation de faire une enquête. Tous les moyens sont légitimes. L'Eglise a des ressources, et le Gouvernement, non de M. Brisson qui n'est là que pour de vains changements de préfets et qu'un souffle fait tomber en pâmoison, mais de M. Félix Faure qui conduit la faiblesse ministérielle par les chemins qu'il a résolus.

M. Brisson ne voulait pas poursuivre Picquart: M. Félix Faure, par Boisdeffre, complice d'Esterhazy, et par Zurlinden, l'a fait poursuivre. Brisson jurait qu'on ne violerait pas les lois contre Picquart comme on les a violées contre Dreyfus. Il avait à peine proféré cette parole qu'il laissait Zurlinden soustraire Picquart à la justice civile par un coup d'autorité qui, de l'aveu du parquet lui-même, est une atteinte au droit légal qu'a l'accusé de communiquer avec son défenseur.

Brisson a voulu faire la revision du procès Dreyfus,

par la double raison que Dreyfus avait été illégalement condamné, et que maints faits nouveaux constituaient de graves présomptions d'innocence. M. Félix Faure a tout mis en œuvre pour empêcher la revision, et comme il a dû céder sous la pression de l'opinion publique, il déploie depuis ce moment toute son énergie pour faire échouer la Cour de Cassation dans l'œuvre de réparation que la loi lui impose.

Oh! il ne va pas, comme M. Cavaignac, jusqu'à demander qu'un vote de la Chambre dessaisisse une Cour de justice. On violente les lois quand on peut, mais à moins d'être fou, on ne s'aventure pas à proposer ces choses-là à des législateurs. L'idée de mettre aux voix des mesures illégales est d'une rare innocence. N'est-il pas plus simple de faire *des coups* alors qu'on a les complicités nécessaires?

Il me revient, par exemple, que dans la fameuse proposition d'arrestations arbitraires faite par M. Cavaignac à ses collègues, Félix Faure était de moitié. Cela n'est pas pour surprendre ceux qui ont pu mesurer l'étiage de cette âme, si j'ose dénommer ainsi un ensemble assez bas des vulgaires instincts. Le malheureux ne voit qu'une chose : empêcher les révélations soit sur Madagascar, soit sur des faits d'un ordre plus intime, et, pour cela, obéir aux meneurs de la campagne clérico-militaire. Ne comprend-il donc pas qu'il sera fatalement rejeté par ses maîtres, un jour ou l'autre, comme un instrument avili?

Pour le moment, il s'obstine dans l'idée de faire échouer la revision, et, puisqu'il a réussi à sauver provisoirement Esterhazy, Mercier, du Paty de Clam, Boisdeffre et la fille Pays, il ne saurait douter de sa puissance pour achever de paralyser la justice à l'endroit de Dreyfus et de Picquart. C'est pourquoi il a mandé près de lui des membres de la Chambre criminelle — le fait m'est affirmé pour au moins trois d'entre eux — et les a chapitrés d'importance contre l'enquête.

Comme on le pense bien, c'est le dossier secret qui fait les frais de ces accès d'éloquence. C'est-à-dire qu'on répète sur les membres de la Cour suprême le coup de Mercier sur le conseil de guerre de 1894. Seulement les fameuses pièces secrètes, si Félix Faure en parle, il ne les montre pas, et pour cause. Le voyez-vous faire état de la lettre : « Ce canaille de D... » ou des lettres de l'empereur Guillaume? Ce serait un éclat de rire. On ne montre rien. Mais cela précisément permet de dire tout ce qu'on veut, d'inquiéter les juges avec des réticences, de montrer la patrie menacée par des révélations qui ne sont que d'impudents mensonges. Ainsi Mercier, Billot, Henry, du Paty de Clam et Boisdeffre jouèrent du secret pour faire condamner Dreyfus d'abord et plus tard pour le maintenir au bagne. Ainsi Félix Faure continue, pour empêcher la justice de se faire.

Il ne veut pas d'enquête pour éviter à tout prix la lumière sur Mercier, sur Henry, sur Boisdeffre et du Paty de Clam avec Esterhazy. Il manœuvre avec son dossier secret pour laisser planer un doute — même après la revision faite — sur l'innocence de Dreyfus. Il veut pouvoir dire, ayant livré à la Cour de Cassation des documents prétendus accusateurs qui sont des preuves d'innocence : « Ah! si vous aviez vu le reste! » Eh bien! ce reste, il faut qu'on le montre, et voilà pourquoi précisément l'enquête est nécessaire.

Les avocats de la défense sauront, je l'espère, déjouer cette machination d'élyséenne canaillerie. Il est temps, puisque les principaux faussaires sont connus, que les faux du dossier secret — y compris les fameuses lettres expertisées par Hanotaux — soient soumis à la critique d'autres personnages que les complices des faussaires. Il faut que tout soit dit. Il faut que tout soit prouvé. Il faut que tout soit clair. Il faut que MM. Cavaignac et Zurlinden, qui ont annoncé, après l'examen du dossier, qu'ils continuent de croire à la culpabilité de Dreyfus, soient entendus et fassent connaître aux juges, à qui les mêmes pièces donnent une conviction différente, sur quoi se fondent leurs dires.

Pièces secrètes ou pièces connues, — toutes d'ailleurs également publiques désormais — l'ensemble du dossier Dreyfus doit être d'une façon complète tiré au clair. Il se peut que ce ne soit pas l'intérêt de M. Félix Faure et de sa troupe. Mais la paix de la France l'exige, et la France doit être entendue, même si cela déplaît à ses exploiteurs.

Depuis un an bientôt je répète qu'on ne sortira de cette crise qu'en rendant publique toute la vérité. Si le gouvernement ne s'y était opposé dès le premier jour, ce serait depuis longtemps une affaire finie. Après une résistance éperdue des coupables, aidés de tous les pouvoirs civils et militaires, les événements amènent enfin notre Cour suprême au point de faire éclater la pleine lumière, source unique d'une justice satisfaisante pour tout le monde. En dépit des abominables tentatives que j'ai signalées, je persiste à croire qu'il y a en France des juges inflexibles qu'aucune menace, qu'aucune séduction ne détournera du devoir de justice qui est le premier devoir envers la patrie.

21 octobre 1898.

LXXXVII

Crise de Gouvernement.

Beaucoup de bruit pour trois préfets par terre. M. Méline et ses amis auraient pardonné peut-être à Brisson, pour un temps, d'avoir voulu la réparation d'une erreur judiciaire, et de ne pas reconnaître aux faux la même valeur qu'aux pièces authentiques. Mais ils ne sauraient tolérer que le chef du Gouvernement se prive du concours de fonctionnaires qui desservent sa politique, et déjà toute la meute jappe aux talons du Ministère.

Je ne peux pas m'apitoyer sur le malheur de trois hommes qui seraient peut-être bien embarrassés, dans la vie privée, de gagner leur pain quotidien, et que leur disgrâce fera quelque jour titulaires d'une trésorerie générale aux appointements fabuleux. Aussi bien n'est-ce pas leur sort qui émeut M. Méline et ses compères. On sait depuis longtemps qu'il n'y a qu'un ressort pour mouvoir nos hommes politiques : l'intérêt électoral.

Pourquoi M. Brisson, que la moitié de son Cabinet trahit et qui se contente d'en gémir, ne veut-il pas que ses préfets dépassent une certaine mesure de trahison ? Je l'ignore. Pourquoi a-t-il attendu jusqu'à la veille de la rentrée des Chambres pour prendre une mesure qui n'eût surpris personne il y a quelques mois, et qui aujourd'hui mécontente ses amis comme insuffisante, et ses adversaires comme excessive ? M. Brisson n'aurait-il point lu Machiavel, qui a, sur l'art de faire les choses à temps, de bien remarquables pages ? Depuis qu'il nous gouverne, je vis dans cette crainte.

On signale maint député qui, à la rigueur, aurait admis qu'on ramenât un innocent du bagne, mais qui ne peut se faire à l'idée que ses comités et sous-comités seront privés de la manne préfectorale. Est-il besoin de dire que Félix Faure pousse les bataillons de Gyp à l'assaut de son Ministère ? De tous côtés, on nous annonce, pour le premier jour, une curée chaude.

Quelle sorte de réaction s'ensuivra si l'événement se réalise, il n'est pas aisé d'avoir des précisions là-dessus. Par quelles voies de violences le clergé romain et le militarisme espagnol achèveront-ils notre ruine, il n'importe pas beaucoup de le savoir, puisque le résultat, dans tous les cas, serait la définitive victoire de la théocratie d'ancien régime en France, au moment où l'esprit de la Révolution française s'installe progressivement dans tous les autres pays de la terre.

Hélas! ce ne sont point là les pensées qui hantent nos politiques, exclusivement occupés d'organiser électoralement leurs intérêts de sous-préfectures. Tous les petits *arrivistes* de la République à papa n'ont jamais pu se hausser à une vue supérieure. Ça veut être ministre. Ça l'a été. Ça le sera. Pourquoi? Pour décrocher la belle dot, ou se faire la grosse clientèle au Palais! Pendant ce temps vogue la France, le gouvernail aux mains de l'Eglise romaine.

Car nous en sommes là, dans l'incroyable confusion des pensées, que les prétendus patriotes sont ceux qui se font l'instrument de Rome contre l'esprit français. L'affaire Dreyfus, au moins, les aura démasqués. On a vu ce qui se cachait de haine, en eux, sous le beau nom de charité. On a vu combien la pire iniquité leur était légère. On a vu, pour écraser l'innocence, de quel cœur ils se ruaient à la violation des lois, avec quel excès d'impudence ils glorifiaient le mensonge et le faux, tous les crimes. On les a vus, sous prétexte d'honorer la patrie, acclamer un traître à la solde de l'étranger, et même comploter dans l'ombre avec lui pour des fins que des magistrats félons ne veulent pas savoir. On a vu cela. Peut-être verra-t-on pis encore. Les honnêtes gens, comme Brisson, ont peur de tout, surtout de l'action, qui serait le salut de la France. Les autres ne reculent devant rien, familiers avec tous les forfaits.

Mardi, la Chambre se réunit. Ce n'est pas une affaire. Les députés chargés de contrôler les affaires publiques ont prouvé depuis trop longtemps qu'ils n'ont d'autre souci que de partager avec les gouvernants les profits du pouvoir. C'est ainsi que se font les majorités de Gouvernement. La dernière Chambre votant à l'unanimité, sans examen, l'affichage du faux d'Henry, s'est justement montrée d'un esprit un peu plus bas que les précédentes. Il n'en fallait pas davantage pour qu'elle devînt l'espoir des antisémites romains et des césariens retour des trahisons de Metz et de Sedan.

On a résolu, paraît-il, de reformer par la terreur une majorité clérico-militaire, et voici qu'on nous annonce, pour la rentrée des Chambres, une grande manifestation dite nationaliste aux abords du Palais-Bourbon. Qu'elle s'accompagne ou non des tentatives de violences décrétées par les malfaiteurs attitrés de la bande contre quelques-uns d'entre nous, je la crois destinée au plus lamentable fiasco si les républicains ont le bon sens de laisser la tourbe d'Esterhazy, d'Henry, de Boisdeffre et de Zurlinden aux prises avec les troupes de Zurlinden lui-même, obligé ce jour-là, pour sauver les apparences, de faire tête à ses amis. Si des bagarres s'engagent entre républicains et fauteurs de dictature, personne ne doute, n'est-ce pas? que la répression ne s'exerce fatalement au détriment des républicains. C'est pourquoi je voudrais qu'on laissât les émeutiers aux prises avec la police, sans toutefois se désintéresser du résultat éventuel.

Tout le parti réactionnaire fera, je n'en doute pas un immense effort pour renverser le Gouvernement. Mais c'est dans la Chambre et non dans la rue que s'engagera l'affaire. Nous n'en sommes pas encore à craindre le *chambardement* dont on affecte de nous menacer. Les questions posées sont trop graves pour qu'elles se puissent résoudre uniquement par des coups de sabre. Il faudra donner des raisons, et la tribune, grâce à la République, se trouve là tout exprès. Nous entendrons M. Cavaignac, M. Méline et leurs amis. Je souhaite que toute liberté leur soit laissée. C'est l'heure, pour les modérés, de montrer s'ils demeurent fidèles à la République ou s'ils trahissent la démocratie française au profit de la dictature romaine.

M. Brisson, au moins, apporte une solution de la crise : la justice et la vérité. Y a en a-t-il une autre qu'on puisse honorablement proposer? Il faudra qu'on le dise. J'attends les orateurs qui soutiendront, même avec les précautions oratoires d'usage, que le patriotisme doit se fonder sur le mensonge, sur le faux, sur le crime. Ah! si Brisson voulait parler! Ah! si Brisson savait agir!

22 octobre 1898.

LXXXVIII

Toute la loi.

Enquête ou pas enquête : voilà sur quoi l'on se bat maintenant. Toute la crainte des menteurs, des faussaires, des gens qui se donnaient des rendez-vous dans l'ombre avec Esterhazy pour comploter patriotiquement contre la justice avec le traître, c'est que la vérité soit connue. Ceux-là s'opposaient à la revision, on sait avec quelle énergie, et, la revision devenue inévitable, leur unique pensée est de la faire tourner court. Pour cela, pas d'enquête, car l'enquête c'est la vérité connue, les responsabilités établies, avec le châtiment inévitable.

Ainsi s'explique l'entrain de Félix Faure contre l'enquête. Ayant connu dès l'origine la violation des lois par laquelle un innocent était au bagne, ayant eu la révélation des faux par le comte Tornielli, et en ayant permis l'usage (n'y a-t-il pas dans le code un article contre ce genre de crimes?) notre Président est le premier intéressé à faire prévaloir le mensonge. Il s'y emploie, le cher homme, et redoute l'enquête sur l'affaire Dreyfus-Esterhazy à l'égal d'une enquête sur les transports de Madagascar.

Le malheur est qu'il ne peut pas réussir. Malgré tant de précautions prises, le dossier sur Madagascar un jour verra le plein soleil. Grévy, qui était une autre intelligence que Félix, pour des fautes qui n'étaient pas siennes, a subi les pires malheurs. Je ne souhaite point à l'actuel occupant de notre simili trône de si fâcheuses destinées. Toutefois, il est temps pour lui de réfléchir avant le pas irréparable. L'affaire de Madagascar peut être encore *classée*.

Dans l'affaire Dreyfus-Esterhazy trop de documents sont déjà sous nos yeux pour qu'on puisse espérer de nous cacher les autres. Le plus sage est de capituler. Nous ne sommes pas exigeants, bon Félix. Il nous suffit de tout savoir. Et nous saurons tout, parce que la vérité est comme un engrenage : chaque pièce qui paraît s'agrippe aux résistances et en amène une autre. Autant céder de bonne grâce. N'avions-nous pas contre nous déjà, outre le grand Félix, les juges, des soldats, les ministres, la Chambre et le suffrage universel lui-même qui, dans son indifférence, préférait ne rien savoir? C'était une bataille, cela! Les ministres ont cédé, la Chambre cédera, et le suffrage universel tous les jours achève de se rendre à l'évidence. Les soldats? N'est-ce pas les servir, de demander qu'on sépare leur cause de celle des malfaiteurs? Les juges? C'est d'eux-mêmes que nous attendons la justice, et nous avons pleine confiance qu'ils feront voir à tous que la justice n'est pas un mot vide de sens dans la République française.

Alors, que reste-t-il contre nous? Félix Faure? Franchement, même doublé de Gyp, ce n'est guère. Que fera-t-il? Il mentira? C'est déjà fait. Il fera renverser Brisson? Et puis? Je le défie de remplacer Brisson par Cavaignac ou qui que ce soit de la bande Boisdeffre-Esterhazy. Il essayera contre nous de la violence? Il y a déjà songé. Mais c'est très difficile au vingtième siècle, dans l'Europe civilisée, de fonder un coup de force sur ce principe qu'il est du patriotisme de maintenir des criminels de droit commun à la tête de l'armée et qu'il est de la justice que tous ceux qui déplaisent à la sainte Eglise, « innocents ou coupables », colonisent le bagne. Félix Faure n'est pas encore roi de la planète. Il y a en France, comme au dehors, une opinion civilisée qui le juge. Alors que peut-il ? S'il me demandait mon avis, je lui conseillerais amicalement de se rendre.

Qu'est-ce que c'est que cette ridicule histoire de dossier secret que l'Etat-Major prétend soustraire aux juges de la Cour suprême ? Les journaux de l'Etat-Major nous racontent que le général Roget, simple chef du cabinet du Ministre de la Guerre, aurait refusé au Garde des sceaux la communication du dossier secret. *Le Gaulois* rapporte que Félix Faure, en Conseil des ministres, aurait enjoint au général Zurlinden de garder le silence à ce sujet. Ce qui est certain, c'est qu'on n'a point soumis à la Cour de Cassation les pièces sur lesquelles les juges de 1894 ont réellement condamné Dreyfus. La raison qu'on en donne ingénûment, c'est qu'il faut avoir une culotte rouge au derrière pour être capable de patriotisme. Henry, du Paty de Clam, Esterhazy, bons gardiens des intérêts de la France. Les juges de la Cour de Cassation, tous vendus à l'Allemagne, à preuve les araignées de M. Rochefort. Félix Faure n'ayant point encore osé se faire confectionner d'uniforme, je le vois assez embarrassé de soutenir cette thèse.

D'ailleurs, nous savons tous que le principal secret du dossier mystérieux. c'est d'être composé de pièces fausses ou de pièces s'appliquant à d'autres qu'à Dreyfus. Le fait est désormais notoire. Ce qu'on veut, en écartant ce dossier des investigations des juges, c'est manifestement de faire que la revision ne soit pas la revision, et qu'on puisse arguer, devant l'opinion publique et devant le conseil de guerre, que les juges qui auront montré Dreyfus innocent n'ont pas eu sous les yeux les preuves décisives.

Il n'y a qu'un moyen de déjouer cette machination, bien digne de la Compagnie de Jésus : réclamer l'application de la loi qui autorise la Cour de Cassation à *mettre l'instruction en état* par une enquête. Ce qui démontre la nécessité de cette enquête, c'est précisément qu'on n'a pas livré toutes les pièces à la Cour et que son arrêt ne peut avoir autorité qu'à la condition préalable d'un éclaircissement complet de tous les points obscurs. Cela est d'autant plus nécessaire que, si je suis bien informé, des pièces du dossier remis à la Cour font allusion aux pièces absentes et même *les énumèrent*. Comment les juges pourraient-ils, sans faiblir au devoir, accepter que le droit de contrôle leur fût enlevé ?

Par cette raison et par d'autres encore, le bon lampiste Gribelin, malgré les froncements de sourcils de Félix Faure, sera tenu, l'un de ces matins, de communiquer son secret de Polichinelle aux juges qualifiés par la loi pour en recevoir confidence. Il le faut pour que Dreyfus, s'il est coupable, soit définitivement flétri, en pleine connaissance de cause. Il le faut pour que Dreyfus, s'il est innocent, obtienne la réparation de justice qui lui est due. Il le faut surtout pour le peuple français, qui est, lui, certainement innocent de tous ces mensonges, de tous ces faux, de toutes ces trahisons, de tous ces crimes et qui n'a voulu la République que pour en faire un gouvernement de vérité au grand jour.

Que justice soit faite, et soudainement la paix rentrera dans les esprits. Or la justice est dans les mains de la Cour suprême, non ailleurs. La loi veut que tout lui soit connu. Obéissance à la loi, mon Président. Sinon, il serait avéré que votre cabotinage de tanneur endimanché cache de ces mauvais desseins que la France monarchiste n'a pas permis à ses rois eux-mêmes, et il faudrait, vous simple rien du tout, compter avec la France républicaine.

23 octobre 1898.

LXXXIX

Grandes Manœuvres.

La Chambre se réunit. Tout aussitôt, on se demande s'il reste d'autres faux à afficher sur les murailles. Si le fonds était épuisé, on ne se donnerait pas tant de mal pour empêcher la vérité d'être connue.

Ce n'est pas seulement sur la place de la Concorde qu'auront lieu les grandes manœuvres. Là, doivent se trouver aux prises les prétendus défenseurs de l'armée, et l'armée elle-même, pour l'édification des badauds de Paris. Bataille épique sans combat si les révolutionnaires ont l'esprit de demeurer à la fenêtre.

Ces charges de cavalerie qui doivent vaillamment sabrer l'air ne sont là, comme on pense bien, que pour le décor. Simple emblème de la lutte furieuse pour le pouvoir, au delà de la colonnade bourbonnienne derrière laquelle le parlementarisme opère. Dans ce champ clos, le croc-en-jambe, la chausse-trape et le coup de poignard dans le dos, sont choses fort appréciées des vainqueurs.

La démocratie, qui ne peut avoir la prétention, par la vertu d'un mot, de changer l'homme subitement, commence par traîner dans la lumière crue la grande curée d'appétits dont le théâtre obscur jadis était la cour. J'aime à penser qu'il en sortira plus tard une grande leçon, comme, à Sparte, du spectacle de l'Ilote ivre. Ce qui gâte l'enseignement aujourd'hui, c'est qu'il y a trop de tentations pour trop de spectateurs. Ainsi finit la Rome antique, après avoir été la plus grande puissance de la terre. Dieux ! détournez de nous cet augure !

Brisson, qui a présentement le pouvoir, jure qu'il n'y tient pas, et je le crois bien volontiers, car, visiblement, il ne sait qu'en faire. Tout le monde gouverne hors lui, Félix Faure, Zurlinden, Sarrien, Gyp et Drumont, qu'anime l'esprit de l'Eglise. De cela Brisson gémit, tandis que ses collègues, suivant l'usage, se répandent en propos malveillants sur son compte. Aucun d'eux ne voulait la revision : ils en font de grands serments dans les coins. Pour la faire avorter selon les règles de l'art, chacun d'eux se propose. Il suffit de jeter bas Brisson sans renverser le Ministère. Un petit coup d'épaule en côtoyant un ordre du jour et c'est fait. Est-il vrai, comme on le dit, que certains radicaux non pourvus désignent M. Bourgeois pour la préparation de cet accident ? Tout le monde le sait, hormis, bien entendu, M. Bourgeois lui-même. Fassent Klotz et Dujardin-Beaumetz qu'il ne l'apprenne pas trop tard !

Et tandis que, vers les marrons chauds, tous les friands Ratons allongent une patte fébrile, des Bertrands de tout poil et de tout habit qui feignent de dormir s'emplissent, immobiles, du parfum de la fête, attendent l'heure du coup de dent.

Bertrand ou Raton, M. Cavaignac ? Raton décidément. Il est pressé comme s'il était vieux. C'est un jeune, figé dans un entêtement sénile contre l'évidence. Si quelqu'un avait besoin de se recueillir, il semblait bien que ce fût lui. La bourde retentissante dont le bruit accompagnera son nom dans l'histoire a ridiculisé la Chambre et discrédité le gouvernement français, sans parler de lui-même. Dans ces conditions, tout le monde a le droit de parler, sauf celui qui a fait preuve d'une si prodigieuse infirmité d'intelligence. Eh bien ! non. M. Cavaignac estime que son incapacité de critique lui est un titre à la confiance du Parlement qu'il a trompé, et il a résolu, n'ayant pu empêcher la revision par un faux, de s'opposer, par la seule puissance de sa logique, aux réparations de justice que commande la loi.

La logique de M. Cavaignac, il est vrai, n'est pas d'une nature ordinaire. Elle a pour caractère de ne tenir compte de rien, sinon des sentiments de M. Cavaignac lui-même. Objectez tout ce qu'il vous plaira, démontrez que les arguments se fondent sur des pièces fausses, invoquez la justice, la loi, la nécessité de preuves authentiques, le « logicien » n'en sera pas plus ébranlé qu'une souche en forêt.

L'idée première de M. Cavaignac avait été de « dessaisir » la Cour de Cassation. Comment? On n'en sait rien, la Cour de Cassation n'ayant pas même pouvoir de se dessaisir elle-même. L'éclat de rire qui accueillit cette invention saugrenue ne fit point dévier notre homme d'un pas. Il nous dit maintenant qu'il ne sait pas encore quelle forme il donnera à sa proposition de violer toutes les lois connues. Il a jusqu'à jeudi pour méditer là-dessus.

En revanche, il nous confie sa résolution de prouver que la revision est impossible. Pour quelle raison ne peut-on reviser? *C'est qu'on ne peut révéler à Dreyfus lui-même les dires des agents qui l'accusent.* Et pourquoi? On n'en sait rien. C'est un axiome qui, suffisant à l'esprit de M. Cavaignac, doit suffire à tout le monde.

Ainsi la violation de la loi par Mercier en 1894 va devenir la loi elle-même. On pourra, *on devra* condamner un homme sans lui dire qui l'accuse et de quoi il est accusé. C'est si follement absurde qu'on ne peut pas s'indigner. Il faut rire. Si l'on en était à raisonner, on objecterait à M. Cavaignac que les nègres eux-mêmes sont, depuis quelques milliers d'années, sortis de cette barbarie, et que, dans son système, tous les Français, y compris Cavaignac, Gyp et Félix Faure, seraient à la merci de toute la canaille espionnante. Quand on arrive à ce point d'insanité, il faut des douches, tout simplement.

Toutefois, ce qui prouve qu'il y a autre chose que

de la folie dans le cas de M. Cavaignac, c'est l'équivoque qu'il cherche habilement à créer sur les pièces du dossier secret. Il ne peut pas ignorer que ces documents sont de deux classes différentes : ceux qui sont antérieurs à la prise de possession du service par Henry le faussaire, — lesquels ne prouvent rien — et ceux qui sont le résultat du travail personnel de cet artiste en faux.

Il doit le savoir; et cependant je veux croire qu'il ne le sait pas. Car l'idée se présenterait à lui certainement que toutes les pièces émanant d'un faussaire sont suspectes, et qu'elles ont besoin de contrôle. Le soupçon lui viendrait que le faussaire, ayant fabriqué trois faux, ait eu la tentation d'en fabriquer d'autres dès qu'il fut maître du service, pour *nourrir* son dossier et faire étalage de preuves convaincantes à portée des simples d'esprit. Alors il reculerait, oui, il reculerait, M. Cavaignac lui-même, devant l'acte inouï qui consiste à condamner un homme — fût-ce un Juif — sur les preuves fournies par un faussaire, en posant pour principe qu'aucune vérification ne sera permise.

Reculera-t-il? Ne reculera-t-il pas? Qui sait? Reculer, quelquefois c'est manœuvrer encore.

24 octobre 1898.

XC

Le coup de l'Etat-Major.

Avec la complicité de l'Elysée, le coup de l'Etat-Major a réussi. Chanoine a poignardé Brisson dans le dos. Le *Gesu*, qui a préparé l'embuscade de traîtrise, peut disposer de la République à son gré. M. Déroulède, M. Drumont, avec l'ensemble du parti monarchiste et clérical, et les jeunes *arrivistes* de l'école de M. Barthou auront la gloire de cette journée.

Au Conseil des ministres du matin, le « loyal » Chanoine n'avait soufflé mot. Le non moins « loyal » correspondant d'Esterhazy, M. le général de Boisdeffre, était sorti tout exprès, la veille, pour dîner avec M. le général Renouard, chef d'État-Major, chargé par lui de représenter les intérêts de Henry et de du Paty de Clam dans le gouvernement de nos armées. Peu importe le lieu où les conspirateurs se rencontrèrent. Ce qui est certain, c'est que la pensée de M. Félix Faure y fut représentée, ainsi que la volonté de cette Église romaine qui est, pour notre « caste militaire » la patrie.

Je passe le spectacle des manifestations du dehors. Des bandelettes tricolores au bout de quelques parapluies, des curés excitant les badauds sur la voie publique comme au bon temps des massacres de religion, des gourdins s'abattant sur les promeneurs qui refusaient de crier : « Mort aux Juifs ! » MM. Déroulède et Drumont suivis chacun d'une bande, et, pour couronner le tout, un commissaire de police assommé par les « sauveurs de l'ordre » qui, pour excuser leur *vivacité*, osent alléguer maintenant qu'il a crié : *A bas la France !*

Mais tout cela n'était que la parade. Le drame se jouait dans l'enceinte législative. Là, le général Chanoine, interpellé par M. Déroulède, jetait publiquement sa démission à la tête des ministres dont il avait approuvé les votes et partagé toutes les responsabilités. La trahison était si abjecte, la canaillerie si odieuse que les modérés eux-mêmes reculèrent, et qu'un mouvement unanime des républicains se manifesta en faveur de M. Brisson. Mais le coup était trop bien monté pour que ce mouvement d'honnête indignation pût être durable.

Dans la rue Royale, la démission de Chanoine était connue un quart d'heure avant l'ouverture de la séance. Au Palais-Bourbon, des émissaires de l'Elysée parcouraient les couloirs. Ils eurent bientôt fait de rallier « le parti Barthou », cette tourbe innomable de quémandeurs pour qui la République n'est que matière à trafics d'influences, et dès lors la chute de M. Brisson fut assurée. Pour tout dire, le Gouvernement ne se défendit pas. Après quelques paroles de circonstance, il tendit, dans une attitude résignée, la gorge au fer du sacrificateur, et attendit passivement le coup mortel.

Je ne m'attarde pas aux apparences du débat. Sarrien, à qui l'on reprochait de n'avoir pas appliqué sa ridicule circulaire, avait, en deux mots, prouvé que les étranges militaires en qui s'incarne, dit-on, « l'honneur de l'armée », avaient refusé de traîner leurs détracteurs en justice. Cela s'explique. Comment Mercier prouverait-il qu'il n'est pas coupable de forfaiture, puisqu'il est coupable de forfaiture ? Comment du Paty de Clam prouverait-il qu'il n'a pas fait de faux, puisqu'il a fait des faux ? Comment Boisdeffre prouverait-il qu'il n'a pas eu de rapports avec Esterhazy le traître, puisqu'il était en correspondance avec lui, et qu'un document existe qui prouve que ces deux hommes complotaient pour tromper la justice et faire innocenter la trahison ? Ainsi s'explique le peu d'empressement de ces messieurs à poursuivre leurs accusateurs. Tous les ordres du jour n'y pourront rien changer.

Mais qu'importent les ordres du jour ? C'est de la pâture à électeurs. La vérité, M. Chanoine l'a dite *involontairement* au pied de la tribune quand, se tournant vers la droite, il a crié : « Je suis parti parce que je ne veux pas livrer le dossier secret, qui est un dépôt sacré. » Le voilà ! le cri du cœur ! On ne veut pas livrer le dossier secret, parce que ce n'est qu'un tissu de faux où éclate la preuve de tous les crimes de l'Etat-Major. On préfère rendre la justice impossible en

France, garder un innocent au bagne, faire condamner Picquart pour le crime d'avoir dit vrai, plutôt que de révéler les ignominies d'une caste d'oligarchie jésuitico-militaire qui regarde la France comme un bien dont elle peut user et abuser à sa guise.

Quand on crut que M. Brisson aurait la majorité, il était déjà question de brûler le dossier secret plutôt que de le livrer à des juges civils que ces fiers patriotes supposent capables de trahir, et cela par la raison péremptoire qu'ils n'ont ni plumes au chapeau, ni bottes éperonnées. Voilà où nous en sommes. Nous assistons à la révolte d'une caste militaire qui prétend se mettre au-dessus de la justice de la France. Ils ont remporté la victoire aujourd'hui. C'est bien. Mais le combat recommencera demain, et, tant que nous vivrons, il y aura bataille.

Nous ne nous laisserons pas réduire au silence. Nous nous défendrons sans jamais faiblir. Car, en nous défendant, nous défendons la France civile, la France qui n'est rien sans la justice, la France qui, par la justice annoncée à tous les hommes, fut, il y a cent ans, porte-parole des peuples de la terre.

Que voyons-nous devant nous? Une oligarchie militaire qui nous a livrés à l'ennemi dans la guerre franco-allemande. Une Eglise cosmopolite qui n'a pas de patrie. et qui nous accuse, nous, d'être des sans-patrie. De honteux politiciens qui, pour des portefeuilles et des places aux clients dont ils vivent, trafiquent cyniquement de la justice française. Un misérable Président, instrument bafoué de toutes les forces d'ancien régime coalisées comme autrefois contre l'esprit d'égale justice entre tous les humains de toutes races, de toutes religions, de toutes classes.

Eh bien! cela paraît beaucoup, et justement ce n'est rien. Nos pères en ont vu bien d'autres. Louis XVI valait peut-être Félix Faure. Il a rendu ses comptes. La noblesse de France avait une autre allure et d'autres états de service qu'un Barthou, qu'un Méline, qu'un Ribot. Elle fut sommée de comparaître au tribunal de la Nation, et ne trouva d'autre moyen d'échapper au verdict que de s'allier avec l'étranger contre la patrie. Et tous les beaux militaires de l'ancien régime les suivirent, et quand nos volontaires en sabots leur mirent la baïonnette aux reins ce fut une déroute épique, une déroute que nous reverrons le jour où le peuple français, lassé d'être à genoux, se redressera.

Quant à nous, qui attendons cette heure, nous n'arrêterons pas la lutte pendant un moment. Dreyfus n'est rien qu'une victime du hasard entre des millions. Picquart lui-même, le noble Picquart qu'on va lâchement condamner pour avoir aimé sa patrie, pour avoir dénoncé la trahison, Picquart ne représente qu'un tragique incident de la lutte immense. L'histoire recueillera son nom, le livrera plus tard, avec celui de Zola, aux glorifications des foules repentantes. Ainsi vont les choses. Nous ne luttons pas pour des places, ou pour des « honneurs ». Nous avons l'ambition plus haute de nous dévouer pour l'idée et de n'accepter d'autre récompense que le triomphe inévitable de l'idée, même en des jours que nous ne verrons pas.

Je vous dis qu'il faudra nous tuer pour arrêter notre protestation contre les infamies qu'on prépare. Cela même ne suffira pas. Car les menteurs, quoi qu'il advienne de nous, demeureront les menteurs, et les faussaires continueront d'être tenus pour faussaires. Les principaux criminels sont connus. Nous les stigmatiserons encore et, après nous, ceux à qui notre exemple aura suggéré le besoin de proclamer la vérité et d'exiger la justice pour tous. Et les vaincus d'aujourd'hui seront finalement les vainqueurs, parce qu'ils représentent la cause que les hommes, pour s'estimer, ont besoin de faire victorieuse. Et les vainqueurs de ce jour couverts de honte, souillés de mépris, seront traînés sur la claie. Et il faudra que la justice triomphante s'émeuve de tant de honte, et demande pour eux pitié.

26 octobre 1898.

XCI

La bataille continue.

C'est le triomphe des soldats, c'est le triomphe de l'église, c'est le retour des cendres d'Esterhazy. Admirable ironie de la destinée qui donne un traître pour drapeau à ces vainqueurs !

MM. Drumont et Déroulède, premiers ouvriers de la victoire, n'en profiteront pas tout d'abord. Ils ont vaincu grâce à l'abjection des modérés. Aux modérés, les dépouilles opimes. D'ailleurs, le moment n'est pas encore venu des suprêmes violences. Il faut paver la voie aux prétendants. Entre deux lettres à Esterhazy, agent de Schwarzkoppen en France, Boisdeffre, avec du Lac et Didon, en l'absence de Henry, prépare le grand jour.

Nous en sommes pour l'instant à la distribution de pâtée ministérielle dans les cages de la zoologie parlementaire. Dupuy, Barthou, Poincaré, Méline ont faim, et, derrière eux, leurs petits font rage. Apaise tous ces appétits. ô Félix, et puis tu les feras sauter dans tes cerceaux pour le pape, et pour le roi, ou pour toute autre chose, et lécher la semelle de Gyp très congrûment. Alors, tu appelleras l'Europe pour voir, et tu diras : « Regardez donc, c'est la France ! » Tu sauras un jour, insensé, que ces criminelles pitreries se payent.

Qui donc songe à cette échéance, maintenant? Pas Félix, assurément, très fier d'avoir réussi son coup de main par la « loyale » embûche de Chanoine. Pas davantage, nos affamés de places et d'*honneurs*. Tout ce monde a la fringale du pouvoir. Tous ont des parents, des amis, des clients à dents longues, sans parler de leur propre besoin d'opulentes *grandeurs*. Qu'importe à tous ces gens qui servir, puisqu'il est entendu qu'une main généreuse, disposant des caisses publiques, satisfera tous les appétits, comblera toutes les convoitises! A ce prix ils serviront qui l'on voudra, comme on voudra.

Les voilà sous la botte de l'État-major. Ah! qu'on y est bien! Quelle douce caresse éperonnée! Appuyez, nobles seigneurs, appuyez encore et toujours, sur la face, sur la poitrine et sur le ventre, partout, partout : cela leur fait tant de plaisir! Et la bénédiction de l'Église sur ces voluptueuses meurtrissures, quelles délices infinies! Coups de goupillon et de plat de sabre mêlés, c'est trop de joie! Et, quand il vous plaira de changer l'amusement, fouaillez, fouaillez à tours de bras tout ce lâche bétail! Jamais vous ne lasserez cette servilité d'eunuques empressés aux fantaisies du maître.

Et que dire à ces hommes! Qu'ils outragent la justice? Mais ils ne se font piétiner que pour la joie de la piétiner à leur tour. Qu'ils maintiennent un innocent au bagne? Cela les fait rire. Qu'ils livrent l'un des plus nobles fils de la France à la vengeance des faussaires qu'il a dénoncés? C'est un spectacle dont ils entendent se délecter lentement, pour en savourer la jouissance. Qu'ils déshonorent leur patrie? Ils la servent, au contraire, puisque la patrie, pour eux, c'est le bas intérêt du jour. Qu'ils nous font une nouvelle armée de Metz et de Sedan par l'absolutisme infaillible de l'incapacité militaire? Ils n'ont besoin de l'armée que contre les citoyens sans armes pour les grandes fauchées de la rue. Que par eux le libre génie de la France agonise? Tant mieux! Ce que les maîtres de la pensée ont appelé le génie de la France, c'est l'esprit de liberté, c'est l'esprit de justice que les maîtres de la croyance romaine remplacent par l'esprit d'autorité dans l'Eglise, par l'esprit de soumission et d'obéissance dans le troupeau humain.

Donc, d'eux et de nous, chacun voit clair, et chacun sait où il va. Mais il n'y a pas seulement nous, les fils de la Révolution française en révolte contre les honteux bâtards. Il y a encore l'humanité tout entière, au delà des fleuves et des montagnes qui marquent le domaine de l'Eglise. L'Eglise peut achever la France d'aujourd'hui. Elle ne sera pas victorieuse de l'homme, que la France révolutionnaire libéra des chaînes de sa pensée. Voilà quinze siècles qu'elle y tâche. Voilà quinze siècles que le Dieu brûleur et tueur du moine Didon est à l'œuvre, toujours célébrant ses conquêtes, cédant le terrain pas à pas devant l'idée qui grandit, devant la raison qui monte. Le sabre ne vaincra pas l'humanité, qui déjà civilise les continents par des institutions de liberté. Mais l'Eglise peut se venger de l'ultime défaite qu'elle sent venir. Elle peut se venger sur la France, d'où vint aux hommes l'un des plus beaux cris de délivrance.

C'est le crime qui est en train de s'accomplir, par la complicité d'une troupe odieuse de « libéraux » menteurs qui n'ont pas même l'excuse de servir des croyances, puisqu'ils ne croient à rien qu'à leurs cupidités repues. Pour la satisfaction de leurs appétits, il faut qu'ils soient du côté de la force. Ils y vont. Sous le prêtre et le prétorien, ils s'emplissent des restes du maître qui tient la foule à distance. Ils ont la force du sabre : nous avons la force de l'idée. C'est une vieille bataille dont l'issue ne peut être incertaine, car nous possédons le charme qui brise le fer, et jusqu'au dernier souffle nous ne cesserons d'en appeler de la France qui s'oublie à la France qui fut reine du monde par l'idée.

Je vois des gens qui cherchent le nom des ministres. Je n'en ai cure. Ils se vaudront tous, n'ayant avec leur Président de tréteaux qu'un sentiment, qu'un désir : violer toutes les lois qu'il faudra, se faire les complices de tous les crimes nécessaires pour embrigader la France sous les ordres de l'Eglise romaine. Dreyfus et Picquart tombent au rang de comparses de la grande tragédie, Dreyfus, il y a trop de raisons de le croire, n'aurait pas demandé justice pour l'un de nous. Nous, nous avons demandé justice pour lui, comme nous l'aurions demandé pour tout autre. Il était une des manifestations de l'iniquité générale. A ce titre, et dans un intérêt bien supérieur à sa personne, nous avons pris sa défense, et la fureur des ennemis de la justice est là pour attester que nous avons bien combattu.

Picquart s'est dévoué héroïquement pour la grande cause non d'un homme, mais de tous. Que chacun suive sa destinée. Ainsi que le dit Lalance, le noble protestataire de l'Alsace-Lorraine : « Picquart n'est pas à plaindre, il faut l'envier. » Qu'importent donc les valets de bourreaux qui, sous le nom de ministres, exécuteront les vengeances de Gyp contre le droit et contre la liberté !

La pression déjà exercée par Félix Faure sur la Cour de Cassation va se continuer par je ne sais quel Barthou. On défendra aux juges de faire l'enquête, qui aboutirait à la révélation des crimes de l'Etat-Major et nous ferait connaître ce que nous soupçonnons déjà, quels étaient, au Ministère, les complices de la trahison d'Esterhazy.

Si les représentants de la justice sont dignes de ce beau nom, ils sauveront ce qu'il reste de droit en France par le simple exercice de leur devoir, qui est de faire éclater la vérité. Si les juges trahissent leur mandat, eh bien ! il sera entendu qu'il n'y a plus de justice en France, et, si la France veut se sauver, il faudra qu'elle se sauve elle-même. En tout cas, il y aura des Français qui combattront pour elle, et ne se rendront pas.

27 octobre 1898.

XCII

Le coup de massue.

Les césariens, les antisémites, les cabotins du patriotisme, toute la moinerie des pères du Lac et Didon, tout l'Etat-major d'incapacité et de crime, toute la bande du faux et du mensonge viennent de recevoir sur le crâne le coup de massue de la vérité. Il a suffi au conseiller rapporteur de la Cour de Cassation d'exposer les faits, avec preuves à l'appui, pour qu'en quatre heures de lecture il ne restât rien de toutes les ignominies accumulées en quatre ans contre la justice et les lois.

C'est la dure campagne d'une année qui aboutit à ce triomphant résultat. Quelle belle récompense de tant d'efforts! Au moment même où la troupe infâme se ruait sur Brisson, le pied sur la gorge du juge, le juge s'est redressé, et il a fallu l'entendre, et, quand il a eu fini de parler, toute la canaillerie politicienne, qui préparait dans l'ombre de nouveaux crimes et de nouveaux mensonges, s'est trouvée mise à néant sous la pleine lumière. Maintenant, regardons.

Le rapporteur n'a pas établi seulement qu'il y avait lieu à revision. Il a prouvé irréfutablement l'innocence de Dreyfus et le crime de ses accusateurs.

Y a-t-il eu des pièces secrètes communiquées au conseil de guerre de 1894 à l'insu de Dreyfus, pour obtenir la condamnation du Juif en violation de la loi? Le 11 septembre, Zurlinden, interrogé là-dessus, a répondu qu'il n'y avait pas trace de ce fait :

En réponse à votre lettre de ce jour, j'ai l'honneur de vous faire connaître qu'il n'y a pas trace, au Ministère de la Guerre, de la communication de pièces secrètes, en chambre du conseil, aux membres du conseil de guerre qui a condamné Dreyfus. Je n'ai donc aucun moyen de répondre à la question que vous me posez.

Tout aussitôt le démenti arrive :

Quand le colonel Sandherr m'a parlé de ce dossier, en juillet 1895, déclare le colonel Picquart, il m'a dit : « Le petit dossier qui a été communiqué aux juges du conseil de guerre est dans l'armoire de fer. » Quand je l'ai demandé à Gribelin, je lui ai dit : « Donnez-moi le dossier qui a été communiqué au conseil de guerre et qui est dans l'armoire du commandant Henry. » Il m'a remis immédiatement, et dans une enveloppe spéciale, les quatre pièces avec le commentaire.

Quand j'ai montré ce dossier au général de Boisdeffre, il l'a parfaitement reconnu et a demandé pourquoi il n'avait pas été brûlé, comme il avait été convenu. Le général Gonse l'a également vu entre mes mains, et nous en avons parlé comme du dossier communiqué aux juges en chambre du conseil.

Par qui a été faite la communication ? Je ne suis pas entièrement fixé sur la personne qui a remis le dossier au président du conseil de guerre. Ce peut être moi, ce peut être du Paty. Cette hésitation peut paraître étrange ; elle est cependant naturelle, parce que j'ai eu plusieurs communications à faire, et qu'à ce moment je ne connaissais pas l'aspect extérieur du dossier en question.

Où a été faite la communication ? Dans le bureau du conseil de guerre à Paris, et il a été ouvert en chambre de conseil.

A quel moment ? Assurément après la clôture des débats, car, rendant compte de l'impression générale au ministre pendant la délibération, je lui ai dit que cette impression n'était pas en faveur de l'accusation, mais qu'au moment où je parlais, les juges devaient être fixés par le dossier secret. Il n'a pas contredit cette allusion ; cette version a d'ailleurs toujours été admise au Ministère. Cette déclaration pourrait être confirmée par les généraux Mercier, de Boisdeffre, Gonse, le lieutenant-colonel du Paty de Clam, l'archiviste Gribelin et le greffier Vallecale.

Le bordereau a été fourni par Henry le faussaire, comme venant d'un agent qu'il n'a pas voulu nommer. Voilà tout ce qu'on sait de l'origine de cette pièce. Ce n'est pas assez. Il est néanmoins certain que le document n'a pas été fabriqué, car la trahison d'Esterhazy est acquise. A quel degré Henry s'y est-il trouvé mêlé, avec d'autres sans doute, et comment a-t-il été amené à livrer lui-même cette pièce? L'enquête, désormais inévitable, éclaircira ce qu'il a pu y avoir de trahisons dans l'Etat-Major.

C'est sur le bordereau qu'on a jugé Dreyfus. C'est sur le dossier secret qu'on l'a condamné.

Le bordereau n'est pas de lui. Les lettres d'Esterhazy qui sont au dossier établissent, sans dénégation possible, que celui-ci s'en reconnaît l'auteur, ainsi qu'il l'avait déjà fait devant dix témoins. Elles prouvent aussi, hélas! que les chefs de l'Etat-major le savaient également, et qu'ils ont tout fait pour tromper l'opinion publique et les juges par de fausses expertises. Ainsi se fait la preuve du *par ordre* de Zola, alléguant qu'on avait fait acquitter d'autorité le traître.

Lisez les lettres où l'agent Schwarzkoppen traite ouvertement notre chef d'Etat-Major en complice, concertant avec lui les moyens de mentir pour tromper la justice, charger l'innocence et disculper la trahison. Je dis notre chef d'Etat-Major, bien que M. Bard évite de nommer M. de Boisdeffre, observant simplement qu'Esterhazy n'a pas voulu nommer « le général » à qui s'adressait cette correspondance. Mais le voile est dès à présent levé. J'ai dit, il y a déjà huit jours, que la comparaison des pièces du dossier établirait *indiscutablement* que le destinataire de ces effroyables épitres était M. de Boisdeffre lui-même. L'enquête l'établira sans difficulté. Les témoins ne manqueront pas.

Ainsi, au lieu de Dreyfus trahissant et condamné sur preuves, nous trouvons les preuves contre Dreyfus retournées — c'est le moins que l'on puisse dire —

en présomptions de trahison contre Esterhazy. Nous trouvons Esterhazy en rapports avec Henry et du Paty de Clam faussaires, avec le chef d'Etat-Major général Boisdeffre qui nie le connaître, et cela au moment où il concerte avec lui les mensonges qui doivent accabler l'innocence et détourner du traître le châtiment des lois. Sans que je sois jurisconsulte, il me semble qu'il y a quelque part dans le Code un article qui punit ce crime.

Ce qui paraît prodigieux, c'est l'amas de manœuvres criminelles et de mensonges accumulés par la complicité de l'entourage.

Le général de Pellieux déclare au procès Zola, que l'acte d'accusation de M. d'Ormescheville dont nous produisions le texte est inexact. M. Bard établit que le texte est exact.

On ose dire à Dreyfus qu'on a fait une longue enquête, et qu'elle a fourni contre lui des preuves. Il n'y a pas eu d'enquête. Il n'y a rien eu que les jongleries de du Paty de Clam.

Billot a dit : « Dreyfus a été condamné sur le témoignage de vingt-sept officiers, etc. » Or, aucun de ces vingt-sept témoins n'a relevé un seul fait, n'a dit un seul mot se rapportant au crime de trahison. Un mensonge de plus à la charge de l'homme qui a quatre fois répété que Dreyfus avait été légalement et justement condamné, sachant que ce n'était pas vrai.

M. Zurlinden nie qu'il y ait trace au Ministère de de la communication du dossier secret au conseil de guerre de 1894. Tout l'Etat-Major sait le contraire. M. Cavaignac ouvre le dossier secret à la tribune de la Chambre.

Henry, dans son rapport à ses chefs, faisait observer que Dreyfus s'était étonné de ne pas savoir encore ce qu'on lui reprochait, et il ajoutait : « Cette question est inexplicable, car j'ai distinctement entendu M. du Paty de Clam, l'interrogeant dans une pièce voisine, lui faire l'énumération des pièces qu'il était accusé d'avoir livrées. Donc, concluait-il, le capitaine Dreyfus voile la vérité. » « Et voilà, dit M. Bard, comment mentait une fois de plus le faussaire de 1896. C'est le même homme qui osait infliger un démenti au colonel Picquart en Cour d'assises, le même qui niera par dix fois devant le Ministre de la Guerre être l'auteur du faux qu'il a été finalement forcé de reconnaître. »

Pour les prétendus aveux de Dreyfus, autres mensonges.

M. Cavaignac affirme l'existence d'un rapport Lebrun-Renault sur les prétendus aveux de Dreyfus. « Le capitaine Lebrun-Renault, disait le Ministre de la Guerre, a confirmé ses déclarations *par un témoignage écrit et signé* que je ne vous lirai pas parce qu'il est postérieur, etc. » Or, *ce document n'existe pas*. On trouve, en revanche, un rapport du lieutenant-colonel Guérin sur les dires de Lebrun-Renault. Ce document a été rédigé **trois ans après, pendant le procès Zola,** dans un but facile à comprendre. Que n'interrogeait-on M. Lebrun-Renault lui-même ? Comment osait-on le faire parler, alors qu'il était si simple d'invoquer son témoignage ? La réponse est aisée. M. Lebrun-Renault avait dit à vingt personnes que Dreyfus ne lui avait pas fait d'aveux. Il ne pouvait se démentir.

Et tous ces gens-là prétendaient représenter l'armée, et, quand nous leur mettions le nez dans leur honte, ils clamaient que nous insultions l'armée de la France ! Il n'y a qu'une façon d'insulter l'armée française, c'est de la rendre solidaire de leurs crimes.

Quant au dossier secret, ce n'est pas moins extraordinaire.

Y a-t-il un dossier secret ? Malgré les dénégations du général Zurlinden, nous avons la preuve qu'il y en a un, puisque le général de Boisdeffre voulait qu'on le brûlât. Il y a encore un article du Code contre ce crime. Ce chef d'Etat-Major n'a pas le moindre soupçon qu'il existe des lois. Mais on ne l'a pas brûlé, et voilà que le colonel Picquart, dans son mémoire, nous énumère et nous décrit ces pièces qu'il connaît bien, et dont **pas une** ne s'applique à Dreyfus. Ces pièces avaient été annotées par du Paty de Clam de manière à les tourner « pour des esprits non avertis » contre Dreyfus. On ne les a pas montrées au défenseur, parce que les notes de du Paty de Clam, et la comparaison des commentaires avec les documents eux-mêmes eussent fait éclater le mensonge.

Voilà les documents que des généraux factieux refusent de livrer à la justice sous prétexte qu'ils sont de nature à compromettre la sûreté de l'Etat! C'est la sûreté des criminels qu'ils mettent en danger, et voilà justement pourquoi leurs complices les refusent aux juges.

Mais il n'y a plus de mystères maintenant. M. Bard a constaté que toutes celles des allégations du colonel Picquart qu'on avait pu soumettre au contrôle se sont trouvées vérifiées. Dans le cas du dossier secret rien n'est si facile que cette vérification. Ce sera l'affaire de l'enquête, car l'enquête est désormais fatale. Non qu'il puisse subsister un doute sur l'innocence de Dreyfus. Mais l'ensemble des machinations qui ont abouti à envoyer cet homme au bagne et à l'y maintenir pendant quatre années, n'est pas encore suffisamment tiré au clair.

Nous savons bien que les poursuites contre Picquart sont grotesques, et M. Bard en a fait d'un mot la démonstration la plus claire. Pourquoi ferait-on un faux pour établir des relations entre Esterhazy et Schwarzkoppen, quand Esterhazy les avoue ? C'est trop bête. Dites donc simplement qu'on ne lui pardonne pas, à l'Etat-Major, d'avoir dénoncé le faux de Henry, de du Paty de Clam, les mensonges des généraux, la trahison d'Esterhazy.

Tout cela était connu déjà. Maintenant, c'est l'évidence. Mais il y a autre chose. La plus grave question se présente à propos des complices de la trahison d'Esterhazy. Henry a été interrogé là-dessus par M. Cavaignac. Mais en supposant exact ce procès-verbal étrange *qu'on ne lui a pas fait signer*, comment se fait-il qu'on ne lui ait posé cette question qu'une fois, quand il a fallu l'interroger dix fois sur le même point pour lui faire avouer un faux que l'étude des documents ne permettait pas de nier?

Si on l'avait pressé là-dessus comme sur le reste, qu'aurait-il dit? Est-il certain même qu'il n'ait pas parlé? Où est le rapport sur les circonstances de sa mort? Où est le procès-verbal d'autopsie? N'a-t-on pas ouvert une instruction? Pourquoi? Quelle était la nature des rapports de Henry avec Esterhazy? Comment Esterhazy a-t-il eu l'audace, peu de temps après sa libération, de demander à Henry de lui servir de témoin dans un duel? Comment Esterhazy tenait-il du Paty de Clam en ses mains, jusqu'à mettre celui-ci dans l'obligation de lui écrire pour le féliciter, à sa sortie de prison, après avoir commis des faux pour le sauver? « Comment se fait-il, demande M. le rapporteur, qu'une pièce secrète du Ministère de la Guerre ait été mise au dossier d'Esterhazy dans des conditions qui n'ont pu être élucidées par l'autorité militaire? » Est-il possible qu'une pareille question demeure sans réponse?

Comment le traître pouvait-il tenir le général de Boisdeffre dans sa dépendance jusqu'à lui écrire ces lettres terribles, qui attestent la complicité dans le crime et prouvent l'accord de ces deux hommes contre la justice et contre les lois?

... Comprenez donc bien que, si vous êtes véritablement les maîtres de l'instruction et des experts, je ne puis que m'en rapporter absolument à vous, etc.

Mon général,

Je venais de vous écrire pour vous exprimer bien mal, car je ne trouve pas de mot pour dire ce que j'éprouve — toute la profonde gratitude, toute l'infinie reconnaissance que j'ai au cœur pour vous. Si je n'ai pas succombé dans cette monstrueuse campagne, c'est à vous seul que je le dois: lorsque j'ai trouvé votre lettre... » (Scellé n° **1.**)

Comment expliquer cette entente monstrueuse entre un traître et notre chef d'Etat-Major?

Quelle hypothèse faire pour expliquer qu'Esterhazy se soit cru en droit d'écrire au Garde des sceaux cette lettre impudente où je lis :

Paris, le 14 septembre 1898.

Monsieur le ministre,

Pendant ma détention, j'ai dû, suivant l'intérêt que le Gouvernement croyait y avoir, tantôt être déclaré innocent, tantôt être déclaré coupable, et ce n'est qu'à la fin, quand j'ai fait comprendre, par l'intermédiaire de mon avocat, que M. Picquart se portait partie civile, et allait compromettre bien plus haut que moi, que brusquement l'action gouvernementale, ainsi que disait sans grande vergogne M. Cavaignac, s'est fait définitivement sentir dans le sens que vous savez aussi bien que moi.

Il faut que tout cela soit éclairci et que mille questions qui se posent reçoivent leur réponse. Pourquoi a-t-on fait violer les lois par des Bertrand et des Feuilloley pour sauver du Paty de Clam avec Esterhazy et la fille Pays ? Pourquoi l'autorité militaire, déclarée seule compétente dans l'affaire des faux du Paty de Clam, n'a-t-elle pas poursuivi ce faussaire ?

Il y a une raison de toutes ces choses. Il faut la connaître. Car il est temps de tout savoir. Ce qu'on nous a caché jusqu'ici sous le prétexte mensonger de la sûreté de l'Etat, c'est les preuves de l'innocence du condamné, c'est les preuves de la culpabilité des traîtres et des faussaires. Assez de canailleries, assez de mensonges assermentés, assez de faux, assez de trahisons ! Toute la vérité connue.

MM. Mercier, Cavaignac et Zurlinden, et Chanoine et Billot ont dit qu'ils estiment Dreyfus coupable. Sur quelles preuves ont-il fondé leurs dires ? Sur les mensonges que relève M. Bard, ou sur les photographies des fausses lettres de l'empereur Guillaume, dont le Ministère des Affaires étrangères a honte maintenant ?

Les réticences ne sont plus de saison. On ne peut

plus mentir ouvertement ni par voie de réserve mentale. L'heure est venue de s'expliquer devant tous.

M. Félix connut toutes les infamies aujourd'hui dévoilées. Il employa criminellement son autorité à les couvrir, tout consolé d'avance de ce qu'un innocent demeure au bagne par sa faute. Et maintenant il s'applique à nous faire un Cabinet continuateur des ignominies de Méline et de Billot. C'est M. Dupuy, dit-on, qui a accepté la tâche. J'ose lui prédire qu'il la trouvera périlleuse.

29 octobre 1898.

XCIII

Toute la vérité

La Cour de Cassation s'est prononcée, comme il était fatal, en faveur de l'enquête. Tout le monde sent qu'une autre solution ne pouvait être adoptée.

Refuser la revision est une proposition qui n'aurait été faite par personne, puisque tout le dossier crie l'illégalité du procès de 1894 et l'innocence de Dreyfus.

Déclarer la revision recevable, et renvoyer l'accusé, avec le dossier actuel, devant un conseil de guerre, était encore une impossibilité, puisqu'il ne reste même plus de semblants de preuves contre Dreyfus, et que l'accusation n'a rien sur quoi se fonder.

Casser le jugement sans renvoi devant un conseil de guerre, c'est-à-dire acquitter purement et simplement

Dreyfus? Cela n'était pas plus admissible, puisqu'on se trouve en face de chefs militaires qui, après avoir épuisé toute la série des mensonges, persistent à dire Dreyfus coupable, sans même apporter à l'appui de leur allégation l'ombre d'une preuve.

Si nous étions les « dreyfusards » qu'on a dits, cette solution, comme on pense bien, aurait été pour nous satisfaire. Mais tout en plaignant l'innocent au bagne, c'est la vérité elle-même, la vérité tout entière et la justice pour tous que nous poursuivons de nos efforts sans relâche, car la vérité connue et la justice impartialement appliquée seules procureront à notre pays l'apaisement des consciences. Acquitter Dreyfus dans ces conditions, ce serait permettre à tous les esprits prévenus — et l'on sait qu'ils sont en nombre — de contester le bien fondé du jugement de la Cour suprême.

M. Bard, dans son rapport, demande qu'on fasse la lumière « pour tous les hommes de bonne foi », et il ajoute cette méprisante remarque : « Les autres ne comptent pas. » Quelle erreur, monsieur le conseiller! Ils comptent, je vous assure. N'entendez-vous pas, de votre siège, leurs clameurs de mort? Ne voyez-vous pas un Président de la République trembler devant eux, et s'occuper uniquement, à cette heure, de chercher des ministres pour les servir? Ignorez-vous qu'ils tiennent le haut du pavé, la police leur ayant livré la rue? Ne vous a-t-on pas dit qu'ils publiaient l'adresse des juges comme une invitation à tous les malfaiteurs? Ne savez-vous pas que leurs journaux — *la République française* de M. Méline en tête — tiennent les lecteurs dans l'ignorance de la vérité, en leur cachant le texte des documents ou en les falsifiant? Ne vous a-t-on pas dit qu'après avoir ouvert leurs colonnes au traître Esterhazy et l'avoir acclamé, après avoir glorifié Henry le faussaire et fait la théorie des *faux légitimes*, ils se déchaînent en mensonges contre l'héroïque Picquart?

Croyez-vous que cela soit indifférent dans une démocratie, où le gouvernement vient d'en bas, quand toute une presse de sacristie et d'oligarchie financière se donne pour objectif, par la diffusion des feuilles à bon marché, de corrompre les sources du suffrage souverain, quand l'Eglise, seul pouvoir resté debout dans la décomposition des gouvernements civils crevant de lâcheté, mène à l'assaut de la justice et de la vérité la bande clérico-militaire qui ne s'arrête devant aucun mensonge, qui ne recule devant aucun crime?

Les hommes de mauvaise foi ne comptent pas, osez-vous dire. Alors, comment expliquez-vous notre histoire depuis une année?

Mais quelle querelle vais-je vous chercher là, puisque nous sommes d'accord pour conclure à la nécessité de faire la pleine lumière? Vous parlez en juge qui compte sur le final triomphe de la vérité. Moi, je parle en politique qui voit la lutte des esprits de lumière contre la masse obscure des inintelligences en proie aux puissances de mensonge. Je vois le mal, et vous le bien : et tous deux nous avons raison, car c'est la vérité qui a le dernier mot de toutes choses. Le malheur est qu'elle a besoin des siècles, et que nous sommes d'un jour. Qu'importe? Donnons-nous la joie, en passant, de jeter un atome de clarté dans le gouffre immense des ténèbres.

Le cas actuel est peut-être l'un des plus beaux que l'histoire puisse fournir. Jamais la vérité ne fut plus facile à découvrir pour qui la voulut sincèrement chercher. Jamais le mensonge ne fut si impudent, si public, si prodigieusement fort. Esterhazy veut brûler Paris, à la tête des uhlans. C'est un patriote. On l'acclame aux cris de : Vive Esterhazy! Vive l'armée! Henry fait des faux. Du Paty de Clam fait des faux. C'est Picquart que Boisdeffre et Gonse, protecteurs et garants de Henry et de du Paty de Clam, accusent d'être un faussaire. Zurlinden dit : « Il n'y a pas de dossier secret, je n'ai jamais entendu parler de rien de semblable. » Boisdeffre : « Le dossier secret existe et je regrette qu'on ne l'ait pas brûlé. » Qui ment des deux? Ne le demandez pas. On vous dira que vous insultez l'armée; car l'armée, pour les *patriotes*, c'est les faussaires et les menteurs, mais pas les autres. Boisdeffre: « Je n'ai jamais eu aucun rapport avec Esterhazy. » Esterhazy: « Mon général..., lorsque j'ai trouvé votre lettre... » Inclinez-vous, messieurs, l'armée c'est Boisdeffre, l'armée c'est Esterhazy.

Eh bien! il y en a d'autres qui sont de l'armée aussi, il y en a qui ne mentent pas, qui ne font pas des faux, qui ne chargent pas l'innocence et qui ne complotent pas avec les traîtres. C'est avec ceux-là que je suis. C'est eux seuls que j'appelle l'armée.

Quelques-uns d'entre eux se laisseront égarer peut-être par l'esprit de corps, et défendront pendant un temps, des chefs indignes. L'immense majorité, qui voit le travail et le mérite bafoués par l'oligarchie romaine au détriment de la défense du territoire français, comprendra que c'est nous les bons patriotes, qui demandons la justice en plein jour, et se réjouira que nous apportions la délivrance. Et l'ensemble des citoyens français, si dépendants qu'ils puissent être des politiciens tout-puissants intéressés au mensonge, finiront par comprendre que nous combattons pour leurs fils, tous les jeunes soldats de la France qu'il s'agit d'arracher à l'oppression de l'arbitraire, aux crimes de l'iniquité.

Donc toute la lumière, sans en rien omettre jamais. Ce ne sera pas trop pour dissiper les obscurités qu'on se plaît encore à accumuler tous les jours.

Un exemple. Il est officiellement acquis que, sur les vingt-sept officiers qui ont témoigné au procès Dreyfus, pas un, contrairement à l'allégation de Billot le menteur, n'a témoigné d'un fait de trahison. Eh bien! le croirait-on? Un vingt-huitième officier est allé trouver M. Rochefort, qui manifestement n'a pas inventé l'histoire, et a expliqué qu'on lui avait fait faire un faux rapport sur l'éventualité d'une guerre franco-allemande, où il était dit que plusieurs de nos aiguilles étant demeurées sur les voies ferrées d'Alsace nous en pourrions tirer avantage. « Ça n'avait pas le sens commun », dit justement M. Rochefort. Cependant, la pièce ayant passé sous les yeux de Dreyfus, celui-ci, qui pourtant n'était pas un sot, s'y trompa, et tout l'Etat-major allemand, qui ne passe pas pour être composé de crétins, s'y trompa de même, et les aiguilles, du jour au lendemain, furent changées. Si cette histoire est véridique, je demande qu'on fusille Dreyfus pour crime de bêtise, et que l'Etat-major allemand soit livré à la risée de l'univers.

Mais pourquoi l'officier qui a fait cette belle révélation à M. Rochefort n'a-t-il point témoigné devant le conseil de guerre ? Il faut le retrouver, cet homme, et le sommer de parler. M. Rochefort, d'ailleurs, sera le premier à vouloir que la trahison soit confondue. Ce n'est pas lui qui refusera aux juges le moyen de connaître la vérité.

Et puis, il n'y a pas que M. Rochefort dont le témoignage soit nécessaire. Il y a Mercier, Billot, Cavaignac, Zurlinden, Chanoine, qui jurent qu'ils savent Dreyfus coupable, et qui doivent dire pourquoi. Seul, Zurlinden jusqu'ici a essayé de dire pourquoi, et ses raisons sont si cocasses que je meurs d'envie d'entendre les autres.

Zurlinden en est encore à invoquer le rapport Lebrun-Renault *qui n'existe pas*, malgré les affirmations peu véridiques de M. Cavaignac. Et ce n'est pas tout. Ecoutez : « Depuis la condamnation, écrit Zurlinden, *il n'est survenu aucun fait, aucune preuve permettant d'établir une présomption d'innocence en faveur de Dreyfus.* » Cet homme prodigieux n'a jamais entendu parler d'Esterhazy, et ignore que ce traître soit l'auteur du bordereau. Que ne s'est-il renseigné auprès de son ami Boisdeffre qui s'est donné tant de mal pour faire prévaloir devant la justice les mensonges du traître ! Si les autres sont de cette force, les juges enquêteurs auront des moments de joie.

Mais ce n'est pas l'état d'esprit particulier de tel ou tel homme qui justifie l'enquête, c'est la loi qui veut que la Cour de Cassation mette le dossier *en état*. Dire que le dossier est *en état*, quand la vérité reconnue se heurte aux contradictions de certains chefs militaires, acquitter Dreyfus *de plano*, comme l'a très bien dit M. Bard, ce serait refuser à ses accusateurs l'occasion de justifier leurs dires. Avec lui, nous demandons énergiquement que la parole soit à l'accusation, et que toute liberté lui soit laissée. Que tous ceux qui ont quelque chose à dire contre Dreyfus se lèvent : voilà notre désir, voilà notre requête.

Je connais un journaliste qui tient d'un honorable espion qu'on a vu Dreyfus dans le bois de Vincennes avec Schwarzkoppen. Qu'il le dise, et que ce mystère soit éclairci. Que tout soit dit, que tout soit crié, que tout soit su, et qu'un grand ouragan de vérité sorti de la conscience française balaye cet amas d'immondices accumulé par l'art des maîtres du mensonge. Il ne faut pas moins pour purifier l'atmosphère. De l'air, de la lumière partout, et que la nation française, affranchie de ses vaines terreurs, reprenne enfin sa marche vers la paix de justice heureuse, dont l'annonce épouvante l'esprit de haine qui nous fit la sanglante histoire du passé.

30 octobre 1898.

XCIV

Le Cabinet de Gyp.

Les adversaires de la loi salique disent que sous les royautés masculines ce sont les femmes qui exercent le pouvoir. Jamais cet axiome de psychologie politique n'apparut de plus claire évidence qu'en ce moment où Gyp est en train de nous fabriquer un Cabinet de sa façon.

Gyp est antisémite : c'est son droit. Gyp se plaît aux souvenirs de Henry, de du Paty de Clam et d'Esterhazy, comme aux propos de Boisdeffre, de Pellieux et de Gonse. C'est son affaire. Malheureusement, il se trouve que c'est la nôtre aussi, puisque c'est Gyp qui nous régente et qu'elle a résolu de nous modeler à son image.

Elle avait fait choix de Dupuy pour empêcher la revision. Ce gros homme est d'un cynisme tout rond qui l'amuse. Son principal titre est d'avoir été l'auxiliaire de Mercier en 1894 pour faire condamner Dreyfus en violation des lois. Et puis il travaille dans la réaction bon enfant. Ce n'est pas de ces bourreaux sinistres, comme Lebon, qui torturent sans rien dire. Non. Il a la férocité joyeuse, et s'il donne du casse-tête contre la loi, c'est avec des mots de bonhomie qui font rire les assistants, à défaut de la victime. D'ailleurs, gonflé d'un rêve de grandeurs, et prêt à tout : c'est bien ce qu'il fallait.

Seulement, tandis que Charles Dupuy, et Gyp, conseillée, dit-on, par Félix Faure, s'occupaient de fabriquer un cabinet pour empêcher la revision, la revision se fit, et voilà nos gens, pensez-vous, bien embarrassés. Bien embarrassés ? Ce serait mal les connaître. D'antirevisionniste qu'on se fasse revisionniste, et le tour est joué. Hier, on ne pouvait pas faire la revision, parce que c'était livrer la France à l'étranger. Aujourd'hui, il faut reviser, parce qu'il n'y a pas de pays sans justice et que nous sommes maîtres chez nous. Hier, c'était insulter l'armée que de critiquer la condamnation de Dreyfus et l'acquittement d'Esterhazy. Aujourd'hui, M. Davout s'aperçoit, après un an passé, que l'honneur d'Esterhazy est en souffrance et lui retire son bout de ruban. J'aime à penser que, comme général en chef, il serait de manœuvre plus prompte que comme chancelier de la Légion d'honneur. Aujourd'hui Gyp elle-même consent que le procès Dreyfus soit remis sur le chantier. Que dis-je? Elle le veut, elle l'impose, pour faire justice des calomnies contre l'armée.

Car c'est la thèse d'Arthur Meyer. Le Juif antisémite de toutes les antichambres trouve l'arrêt de la Cour suprême *ambigu*. Jugements ou cuvettes, il lui faut de la netteté partout, à celui-là. Ce qui l'afflige par-dessus tout, c'est que le dernier mot reste à la juridiction civile. Son cœur de patriote en souffre cruellement. « Les lèvres des officiers sont scellées comme celles du confesseur chrétien » (d'Arthur Meyer). S'ils ne se sont pas arrêtés aux *formes du droit*, c'est que leur conviction était faite, et leur conviction, paraît-il, doit nous tenir lieu de la loi. Telle est, suivant le Youpin en chef de nos sacristies, la conception moderne de la justice dans un pays civilisé. Mais d'ailleurs, n'ayez nulle crainte, la Cour de Cassation aboutira nécessairement à faire reluire Mercier, Billot, Zurlinden, Chanoine et Cavaignac d'un éclat comparable aux porcelaines professionnelles de la jeunesse d'Arthur.

Pour cela il faudra actuellement que le cabinet Dupuy aide un peu. Il aidera. Déjà M. Alphonse Humbert, enfant terrible, nous raille d'un bon rire jaune, et déclare que nous serons *désagréablement surpris* par l'arrêt de la Cour de Cassation qui nous accorde ce que, depuis un an, nous demandons tous les jours : « La revision n'est pas faite, dit-il. Elle nous apparaît même aujourd'hui plus éloignée qu'elle ne nous apparaissait il y a vingt-quatre heures. » Ô Gyp, ô Dupuy, sont-ce là de vos coups!

Alors il va falloir, tout en étant revisionniste, bien entendu, empêcher la revision d'aboutir. Qu'est-ce que Gyp inventera, qu'est-ce que Dupuy combinera? Ils ne savent pas encore. Ils n'en sont qu'à chercher des complices. On dit même qu'ils en ont trouvé. Mais ce n'est pas tout d'avoir de mauvaises intentions.

Ils ne dépasseront jamais en ce genre Mercier, Billot, Zurlinden, Chanoine, Cavaignac déjà nommés, et s'ils se donnent présentement tant de mal pour relever les vaincus, c'est que nous venons justement de les mettre par terre. Fâcheux présage pour qui leur va succéder dans la défense du mensonge!

Quels sont d'abord les conflits en vue? L'affaire du dossier secret, et l'affaire Picquart.

L'affaire du dossier secret consiste simplement en ceci que le général Renouard, qui est à l'Etat-Major le délégué de M. de Boisdeffre correspondant d'Esterhazy, prétend se mettre au-dessus des lois et faire plier devant sa botte l'autorité de la justice elle-même. Cela va le mieux du monde, tant qu'on en reste aux propos d'antichambre. Mais quand la Cour de cassation aura officiellement demandé la communication des documents, je suis curieux de savoir quel ministre de Gyp osera dire non.

Oh! ce n'est pas que je croie M. Dupuy incapable de servir jusque-là, s'il était possible, le sabre et le goupillon. Mais, dans l'état actuel des esprits, il faudra donner des raisons, et ce sont ces raisons d'entraver la justice, ces raisons de s'opposer aux lois qu'il ne sera pas aisé de produire, quand tout le monde sait qu'il n'y en a qu'une au fond du cœur de Gyp elle-même : sauver les menteurs, disculper les faussaires, innocenter les criminels de l'Etat-Major.

Pour l'affaire Picquart, ce n'est qu'une autre face du même problème. La Cour de Cassation va réclamer le dossier du *petit bleu*, et nous en apprendrons de belles. Avant l'arrêt de justice qui nous a si désagréablement surpris, selon M. Alphonse Humbert, on espérait exécuter Picquart à huis clos, sans l'ombre même d'une preuve, en violation de toutes les lois. C'est impossible désormais. Déjà, on ne le torture plus dans le silence du cachot que *pour l'honneur*, comme Lebon faisait de Dreyfus. Le capitaine Tavernier s'amuse à le maintenir au secret, sous prétexte d'une expertise d'écritures. Qui nous dira comment la levée du secret pourrait empêcher Bertillon, Couard, Belhomme et Varinard de faire leurs petites jongleries? M. Tavernier jouit de son reste. Dans quelques jours, malgré Gyp et Dupuy, il faudra mettre le colonel Picquart en liberté.

Je sais qu'aux yeux des antisémites, des césariens, des moines du Lac et Didon, du duc d'Orléans et de Félix Faure, c'est la fin du monde. Là-dessus, je pense comme eux. C'est un monde qui finit : le monde d'oppression, de préjugés, d'ignorance, de haine et de bêtise. C'est un monde aussi qui commence : un monde de justice pacifique, qui passe du cerveau des penseurs dans la réalité de l'action. Saluons-le comme la plus belle espérance.

31 octobre 1898.

XCV

De surprise en surprise.

Le Cabinet de Gyp ne va pas tout seul. Il est fait. Il n'est pas fait. Cela dépend de l'heure.

Dupuy va voir Méline.

— Qu'est-ce que vous pensez de ma politique ?

— Billot m'en dit le plus grand bien.

Visite du même à Bourgeois.

— Eh bien! mon cher collègue, qu'est-ce que vous allez manigancer en-dessous?

— Klotz vous dira, mon bon ami, que « vous n'avez rien à redouter de moi ».

Dupuy, dans l'escalier :

— S'il ne me l'avait pas dit, parole d'honneur ! je le croirais.

Chez Freycinet :

— Oh ! quel plaisir j'aurais, grand maître, à être président du Conseil sous vos ordres !

— Je n'en serais pas moins charmé, croyez-le bien. J'ai été fort encouragé dans ce sentiment l'autre jour par ce grand monsieur (comment l'appelez-vous ?) qui a pris mon fauteuil à l'Élysée. Son programme est le mien, à peu près. Faire la revision, sans la faire, tout en la faisant de façon à ce qu'elle porte tous ses fruits et ne produise aucune conséquence.

— C'est toute la politique de la *Gypocratie*. Vous ai-je dit que, pour cette grande entreprise, nous avions besoin de la stratégie de Lockroy ?

— Comptez-y. Celui-là ne se laissera pas dévisser. Son chef d'état-major l'a mis avec nos bateaux, dans le tas, sous la protection de saint Michel. Pour un Juif, c'est trouvé.

— Oui, je sais, il a fait la revision en pleurant, « afin de prouver la culpabilité de Dreyfus ». Alors vous croyez que si j'insiste ?...

— Je le crois. N'allez-vous pas chez Ribot ?

— Non. Gyp dit que Tartempion lui paraît préférable.

— Le fait est que Tartempion est grand. Je pensais à lui, justement.

Après deux jours de ces conversations, le ministère Dupuy est fait, ou défait, suivant la chance. Un point est sûr, avec ou sans Dupuy, c'est l'entrée des *Gypocrates* au pouvoir.

Le programme est connu. Réconciliation générale, amnistie de Dreyfus qui, par chic, refusera de quitter l'île du Diable ; nomination de Picquart au poste de grand prisonnier d'État vacant depuis la mort du Masque de Fer ; Mercier, Boisdeffre et Cie traduits devant un conseil de guerre composé d'Esterhazy qui s'engagera pour 2,000 francs par mois à entrer à

Berlin et à n'en pas laisser pierre sur pierre comme il voulait faire de Paris; tous les dreyfusards au pilori; la Cour de Cassation étouffée sous les croix de la Légion d'honneur; embrassade générale dans l'universelle bataille; apothéose de Félix Faure casqué d'un aigle d'argent à quatre têtes sur un cheval bardé de fer.

Je sais bien que cela paraît de la fantaisie. Mais ce n'est pas beaucoup plus étonnant que la plupart des choses que nous avons vues depuis une année. Avez-vous lu le beau plaidoyer de M. Mornard? Il ajoute quelques bonnes contributions à la liste, déjà si longue, des extravagances déjà connues.

Tout ce concours de quelques généraux dans le mensonge a été pour tous les Français, je le dis à l'honneur de l'armée, quelque chose de très inattendu. Cette complicité du chef d'Etat-Major de l'armée française avec un traître aux gages de l'Allemagne a également causé partout une surprise qui dure encore. Les faux aussi ne paraissaient pas devoir être classés parmi les actes *légitimes* d'un officier d'Etat-Major.

Même, je n'ai pas bien compris que Zola fût rayé de la Légion d'honneur (pour avoir dit la vérité) sur la demande d'officiers qui, ayant *signé le revers* pendant la guerre franco-allemande, ont conservé leur honneur en fumant leur pipe au soleil, pendant que leurs camarades mouraient à l'ennemi pour la défense du territoire. J'ai trouvé cette conception de M. Davout fort étrange, et l'on me dit que je ne suis pas le seul de cette opinion.

Très curieuse, aussi, n'est-ce pas, la correspondance d'Esterhazy avec Boisdeffre? C'est dommage qu'il y manque la lettre de Boisdeffre à Esterhazy dont il est parlé dans une de ces missives. Cette pièce ne doit pas être la moins intéressante. Je n'ose espérer qu'Esterhazy nous l'enverra. Tout porte à penser qu'avant la réquisition de M. Bard, il aura trouvé acheteur. Et la dépêche d'Esterhazy à son avocat, où il est question de certaine *partie liée* avec « de hauts personnages » qui devait être *gagnée ou perdue ensemble*, est-ce que cela n'est pas pour causer un peu d'ahurissement dans les esprits simples?

Il était dit que Zurlinden, à son tour, nous ferait marcher de surprise en surprise.

Chanoine lui-même, tout plein de chausse-trapes, n'est pas plus déconcertant. Avez-vous lu cette lettre où Zurlinden explique qu'il a dû frapper du Paty de Clam (avec quelle douceur!) « *bien que des circonstances atténuantes puissent être invoquées en sa faveur en raison des motifs de son intervention* ». Là-dessus, vous vous demandez quels sont ces motifs invoqués par Zurlinden à titre des circonstances atténuantes. Ne cherchez pas, vous ne trouveriez pas. C'est Zurlinden lui-même qui, à six jours de là, va vous le dire : « Le lieutenant-colonel du Paty de Clam intervient à son tour *pour sauver Esterhazy*, et commet des fautes graves dans le service. » Ainsi, les *circonstances atténuantes* pour un officier, c'est d'avoir voulu *sauver un traître*. Celui qui parle ainsi est notre Gouverneur de Paris.

Je sais bien que ce n'est pas plus opéra-bouffe que de voir le général de Pellieux, juge d'Esterhazy, collaborer avec celui-ci pour la rédaction des lettres publiques que ce même inculpé écrit à ce même juge, et protester avec indignation contre « l'abominable campagne » qui fait, en fin de compte, rayer son « cher commandant » des cadres de la Légion d'honneur.

Enfin, pour comble de charentonnades, une Chambre, qui s'est portée garante, à l'unanimité, de faux reconnus, renverse le Gouvernement coupable d'avoir fait la vérité, en lui reprochant de ne nous avoir pas imposé le respect de toutes ces hautes fripouilleries.

Arrivé à ce point, vous vous dites : C'est tout, on n'ira pas plus loin. Eh bien! détrompez-vous. Arthur Meyer a trouvé mieux. Dans un langage d'une circoncision cruelle, l'inimitable Arthur nous signifie sa suprême pensée : « Les vaincus de ce grand duel judiciaire ne se soumettront pas, n'oublieront pas, **ne pardonneront pas.** »

Ciel! qu'entends-je? Ne pas être pardonné par Arthur Meyer! Pas ça! Pas ça! **Jéhovah, suspends tes coups! Je me rends. Billot n'a pas menti, Boisdeffre a dit la vérité. Chanoine est loyal comme l'épée d'Esterhazy. Picquart est Juif. Félix Faure descend de Louis XIV et de Napoléon! Grâce! Grâce! Je ne le ferai plus!**

1ᵉʳ novembre 1898.

XCVI

Préliminaires.

Il faut féliciter M. Cavaignac d'avoir pris bravement son parti de la revision. Tout le monde conviendra que si l'erreur judiciaire est officiellement reconnue, ce ne sera pas la faute de cet ancien Ministre de la Guerre. Pour empêcher l'examen du procès par la Cour de Cassation, il a fait l'impossible, et même un peu plus, car jusqu'ici personne ne s'était avisé de faire juger un homme par ceux qui n'étaient pas ses juges au moyen d'un faux placardé, avec l'estampille du Gouvernement, sur toutes les murailles.

De cet accident, M. Cavaignac n'a pas encore trouvé le temps d'exprimer son regret. Même, il souffre qu'on affiche son image dans nos rues, à quelques centaines de mille exemplaires (sur quels fonds secrets?), en compagnie de celles de Billot le menteur, de Mercier coupable de forfaiture, de Zurlinden et de Chanoine qui entrèrent dans un Cabinet de revision pour donner à la justice nationale un loyal croc-en-jambe : chaque figure accompagnée d'une brève sentence qui déclare Dreyfus coupable. Par un singulier oubli, ni Henry. ni du Paty de Clam, ni Gonse, ni Pellieux, ni Boisdeffre, ni leur camarade Esterhazy, ne sont représentés sur ce placard. Ils auraient unanimement ajouté le poids de leur parole à la condamnation de Dreyfus.

Je ne vais pas me rendre ridicule en parlant de la loi à tous ces militaires, dont la plupart sont convaincus maintenant de machination intéressant la défense du *Gesu* beaucoup plus que celle du territoire. Mais il me sera permis d'observer à M. Cavaignac que ces cinq juges, qui crient leur jugement aux carrefours, ont toutes les qualités qu'on voudra hormis précisément celle de juge. C'est un inconvénient, cela. La loi a établi des tribunaux : c'est pour qu'ils jugent. Ne s'est-il donc trouvé personne encore pour l'apprendre à M. Cavaignac ? On lui eût épargné le ridicule d'un affichage qui, pas plus que l'affichage du faux, ne lui fera honneur, lorsque la Cour de Cassation, après enquête, aura rendu son arrêt.

C'est, en effet, la Cour de Cassation seule qui a mandat de prononcer en cette affaire, et ni M. Cavaignac ni ses auxiliaires galonnés n'ont le droit de se substituer à elle et de rendre des jugements en qualité de Cour suprême.

C'était là, on le sait, notre différend très grave avec M. Cavaignac. Il veut la vérité : nous aussi. Seulement il la veut sans discussion publique, et s'érige spécialement, dans l'obscurité de lui-même, en juge unique des humains. Comment sa monstrueuse méprise sur le faux Henry a-t-elle pu lui laisser tant de confiance en lui-même ? C'est un beau problème de psychopathie.

Le cas est d'autant plus curieux que, dans une conversation avec M. Poincaré, rendue publique par les journaux, M. Cavaignac se vante d'avoir communiqué à MM. Brisson et Sarrien des *preuves décisives* de la culpabilité de Dreyfus. Et ces *preuves décisives* ayant justement décidé ces deux ministres à demander la revision du procès, un autre que M. Cavaignac en pourrait concevoir des inquiétudes sur sa propre judiciaire. Lui, point. Il s'enferme, dans sa conviction, les yeux clos, à mesure que la lumière croissante en éloigne le reste de l'humanité.

Cependant voici que nous l'avons amené à discuter avec la Cour de Cassation. Il frappe à la porte du tribunal devant lequel il allait être mandé. C'est de très bon augure. Il comprend qu'après avoir, du haut de sa faillibilité, rendu des arrêts sans droit et sans preuves, il faut maintenant discuter avec ceux qui ont reçu de la loi le droit de prouver et de dire. Nous n'avons jamais demandé autre chose.

Sans doute, il a encore des prétentions d'autorité qui ne lui vont guère. Ainsi de tous les témoins capables de discuter devant la Cour, il allègue qu'il est « **le seul** qui dispose de toute son indépendance d'action ». Si cette phrase a un sens, — ce qui n'est pas sûr — il faut y voir apparemment une allusion au colonel Picquart, qui a quelque chose à dire aussi, mais que M. Cavaignac lui-même a pris la précaution de faire jeter en prison, afin de n'avoir pas devant lui de contradicteur. Le colonel Picquart a été emprisonné pour avoir offert de démontrer que le faux de Henry était un faux. Voilà pourquoi il ne jouit pas de « son indépendance d'action ». Mais que M. Cavaignac se rassure, et le général Gonse aussi : l'heure viendra tout de même, pour lui, de parler.

Si Picquart n'avait pas été en prison, par exemple, ou si, « le dossier du petit bleu » avait été communiqué à la Cour de Cassation, comme cela aurait dû être, M. le rapporteur Bard aurait pu dire que l'agent qui a fourni le bordereau était connu. S'il a simplement constaté qu'Henry n'avait pas livré ce nom, c'est qu'on ne lui a pas fourni le moyen d'en savoir davantage, tandis que nous voyons l'homme qui, en emprisonnant Picquart, refusa ce renseignement au juge, lui reprocher de ne pas savoir ce qu'il ne lui a pas permis de connaître. Si toute la déposition de M. Cavaignac est de cette force, il n'en résultera pas grande lumière.

Pour les prétendus aveux rapportés par M. Lebrun-Renault, c'est pis encore. M. Cavaignac, qui a été Ministre de la Guerre, dit savoir que l'officier de gendarmerie en question devait faire un rapport à ses chefs. Il y a des imprimés pour cela. Comment se fait-il qu'il n'y ait pas de rapport? S'il y en a eu un, comme il est plus que probable, pourquoi l'a-t-on fait disparaître? Qu'est-ce que c'est que cette feuille *détachée* d'un carnet? Pourquoi l'a-t-on détachée, sachant que cela précisément lui enlèverait tout caractère d'authenticité? Pourquoi tout le monde fait-il parler Lebrun-Renault en cette affaire, et n'a-t-on pas les explications de Lebrun-Renault lui-même, qui a dit à tant de témoins que jamais Dreyfus n'avait fait d'aveux? Pourquoi M. Cavaignac a-t-il parlé d'un rapport de Lebrun-Renault écrit et signé de sa main, lequel n'existe pas? Comment M. Cavaignac peut-il tenir pour « décisive » une lettre du général Gonse qui ne sait rien par lui-même, rapportant de prétendus aveux de culpabilité qui commencent par ces mots : **Le ministre sait que je suis innocent ?**

Toutes ces questions, avec beaucoup d'autres — par exemple, *la question de savoir à quelle date cette lettre du général Gonse fut introduite dans le dossier* — seront posées à M. Cavaignac, quand il comparaîtra en qualité de témoin devant les juges. Alors la lumière se fera, parce qu'il ne sera pas seul à déposer, comme dans sa lettre d'aujourd'hui. Et s'il réussit à montrer qu'Henry a fait des faux et que tant de gens se sont déshonorés par d'ignobles mensonges pour faire condamner un coupable, il nous restera seulement à regretter que l'idée ne soit venue à personne dans l'État-Major, sauf à Picquart, de recourir tout simplement, pour le triomphe de la justice, à la vérité.

2 novembre 1898.

XCVII

Politicaille.

Le nouveau Cabinet est formé. Dans deux jours il aura parlé. Nous ne le verrons que trop tôt à l'œuvre.

Nul, en effet, à moins de vouloir absolument se mentir à soi-même, ne peut feindre d'ignorer que le cabinet Dupuy-Freycinet, miroir de Félix Faure où Gyp se complaît, n'a d'autre programme que de supprimer de la revision la plus grande somme de vérité possible. De là l'accueil aimable des Jésuites et des césariens. De là nos défiances.

Je sais bien que, pour appâter les radicaux, on garde en bonne place Lockroy, Delcassé, d'autres encore dont je ne sais plus le nom. Ce sont là *des appelants*, comme on dit en termes d'oisellerie, dont la fonction est de signaler aux députés « réformateurs », par leur seule présence, qu'il y a du bon grain dans le filet. Les députés « réformateurs » entendront cet appel et en profiteront à leur jour. Qu'est-ce que cela nous peut faire? Nous avons eu contre nous l'unanimité de la Chambre. Nous n'aurons jamais plus. Quant à Dupuy, il fait avec Barthou le duumvirat chargé d'imposer les volontés de Gyp au Parlement. Que fera-t-il qu'il n'ait déjà fait? Il violera la loi contre nous, comme il l'a violée en 1894 contre Dreyfus ? Il fera sabrer des journaux par des Bertrand et des Feuilloley ? Il s'assurera des complicités, par des fonds secrets, par des distributions de places et de faveurs ? C'est le vieux jeu.

Il y a encore la pression sur la Cour de Cassation. Je ne vois pas l'illustre Lebret faisant marcher Bard. Lebret, antirevisionniste, est Garde des sceaux. Soit. Qu'il complote avec Sallantin et Sevestre, ces deux épaves de l'Empire, pour empêcher de poser aux du Paty de Clam, aux Boisdeffre, aux Gonse, aux Cavaignac, certaines questions gênantes. Je l'avertis d'avance qu'il n'y réussira pas.

Je sais bien qu'il y a Freycinet, et que Freycinet est un poème. Mais Freycinet est un poème connu. Si vous voulez la revision, le Ministre de la Guerre est votre homme. Si vous ne la voulez pas, il est votre homme encore. Tout cela simultanément, avec la même sincérité, la même bonne grâce, le même désir de concilier les contradictoires. Un tel art est puissant jusqu'au jour où trop de gens s'y sont laissé tromper. C'est ce qui fait que M. de Freycinet a perdu les parties les plus dangereuses de son charme.

Je vois des gens qui doutent que l'Etat-Major de Boisdeffre devienne maître du nouveau Ministre de la Guerre. C'est méconnaître la faiblesse capitale de cet esprit. Le général Gonse s'est fait réserver par le délégué de Boisdeffre, le général Renouard, le poste envié de gouverneur de Nice. Pour remplir cette fonction, un général d'artillerie n'a pas besoin de connaître « le 120 court », grand secret publié seulement par toutes les revues d'artillerie allemandes, ni de répondre autrement que par des injures aux démentis de Picquart, ni même de s'aligner avec Edmond Gast. Non. Il suffit de se chamarrer pour aller déjeuner avec des grands-ducs de passage et ramasser des rubans sous la table.

Pour cette raison ou pour d'autres, M. Gonse a pensé que c'était son affaire, et l'ami Renouard lui a promis la faveur. Or la confiance des complices de Boisdeffre en Freycinet est si grande qu'ils ont eu le toupet, avant même l'installation du Ministre de la Guerre, de faire annoncer par les journaux la nomination de Gonse. Et Derriaz, dans *le Radical*, de se demander si Freycinet s'inclinera devant la volonté de Renouard, et « si les Jésuites continueront d'être les maîtres rue Saint-Dominique ». Il en aura cette preuve, Derriaz, et beaucoup d'autres encore, à commencer par le maintien du général Renouard lui-même à l'Etat-Major. Renouard est le legs de Boisdeffre à Cavaignac. A ce titre il est sacré, se trouvant préposé à la défense de tous les correspondants et complices d'Esterhazy. Freycinet, grand charmeur de serpents, va lui jouer ses airs de flûte. L'autre écoutera respectueusement la musique, et n'en fera qu'à sa tête, car le père du Lac, lui, sait charmer les charmeurs.

Mais Freycinet est protestant, dira-t-on. Oui, comme Rothschild est Juif. Seulement, tous deux, pour des raisons diverses, sont des adorateurs de la force : l'un parce qu'il la possède, l'autre parce qu'il veut se l'approprier. Or il n'y a de force, en ce pays, dans l'actuelle faillite de la démocratie bourgeoise, que l'oligarchie financière et l'Eglise romaine. Le milliardaire et le pape doivent, pour la domination, composer. Le politique qui ne voit rien au delà du triomphe du jour, ou qui, voyant plus loin, n'a pas le cœur de vivre pour les victoires de l'idée, ne se laisse tolérer aux parades du pouvoir qu'à la condition de servir. Ainsi il arrive que M. de Rothschild, Juif, et M. de Freycinet, huguenot, ont servi, servent et serviront la puissance sociale de l'Eglise. Or il n'y a d'obstacle au développement de la justice sociale que la coalition de l'oligarchie financière (l'argent n'ayant ni race ni religion) avec l'Eglise romaine, qui prétend détenir l'universelle autorité, et s'en servir, justice ou injustice, pour l'avantage de son pouvoir.

Dans l'affaire Dreyfus, c'est l'Église que nous avons trouvée devant nous, barrant la route à la justice, ferraillant contre la vérité. Elle a pris, par tous ses organes, la défense de l'iniquité, et tandis que trop de républicains faisaient honteusement défection, tout le parti de la réaction, sous la bannière du *Gesu*, donnait d'ensemble.

Toutes les puissances d'argent, de leur côté, ont fait de même. La finance catholique était dans son rôle. La finance juive, mise en cause, s'est terrée de peur, quand elle ne s'est pas mise au service de ses adversaires. Le Juif Ellissen du *Petit Journal*, et le Juif Pollonais dans *le Soir* sont à la tête de la campagne de presse avec le Juif Arthur Meyer, pour ne parler que des plus connus.

Et, pendant ce temps, tous ceux qui sont à vendre nous accusaient d'être vendus. On sait que le dernier effort du *syndicat* a été d'acheter la Cour de Cassation et même, paraît-il, la dernière législature, qui avait fait une loi tout exprès, nous dit-on, pour faciliter la revision du procès Dreyfus.

Et, pendant ce temps aussi, l'Église, par toutes ses voies, ouvertes ou cachées, poursuit le rêve d'universelle domination qui l'obsède. Que lui importe l'homme ? Elle veut toute l'humanité sous son joug. Que lui fait la misère humaine ? Elle détient les félicités éternelles, et, au prix des souffrances individuelles, prétend imposer les rites sauveurs. Si bien que le chef de l'Église, qu'on nous représente comme la plus haute autorité morale du monde, finit par apparaître comme un politique misérable s'accommodant, selon l'intérêt apparent de sa secte, à tous les crimes de son temps.

Massacre-t-on trois cent mille Arméniens sectateurs du Christ ? Il ne veut pas le savoir. Le grand Turc assassin fait-il flamber trois mille femmes chrétiennes dans l'église d'Orfa ? Le pape Léon XIII n'a pas un mot de révolte, pas un cri de douleur. Et quand Mme Dreyfus, juive, tend vers lui ses mains suppliantes, implore une parole de pitié, rien. La lettre de la victime pleurante demeure sans réponse. Il pouvait triompher de l'hérétique agenouillée, dire : « Vous niez mon pouvoir sauveur. En vous sauvant, je vous le prouve ! » Non. Pas même cela. Rien. Rien. Pas l'aumône d'un réconfort banal, pas le secours d'une main tendue.

Il faut bien, car ses prêtres sont, à cette heure même, occupés à soutenir de tout leur effort les pouvoirs d'oppression, de mensonge, coalisés contre l'innocence. Il s'agit pour eux d'accroître leur puissance encore, de gouverner un peu plus, de maîtriser davantage les hommes par de nouvelles victoires sur la justice et sur la liberté. Voilà pourquoi le cœur est sourd. Voilà pourquoi, à l'appel de pitié, seul le cri d'implacable haine a répondu : « Innocent ou coupable, pas de jugement revisé ! »

Et voilà tes enfants, ô Christ, qui prêchas l'amour. Et c'est nous, incroyants, qui pensons t'honorer en ne voyant qu'un homme en toi, c'est nous qui poursuivons ton œuvre contre les pharisiens d'aujourd'hui, comme tu fis jadis contre ceux d'Israël. Ainsi le veut l'ironie des destinées. Tout de même ton vœu s'accomplit. Il y aura toujours, contre la sottise et la haine, des hommes sans peur.

3 novembre 1898.

XCVIII

Placet.

Je prends la liberté de signaler à l'attention particulière de M. de Freycinet l'un des premiers documents qu'il trouvera sur sa table. Ce n'est pas un plan de mobilisation contre l'Angleterre, oh! non: le saint Michel de M. Lockroy nous informe par la voix de l'amiral de la Jaille qu'il y a tant de marins à Paris qu'il n'en reste plus assez, même pour les bateaux « mis en deuxième catégorie ». Ce n'est pas davantage le plan du « 120 court » que le général d'artillerie Gonse se vante d'ignorer, quand il est à l'étude dans toutes les revues allemandes. Ce n'est pas même l'histoire des transports de Madagascar, qui serait pourtant bien intéressante.

— Alors, qu'est-ce donc ? va penser le Ministre de la Guerre. Edmond Gast se permettrait-il de me provoquer, moi, un civil, à défaut d'un militaire qui lui manque ?

Gardez votre sangfroid, Excellence. Edmond Gast cueille ses poires à Ville-d'Avray, le général Gonse est absorbé dans le gouvernement de Nice que vous allez confier à sa stratégie canonnière, et l'histoire des transports de Madagascar n'est encore que sur le chantier comme les bateaux du grand saint Michel.

Il s'agit tout simplement, j'ai honte de le dire, d'une lettre d'un avocat, un nommé Labori, au sujet d'un de vos officiers, un nommé Picquart. Je sais que vous n'êtes pas au « courant ». C'est votre réponse quand on vous parle de ces choses. Mais maintenant que vous voilà Ministre de la Guerre, peut-être aurez-vous la curiosité tardive de connaître. Cela me paraît même nécessaire, car vous êtes appelé à prendre, sur le fait dont il s'agit, une décision plutôt urgente.

Figurez-vous, monsieur le ministre, que vous avez pour prédécesseur un certain général Chanoine, ainsi que pourra vous le confirmer votre chef de cabinet qui fut le sien. Un bon soldat ? Je le suppose, bien que je l'aie vu manœuvrer principalement *en dessous*. Mais un correspondant déplorable. D'évidence, il préfère l'épée à la plume. Je parle de la plume à écrire et non de la plume au chapeau. Donc, voilà des semaines, M⁰ Labori écrivit à M. Chanoine pour l'informer que l'autorité militaire l'empêchait, *en violation formelle de la loi*, de communiquer avec le colonel Picquart, son client. Il avait demandé à la justice civile de voir l'homme dont il avait accepté la défense, ainsi que la loi lui en assurait le droit, et la justice civile lui avait répondu qu'il avait, en effet, ce droit incontestable, mais que l'autorité militaire, par la seule raison qu'elle était l'autorité militaire, mettait empêchement à l'exercice de ce droit.

Labori, alors, s'adressa au général Chanoine, Ministre de la Guerre, pour l'informer qu'un capitaine Tavernier, homme pieux, m'écrit-on d'Aix-en-Provence, mais pas bon, séquestrait Picquart, contrairement à toute loi, et le privait de l'exercice d'un droit reconnu, c'est tout dire, par le procureur général Bertrand lui-même. Vous savez, le Bertrand qui, de complicité avec le procureur de la République Feuilloley, sauva du juge d'instruction Bertulus le colonel du Paty de Clam, le commandant Esterhazy et Mlle Pays, un bon trio, je vous assure. Vous comprenez que quand Bertrand lui-même est obligé de s'incliner devant la loi, il faut qu'il n'y ait réellement pas moyen de lui donner un croc-en-jambe.

C'est pourquoi Labori, confiant, attendait, dans la paix de son âme, la réponse de Chanoine. Hélas! il l'attend encore. Chanoine n'est pas écrivain. Je parie que si vous lui adressiez un pli P. O. pour lui offrir un grand commandement, il oublierait de vous répondre. Car ce ne peut être qu'oubli, n'est-il pas vrai, la courtoisie étant de tradition dans notre armée? Chanoine est oublieux, voilà toute l'affaire. On ne peut pas penser à tout. Il a oublié Picquart au cachot. C'est fâcheux pour Picquart. Aussi pour Chanoine, à mon avis. Car tout ce qu'on attendait de lui, c'était le simple courage de dire oui ou non, « je viole la loi », ou « je l'empêche d'être violée ». Fallait-il donc un si douloureux effort pour cet accès de loyauté?

S'il en est ainsi, l'heure est venue pour un civil de donner à quelques chefs militaires, qui étonnent le monde par leur silence depuis quelque temps, une leçon de mâle franchise. Chose étrange ! C'est Henry qui s'est coupé la gorge, et c'est Boisdeffre qui est devenu muet, ainsi que Gonse, du Paty de Clam, Pellieux, d'autres encore que je vis très reluisants au procès de Zola. A ce moment-là, ils ne voulaient pas être soupçonnés. Ils s'y sont résignés depuis, et pour cause. Cavaignac est le seul qui n'ait pas perdu l'usage de la parole, heureusement pour ses adversaires. Mais c'est un civil, celui-là, et si on l'accusait de complicité avec Esterhazy, je lui fait l'honneur de croire qu'il ne serait pas embarrassé de répondre.

Vous aussi, monsieur le Ministre de la Guerre, vous appartenez à cet ordre civil, tant déprécié, sur lequel vit superbement le militaire. A votre tour de donner le bon exemple aux « flanchards » qui n'osent se résoudre. Dites donc ce que vous voulez, ce que vous ne voulez pas, et répondez en toute clarté à Mᵉ Labori.

Vous savez de quoi est accusé Picquart. On le dit coupable d'avoir, dans l'exercice de ses fonctions, découvert un traître qui trahissait, chose inconcevable, en un temps où la presse de l'État-Major dénonce chaque jour, comme coupables de trahison, tous les Français qui refusent de trahir en séparant le culte de la patrie de l'idéal de justice qui est sa raison d'être.

Et Picquart a fait plus que de découvrir un traître, il a dénoncé tout un lot de menteurs et de faussaires qui sont en train présentement d'exercer sur lui leur vengeance. Si vous n'êtes pas « au courant », comme je le crains, faites-vous donc conter cette histoire par M. Bard, rapporteur de la Cour de Cassation. Il vous dira là-dessus des choses ! Et quand vous l'aurez entendu, je pense qu'il n'y aura pas de Dupuy capable de vous empêcher de répondre à Mᵉ Labori. Vous prendrez votre bonne plume de l'Académie, et vous écrirez au défenseur de Picquart une belle lettre de deux lignes qui fera plus pour votre renommée que toutes nos défaites de la guerre franco-allemande. « Monsieur, lui direz-vous, je m'honore d'être un serviteur de la loi. La loi sera obéie. »

Et c'est tout ce qu'il faut. La Jésuitière grincera des dents peut-être, mais les amis du droit et de la justice vous sauront gré d'un acte banal en d'autres pays que le nôtre, mais devenu, par le malheur des temps, héroïque dans la République française.

Vous souvenez-vous du discours de réception que vous adressa, sous la Coupole, ce pince-sans-rire de Gréard ? « Vous saviez tout prévoir, tout préparer, disait-il à propos de la guerre en province, et mettant le doigt sur un point déterminé de la carte, vous disiez : « Nous serons vaincus là. »

Injuste raillerie, sans doute. Saisissez tout de même l'occasion de revanche. Délivrez-nous de l'atroce cauchemar qui pèse sur nous depuis une année. Il dépend de vous que la lumière soit complète. Faites complètement la lumière. Que, grâce à vous, tous les Français, de tous les partis, soient apaisés d'évidence. Vous aurez rendu à la France un service au moins égal au gain d'une bataille. Et tous ceux qui ne demandent rien que la même justice pour tous, diront à M. Gréard : « Par ce même homme, en des jours douloureux, le droit de l'innocent fut vainqueur. »

4 novembre 1898.

XCIX

A bas Croiset !

Où est Bourgeois ? Qu'on aille chercher Bourgeois ! Encore un *intellectuel* de lâché. Il faut Bourgeois pour le mettre en cage. Hélas! Bourgeois n'est plus ministre! Qu'adviendra-t-il de nous si les intellectuels vaguent en liberté? Bourgeois, lui, les rabattait à coups de matraque. Demandez à Stapfer. Georges Leygues, ô toi qui viens si gentiment de te faire sacrer « Athénien » d'Athènes par Arthur Meyer de Jérusalem, que feras-tu de ce doyen de la Faculté des lettres assez extravagant pour avoir une opinion sur les choses de sa patrie, assez fou pour la dire sans la la permission du pion supérieur dont tu occupes — pour un instant de raison, si un mot n'est pas déplacé — le très auguste fauteuil?

Oui, messieurs, un simple doyen de la Faculté des lettres, un de ces misérables « civils » qui, sous prétexte qu'ils savent des choses que Gonse ignore (il y en a) et que le confesseur de Boisdeffre ne saura jamais, enseignent aux jeunes gens inoccupés l'art inutile de penser et de dire, un homme qui n'a ni casque à plumes, ni képi d'or, un malheureux qui ne décachette (ô misère!) que les lettres qui lui sont adressées, et qui, pour cette opération exempte de patriotisme, ne se boucle même pas, comme du Paty de Clam, un grand sabre au côté, voilà le ridicule qui se permet de parler de la patrie. Ce n'est pas tolérable.

Croire que la patrie, c'est un ensemble d'idées, en voilà une bêtise. La patrie, c'est un costume, monsieur le doyen. Regardez le lampiste Gribelin. Quand vous aurez des bottes éperonnées comme lui, nous causerons. Jusque-là, tout votre devoir est de vous mettre à l'école du père Didon, qui, sous la présidence du généralissime Jamont et aux applaudissements d'une troupe d'officiers amenés tout exprès, proclama que le pouvoir civil devait être mis sous la semelle du militaire, et supplia le Dieu de bonté de lui accorder la joie de faire tomber des têtes, beaucoup de têtes, toutes les têtes où se trouvent des pensées réprouvées de saint Dominique et de sa bande.

Mais qu'y faire? Nous sommes d'un pays tellement

détraqué qu'il s'y trouve des gens — d'ailleurs vendus à l'étranger, naturellement — pour croire qu'il y a quelque chose au delà d'un coup de sabre, appuyé de la bénédiction qui l'autorise. Un Alfred Croiset, qui aura passé sa vie dans le labeur obstiné de l'esprit, se permettra d'attendre quelque chose de lui-même, au lieu de recevoir le mot d'ordre de son supérieur Bourgeois, Leygues ou Patachon — comme au régiment.

Un pensum, un pensum à ce révolté qui s'imagine peut-être que ses travaux, appréciés de toutes les intelligences de haute culture, sont de la France aussi, tandis que le patriotisme exige que la France, pour nous, soit uniquement avec Mac-Mahon à Sedan, avec Trochu à Paris, pour ne rien dire de Bazaine à Metz. A bas Croiset! Voilà le cri des patriotissimes. Qu'on aille chercher un prince d'Orléans pour qu'il tire la langue à ce grimaud, après avoir publiquement accolé le Uhlan national, M. le comte Walsin-Esterhazy, traître, escroc et faussaire.

D'ailleurs, qu'est-ce qu'il nous chante, ce Croiset? Que « l'esprit scientifique n'exclut pas le patriotisme, qu'il en est, au contraire, inséparable »! Des mots, des mots. Est-ce qu'il a de l'esprit scientifique, Gribelin? Pas de trace. Cela l'empêche-t-il d'allumer proprement ses lampes? Et Gonse, artilleur qui ne connaît pas son artillerie? Cela l'a-t-il gêné dans son avancement? Non, sans doute, puisque le voilà promu au grade supérieur. Et le pauvre Henry avait-il l'esprit scientifique, celui-là, quand il fit ses faux de travers? Sûrement pas. Peut-on nier cependant le haut patriotisme dont il fut l'incarnation vivante? Demandez aux patriotes qui recueillent des fonds pour lui élever un monument.

A côté de cela, quoi? Un Zola, un Duclaux, un Michel Bréal, un Paul Meyer, un Edouard Grimaux, un Stapfer, un Croiset, tous vendus à l'Allemagne, en un lot avec la Cour de Cassation. Oui, c'est l'empire d'Allemagne qui a acheté tout ce monde à l'encan. Et devinez pourquoi? Pour faire qu'il y ait en France des Français qui revendiquent la justice et l'attendent de la vérité. Il paraît que, sans l'empereur d'Allemagne, nous n'aurions pas vu ce phénomène. C'est du moins ce que trompette aux quatre coins du monde le patriotisme des patriotards.

Et que dit ce Croiset encore? « Que la patrie a besoin de savoir la vérité, et que celui qui dira à son pays les vérités les plus dures est son fils le plus précieux. » Et il cite Démosthène, un parleur. Et il conclut : « Travaillez pour faire des générations éprises de vérité et de lumière. » Ça, c'est le comble de la sottise. La patrie a besoin d'autorité, et il n'y pas d'autorité si on discute. Or tous ces apporteurs de vérités sont des gens qui discutent, preuve qu'ils ne sont pas sûrs d'avoir raison.

La vérité, elle est dans les prêches du moine Didon, avec le sabre du généralissime Jamont pour manche. Croyez, ou le coup de pointe. C'est ainsi que le roi Soleil convertit ceux de la Vache à Colas, ou les jeta aux Allemands pour la gloire de la France unifiée. La vérité divise qui la cherche, l'autorité rassemble au moyen d'arguments sans réplique, et fait marcher droit tout le monde. S'il n'y avait point tant de « vérités » qui courent, les choses iraient mieux, tous les hommes seraient d'accord dans le silence. L'autorité n'est possible qu'à la condition qu'on se taise. Qui parle, sous prétexte qu'il pense, est un ennemi public. Donc, bâillonnez ce Croiset de malheur, qui prétend que le meilleur patriote est celui qui dit à son pays les vérités les plus dures!

Celui qui profère des « vérités dures » est un traître, tout simplement. Par lui l'étranger apprend les vices d'organisation qu'il ne soupçonnait pas et qu'il n'aurait connus avec certitude qu'au jour où ils auraient produit leurs fruits, comme à Sedan. Par lui les citoyens perdent la confiance en ces hommes « sans discernement » dont parle Croiset « qui ne savent pas distinguer un document authentique d'un faux », en ces grands artisans de défaites matérielles et morales qui nous mènent avec tant d'élégance aux invasions, aux guerres civiles, aux catastrophes irréparables. Silence aux phraseurs ! Que la paix du sabre soit sur nous ! Voilà ce que commande, comme au bon temps des Montluc, le patriotisme de l'Eglise romaine.

M. Croiset parle de Démosthène. Il connaît donc quelque chose de la Grèce ? Il doit savoir, alors, que le sort d'Athènes était fixé, et qu'il aurait mieux valu se rendre à Philippe tout d'abord que d'aller se faire vaincre inutilement à Chéronée. Athéniens et Béotiens, très valeureux, eurent confiance en des généraux incapables et furent vaincus. Mais il faut recommander la confiance tout de même, car la confiance est d'autant plus nécessaire que les chefs sont plus ineptes, puisqu'ils n'ont pas d'autre chance de succès. Voilà pourquoi Eschine soudoyé par les Macédoniens était un grand patriote. Voilà pourquoi Démosthène, avec ses vérités, semant la division, était un traître. Que n'écoutait-on le conservateur Phocion, qui, avant de gouverner Athènes au nom de l'envahisseur, allait disant partout qu'il vaut mieux « prier que combattre ». Recueillons cette grande parole, nous qui revenons justement de Chéronée. Plus de discours, des prières. Bénissez-nous, père du Lac. A bas Croiset !

P. S. — Agréable surprise. M. Dupuy a fait un bon discours, et M. de Freycinet a renvoyé le général Renouard de l'État-Major. Il paraît que nous avons un Gouvernement qui ne confond pas l'armée avec les hommes qui la discréditent, un Gouvernement qui veut la justice, avec la vérité, et qui, l'ayant dit, se propose de le prouver. Je ne serai pas le dernier à m'en féliciter.

5 novembre 1898.

C

Grouchy.

Comme l'a dit très justement Gohier, le courage du Gouvernement est surtout de l'habileté, à cette heure. Je crois bien que ni Dupuy ni Freycinet n'eussent été capables de l'acte de bravoure que fit Brisson en envoyant le dossier Dreyfus à la Cour de Cassation. Je suis sûr, en tout cas, que si la Chambre avait été réunie et qu'on lui eût demandé son autorisation, elle ne l'eût jamais accordée. Ce n'est pas des hommes rassemblés qu'il faut attendre l'action.

Quant au courage — je parle du courage civil qui est le plus rare — il semble que la politique n'en permette aux hommes les mieux doués que de trop courts accès. Brisson fut brave en revisant, il eut une heure cruelle à sa renommée quand il livra le grand Picquart à la vengeance des faussaires. Et quand vint le moment de parler, il ne sut que se taire. La Chambre, troublée par le délire de quelques agitateurs, attendait l'homme qui dirait la parole haute, qui ferait le geste de volonté. Le silence. Brisson tomba.

Et voici maintenant qu'arrivent les habiles, les faconds, les diserts, les trotte-menu suivis de la nichée qui veut mettre la dent au sac enfariné du pouvoir. Vous n'attendez pas d'eux, je suppose, l'irrésistible élan du cœur, l'action des grands caractères? Non. Ecoutez ce ministre qui change, *pour voir*, son fusil d'épaule, passant de la droite à la gauche, et prêt à passer de la gauche à la droite dès que *la fatigue* viendra.

Puisque l'heure du courage est passée, puisqu'il suffit d'habileté pour achever l'œuvre des autres, souhaitons que nos politiques comprennent pour un jour que l'habileté c'est la franchise, que l'habileté c'est la justice et la vérité.

Et vraiment M. Dupuy a parlé comme s'il le comprenait, et, chose plus remarquable encore, M. de Freycinet a agi de même. S'ils sont capables de persévérer, de vouloir méthodiquement la même chose pendant quelques semaines, s'ils ont la force d'être justes, s'ils ont l'audace de mettre la vérité tout entière sous les yeux du pays, ils rendront à la France désorientée, inquiète, vacillante, le plus haut service qu'elle puisse attendre, à cette heure, d'aucun de ses enfants, ils lui rendront l'assurance, le calme, la confiance en sa destinée.

Le génie, dans l'histoire, ne trouve pas toujours de ces occasions. Le courage, qui jette les combatifs au premier rang, trop souvent les fait choir en pleine mêlée, avant le coup final du triomphe, dont le profit demeure aux *sages* qui se sont réservés. Qu'importe! l'avenir fera la part de chacun... peut-être. Et s'il ne la fait pas, les braves n'en auront pas moins eu, pendant un éclair de temps, l'enivrement de leur bravoure. Ils n'ont pas besoin d'autre récompense.

Aux habiles maintenant de faire oublier leur prudence passée. Je sais que c'est trop demander de la plupart. Pour beaucoup, les qualités complexes qui les ont préservés des glorieuses blessures et les laissent intacts, prêts à l'effort quand la fortune passe, les rendent incapables de profiter de l'heure. Cependant, quelques-uns ont la suprême chance d'arriver sur le champ de bataille, quand l'ennemi va plier et qu'il ne faut plus que paraître. Grouchy à Waterloo. Tout de même, si Grouchy était venu, au lieu de Blücher? Toutes les journées ne peuvent pas être à Blücher. Il faut bien que Grouchy arrive à temps, quelquefois!

A qui sera l'honneur de la bataille, alors? A Napoléon, ou à l'autre? Je réponds : A la France.

A la France, la grande personne morale que disait Gambetta, à la France qui a fait les plus beaux actes d'héroïsme et commis les pires fautes, mais qui toujours se relève de toutes ses défaillances, et qui rebondit au plus haut quand on la croit tombée, et que ses enfants chérissent d'un plus ardent amour dans le malheur : je dis *tous ses enfants*, ne retranchant aucun Français de la France, comme font les mauvais patriotes qui se prétendent les bons.

La crise que nous venons de traverser comptera parmi les plus néfastes de notre histoire. On a pu douter de tout. Lorsqu'il nous est arrivé de voir certains soldats de trop près, cent voix se sont écriées : « Ne touchez pas à l'armée! » et nous avons frémi de douleur. L'armée, Gonse? L'armée, du Paty de Clam? L'armée, Boisdeffre? L'armée, Esterhazy? Malheur à nous, s'il en est ainsi, nous sommes livrés.

Alors nous avons dit : « Il y a quelque part contre les fautes, contre les crimes, qui ne sont que d'un petit nombre, une loi protectrice des forces d'idéal de la patrie? » Et nous avons cherché dans le domaine du pouvoir, dans la foule, et nous avons crié : « Où est la loi? » Et les juges se sont levés, serviteurs de la loi, pour dire : « Nous ne voulons pas qu'il y ait une loi. » Et les politiques ont dit : « Gloire au mensonge! Que, par notre volonté, ce mot resplendisse sur toutes les murailles! » Et le peuple, le peuple souverain, nous a crié : « Mort aux traîtres, l'idéal est une trahison! » Et à mesure que montait la mortelle rumeur, fermes dans notre cœur, nous avons fait le bataillon carré, et comme nos pères, nous avons répondu : « Nous ne nous rendrons pas. »

Vertu de l'idéal, c'est toi qui donnes la victoire aux faibles, par toi devenus forts. Vertu de l'idéal, c'est toi qui fais la force de la France humanitaire contre l'universelle bassesse des appétits en fureur. Vertu de l'idéal, tant qu'il y aura une pensée française, tu ne périras pas. Ainsi nous pensions. Ainsi nous voulions. La noble France a fait le reste. Nous lui donnions le temps de se reprendre. Elle s'est reprise. Elle a vu. Elle a compris. Elle s'est indignée. Entendez la clameur de justice qui s'élève. Cette fois, c'est Grouchy qui arrive. Le sort du combat va changer.

Enfin, voilà l'heure attendue. Voilà le mot sauveur : Justice pour tous ! Il n'y a rien au-dessus. Rien que le sacrifice par delà le devoir, qui ne sera jamais que le lot d'un petit nombre. Cela, c'est la gloire d'un Picquart, d'un Picquart que Freycinet délivrera demain, s'il est sincère. Car il ne peut pas être dupe, ce Ministre de la Guerre, de la sinistre comédie qui se joue sous le prétexte d'une justice dont le nom véritable est : vengeance.

Dreyfus est une victime, mais Picquart est un héros. C'est lui qui nous a sauvés du grand naufrage d'iniquité où le renom de la France allait mourir. Il s'est dévoué, il a souffert, il souffre encore. Que pas une minute ne soit perdue pour le racheter des barbares ! Ils le tiennent, ils l'ont lié au poteau, ils s'amusent à lui taillader la chair. « Ah ! tu as révélé nos crimes, canaille ! Tiens, cette pointe ! tiens, cette estafilade ! tiens ce coup ! Crie donc ! crie donc ! Pourquoi ne veux-tu pas te plaindre et demander grâce ? »

Ah ! c'est nous qui souffrons, mais, pour lui, c'est nous qui souffrons de le laisser souffrir. Au secours, tous les vaillants, tous les bons ! Il y a là le plus grand cœur de France qui, par notre faute, agonise. Freycinet, Dupuy, ô gouvernants d'un jour qui n'êtes que peu de chose dans votre puissance et qui demain ne serez rien que par la chance passagère de justice qui vous est accordée, hâtez-vous, la justice ne peut pas attendre !

Les preneurs de Bastilles vous ont mis en mains la clef de la loi qui fait tomber toutes les résistances. Picquart n'a pas commis une faute : l'argument n'était d'aucune valeur hier, il faut qu'il compte aujourd'hui, puisque vous annoncez que la loi par vous a son jour. Nous ne demandons, pour lui, que justice! La gloire suivra de près. Hâtez-vous, non pour lui, mais pour vous! Grouchy débouchant sur le sombre plateau où la France l'attendait, c'était la délivrance de Cambronne, peut-être. Napoléon c'est l'audace, et Grouchy c'est la chance. Vous avez la chance. Profitez-en.

6 novembre 1898.

CI

Le petit bleu.

Depuis quarante-sept jours le colonel Picquart est au secret. Depuis quarante-sept jours la loi qui autorise la libre communication de l'avocat et de l'accusé, dans les affaires de justice civile, est délibérément violée par le capitaine Tavernier. A la tête d'une compagnie, je ne doute pas que ce soldat ferait merveille. Mais, comme juge, le moins que j'en puisse dire, c'est qu'il est déplorable. Pour un homme qui jouit d'une foi si ardente en la justice éternelle, quelle douleur ce doit être, pour lui, de mettre en œuvre, sous le nom de justice, une si cruelle parodie de son idéal!

Car il ne fera croire à personne, le pieux capitaine Tavernier, qu'il ait eu besoin de quarante-sept jours pour savoir de quelle main était le « petit bleu ». Tout le monde savait à quoi s'en tenir là-dessus, quand il a ouvert son « instruction ». Il ne pouvait pas faire autrement que de le savoir lui-même, et, s'il avait le moindre doute à cet égard, en quarante-sept minutes, tout homme d'intelligence moyenne lui eût fait comprendre que son enquête ne pouvait aboutir qu'à la confirmation des dires de Picquart. Même en supposant le capitaine Tavernier d'une intelligence extraordinairement lente — ce qui n'est point du tout le cas, m'assure-t-on — aucun homme de bon sens n'admettra jamais qu'il fût besoin du *secret* pour faire expertiser une écriture. Le principal effort du capitaine Tavernier, en effet, a consisté à livrer le « petit bleu » à des experts en écritures.

Ces professionnels sont devenus, depuis 1894, les arbitres des destinées de la France. Les experts en écritures ont déclaré que le bordereau, qui n'était pas de Dreyfus, était de Dreyfus. Les experts en écritures ont déclaré que le bordereau, qui est d'Esterhazy, n'était pas d'Esterhazy. Bertillon dît des folies au conseil de guerre, qui l'écouta bouche bée. Teyssonnières fit sa démonstration sur des pièces que les juges, qui (par suite d'une méprise) ne les avaient pas sous les yeux, comprirent tout de même. Charavay, le plus raisonnable de tous, professe qu'il ne faut jamais condamner un homme sur une expertise en écritures, fût-elle unanime.

Ainsi éclairé sur la valeur des expertises, le capitaine Tavernier s'empressa d'appeler à son secours les experts en écritures. Seulement, voilà le malheur. Les experts, quelquefois, en s'appliquant, peuvent se tromper. Mais il faut bien, par hasard, qu'ils tombent juste de temps à autre. Polonius peut voir belette ou chameau dans un nuage. Cependant quand on lui met Hamlet sous les yeux, il est obligé de confesser qu'il voit Hamlet lui-même. Quelle fut la surprise du capitaine Tavernier lorsqu'après quarante-sept jours d'études, les experts, admis en sa présence, l'informèrent gravement que « le petit bleu » n'était rien qu'un « petit bleu », de quoi l'excellent juge demeura tout bleu lui-même.

— Et c'est tout ce que vous avez à me dire? fit-il d'une voix alarmée.

— Oui, capitaine. Ne vous en doutiez-vous pas?

— Si, mais, l'adresse?

— L'adresse? Eh bien! le nom d'Esterhazy est écrit sur un grattage. Vous le saviez bien, puisque le fait est relaté dans tous les journaux. D'ailleurs, en deux années, l'autorité militaire a eu le temps de s'en apercevoir.

— Sans doute, s'exclama Tavernier. Vous dites bien que le nom d'Esterhazy est écrit sur un grattage? Vous le reconnaissez?

— Vous n'avez pu faire autrement que de le voir vous-même, capitaine. Un enfant le verrait.

— Alors, il y a un faux? Un faux de Picquart. J'en étais sûr! Je savais votre art à toute épreuve. Je vous remercie, messieurs, du zèle que vous...

— Un faux? Oui. Il y a un faux, capitaine. Vous avez bien compris. Seulement, il peut être de tout le monde excepté du colonel Picquart.

— Comment cela?

— C'est très simple. On a écrit le nom d'Esterhazy sur un grattage. Mais il n'est pas douteux qu'il y avait également le nom d'Esterhazy avant le grattage, puisque l'adresse est demeurée : « 27, rue de la Bienfaisance », écrite de la même main que le corps de la dépêche. Le colonel Picquart, qui soutenait que le « petit bleu » était adressé à Esterhazy, n'avait aucune raison de gratter ce nom pour le récrire, tandis que ceux qui voulaient faire croire que le colonel Picquart avait commis un faux ont pu faire le grattage pour l'attribuer plus tard à ce dernier, en l'accusant d'avoir substitué le nom d'Esterhazy à celui d'un autre destinataire.

— Ciel! Que me dites-vous là?... Mais alors le faussaire, en laissant l'adresse, a été d'une bêtise...

— Dieu permet quelquefois que les criminels soient plus bêtes que les experts. Sans cela...

— C'est affreux! Alors vous ne croyez pas que Picquart...?

— Capitaine, c'est assez de nous être trompés deux fois sur deux. Ce coup-ci, Paul Meyer, Louis Havet, Giry nous feraient vraiment passer un trop vilain quart d'heure. Tout ce que nous pouvons faire, c'est de rechercher, par des comparaisons d'écritures, au cas où il vous plairait, si Henry ou tout autre ne serait pas l'auteur du faux,

— Ah bien, merci! N'insistez pas, vous me feriez de la peine. Bonsoir, messieurs. Attendez pour venir que je vous fasse mander.

Tel est présentement le résultat des quarante-sept jours de travail du capitaine Tavernier, y compris quarante-sept nuits d'insomnie. Qui ne compâtirait aux ennuis du capitaine-magistrat?

On a proposé de chanter pouilles à Picquart sur d'autres matières. Il a consulté Leblois à propos d'une affaire de pigeons voyageurs. C'est très grave, car il y a un dossier secret de pigeons. Et au conseil de guerre qui *jugea* (!) Esterhazy, Henry, pour faire croire que c'était le dossier secret qui avait été communiqué à l'avocat, l'avait tranquillement substitué à l'autre. Dès le premier coup d'œil, la fraude fut découverte par Picquart, et dénoncée. Il paraît difficile de recommencer cette canaillerie. Les amis de Henry feront bien de s'en tenir là et de se contenter de la danse du scalp sous le scalp, pour cette fois.

Mais quelqu'un qui ne peut se désintéresser de l'affaire, c'est M. de Freycinet, je suppose. Il est désormais acquis au débat qu'il y a un faux. Un faux de qui? Le capitaine Tavernier lui-même est obligé de reconnaître que ce ne peut pas être un faux de Picquart. Le ministre de la guerre a maintenant le devoir de rechercher le criminel, qui se trouve nécessairement parmi les détenteurs du dossier. Et comme le crime fut manifestement commis pour perdre Picquart, il n'y a qu'à faire porter l'enquête sur ses ennemis: Henry, du Paty de Clam déjà convaincus de faux, d'autres encore. On découvrira la vérité, si l'on veut. Nous ne tarderons pas à savoir si M. de Freycinet voudra. S'il hésite, nous serons dans l'obligation de lui rappeler ce devoir.

La mise en liberté du colonel Picquart n'est plus qu'une question d'heures, sans doute. Mais cet acte de justice **tardive** ne saurait suffire. Il faut que quelquefois les juges militaires découvrent les vrais coupables, et les punissent : c'est une révolution nécessaire.

D'ailleurs la question va se poser devant la Cour de Cassation de savoir si Henry ne fut pas le complice de la trahison d'Esterhazy. Il y a là-dessus contre lui les présomptions les plus graves. Des soupçons peuvent s'égarer sur d'autres. M. le Ministre de la Guerre doit au pays toute la vérité. Nous nous débattons depuis assez longtemps dans les machinations ténébreuses de l'Etat-Major. Il est temps que la toute-puissance du mensonge soit abaissée. Il est temps que la justice triomphe du crime.

8 novembre 1898.

CII

Sous Freycinet.

Je disais hier que la mise en liberté du colonel Picquart n'était plus qu'une question d'heures. Il paraît que je faisais trop d'honneur à M. de Freycinet. *Le Gaulois*, qui est demeuré l'organe de l'Etat-Major, nous informe que « ce bruit est absolument erroné ». Un *secret* de quarante-sept jours ne suffit pas à la rage de la jésuitière galonnée.

M. de Freycinet, en prenant le Ministère de la Guerre, a, suivant sa constante habitude, tout promis à tout le monde. Aux « dreyfusards » il a dit : « Je vais faire justice », aux Jésuites : « Je saurai défendre « *l'honneur de l'armée* », étant bien entendu de part et d'autre que « *l'armée* », comme dans la langue de Billot, cela veut dire simplement Boisdeffre, du Paty de Clam, Gonse, du Lac et Cie.

Ferme en selle sur cette équivoque, Freycinet s'installe en son Ministère et se met en devoir de satisfaire tout le monde. Il change Renouard pour Brault, il nomme gouverneur de Nice le général Brunet, chef du cabinet de Chanoine, et, après ce grand effort, se repose. C'était le moment pour la bande des faussaires de reprendre l'offensive.

Justement, le capitaine Tavernier, en dépit de tous ses efforts, venait d'être obligé de reconnaître que « le faux de Picquart » n'était pas de Picquart. En tout autre pays, la mise en liberté devait s'ensuivre. Chez nous, il n'en va pas de même, et nos juges civils et nos juges militaires ne haïssent rien tant, dans un accusé, que les preuves d'innocence. A plus forte raison quand il s'agit d'un homme contre qui toute la bande qui détient le pouvoir est engagée.

Picquart a contre lui tous les amis des faussaires, toute la moinerie éperonnée de l'Etat-Major qui ne peut se sauver que par le triomphe du mensonge. Ce sont là des forces que M. Freycinet respecte, car il a le respect de toutes les forces, hautes ou basses. Il ne demanderait pas mieux que de se débarrasser de Picquart qui l'ennuie. Mais il voudrait contenter en même temps ceux qui demandent justice pour l'innocent et ceux qui veulent pour le justicier la torture. « Laissez-moi résoudre cette question à ma manière », disait-il récemment à quelqu'un. Sa manière, c'est d'aller grignoter des dossiers dans un coin, et d'attendre que la *fureur* de Tavernier s'épuise sur la patience de sa victime. Ce n'est pas brave, comme disait Edmond Gast à Gonse. Mais le courage civil n'est pas le fait du militaire, et M. de Freycinet tient beaucoup à justifier son titre de Ministre de la Guerre. Je le regrette beaucoup, car les généraux ont une excuse qui lui manque : l'esprit de corps. Il est vrai qu'étant resté longtemps — fonctionnaire, il lui est resté quelque chose du pli. C'est pour cette raison, sans doute, qu'il subit si fâcheusement l'impression de la chamarrure.

La chamarrure qui lui fait obstacle en ce moment, c'est M. Zurlinden, gouverneur (blâmé) de Paris, soutenu par la puissance élyséenne de Gyp, dont notre Ministre de la Guerre redoute les atteintes. Gyp ne veut pas qu'on lâche Picquart. Il faut donc que Picquart attende, car, semblable à Félix Faure, M. de Freycinet qui serait intrépide au canon, fléchit au grincement de la plume sur le papier. Je ne crois pas du tout que le successeur du « loyal » Chanoine ait fait aux esterhaziens les « loyales » promesses qu'on se murmure à l'oreille dans les couloirs du Parlement. Mais il faudrait ne pas le connaître, pour douter qu'il leur ait dit *quelque chose*, quelque chose de rassurant, comme il sait dire. Seulement, cela ne les avance pas beaucoup plus que nous-mêmes, s'il nous avait dit exactement le contraire.

M. de Freycinet veut temporiser, paraît-il, pour tâcher d'amortir le ressentiment de ceux dont il faudra bien qu'il trahisse l'espoir, quand la solution sera devenue inévitable. Que Picquart, injustement frappé pendant ce temps, languisse dans sa prison : M. de Freycinet ne s'en alarme pas outre mesure. Il calmera Gyp ainsi. Il la désarmera par d'autres concessions. On ne pourra pas éviter de donner gain de cause finalement à Picquart, puisqu'il est innocent. Mais les faussaires sont encore trop acharnés contre lui. M. de Freycinet craindrait de leur faire de la peine. Picquart ne va pas se plaindre pour un peu plus de prison. Et Gyp et Zurlinden seront si contents! Il faut bien faire quelque chose pour l'armée.

D'ailleurs, comment ne pas se résigner? Quand Freycinet dit: « Je veux », Zurlinden répond : « Je ne veux pas », et dans un pays où tout est à l'envers, il est bien naturel que ce soit l'inférieur qui commande au supérieur docilement soumis. Zurlinden, au surplus, n'est point de ces hommes qui ne donnent point de raisons. Il vient justement de passer à son Juif Arthur Meyer le dossier Tavernier contre Picquart, ouvert seulement, bien entendu, à la page de l'accusation.

Picquart est au secret, mais Tavernier n'y est pas. Zurlinden, ou ceux qui sont sous ses ordres, peuvent publier contre Picquart tous les mensonges qu'il leur plaira, après avoir préalablement mis ce dernier dans l'impossibilité de répondre. Et Freycinet, chef théorique de Zurlinden, tolère cette ignominie, dont s'applaudit l'élyséenne Gyp toute-puissante. Est-il besoin de dire que du Paty de Clam est dans l'affaire, ainsi que l'attestent deux contes à dormir debout qui sont des plus belles inventions du faussaire ?

Je n'ai garde de discuter le bafouillage du *Gaulois*. Il faut être Ravary, Boxon d'Ormescheville ou Tavernier pour y attacher un semblant d'importance. Il suffit de dire qu'on y retrouve cette imbécillité de Lauth et de Gribelin prétendant que Picquart leur demanda de mettre au « petit bleu » un timbre qui en aurait détruit toute la valeur. Ainsi du reste. C'est la continuation de la manœuvre du faux de *l'Éclair*. Tandis que Henry et ses amis faisaient leurs faux, ils manœuvraient en concordance dans la presse. Obligés de renoncer pour l'instant à la fabrication des pièces fausses, nos gens continuent d'installer le mensonge officiel dans les feuilles publiques, grâce à la complaisance de M. le Ministre de la Guerre. Combien de temps encore cette infamie sera-t-elle tolérée ?

P. S. — Au dernier moment, on annonce que le colonel Picquart sera mis en liberté demain. Faut-il croire que Zurlinden faiblit, et que Freycinet a retrouvé son élan? Il doit y avoir, pour Gyp, à l'Elysée, une manœuvre de la dernière heure.

9 novembre 1898.

CIII

Henry, Traître?

Après avoir entendu MM. Mercier et Billot, la Cour de Cassation a recueilli hier la déposition de M. Cavaignac. Le témoignage de cet ancien Ministre de la Guerre sera, sans aucun doute, d'un intérêt capital. Non qu'il ait sur le cas de Dreyfus rien de nouveau à dire. Le violent parti pris dont il a donné tant de preuves lui a si étrangement gauchi l'intelligence que toute critique se trouve en lui paralysée.

Mais dans l'affaire Henry, que la Cour de Cassation doit nécessairement éclaircir, M. Cavaignac est un témoin de la plus haute importance. Avait-il procédé lui-même à l'examen du dossier quand il a prononcé son superbe discours fondé sur l'authenticité d'une pièce fausse? Comment a-t-il été amené à soupçonner Henry? Je suppose que la Cour demandera communication des procès-verbaux de la commission d'enquête, qui s'est prononcée — plutôt tardivement — pour la mise en réforme d'Esterhazy. Est-il vrai que le traître, se voyant acculé, ait mis Henry en cause de telle façon qu'il n'était plus possible de fermer les yeux sur les méfaits du faussaire? Il serait indispensable d'interroger directement les membres du conseil d'enquête, m'assure un personnage bien informé, les procès-verbaux ayant été rédigés de façon trop sommaire. La Cour de Cassation voudra faire la lumière sur ce point.

Cela est d'autant plus indispensable que notre confrère Gaston Cagniard a révélé, dans *la Petite République française*, que le général Zurlinden, au Conseil des ministres où fut décidée la mise en non activité du lieutenant-colonel du Paty de Clam, donna lecture d'un rapport où il était dit que Henry, pour corser le dossier Dreyfus, avait proposé à ses chefs d'y introduire quelques faux, et que ceux-ci, **après réflexion**, avaient refusé. *L'Agence Havas* a, comme il convenait, démenti le fait. Mais Gaston Cagniard dément le démenti et donne clairement à entendre qu'il tient le fait d'un membre du cabinet Brisson. La Cour suprême ne peut pas se dispenser d'éclaircir ce point préliminaire d'une question qui devient fondamentale dans l'affaire Dreyfus : Pourquoi Henry a-t-il fait ces faux ?

On a allégué sa haine des Juifs. Henry n'était point homme à avoir inutilement de la haine. Il faut plutôt voir en lui un serviteur des passions de son entourage. Accepta-t-il de les servir jusqu'au crime, ou quelque motif plus puissant l'entraîna-t-il dans la sombre voie où il a trouvé la mort ?

On a parlé encore de « l'honneur du deuxième bureau », engagé dans l'affaire Dreyfus. Il paraît difficile de croire que, pour le plaisir de prouver l'infaillibilité de ses collègues et la sienne propre, Henry ait délibérément risqué le bagne. Quel autre motif, cependant? Ce ne peut être l'amour d'Esterhazy. Qu'est-ce donc qui liait ces deux hommes dans le faux, ou dans la trahison ?

La trahison, voilà la seule explication possible. Schwarzkoppen donnait deux mille francs par mois à Esterhazy. Esterhazy ne valait pas un sou par lui-même, n'étant en état de fournir aucun document. Schwarzkoppen le disait lui-même dans un fragment de rapport daté de 1893 — époque probable à laquelle Esterhazy fit ses premières offres de trahison. « Que peut-il fournir? Il n'y a pas d'intérêt à avoir des relations avec un officier de troupe. » A qui donc allait la majeure partie de ces deux mille francs? Nécessairement à celui qui fournissait Esterhazy de documents, à l'homme qui lui remit les pièces mentionnées dans le bordereau, qui sont, en effet, passées des tiroirs de l'Etat-Major français à l'Etat-Major allemand. Quel était le coupable, sinon l'homme qui commit des faux pour sauver Esterhazy... et sans doute pour se sauver lui-même?

Ainsi s'éclaircirait le grand mystère. Esterhazy trahissait de complicité avec Henry. Et les complicités secondaires s'expliqueraient chez des hommes sans scrupules, par les motifs jugés insuffisants pour Henry. Jusqu'à preuve du contraire, on ne peut admettre que Boisdeffre, Gonse, du Paty de Clam, Pellieux soient des traîtres. Ils ont de toute évidence agi contre leur devoir, et violé les lois, quelques-uns comme du Paty de Clam jusqu'au faux. Mais leurs passions furieuses de réactionnaires et de Jésuites endiablés suffisent à expliquer l'entraînement d'esprits inférieurs. Voyez d'ailleurs comme la jésuitière s'est levée pour les défendre, y compris Henry lui-même.

Et puis le cas de chacun est particulier. Pellieux a probablement été de bonne foi d'abord. Peut-être plus longtemps qu'on ne croit. Car l'extraordinaire manque d'intelligence dont il a fait preuve permet toutes les suppositions. Pour du Paty de Clam, c'est le complet détraquement intellectuel et moral. Il reste seulement à savoir comment Esterhazy le tenait. Il y a là encore un mystère.

Quant à Boisdeffre, le cas est encore plus obscur. Il n'est point acquis, comme on l'avait supposé tout d'abord, qu'il ait écrit à Esterhazy. Après un examen attentif, il paraît vraisemblable que la lettre de celui-ci dont M. Bard a donné lecture, où il est fait mention d'une lettre du destinataire, était adressée au général de Pellieux, auteur de la fameuse épître au « cher camarade ». Cela décharge M. de Boisdeffre d'autant.

Mais il n'en demeure pas moins incompréhensible que celui-ci se soit jamais exposé à recevoir la fameuse lettre où Esterhazy lui demande s'il est bien sûr de ses experts, et concerte avec lui les mensonges qui doivent aboutir au maintien de la condamnation d'un innocent et à l'acquittement d'un criminel. L'ancien chef d'Etat-Major devra répondre, sur ce point et sur beaucoup d'autres, aux questions du juge instructeur.

Mais, tous ces mystères éclaircis, il reste le cas de Henry dont M. Cavaignac, plus que tout autre, peut nous faciliter la compréhension. Pourquoi le Ministre de la Guerre s'est-il contenté de mettre le faussaire aux *arrêts simples*, au lieu de le livrer à ses juges naturels? Pourquoi Henry n'a-t-il pas signé son interrogatoire? N'a-t-il tenu aucun autre propos que ceux qui sont rapportés dans le procès-verbal du général Roget? Pourquoi, lorsqu'il avait fallu des interrogations persistantes pour lui faire avouer ses faux, ne lui a-t-on posé qu'une seule question — et combien légère — relativement à ses complices? Qui a visité Henry au Mont-Valérien? Où est le procès-verbal d'autopsie? La Cour de Cassation doit faire éclater sur tout cela la pleine lumière.

Jusqu'ici, il n'y a qu'une seule objection à l'hypothèse de la trahison de Henry. Puisque c'est à lui que le bordereau a été remis d'abord, comment, en reconnaissant l'écriture de son complice, n'a-t-il pas supprimé le document qui témoignait contre lui-même?

Alors une question se pose : Est-ce donc à Henry que le bordereau a été remis d'abord? Il l'a affirmé à maintes reprises avec énergie. Or, il paraît qu'on a la preuve qu'il a menti sur ce point comme sur les autres. On a, dit-on, le nom de l'officier qui a eu, avant Henry, connaissance du bordereau. S'il en est ainsi, les présomptions de trahison deviennent accablantes contre Henry. Cela pourra gêner les fameux **patriotes qui sont en train de souscrire pour lui élever un monument.**

P. S. — Et Picquart, innocent, était toujours sous les verroux de M. le Ministre de la Guerre.

10 novembre 1898.

CIV

La vengeance.

Je disais bien que Zurlinden, avec l'appui de l'Élysée, réservait contre Picquart une manœuvre de la dernière heure. La bande, se sentant perdue, veut au moins jouir de sa vengeance et trépigner jusqu'à la dernière minute l'honnête homme par qui furent dévoilés ses crimes.

Quand Cavaignac arracha de la faiblesse de Brisson l'incarcération de Picquart, c'est qu'on disait avoir contre lui *la preuve* qu'il avait trahi des secrets d'Etat. Telle est l'excuse que donna Brisson pour qu'il livrât aux représailles des criminels celui qui, publiquement, lui offrait la vérité. Dans cent ans, comme aujourd'hui, cet acte abominable de lâcheté civile pèsera lourdement sur le nom de ses auteurs. Quoi qu'il en soit. on se mit à procéder contre Picquart, au moyen d'un juge d'instruction qu'on estima digne de cet emploi.

Le faux de Henry découvert, on pensa que Picquart qui l'avait dénoncé avant tout autre se trouvait par là même hors de cause. Cela paraissait d'autant plus manifeste que la lettre à Brisson, qui eut pour toute réponse un ordre d'arrestation, proposait simplement de démontrer que les « pièces authentiques » lues par M. Cavaignac à la tribune étaient des faux. Le faussaire le reconnaissait lui-même, maintenant. Que fallait-il de plus?

Mais Boisdeffre et la troupe des correspondants d'Esterhazy ne l'entendaient pas ainsi. Les faux étaient découverts sans doute, et Picquart avait dit vrai. Mais, il restait les indiscrétions, le secret d'Etat trahi, et là-dessus les gens qui bourraient les poches d'Esterhazy de pièces secrètes se montraient d'une rigueur intraitable. C'est du Paty de Clam qui livrait au traître le fameux document secret de *l'Éclair*, et c'est Picquart contre qui sévissaient les juges. Ainsi l'ordonnait la jésuitière de l'Etat-Major. La jésuitière fut obéie.

Seulement, après des mois de détention, il fallut reconnaître qu'on n'avait rien contre Picquart, et ce fut tout le réquisitoire de l'accusateur public de déclarer qu'il n'était pas en état de rien prouver contre l'accusé. On ajournait le procès à une date indéfinie. La mise en liberté provisoire ne se pouvait refuser. Le défenseur avait été averti qu'il lui suffirait de la demander.

— Me Labori, concluait le président, si vous avez une requête à nous adresser...?

— Mon client ne demande rien, répliquait Labori.

Qu'est-ce que cela voulait dire? Hélas! le sens de ce dialogue n'était que trop clair. L'Etat-Major n'entendait pas qu'on lui enlevât sa proie. L'accusation d'avoir violé le secret d'Etat se trouvait réduite à néant. Alors, c'était Picquart en liberté, Picquart le dénonciateur d'Esterhazy, Picquart à qui Henry le menteur criait au nom de tout l'Etat-Major : « Vous en avez menti! », Picquart triomphant d'Esterhazy le traître, de Henry et de du Paty de Clam les faussaires, à la face de tous : un tel scandale n'était pas possible. L'Etat-Major y avait mis bon ordre. Renouard et Zurlinden s'étaient fait ce raisonnement : Puisque nous avons poursuivi Picquart pour avoir trahi des secrets d'État, quand nous savons tous que ce crime est à la charge de du Paty de Clam que nous ne poursuivons pas, pourquoi n'intenterions-nous pas maintenant des poursuites contre ce même Picquart comme faussaire, puisqu'il est avéré que, depuis la mort de Henry, il n'y a pas de plus beau faussaire que ce même du Paty de Clam dans l'État-Major?

Ainsi dit, ainsi fait, et quand le benoît président de la huitième Chambre offrait la liberté à Picquart, il s'était préalablement assuré que les agents de Zurlinden attendaient leur prisonnier à la porte de la salle. Ce n'était rien encore. Le Gouvernement (de M. Brisson, hélas!) qui avait fait violer la loi par ses procureurs Bertrand et Feuilloley pour sauver du Paty de Clam le faussaire (voir l'arrêt de la Cour de Cassation), n'hésitait pas à faire livrer Picquart par la justice civile à la justice militaire, pour permettre à celle-ci de violer la loi sur l'instruction criminelle qui autorisait le prévenu à communiquer avec son défenseur.

Nous n'en sommes plus à nous étonner de cette trahison du droit de la part d'hommes politiques qui, après avoir été indignement joués par Zurlinden, Ministre de la Guerre, avaient nommé ce même Zurlinden gouverneur de Paris, sur l'ordre de Félix Faure, *engyponné*. Quel nom donner, dans cette déroute de tous les caractères, à l'acte par lequel les ministres, ayant refusé de laisser poursuivre Picquart, se laissèrent impudemment bafouer par Zurlinden et par Chanoine, dont la double loyauté — que nous dénommons dans le civil hypocrisie — machina des poursuites quand même? Et comment apprécier surtout la honteuse lâcheté d'un Gouvernement qui blâme un général pour manquement à son devoir, et n'ose pas le dire?

Voilà dans quelles circonstances et par quelles sortes de gens fut à nouveau poursuivi Picquart. Vraiment, comme dit Lalance, qui donc ne préférerait son rôle à celui de ses accusateurs?

Le prétexte de l'État-Major, qu'on ne l'oublie pas, c'était une accusation de faux à propos du « petit bleu ». Une imbécillité ! Qu'importe ? On ne fait pas un faux pour démontrer la vérité, et la vérité est éclatante aujourd'hui. De plus, l'auteur du « petit bleu » a toujours déclaré qu'il était prêt à se faire connaître, et à administrer la preuve. On ne comptait donc vraiment rien prouver contre Picquart. Mais on voulait le tenir, et on le tint au secret, en effet, et on l'y tient encore, rien que pour satisfaire la vengeance des traîtres et des faussaires. Que serait-il advenu de lui s'il n'avait pas publiquement dénoncé les assassins ?

Quarante-neuf jours de secret, et l'accusation est aussi avancée qu'à la première heure. Zurlinden avait fait venir le capitaine Tavernier de Marseille tout exprès, et le capitaine Tavernier avait fait de son mieux. Tout cela pour aboutir à reconnaître que le faux attribué à Picquart était un faux de Henry, suivant toute apparence. Heureusement, M. Cavaignac n'a pas eu l'idée d'ouvrir une instruction pour savoir si Henry avait des complices. Cela dispense de pousser trop loin les investigations si bien commencées sur le « petit bleu ».

Mais alors, pensez-vous, puisqu'il est maintenant établi que Picquart n'a pas fait de faux, on va le mettre en liberté ? Quelle erreur ! C'est ici qu'éclate le génie de Zurlinden soutenu contre Freycinet par Félix Faure. Il y a quelques jours à peine, le capitaine Tavernier disait à Edmond Gast : « Je fais procéder à une expertise : aussitôt qu'elle sera finie, je lève le secret du colonel Picquart. » L'expertise est finie. Elle a tourné contre Tavernier, et la maison militaire de Gyp, elle-même, n'a plus rien à dire. Eh bien si, justement : on trouve matière à dire. Avec les râclures du dossier, le capitaine Tavernier a composé une sorte de pot-pourri d'accusations mensongères dont Arthur Meyer, comme il était juste, a eu la primeur. Picquart est au secret, il ne peut pas répondre : donc, en avant le Juif de la jésuitière et toute la bande furieuse contre le prisonnier bâillonné, ligotté !

Pour répondre aux griefs d'Arthur Meyer, le doucereux Tavernier a jugé qu'il avait besoin d'administrer encore quinze jours de secret à Picquart. Après cela, qu'inventera-t-on ? Zurlinden et Gyp trouveront bien quelque chose.

Quant à Freycinet, il est battu mais bien content. Vous comprenez que Picquart au secret, ça ne l'empêche pas de dormir. Il est redevenu ministre, il ferait encore un Président sortable. Cette idée le chatouille très doucement. Vous lui dites que la torture infligée à Picquart pour avoir bien servi son pays est un crime ? Crime est un bien gros mot, et fort vilain. Mettons inconscient, dit Lagrange de Langres, « le vieil abonné du *Gaulois* », chef du cabinet civil du Ministre de la Guerre. M. de Freycinet patiente pour Picquart. Ce n'est pas nous qui sommes à la chaîne, comme disait Gonse, un grand cœur.

Je sais bien qu'il y a toujours cette question de Labori : « Monsieur le Ministre de la Guerre, M. le procureur de la République m'informe qu'il est empêché par votre capitaine Tavernier de m'assurer l'exercice du droit légal qu'il me reconnaît de communiquer avec mon client. Voulez-vous, je vous prie, faire respecter la loi par vos juges militaires ? » Zurlinden n'a pas répondu, Chanoine n'a pas répondu, Freycinet ne répond pas davantage. Il y a tant de choses à faire avant le prochain Congrès de Versailles.

11 novembre 1898.

CV

Poursuites libérales.

Urbain Gohier est poursuivi pour son beau livre, *l'Armée contre la Nation,* par MM. Edouard Lockroy et Charles de Freycinet, à la demande de M. Le Provost de Launay. L'aventure est bien suggestive. M. Le Provost de Launay est bonapartiste et Jésuite. C'est lui qui dicte leur conduite aux gouvernants républicains, Edouard Lockroy, journaliste, et Freycinet, académicien libéral. Comment s'en étonner quand on se souvient de Zola, poursuivi à la requête de M. de Mun, cuirassier de Jésus, qui mêle sur son front l'eau bénite au sang des prisonniers de la Commune? En ce temps-là, c'était Billot, Ministre de la Guerre. Maintenant, c'est Freycinet. Eh bien! il n'y a rien de changé: voilà tout. Rien qu'un mensonge nouveau s'ajoutant aux mensonges passés, ce qui commence à mettre au compte de nos politiciens un respectable amas de canailleries.

Freycinet est de l'Académie. Il a écrit, à ce propos, sur Augier des pages qui ne sont pas immortelles. Mais son intelligence, conductrice de mines discrètes, se plaît à mettre en œuvre une culture littéraire d'ingénieur. Intelligence déliée, dit-on. Déliée à ce point que toutes les parties n'en tiennent point ensemble, jouent l'une sur l'autre suivant les affinités du moment. Et cette dislocation même n'est point sans avantage, puisqu'elle lui permet de s'adapter indifféremment à toutes choses, suivant l'intérêt de l'heure.

Paul de Cassagnac lui a souvent reproché d'avoir été le candidat officiel de l'impératrice. Quelle injustice! C'était sous l'Empire, et cela explique tout. Sous la République, maintenant, le pape lui-même est républicain. Libéral, d'ailleurs, M. de Freycinet ne l'est pas moins que Léon XIII en personne. Soyez sûr qu'il gémit en son cœur de la signature qu'il va donner à cette fin de faire jeter Urbain Gohier en prison. Mais il aime tant l'armée, dès qu'il en est le ministre!

Il aime bien les lettres aussi par devoir d'académicien. Seulement l'armée a toutes ses préférences, l'armée de la jésuitière qui exploite et réduit à l'impuissance l'armée de la nation : l'armée de moines bottés qui reconnaît pour chefs les hommes de Sedan, de Lang-Son et de Majunga, et crie à la boucherie pour un article de journal dénonçant ses crimes contre la patrie.

Cette armée-là n'est pas l'armée de Gohier, c'est vrai. Les armées de défaites ne lui suffisent pas, à ce fusilier de deuxième classe, qui voit dans l'organisation militaire autre chose qu'un instrument de parade et de répression bourgeoise. Il veut l'armée pour la défense efficace du territoire, l'armée de la patrie, non l'enrégimentation d'une tourbe pour les caracolades des beaux fils dont les noms sont inscrits dans les fastes des grands désastres.

Il dit que les émigrés de Coblentz ayant été contraints par la Révolution à renoncer à l'exploitation du peuple français, leurs fils, chassés de la domination civile, se sont réfugiés dans la domination militaire, et prétendent user de la nation militarisée comme leurs aïeux faisaient du peuple de labeur. Ni justice ni loi : on ne l'a vu que trop clairement. Nulle autre règle que la volonté de quelques-uns, volonté sans frein, déchaînée jusqu'au crime, s'il est besoin.

Même à Coblentz, la noblesse française était la France : le reste ne comptait pas. De même ce sont les hommes de Sedan, de Metz, de Lang-Son, et de

Majunga qui sont l'armée : le soldat ne vient là que pour faire nombre aux capitulations, aux massacres causés par leur présomptueuse ineptie. Voila pourquoi il n'y a pas d'entente possible entre Gohier et les Boisdeffre et les du Paty de Clam dont M. de Freycinet fait ses clients, à cette heure.

Gohier soutient que l'armée doit être la chose de tous et non plus la propriété des artisans de débâcles. C'est pour cela que M. de Freycinet le fait poursuivre. Gohier dit que l'ancienne aristocratie française, corrompue par l'éducation jésuite, n'a su que conduire la France aux abîmes, et que les rejetons de son abêtissement fastueux, déployant dans le militaire les mêmes qualités que les pères dans le civil, sont en train d'achever la perte de la France. Il le dit, et le prouve par les faits de notre récente histoire militaire.

Et le pire, c'est que Freycinet le sait comme lui, et, si je le tenais entre quatre murs, il me flûterait dans l'oreille un de ces « Vous avez raison » dont je n'ai point perdu le souvenir. Il le sait, et il poursuit Gohier sachant que c'est le vrai patriote, celui-là, et que les autres sont des exploiteurs de patrie. Il est d'esprit trop fin pour être dupe de ces gens. Il est d'esprit trop faible pour leur tenir tête. Ils ont la force du jour. Il les sert. Que Gohier soit seulement Président de la République demain, il servira Gohier tout à son aise, et nous aurons beaucoup de mal à l'empêcher de jeter Gyp au cachot.

Il y a des hommes ainsi. Voyez Lockroy, cet autre ennemi de Gohier. C'est à la prison de Sainte-Pélagie, si j'ai bonne mémoire, que le mandat des Marscillais le vint chercher pour l'envoyer à l'Assemblée nationale. A la prison de Sainte-Pélagie, où il souffrait le martyre pour la liberté de la presse ! O ironie des destinées ! Gohier, si jamais le malheur veut que tu sois ministre de quelque chose, promets-moi d'être doux à Lockroy, supposé que tu n'en aies pas fait ton sous-secrétaire d'Etat !

Présentement, Lockroy, président honoraire de je ne

sais quelle Association de presse républicaine, veut jeter Gohier, journaliste, en prison. Et pourquoi, je vous prie? Parce que Lockroy aime la marine, comme Freycinet l'armée, pour changer sa plume en plumet. Il veut être ministre, le pauvre, pour construire les cuirassés qu'il blâme, et présider à la reculade de Fashoda, après avoir voué notre marine à saint Michel, créateur de ce poste fameux d'attaché naval de France au Japon, si nécessaire à la défense de nos côtes. Chacun met son ambition où il peut.

Les hauts faits du Ministère de la Marine ne sont pas moins éclatants que ceux du Ministère de la Guerre. Une aristocratie guerrière qui souffre à sa tête un Duperré déserteur se juge. Il n'y avait qu'un homme, dans toute la marine, capable de fuir le combat. Ils en font leur chef. Et n'allez pas leur demander compte des milliards pris du contribuable pour notre défense navale. Ce serait « insulter la marine » qui ne doit pas de comptes. Félix Faure, qui organisa si glorieusement l'expédition de Madagascar, **au moyen de transports anglais**, n'a pas de comptes à rendre. L'incurie des chefs a coûté la vie à six mille soldats français, en dehors du feu de l'ennemi. On avait oublié la quinine. Des montagnes d'approvisionnements se sont perdues sur la plage de Majunga. M. Cavaignac a jugé que c'était bien, et qu'il y avait lieu de féliciter les organisateurs de ce beau *coup*.

Et la Chambre a battu des mains, comme le Sénat hier à l'interpellation de M. Le Provost de Launay sur les accidents causés par l'imprévoyance militaire aux dernières manœuvres. Freycinet a déclaré, sans rire, que ce n'était la faute de personne. Les accidents sont le fait de « circonstances particulières », dont il s'est bien gardé de dire un mot. Et, d'ailleurs, il veille, le bon ministre, il va envoyer une circulaire aux « *circonstances particulières* » pour leur dire de ne plus recommencer. Voilà de quoi M. Le Provost de Launay, terrible à Gohier, s'est benoîtement contenté.

Gohier, lui, est plus exigeant. Il veut des Ministres de la Guerre et de la Marine qui s'occupent d'autre chose que de se ménager l'appui des exploiteurs de la marine et de l'armée, à qui nous devons nos désastres et qui sont les pires ennemis de la France. Il veut des parlementaires qui aient d'autre souci que de profiter — pour la clientèle — des ministres qui profitent des exploiteurs de la défense nationale : des parlementaires qui contrôlent Mais les parlementaires ne veulent pas contrôler. Ils veulent exploiter. Et les ministres trouvent plus commode, pour perpétuer leur pouvoir, de livrer la France aux exploiteurs que de l'en délivrer.

Voilà pourquoi Gohier est poursuivi, plaidant en son désintéressement pour le seul intérêt de la France, par tous les politiciens des corps organisés pour l'exploitation de la France. Les méfaits de ces hommes leur valent des honneurs, avec tous les profits qui en dérivent. Et pour ceux qui se plaignent, en prison, en prison ! Allons, gendarmes et juges, faites votre office, pour des croix, pour des grades, pour l'avancement de vos petits ! On sera généreux. C'est la France qui paye.

A Sainte-Pélagie, Gohier ! La chambre de Lockroy t'attend. Il doit avoir laissé des *Vive la Liberté*, sur les murs. Médite là-dessus, bon penseur, et si tu veux m'en croire, écris au-dessous : *Vive la marine !* et *Vive l'armée !* Plus tard, quand on les aura chassés du Ministère, mène-les là, en *visiteurs*. Alors, explique-leur que la marine et l'armée c'est tous les Français en armes, et qu'il faut, pour leur plénitude de puissance, la liberté de critique et de contrôle, et puis lâche-les dans la presse avec leur plume et leur écritoire. Une vengeance d'homme libre, ami Gohier. En ce temps-là Lockroy et Freycinet eux-mêmes seront forcés de comprendre que c'est aussi la revanche d'un bon Français.

12 novembre 1898.

CVI

Cannibales

Zola avait raison. Ce sont des cannibales. Ils veulent la mort de cet homme. Ils l'auront. L'Église du Dieu bon est implacable dans ses haines. La mort et les supplices hantent le rêve du chrétien impuissant à rallumer les bûchers, *actes de foi*, comme disait l'Espagne.

On ne peut pas le brûler, ce Juif odieux dont le seul nom évoque, par toute la terre civilisée, le souvenir du plus rare ensemble de forfaits : forfaits de soldats, forfaits de juges, forfaits de politiques, avec la haute complicité du peuple souverain, sous l'inspiration bénie de l'Église. On ne peut pas le brûler tout d'un coup, mais on peut le faire mourir à petit feu, le torturer lentement, savamment, comme saint Dominique faisait en ses cachots d'inquisiteur, comme Tavernier fait de Picquart.

Nous vivons dans un temps de sauvagerie. Le moine Didon, brutalement grossier, demande des têtes au soldat de Dieu, Jamont, qui fait un signe favorable. Moins bruyant, le père Du Lac fait plus efficace besogne. Il tient son Juif, et ne le veut pas lâcher. Bazaine, traître effroyable, mais chrétien, se vit gracier de la dégradation et de la mort. En une forteresse fleurie, avec échelles de cordes aux murailles, il eut des salons, un nombreux domestique, des compagnons, sa femme, ses enfants, des visiteurs. Quand il voulut partir, on lui vint en aide. Dreyfus, qui, s'il était coupable, aurait commis le même crime que l'adjudant Châtelain, libre à la Nouvelle-Calédonie, se vit illégalement appliquer, en sus de la déportation, la peine arbitraire de la réclusion. Un misérable, Lebon, pour rester ministre, s'amusait à le mettre aux fers pendant deux mois, afin de pouvoir répondre, par l'annonce de cette barbarie supplémentaire, à l'interpellation qu'un article de journal antisémite faisait prévoir.

Tout ceci n'est rien encore. Dreyfus ne recevra pas de lettres des siens. On ne lui donnera que des copies, avec des suppressions, et même, qui sait? des ajoutages. Car, jusque dans son île du Diable, on organisera autour de lui le mensonge : nous le verrons tout à l'heure.

C'est que le moment va venir où cet homme, par le seul fait qu'il vit et proteste de son innocence, sera la plus effroyable accusation contre l'État, contre l'Église. Devant ses juges, à la parade d'exécution où son épée fut brisée, ses galons lacérés, où il fut proclamé traître, il répondit : « Je suis innocent. » Et depuis, et toujours, confiant son honneur, l'honneur de ses enfants — ô shakespearienne ironie! — à Boisdeffre, son plus cruel ennemi, il n'a cessé de répéter : « Cherchez le criminel, vous le trouverez, vous proclamerez mon innocence. »

Proclamer son innocence, l'innocence d'un Juif? Alors, les chefs militaires ont failli, alors il en est qui ont commis des crimes, alors l'Église qui les possède, et les manipule, et les pétrit, pour en faire ses outils de domination sur la France, est coupable avec eux, se voit en butte aux soupçons, déchoit de sa grandeur d'infaillibilité souveraine?

Tout plutôt que cela. Tout, la haine, la discorde semées entre les citoyens, les outrages sans nom, les accusations mensongères du pire contre le meilleur, les cris de mort jusque dans le prétoire, les juges insurgés contre la loi, le traître acclamé, le faussaire glorifié, la violence dans la rue, l'appel aux coups de force, les préparations criminelles, le coup de Jarnac d'un ministre en plein Parlement. Et ce n'est pas assez encore.

A mesure que l'innocence apparaît, le flot de barbarie montait toujours, une presse toujours plus cruelle à la justice, toujours plus implacable à la vérité, des centaines de mille francs puisés dans le trésor de l'Eglise pour afficher dans toute la France des placards affirmant la culpabilité du Juif sans l'ombre d'une preuve, les magistrats de la Cour suprême — parce qu'ils obéissent à la loi — accusés d'être vendus à l'Allemagne.

Et à toutes les preuves d'innocence, toujours la même réponse de mort. Le bordereau est d'Esterhazy, il le reconnaît, on a retrouvé de ses lettres sur ce même papier pelure quadrillé que du Paty de Clam déclarait introuvable : Mort à Dreyfus ! Les pièces du dossier secret ne s'appliquent pas à Dreyfus : Mort à Dreyfus ! Les aveux supposés, faits par Dreyfus à Lebrun-Renault dans les dix minutes qui s'écoulent entre le moment où il annonce qu'il va proclamer son innocence et le cri d'innocence lui-même, ne reposent sur aucun document authentique : Mort à Dreyfus ! Innocent ou coupable, pas de revision, avait dit Georges Berry. On a trouvé mieux maintenant. Plus l'homme est innocent, plus grand est son crime, puisque son innocence accuse tout l'État, l'Etat républicain de l'Église romaine.

Par sa presse, par la sacristie et ses ramifications innombrables, l'Église tient l'Etat sous sa loi, et lorsqu'elle a dénoncé le Juif, lorsqu'elle a déchaîné contre lui toute sa meute hurlante, c'est à qui de nos parlementaires se détournera du maudit. Chautemps vaut Lebon comme tourmenteur, n'ayant pas comme saint Dominique l'excuse de la croyance aveugle qui fait la sincérité dans le crime. Brisson arrête Picquart, et Freycinet le torture. Le crime de Picquart ? D'avoir connu l'innocence de Dreyfus. Et tous savent Dreyfus innocent. Et si vous voulez les comprendre, lisez le suggestif article de M. Henry Bérenger dans *la Revue des revues : Le Parlement et la Nation*. Vous y verrez l'attitude d'un jeune député, agrégé de philosophie, qui votait contre la revision (en dépit de son opinion personnelle contraire) *pour obéir à son mandat*, c'est-à-dire au mandat qu'il s'était laissé imposer pour ne pas avoir à affronter dans son arrondissement les passions soulevées contre le Juif par l'Eglise romaine. Jamais il ne se vit d'ensemble un tel développement de lâcheté publique !

Il restait à M. Charles Dupuy d'achever le tableau d'un trait. M. Brisson avait promis de faire connaître à Dreyfus l'arrêt de la Cour de Cassation dès qu'il serait rendu. M. Dupuy, mis en demeure, hier, par M. Joseph Reinach, qui se présentait au nom de Mme Dreyfus, s'est refusé à l'exécution de cette promesse. La Cour, a-t-il dit, n'a pas jugé qu'il y eût lieu de suspendre la peine du prisonnier. Cela est vrai. Mais comment en peut-on faire résulter l'interdiction de lui faire savoir que la Cour suprême est saisie d'une demande en revision ? Ne cherchez pas d'autre explication que la peur des journaux antisémites. Le régime infligé à Dreyfus est cruel, illégal. Sans cette cruauté, sans cette illégalité, il saurait tout. M. Dupuy n'en disconvient pas, mais il n'a pas même le courage d'y apporter l'adoucissement d'une espérance, de peur que sa pitié ne lui soit imputée à crime par quelque interpellateur. La reculade de Fashoda n'est rien auprès de cette immense déroute de la pitié humaine. Aux mains de quels lâches sommes-nous ?

Et ce qu'il y a de plus effrayant, c'est que cette férocité se déploie au moment où le misérable prisonnier succombe, au bord de la délivrance, sous le poids du malheur, sous le poids du malheur que le crime de ses geôliers ajoute à celui de la destinée.

Au printemps, il écrivait pour se plaindre de sa famille admirable, parlant de *maladresses* commises, de fautes qui retardaient la mise en lumière de son innocence. Sa femme ni son frère ne lui avait rien écrit de son affaire. Qui donc lui avait donné ces nouvelles mensongères ; Qu'avait-on ajouté aux lettres des siens ? Quels faux avait-on commis, avec la complicité des gouvernants ? Dans quel but, sinon de briser son dernier lien sur la terre, son attachement aux siens qui consacraient chaque minute de vie à l'œuvre de réparation ? Dans quel but, sinon de détruire sa dernière force de résistance, l'attente de la justice, et de le jeter dans le désespoir, dans la mort ?

On n'y a que trop bien réussi. L'œuvre infâme est accomplie. A l'heure même où l'innocence de Dreyfus éclate à tous les yeux, il agonise. Hier, au Ministère des Colonies, on a montré à Mme Dreyfus une lettre de son mari au gouverneur de la Guyane. Cette fois, il annonce que, pour lui, tout est perdu, qu'il fait une dernière fois appel à M. Félix Faure, à M. de Boisdeffre (ceux-là même qui ont tout fait pour couvrir le crime contre lui), mais que c'est seulement pour la réhabilitation de sa mémoire, car il n'attend plus rien de la terre. Et il déclare qu'il n'écrira même plus à sa femme, à son frère, désormais, et, en effet, le dernier courrier n'a rien apporté de l'agonisant.

Ainsi on a consommé le crime parfait, on a donné son plein couronnement à la torture de quatre années. Pendant que les siens bravaient le martyre pour le sauver, on lui disait : « Ils te trahissent. » On le suppliciait chaque jour dans ceux dont l'amour lui était un dernier recours, une espérance suprême. Et maintenant qu'on a brisé en lui tout ressort, toute cause de vie, on n'a plus qu'une peur, c'est qu'il n'achève pas de mourir avant que le salut n'arrive.

Voilà pourquoi Dupuy, pour la satisfaction des sacristies, refuse d'envoyer la dépêche qui, dissipant les mensonges des tortureurs, apporterait une lueur d'espoir dans la nuit du tombeau et pourrait sauver l'innocent de la mort. Ruez-vous donc sur ce cadavre, cannibales d'église et de politique, dépecez-le, disputez-vous en les lambeaux pour vos festins de bêtes sauvages, et puissiez-vous en crever de pourriture, tandis que votre Soulouque se fait grotesquement attacher un mouton d'or au cou par les vaincus de Santiago, pour célébrer la gloire de son règne à Fashoda !

13 novembre 1898.

CVII

Dans la bauge.

La bête acculée dans sa bauge fait une belle défense. Le mensonge ne veut pas céder. L'iniquité ne veut pas se rendre. A mesure que nous réussissons à projeter sur un point la lumière, tous ceux de Rome et de Sedan, aidés de la lâcheté gouvernante, s'efforcent d'épaissir l'ombre ailleurs. Pour cela, rien ne coûte, toute infamie paraît heureuse. L'un, par une invention stupide, oblige M. Delcassé à aller faire des excuses à l'ambassade d'Allemagne, et l'autre, son compère, s'écrie : « Voyez ce qu'il en coûte d'ouvrir le dossier secret. » Voilà où en sont arrivés les hommes qui nous prédisaient la guerre si nous osions juger un homme suivant les lois.

Cependant toute la bande fait rage. Arthur Meyer, pour prouver la culpabilité de Dreyfus, falsifie une dépêche chiffrée de Panizzardi à son Gouvernement, au moment de l'arrestation, et lui fait dire *exactement le contraire* de ce qu'on y trouve réellement. Le texte dit en substance : « Nous n'avons jamais eu ici, à Paris, aucune relation avec Dreyfus; il en est de même à l'ambassade d'Allemagne. Si donc, à Rome, on n'a jamais été en rapport avec Dreyfus, Dreyfus est innocent. » Ce qu'Arthur Meyer traduit ainsi : « Dreyfus arrêté, ne vous préoccupez pas, j'ai pris toutes mes précautions. » Etonnez-vous que ces gens se soient rués à la glorification du faussaire.

Mais tout cela n'est rien que bagatelles de mensonges, pour susciter le sentiment public contre Dreyfus. La vraie partie se joue devant la Cour de Cassation, et c'est là que M. Cavaignac et M. Dupuy dépensent tous leurs efforts, sous la conduite du Garde des sceaux Lebret.

Voici dans quels termes M. Georges Lebret parlait de l'affaire Dreyfus à ses électeurs :

Dreyfus a été justement condamné, et je suis *énergiquement opposé* à toute agitation ayant pour but **la revision de son procès**. Comme tous les patriotes, je réprouve hautement **la campagne infâme** menée en faveur du traître par un **syndicat de sans-patrie**.

Ainsi parlait l'homme qu'on a l'impudence de nous représenter comme président aujourd'hui à la revision en toute impartialité. Sept mois à peine se sont passés depuis qu'il salissait de cette ignominie les murs de son arrondissement. Croyez-vous qu'il ait découvert, depuis ce temps, que c'est lui qui faisait campagne avec les sans-patrie de l'Internationale noire contre la justice et la loi de sa patrie? A quel moment, par quel mot, par quel geste a-t-il reconnu son erreur ? Il a d'autres soucis en tête, cet homme de droit. C'est un politicien qui veut être ministre le plus longtemps qu'il se pourra. Aujourd'hui, comme hier, ce n'est pas la vérité qu'il cherche, ce n'est pas la justice qu'il veut servir. Il veut se maintenir au pouvoir par toutes les forces ambiantes dont il peut se procurer le secours, fussent-elles des forces d'injustice et de mensonge, dût un innocent, pour cela, subir dans son bagne la pire torture d'agonie jusqu'à la mort.

Du moins Méline et Billot, eux, n'affectaient pas l'équité : ils avaient la supériorité de l'effronterie dans le mensonge. Dupuy et Lebret sont tortueux. Les amis de Freycinet le donnent pour oblique seulement. On sait que tout l'effort de la jésuitière porte maintenant sur le conte des prétendus aveux. Depuis la découverte du papier pelure, ils n'osent plus prononcer le nom même du bordereau. Du dossier secret, plus un mot : on reconnaît que celles de ces pièces qui ne sont pas fausses visent d'autres personnes que Dreyfus. On fait le silence sur les fausses lettres de l'empereur d'Allemagne, qui prouvaient la trahison de Dreyfus, comme sur les fausses photographies qui représentaient la trahison de Picquart. Et, dans l'impuissance absolue où l'on est de trouver même un semblant de preuve, on se rejette sur le mensonge des aveux, où s'accrochent définitivement en son naufrage la fortune politique de M. Cavaignac, rare trouvaille de M. le ministre Bourgeois.

M. Cavaignac ne cherche pas de preuves, lui ! C'est, à son point de vue, une question parfaitement secondaire. On ne peut rien relever contre Dreyfus : cela ne le trouble pas un moment. Un capitaine de gendarmerie a dit que Dreyfus avait fait des aveux commençant par ces mots : « Le Ministre de la Guerre sait que je suis innocent. » Ce propos suffit à M. Cavaignac pour faire mourir un homme au fond d'un cachot, car Dreyfus — toujours suivant le gendarme — aurait ajouté : « Si j'ai livré des documents... » A-t-il dit : « Si j'ai livré... » ou : « Si j'avais livré... » ? La première hypothèse est absurde parce qu'elle est contredite par le premier membre de phrase : « Je suis innocent. » La seconde, au contraire, est une nouvelle attestation d'innocence par la réfutation de l'éternelle suggestion du misérable du Paty de Clam : « Avouez que vous avez livré des documents, au moins pour l'amorçage ! »

Tout cela ne tient pas debout. Tout cela ne supportera pas cinq minutes de discussion, après la confrontation de Lebrun-Renault et de Dreyfus. Il n'importe. C'est là-dessus que font campagne Cavaignac et Dupuy, courant, chacun de son côté, après la succession de Félix Faure. Quel cas voulez-vous que ces aspirants-potentats puissent faire de la vie et de la mort d'un Juif, quand Gyp leur montre, au bout de la voie obscure, la radieuse couronne présidentielle où s'accroche la Toison d'or?

Comprend-on maintenant pourquoi M. Cavaignac promène partout son dossier des aveux, répétant à chacun : « Je suis content, très content. » Comprend-on aussi pourquoi Dupuy se jette à tout venant pour verser dans l'oreille attentive cette confidence : « Cavaignac a complètement retourné la Cour de Cassation. » Personne ne sait mieux que lui que c'est un mensonge. Mais cela peut toujours donner du cœur aux journalistes amis : c'est tout ce qu'il faut pour un jour. Demain on inventera autre chose.

M. de Freycinet, lui, met plus de soin dans son travail. Il a pris Picquart à son compte, et je suis bien tranquille pour l'homme de cœur — c'est de Picquart que je parle — si le ministre qui ne présente à son actif que de l'intelligence a intérêt à le sauver. Il ne s'agit pas de justice, il ne s'agit pas de vérité : c'est le dernier souci de nos politiciens. Il s'agit de l'intérêt que tel ou tel peut avoir à sauver Picquart ou à l'anéantir. M. de Freycinet veut être Président de la République comme tous les autres. Cette couronne, perpétuellement mise aux voix, perdra la France comme elle a perdu la Pologne. Ils sont là, tous haletants après le signe de la grandeur, à défaut de la grandeur elle-même, absente. Le salut de Picquart ou sa condamnation pourront-ils avancer d'un pas vers l'Elysée l'homme qui tient dans ses mains la balance? Voilà toute la question.

Au langage ambigu ou contradictoire des journaux, je reconnais la source dominicaine des informations. *Le Gaulois* de Lagrange de Langres annonce que décidément le colonel Picquart va passer devant un conseil de guerre pour crime de droiture, et qu'on nous fera la grâce de ne pas demander le huis clos, devenu d'ailleurs impossible. Un autre nous dit que, sans M. de Freycinet, Picquart resterait au secret jusqu'en janvier, et que nous devons une grande reconnaissance au ministre qui permet que le secret soit levé quand l'instruction est finie.

Au-dessus de tous ces contes, il y a ce fait que l'heure est décisive non pour Picquart, mais pour M. de Freycinet. C'est sur lui-même que le Ministre de la Guerre va prononcer demain. S'il se lève, à son tour, contre le héros, avec les criminels, les faussaires, les menteurs, il aura souillé sa vie d'une tache ineffaçable, il aura mis sur son nom l'éternelle flétrissure, car il se sera rendu consciemment coupable du plus grand crime contre l'homme juste qui a refusé sa part d'iniquité, contre l'homme de conscience haute qui affronte le mensonge de toutes les puissances de la terre et du ciel coalisées.

Après tout, peut-être le politicien le plus endurci n'est-il pas incapable d'un involontaire frémissement du cœur ? Je ne puis, il est vrai, promettre à M. de Freycinet, en récompense du devoir accompli, l'estime d'Arthur Meyer, et ces précieuses voix du duc d'Orléans qui, au Congrès, firent l'élection de M. Félix Faure. Non. Il ne peut récolter que les outrages de ces gens à suivre la droite voie. En revanche, il trouverait peut-être, tout au fond de lui-même, des satisfactions inconnues, auprès desquelles les félicitations d'Arthur Meyer perdraient de leur importance. S'il essayait une fois ? Qui sait ? Tout arrive.

14 novembre 1898.

CVIII

La bêtise de Néron.

Je crois que jamais pareil vent de bêtise ne souffla sur tout un pays. Ce n'est pas en vain que notre grande éducatrice, l'Eglise, prêche aux pauvres d'intelligence, les félicités de son paradis. Il y aura décidément, parmi nos maîtres, un grand concours d'élus.

Je ne vois guère parmi eux que Gyp qui ait du sens et fasse au moins ce qu'elle veut. Gyp n'est pas bête, je le proclame, car, sans mandat de personne, elle gouverne nos gouvernants pour l'avantage de ses *croyances* (!). Comme la Romaine du cirque, elle a retourné le pouce : il faut donc que le Juif Dreyfus meure. Cela, c'est une raison. Le christianisme d'universelle bonté n'a pas encore assez versé de sang. Pas assez de bûchers, de gibets, de supplices, pas assez de massacres petits et grands. Il lui faut encore des gémissements d'hommes qu'on tue, des cris de torture et d'agonie, pour l'édification de ses bourreaux bénins, qui font monter au ciel, avec l'odeur du carnage, l'encens des prières d'amour.

Donc Gyp se comprend. Mais Félix? Mais Dupuy? Mais Freycinet? Mais Lockroy et toute la bande? Ils ont mis le Gouvernement en société anonyme, sous prétexte qu'un monarque était trop personnel et tirait à lui et à ses créatures toute la substance de l'Etat. La vérité est que nos rois n'ont pas fait autre chose. Mais eux, les prétendus serviteurs du peuple, que nous ont-ils donné de meilleur? Ne se sont-ils pas rués férocement sur tous les profits du pouvoir? Et pour garder leurs avantages, sans souci de la chose publique, que font-ils, sinon de se mettre au service de toutes les puissances d'oppression sociale du passé? C'est pourquoi je dis qu'ils sont bêtes, car ils n'illusionnent qu'eux-mêmes sur leur compte, et l'inévitable destinée les fera victimes de leur bassesse.

Voyez le carnaval de tous ces parvenus mal décrottés qui se croient empereurs. Deschanel veut jouer au Morny, et, de peur que nous ne nous ébahissions pas à ses pitreries distinguées, nous le fait annoncer par Arthur Meyer. Félix Faure interdit que tout autre que Gyp ne lui adresse la parole d'abord, et ne donne pas la main aux secrétaires d'ambassade, comme l'empereur de Russie. Quand il va à la Comédie-Française, il fait mettre un municipal sur chaque marche de l'escalier et bouscule les spectateurs pour se faire présenter les armes. Hier, à l'Odéon, il a fait attendre le public plus d'une demi-heure parce qu'il voulait être salué de la *Marseillaise*. Jamais Napoléon III ne s'est permis cette inconvenance. Félix a eu sa *Marseillaise*, mais avec accompagnement de sifflets.

Grâce à Félix, qui, depuis les fameux transports de Madagascar, n'a cessé d'être le véritable Ministre de la Marine derrière le paravent de simili-secrétaires d'État, nos côtes ne sont pas défendues, et nous avons dû accepter, sans mot dire, le pire affront de l'Angleterre. Que de bruit pour l'indemnité Pritchard, il y a cinquante ans passés! Que de silence aujourd'hui, après les fanfaronnades des faux patriotes à qui nous sommes redevables de cette humiliation! Eh bien! cela ne suffit pas à Félix, et le voilà qui donne une grande fête pour célébrer, sous prétexte d'une Toison d'origine obscène, Santiago et Fashoda, sous les auspices du Russe qui s'enrichit d'argent et de territoires par notre amoindrissement.

Étonnez-vous quand l'opinion publique en est à ce point de ne pas sentir la honte de ces spectacles que

Dupuy, Freycinet, Cavaignac, Deschanel, Poincaré, Mesureur fassent le rêve de recommencer Napoléon, sans les victoires! Ils ne veulent pas être maîtres, oh! non, puisqu'ils n'ambitionnent que de servir. Ils veulent avoir l'air de régner, chacun suivant ses moyens, et pour cela ils ne reculent devant rien, ni sottise, ni crime.

La sottise? Concevez-vous quelque chose de plus bête que Lockroy se faisant aider par Gohier pour critiquer la marine à tour de bras, et, devenu ministre par ces critiques, se retournant contre son collaborateur, et le faisant poursuivre parce que celui-ci n'a pas changé d'opinion?

Le crime? Je ne crois pas qu'il y ait un pays de sauvages où le forfait qui s'accomplit en ce moment contre Dreyfus fut toléré. Behanzin tuait d'un coup : c'était clémence. Néron faisait flamber des chrétiens qui, plus tard, se rattrapèrent sur les Juifs. Il a fallu venir jusqu'à ce temps pour savoir ce que peut Néron mis en Société anonyme, un monstre en poussière de Deschanel et de Dupuy.

Ce qu'il peut sortir de cruauté d'une collectivité irresponsable d'impuissants, on ne le savait pas encore. On le sait maintenant. La lâche férocité de ces tortionnaires d'innocent ne sera pas dépassée. Ils ont accumulé contre un homme toute l'ignominie humaine. Ils l'ont torturé dans sa chair par le cachot, par la ferraille. Ils l'ont tenaillé jusque dans les fibres les plus profondes de son cœur, en arrêtant au passage les paroles des siens, en les dénaturant, en les faisant mentir, en lui représentant ceux qu'il aimait, ceux en qui résidait sa dernière espérance, comme oublieux, détachés de lui, ennemis peut-être, en refusant par un surcroît de lâche barbarie d'envoyer le message sauveur.

Voilà ce qu'ils ont fait en se mettant à dix, à cent, à mille, Président, ministres, parlementaires, pour égaler, tous ensemble, la scélératesse d'un seul, dans la complicité de la foule indifférente, dans le silence des pieux marchands de bonté. Maudite soit l'Eglise romaine pour avoir fait de la France généreuse le sombre réceptacle de ce crime universel !

Jusqu'où ira impunément le forfait? Un avenir prochain le dira. Peut-être la victime ne sera-t-elle délivrée des bourreaux qu'à l'état de cadavre. Peut-être ne pourrons-nous offrir aux siens que la réparation de l'histoire. Nous n'épargnerons rien pour la justice, même tardive. C'est l'honneur du pays qu'il s'agit de sauver.

Contre la justice, contre l'honneur du pays, trois hommes s'efforcent en ce moment : Dupuy, de brutalité joviale; Lebret, imbécile Ministre de la Justice qui ne voit dans ceux qui demandent la justice « qu'un syndicat de sans-patrie »; Freycinet, qui, ne disant rien, laissera faire, aidera même, au besoin, tout le mal jugé profitable à ses intérêts.

Il va déposer demain devant la Cour de Cassation, M. de Freycinet. Ce sera bref. Il n'a pas d'opinion, ce Ministre de la Guerre. Il n'est pas tenu d'en avoir, je le reconnais. Mais quand Cavaignac en a une et la propage par les moyens que l'on sait, quand Chanoine, **qui n'a jamais vu le dossier**, déclare impudemment qu'à ses yeux Dreyfus est coupable, M. de Freycinet ministre ne sent rien sous la mamelle gauche qui le pousse à dire ce qu'il croit la vérité. Que sur lui soit la honte de ce silence! Il n'y a pas de place honorable entre la justice et le crime, entre la vérité et le mensonge. La justice et la vérité se passeront de lui comme elles se sont passées de Chanoine, de Zurlinden, de Cavaignac, de Billot, de Mercier et de toute la bande.

Qu'il prenne place parmi eux! Qu'il piétine Picquart à son tour, après ses dignes acolytes? Pour donner le coup de mort à Picquart, il cherche à se cacher misérablement derrière un article du Code militaire qui permet d'interdire toute communication de l'accusé avec son défenseur, tant que l'instruction n'est pas close. Ranc, l'avertissant qu'il court au « déshonneur », lui fait remarquer que l'article 112 existait au temps où Esterhazy comparaissait, *pour la forme*, devant M. le général de Pellieux, qui le laissait en liberté et s'abstenait de faire des perquisitions chez le traître de peur de trouver au fond des potiches sa propre correspondance. Esterhazy était sous le coup d'une accusation de trahison! Tous les ménagements, tous les respects pour le « cher camarade ». Toutes les brutalités pour le vrai patriote, pour le héros!

Courage, monsieur le ministre! Il faut que la leçon soit complète. Frappez! frappez le bon serviteur de la France! Chacun de vos coups bientôt vous sera à vous-même une inguérissable blessure. Il n'y a pas que l'article 112 dans le Code pénal militaire. Il y a aussi l'article 108. Avez-vous lu ce passage :

Lorsque c'est le Ministre de la Guerre qui a donné l'ordre d'informer, les pièces lui sont adressées par le général commandant la circonscription, et *il statue directement sur la mise en jugement*.

Ainsi, vous seul êtes responsable, et vous seul porterez justement le poids de l'infamie. Tant mieux! Même si je ne la vois pas, il y aura justice un jour, et si nous sommes morts, nous laissons des enfants pour vous voir traîné sur la claie de l'histoire.

Ah! vous croyez que le peuple français ne finira pas par nous entendre? Malheureux! C'est comme si vous disiez qu'il n'y aura plus de France, puisque la France sans justice et sans générosité ne serait plus la France. Moi je vous dis que la France se retrouvera, la France de la Révolution, sauvée de l'Eglise romaine par nous, ses vrais fils, contre vous, traîtres.

Elle s'éveille, vous dis-je, elle parle, elle vous accuse. Elle a clamé hier à la Sorbonne. Qu'est-ce qu'un pays où l'on ne peut parler de justice et de vérité sans paraître manifester contre le Gouvernement? Vous êtes au pouvoir, n'est-ce pas? Vous vous dites ministres, vous vous donnez des airs de quelque chose. Eh bien, vous n'êtes rien, justement. Rien que des Néronicules, vaincus d'avance, parce que vous vous attaquez au sentiment le plus sûrement invincible de l'âme humaine, le besoin de justice qui va grandissant dans les sociétés civilisées. Vous prétendez juger Picquart? Vous ne pouvez que le frapper lâchement, tous contre un. Hâtez-vous, car déjà je vois se tourner la page, et c'est votre condamné qui vous juge.

15 novembre 1898.

CIX

La question posée.

C'est aujourd'hui que le capitaine Tavernier transmet son chef-d'œuvre d'instruction judiciaire à M. Zurlinden, qui est, comme on sait, le véritable Ministre de la Guerre. M. de Freycinet, l'autre jour, avait promis le poste de Vincennes au général Peigné, Zurlinden au général Clément. C'est le général Clément qui a été nommé, sans même une résistance de Freycinet qui, devant Gyp, s'effondre. Quand le ministre lâche un général *qui a sa parole*, vous pensez ce que peut attendre un simple lieutenant-colonel qui n'a pour lui que la justice et la vérité.

La justice et la vérité, ce n'est pas ce qui embarrasse Zurlinden. Il exècre Picquart et le voudrait au fond d'un cul de basse-fosse. Il fera tout ce qu'il faut pour l'y envoyer. Parce que Picquart a mis le devoir de conscience au-dessus de l'intérêt de généraux ineptes que nous trouvons en basse complicité avec des criminels, il faut qu'il soit puni, et il le sera, le fou qui n'a servi que la France. Zurlinden, pour ce crime, va lui appliquer la question, et Freycinet ajoutera quelques coups de maillet supplémentaires.

Il est clair qu'entre ces deux hommes, Zurlinden et Picquart, il n'y a pas de conciliation possible. L'un représente l'intérêt de caste, l'autre le sentiment humain : deux contradictoires. Zurlinden tient Picquart, et a résolu de l'anéantir. Point n'est besoin d'autre raison. Qu'importe ce qu'on peut ou non reprocher à Picquart! Toutes les fautes qu'on a prétendu lui imputer se sont changées, pour lui, en titres d'honneur. Mais il ne s'agit pas de le convaincre d'un crime ou d'un délit. On se propose simplement de venger sur lui Esterhazy, Henry, du Paty de Clam, Gonse, Boisdeffre et tous les faussaires, et tous les traîtres, et tous leurs complices installés en rois dans l'Etat-Major. Esterhazy et Henry, voilà les deux grands accusateurs de Picquart : c'est assez. Il ne reste à Zurlinden et Freycinet qu'à se mettre à la besogne pour obéir aux volontés du traître et du faussaire.

Le grand vice des sociétés humaines, c'est que les hommes qui combattent pour une justice meilleure soulèvent contre eux tous ceux qui profitent des iniquités vivantes, sans être défendus par les faibles dont ils servent la cause, qui, faute de pouvoir comprendre, les regardent marcher au supplice avec indifférence, quand ils ne joignent pas aux applaudissedu maître les outrages, les cris de mort, les pierres.

Picquart en fait l'expérience en ce moment. Tavernier, Foulon, Zurlinden, au nom des classes régnantes, sont en train de le lier sur la roue. C'est Brisson qui l'a fait arrêter, faute de courage pour résister à Cavaignac. C'est Brisson qui a mis au gouvernement de Paris son tourmenteur, faute de courage pour résister à la *Gypocratie* de l'Elysée. Et Zurlinden, blâmé (à huit clos, par Brisson) pour avoir fait poursuivre Picquart, prend sa revanche maintenant, Freycinet tenant les pieds de la victime et détournant la tête. Voilà ce qu'on appelle la justice !

Eh bien ! cela n'est pas, cela ne peut être. Tout cet appareil de légalité menteuse contre Picquart n'a qu'un nom : la vengeance.

Il est vrai que toutes les joies ont un revers. Quand Picquart sera expédié à destination de l'île du Diable, au moment où Dreyfus en reviendra, quand Picquart sera supplicié pour avoir sauvé un innocent et délivré la France du poids d'un crime, quel avantage pour les pouvoirs d'avoir transformé l'affaire Dreyfus, qui ne fut rien d'abord qu'une erreur judiciaire, en l'affaire Picquart, qui restera dans nos annales comme le plus monstrueux forfait de sociale scélératesse!

Croit-on que ceux qui luttaient à si grand désavantage, pour faire rendre justice au Juif condamné comme traître, laisseront pourrir au fond du bagne l'homme héroïque qui a offert sa vie en sacrifice pour laver son pays d'une tache d'iniquité? Non. Nous descendrions tous au niveau de la lâcheté gouvernante, si nous étions capables d'hésiter. Mais nul ne se dérobera au plus glorieux devoir. Nous appellerons à nous tous les braves gens de France qui se refusent à vivre de l'exploitation budgétaire, tout ce qui pense la justice, tout ce qui sent la vérité, tout ce qui se trouve au cœur assez de courage pour affronter les pouvoirs de mensonge et de crimes, avec l'ordinaire cortège d'aboyeurs. Et ni la politique, ni même l'Église ne prévaudront contre nous, car nous soulèverons contre ces puissances de décomposition et de mort tout ce qui reste de France saine et généreuse. Et si nous devions être vaincus pour une heure, même alors nous tomberions en vainqueurs. Oui, en vainqueurs, car notre cause est celle de la civilisation elle-même, et pour que Gyp l'emporte avec ses Félix Faure et ses Zurlinden, il ne faut rien moins que ce contre-sens: la civilisation vaincue.

Voilà la bataille que nous offrons. Qui l'accepte? Pour Picquart, mon admirative affection souhaiterait cette gloire incomparable. Pour nous, que rêver au delà de la joie immense de donner tout de soi à la plus noble cause, à la cause de l'homme juste et bon dont le triomphe sur le cannibale est d'avance assuré?

De qui l'histoire a-t-elle conservé pieusement le souvenir, de ceux qui se dévouent pour une humanité meilleure ou de ceux qui la font reculer au rang de la bête? La mort, hélas! est une grande défaite d'idéal. Mais la revanche est en nos mains d'une vie, d'une mort utiles, même pour un jour. Qui peut craindre de succomber sous des Gyp, sous des Félix Faure, sous des **Zurlinden** et tous les bas représentants de la stupide barbarie **aggravée** des lâchetés de l'intelligence?

Pourquoi donc luttons-nous dans l'espoir de nous éviter ce triomphe? C'est qu'il y a la France que nous ne nous résignons pas à séparer de l'idéal humain dont sa gloire éternelle sera d'avoir été l'apôtre. C'est qu'il y a la France idéaliste, à la défaite de qui nous ne pouvons pas consentir. Comment accepter de laisser aux mains des sauvages cette puissance auguste à laquelle nous devons d'être, et que nous aimons d'un invincible amour? Non. Ce crime ne sera pas commis sans que nous ayons donné pour l'empêcher tout notre effort. Qu'est-ce que la vie et la mort quand on a résolu de sauver l'idée?

Vous les avez vus, Français, ces généraux d'ignorance et de présomptueuse ineptie, défiler à la barre où les appelait Zola! Vous avez pris leur mesure. Vous les avez jugés. Dites s'il vous plaît de leur confier vos enfants pour leur « boucherie ». Vous les avez vus incapables même de distinguer la trahison de la fidélité à la patrie ; laisser Esterhazy libre, lui faciliter la fuite, et mettre au secret Picquart, et torturer odieusement le héros qui sauve du haut renom de la France tout ce qui peut être sauvé. Vous avez vu votre Parlement imbécile, né de l'immoral trafic de places et d'honneurs, décider qu'il n'y avait rien à faire, dans la grande déroute des idées, que de poursuivre la pensée, et de mettre au pilori le livre qui dénonçait le crime des incapables contre la patrie. Avec qui êtes-vous? L'heure viendra bientôt de le dire, quand ce ne serait que pour savoir si nous pouvons continuer plus longtemps cette absurdité de convier chez nous tous les peuples du monde, après les avoir couverts d'outrages sous le prétexte que l'injustice est pour eux l'injustice et le mensonge le mensonge.

16 novembre 1898.

CX

La Justice en marche.

La Cour de Cassation vient de faire la meilleure réponse aux journaux de l'Etat-Major qui prétendaient mensongèrement, avec M. Dupuy lui-même, que Cavaignac et Cie l'avaient *retournée*. Rien ne peut agir sur l'opinion de la Cour suprême que la vérité telle qu'elle sortira des dossiers publics et secrets, comme des témoignages contradictoires.

Tous les pouvoirs de l'Etat se sont prononcés d'ensemble contre la justice. Les prédicateurs chrétiens qui débitent la pitié officielle de l'Eglise en ses temples n'ont pas trouvé une parole de charité. Combien d'entre eux, cachés ou découverts, n'ont pas craint de souffler la haine !

Le vicaire du Christ a gardé le silence.

La foule désorientée a cherché ses guides ordinaires et ne les a pas trouvés. Et dans ce désarroi de tout, c'est l'iniquité, c'est le mensonge, c'est le crime qui ont triomphé pour un jour, tandis que la lâcheté de nos politiciens les jetait dans un vertige de basse cruauté.

C'était trop. La Cour suprême s'est levée et aux maîtres du pouvoir, sourds à la pitié, elle a jeté le mot sauveur : Justice.

La vérité est en marche, disait Zola. La Justice la suit, maintenant. Par ordre de la Cour, l'emmuré voit pénétrer dans sa tombe un rayon de lumière : l'espérance vient au désespéré, la réparation à l'innocent, la résurrection à l'homme que les hommes avaient retranché de la vie.

A Dreyfus, maintenant, la parole. On lui fait savoir qu'il ait à préparer ses moyens de défense. C'est son procès qui recommence. C'est la justice qui le jugera, cette fois, conformément aux lois. Car, grâce à des juges qui ne se sont laissés intimider ni par le Gouvernement ni par les clameurs de haines religieuses, il y aura, désormais, une justice en France, une légalité. C'est notre récompense.

16 novembre 1898.

CXI

Leurs propos

La Cour de Cassation ayant décidé qu'on ne pouvait pas entendre des témoins à charge sans mettre l'accusé en situation de répondre, voici « nos lions en baudruche », comme dit M. Cornély, qui recommencent à rugir. Du moment qu'on admet le droit de défense, c'est qu'on est vendu à l'Allemagne, évidemment. Il faut être un bien mauvais Français pour douter que notre haute magistrature soit à la solde de Berlin.

Comme toujours, c'est Arthur Meyer qui a trouvé le mot le plus ridicule à dire. Savez-vous ce que c'est que l'ordonnance de la Cour suprême invitant Dreyfus à se défendre? **Un manque de savoir-vivre**, tout simplement. Ces magistrats, voyez-vous, n'ont pas fréquenté les boudoirs qu'il aurait fallu. Que ne se renseignaient-ils à l'office patentée? Des gens de rien. Ça ne sera jamais du monde, comme le Juif de la duchesse. De quelle arrière-boutique de friperie faut-il sortir pour ignorer qu'il n'est pas du beau ton de permettre à un homme, contre qui toute une foule se rue, de se défendre? C'est comme si, dans un duel, les adversaires se servaient tous deux de la main droite!

Je dois pour être exact reconnaître qu'Arthur Meyer dit tenir ce propos de la bouche d'un magistrat de la Cour de Cassation elle-même. Mais c'est pure modestie chez l'arbitre des élégances d'antichambre. Jamais un robin n'eût trouvé ce mot-là. Il faut sortir des cours où le prince de la circoncision barbota son enfance pouilleuse.

Par chance, une consolation nous vient tout aussitôt. Arthur a remarqué que le magistrat bienveillant dans la forme était « par-dessus tout, redoutable aux prévenus », et leur attribuait inévitablement le maximum. Il nous invite à méditer là-dessus, dans l'heureuse confiance où il vit qu'un acte de pitié, d'équité, ne peut être que d'hypocrisie. Sur quel modèle ce psychologue juge-t-il l'humanité, je laisse à son miroir le soin de nous l'apprendre.

D'ailleurs ce n'est pas seulement dans la magistrature que le maître en savoir-vivre exerce l'ingéniosité de son art. La robe et l'épée lui sont également chères. Il y va, toutes mains tendues, sans s'embarrasser de la droite ou de la gauche.

Ses belles relations dans l'État-Major ne sont point un mystère. Il vient à la botte très gentiment. Voulez-vous connaître ce que pense « l'armée » d'Arthur Meyer sur la question de savoir s'il peut être loisible à un Juif de se défendre lorsque Zurlinden, Chanoine, Cavaignac et Billot, sans parler de Mercier, lui font l'honneur de le déclarer, sans contrôle, bon pour le bagne ?

Voici ce que pense justement un des généraux du *Gaulois* : « Ils (les juges de la Cour de Cassation) ont entrepris par haine du sabre, comme ils disent, de déconsidérer l'armée, d'affaiblir la discipline, d'enlever aux hommes la confiance dans leurs chefs, de décourager les dévouements les plus tenaces, c'est leur affaire et aussi leur responsabilité. »

Qui ne comprend, après ce lucide commentaire, les dangers de la justice en France ? Nous avons une magistrature, sans doute, mais c'est pour le décor, non pour entendre les accusés. Les vrais juges, ce sont les Ministres de la Guerre choisis au hasard des lubies de la Chambre. Quand ces hommes redoutables, dont quelques-uns, nigaudissimes, et médiocrement amis de la vérité, ont dit : « Je suis contre cet homme », cet homme est condamné. Telle est la conception de la justice que l'Église romaine propose au peuple français par les centaines de mille d'affiches placardées sur toutes nos murailles.

Conséquence : Dès qu'on entreprend de juger un prévenu conformément aux lois en usage dans tous les pays civilisés, dès qu'on le met en face des accusations produites contre lui, dès qu'on le somme d'y répondre, « on déconsidère l'armée, on enlève aux soldats la confiance dans leurs chefs ». Il paraît que les soldats n'ont de confiance que si leurs généraux peuvent les expédier au bagne sans même prendre la peine de leur dire pourquoi. Ainsi pense, si cela peut s'appeler penser, le général du circoncis. Quand nous serons aux mains de la sacristie militaire, servie par la juiverie domestiquée, nous savons ce qui nous attend.

Le général en veine de pérorer n'était pas au bout de ses confidences. Il exècre la magistrature : c'est entendu. Des gens qui n'ont pas même capitulé ! Mais cela ne l'empêche pas de garder un coup de dent à Picquart.

D'Esterhazy, de Henry, il n'a rien à dire. L'un traître, et l'autre faussaire n'excitent point ses réflexions. L'idée ne lui vient point d'une réserve ou d'un blâme. Mais, pour Picquart, c'est une autre affaire. Il paraît que celui-là nous allons le voir « comparaître devant un conseil de guerre *pour usage de faux* ». L'ami d'Arthur a les confidences de Freycinet. Fasse Iaveh que ce ne soit pas de Freycinet lui-même !

La nouvelle en tout cas nous paraît sûre. Quand l'État-Major, qui tient notre Freycinet, s'avise d'une canaillerie, c'est toujours à Arthur Meyer qu'il va d'abord, tout naturellement, s'en ouvrir. Lorsque Picquart offrit de prouver que le faux de Henry était un faux, Arthur Meyer fut le premier à annoncer que cette audace serait punie de l'arrestation. Et, en effet, le crime eut lieu dans les quarante-huit heures, conformément aux indications de l'indicateur.

Si Zurlinden nous fait dire que Picquart sera traduit devant un conseil de guerre pour avoir dit la vérité, c'est qu'il est sûr de Freycinet, comme je m'en doutais. En outre, rien ne paraît si conforme aux données de cette intelligence que de poursuivre Picquart à propos du faux commis par Henry. Henry fait un faux pour perdre Picquart : la logique de M. le gouverneur de Paris exige que ce soit Picquart qui soit envoyé au bagne pour ce crime. Si ce militaire applique ses procédés de raisonnement à cette partie de la défense nationale qui lui est confiée, je crains que la guerre ne nous réserve de bien fâcheuses surprises.

Il nous reste la chance de Freycinet. Planche fragile pour franchir l'abîme. Lui, il a une tête sur les épaules, et raisonne autrement qu'une paire d'éperons dans un bénitier. Seulement, si vous voulez connaître l'état d'esprit du Ministère, savourez-moi cette judaïque jésuiterie de M. Lockroy, successeur de Colbert :

« Le Ministre de la Marine ne poursuit pas le livre de M. Urbain Gohier pour la phrase qui a été relevée sur la marine en général. Mais le Gouvernement ayant décidé que des poursuites seraient exercées à propos des attaques violentes dirigées contre le séjour des soldats dans les casernes, le Ministre de la Marine, qui a les casernes de l'infanterie et de l'artillerie de marine sous ses ordres, s'est joint à son collègue de la Guerre.

Lockroy ne poursuit pas Gohier. Oh ! non. Il *se joint* à Freycinet qui le poursuit, et cela, que Gohier le sache bien, par la seule raison qu'il y a des casernes d'artillerie et d'infanterie de marine. Sans cela, jamais Lockroy n'aurait donné sa signature pour faire emprisonner l'ancien collaborateur, qu'il félicitait jadis si chaudement de ses « attaques contre l'armée ».

Par Lockroy jugez de Freycinet. Ils sont frères.

Lockroy eut de l'intelligence, et Freycinet en a. Mais la plus belle intelligence n'est rien, chez l'homme d'action, quand elle ne se complète pas du caractère.

17 novembre 1898.

CXII

Le juge et l'accusé.

Picquart attend le bon plaisir de Zurlinden et de Freycinet. Zurlinden est féroce, Freycinet est indifférent : il faut qu'entre ces deux manifestations d'égoïsme la justice et la vérité se débrouillent pour sauver Picquart. Il est plus facile de concevoir que l'intérêt de caste et l'ambition sans frein se réuniront pour l'écraser. Il attend, en sa prison, ce que décidera la destinée. Incroyablement tranquille, sûr de lui-même, confiant que la vérité prévaudra contre l'injustice des hommes, il sourit aux colères qui l'assiègent et brave d'un cœur impassible toutes les puissances coalisées d'injustice et de mensonge. Je n'ai point cette sérénité, connaissant mieux ses ennemis, et ne prenant point du tout mon parti d'une défaite, même provisoire.

Esterhazy et Henry ont laissé des vengeurs. Ces grands chefs militaires qui nous ont laissé trahir par leur Uhlan de 1892 à 1896, qui ont envoyé un innocent au bagne et qui ont acquitté un traître, ne déragent pas de voir leur prodigieuse stupidité mise au plein jour. Et s'il n'y avait que le reproche d'ignorance et d'ineptie à leur faire? Mais ces qualités négatives se sont compliquées chez eux de la plus fâcheuse tendance à défendre leurs intérêts de caste, très chers à l'Eglise romaine, par les moyens les moins scrupuleusement choisis. Le mensonge a fleuri. Le faux n'a point excité de réprobation. Au contraire, fabriqué tout exprès pour maintenir un innocent au bagne, on l'a considéré comme un acte *légitime,* et toute la presse de l'Etat-Major s'est employée à le justifier par les moyens que recommande en pareille circonstance l'art ordinaire de la Compagnie de Jésus.

Quant à l'officier qui parlait de brûler Paris à la tête des uhlans, qui de nos grands patriotes s'est détourné de lui? On l'a porté en triomphe. Quand il a été accusé de trahison, on l'a acquitté, sans l'arrêter, sans même faire — pour la forme — une perquisition chez lui. Et quand sa trahison a été prouvée, on l'a laissé partir, et il avait à peine franchi la frontière qu'on découvrait les preuves d'une entente criminelle entre lui et l'État-Major pour faire mentir la justice au détriment de l'innocent, au profit du coupable.

C'est grâce au témoignage de Picquart que les mauvais serviteurs de la France seront punis, seront chassés : cela ne lui sera pas pardonné. M. Zurlinden, qui, après deux mois de secret, a vu tout l'échafaudage d'accusations s'effondrer, va criant qu'il lui faut le bagne pour Picquart, et gare à l'avancement du juge qui n'obéirait pas! On donne à cet acte de sauvagerie le nom bizarre de justice.

Je ne suis pas assez simple pour en appeler aux politiques. Lockroy fait des procès de presse au lieu de torpilleurs. C'est sa manière de comprendre la défense nationale, à ce marin de l'Ambigu. Cela donne la mesure des autres. Ces gens se sont rués sur les places, et ne connaissent rien au delà.

M. de Freycinet, seul capable de penser, n'est pas de taille à résister à Zurlinden, qui ne veut pas se laisser arracher sa proie. Il aura donc le très vif regret de commettre, en pleine connaissance de cause, un acte caractérisé de violence contre la justice et contre la vérité. Il le commettra, l'âme bien affligée, mais avec la résignation d'un homme qui ne fera souffrir qu'autrui de sa faute.

En quoi je puis lui dire qu'il se trompe gravement.

Car lorsqu'il sera judiciairement établi que Dreyfus n'a pas commis le crime pour lequel il vient de subir la plus atroce torture pendant quatre abominables années ; lorsqu'il sera prouvé que les gardiens de la loi ont violé la loi pour supplicier un innocent, un officier français qui n'avait contre lui que d'être classé Juif par les bedeaux en bottes qui prétendent dicter leur loi d'intolérance à l'armée ; lorsqu'il sera démontrer officiellement à tous que, pour cacher ce crime, on a accumulé d'autres crimes plus graves encore contre la justice et contre la patrie ; lorsque la France verra que ceux qui prétendaient la défendre l'ont trahie, que ceux à qui elle avait remis le soin de son honneur l'ont amoindrie dans l'estime des nations qui l'aimaient pour sa propagande de justice et d'amour ; lorsque l'heure enfin de la réparation sera venue ; lorsque justice sera faite à chacun suivant ses mérites et suivant ses fautes ; quand l'innocent sera réhabilité et les coupables châtiés, comme il faudra qu'ils le soient, s'il y a encore une France juste devant les peuples qui ont reçu d'elle la notion de justice même, alors où sera Picquart, où sera Freycinet ?

Quelqu'un peut-il croire que le spectacle sera un instant toléré de l'iniquité contre Dreyfus redressée, au prix d'une iniquité plus grande contre Picquart ? Quoi ! la France aura réparé, au prix de quels tourments, une effroyable injustice, elle aura repris sa place au premier rang des peuples qui luttent pour le droit humain, et l'homme à qui elle devra l'incomparable service de son honneur sauvé, de sa haute renommée rétablie, languira dans un cachot de bagne pour le crime d'avoir rendu sa patrie à la justice, à la vérité ? Est-ce que ce contre-sens est possible ? Est-il concevable que tout un peuple accepte d'expier un crime involontaire par un crime plus grand sans éprouver le remords de l'un, n'ayant pas le remords de l'autre ? Est-ce que l'opinion revenue de ses emportements de haine, et d'autant plus prompte sans doute aux passions généreuses, donnerait son consentement à ce forfait des forfaits? On n'aurait sauvé Dreyfus, on n'aurait flétri Esterhazy, Henry, que pour frapper Picquart contre qui il n'y a vraiment aujourd'hui, derrière Zurlinden et Freycinet, que deux accusateurs : Esterhazy, Henry?

Cela ne peut pas être. Cela ne sera pas. Et s'il était prouvé, quand cette heure prochaine viendra, qu'un homme qui n'avait pas l'excuse de l'inintelligence ou du délire de l'esprit de corps, un homme qui, dans son esprit lucide, distinguait le mal du bien, a choisi le mal délibérément, a de sangfroid voulu et commis l'acte de scélératesse suprême, quelle immense clameur d'exécration publique monterait jusqu'à ce coupable entre les coupables! Entre Picquart dans sa geôle et Freycinet, même sur un trône présidentiel, entre le juge et l'accusé, qui donc hésiterait à choisir?

18 novembre 1898.

CXIII

Les Mains de Pilate.

> Pilate, donc, voyant qu'il ne gagnait rien, mais que le tumulte s'augmentait de plus en plus, prit de l'eau et se lava les mains devant le peuple, disant : « Je suis innocent du sang de ce juste; c'est à vous d'y penser. »
> SAINT-MATHIEU, XXVII, 24.

M. de Freycinet est bien content. Il vient de trouver un article du Code militaire qui le dispense de signer lui-même les ordres de mise en jugement des officiers au-dessous du grade de colonel. C'est donc Zurlinden qui signera pour Freycinet. De quoi Freycinet se réjouit fort, et Zurlinden aussi.

La joie de Zurlinden, c'est de venger Billot, Henry, Boisdeffre, Esterhazy et consorts. La joie de Freycinet, c'est de se laver les mains des accidents qui pourraient survenir. A eux deux, ils font la paire traditionnelle de l'histoire.

Zurlinden est un juge. Avant d'avoir vu le dossier de l'instruction Tavernier-Foulon, il arrête les gens au passage pour leur dire que Picquart est un criminel et que, si le conseil de guerre ne l'envoie pas pourrir au bagne, ceux qui en auront la responsabilité entendront parler de M. le gouverneur. Cette déclaration est promenée partout pour assurer le principe de l'indépendance des juges. Il ferait bon de voir que le capitaine Tavernier et le lieutenant-colonel Foulon prissent la liberté de se prononcer en faveur du non-lieu. Je ne donnerais pas cinq sous de leur avancement. Et les juges du conseil de guerre, qui déjà connaissent les propos de Zurlinden, colportés en tous lieux, qui peut croire de bonne foi qu'ils soient libres d'acquitter Picquart ? C'est comme si les juges de Galliéni avaient pu concevoir la pensée de mettre les deux ministres malgaches hors de cause, après avoir trouvé au dossier le texte du jugement et le récit de l'exécution imprimés au *Journal officiel* avant la réunion du conseil de guerre.

Lors donc que je vois des journalistes naïfs se donner la peine d'établir que les griefs relevés contre Picquart ne soutiennent pas l'examen, je ne puis me tenir d'admirer cette candeur. Il ne s'agit pas de justice, amis. Il s'agit de condamnation. Henry a falsifié le « petit bleu » pour perdre Picquart en lui faisant attribuer le faux. Par malheur, il s'y est pris si bêtement que Tavernier lui-même n'a pas pu venir à bout de s'y tromper. Cela ne fait rien. On n'en poursuivra pas moins Picquart pour usage de faux, étant établi que la falsification est postérieure à son départ du service des renseignements.

Zurlinden, en s'écarquillant l'intelligence, n'est pas encore venu à bout de comprendre qu'on ne pouvait faire usage d'un faux avant qu'il fût fabriqué, et, Zurlinden n'ayant pas compris, gare aux juges qui seraient assez malheureux pour comprendre ! De plus, Picquart a communiqué à Leblois des lettres de Gonse qui sont un secret d'État en raison de la monumentale bêtise et de l'absence de tous scrupules dont elles sont le témoignage. Il faut que Picquart soit envoyé, pour cela, au bagne par Billot qui a livré le dossier secret à son gendre Wattine, non comme substitut, allègue-t-il, mais comme lieutenant de réserve. Billot ayant trahi son devoir, c'est bien le moins que Picquart soit puni pour ce fait, comme il va l'être pour le faux de Henry.

Ce qui me choque seulement, c'est qu'on croie devoir, par un reste de pudeur, cacher sous un appareil de justice cette basse vengeance des criminels contre l'homme qui a refusé la complicité de leurs crimes. Il serait plus honnête à Freycinet d'envoyer Picquart aux travaux forcés par un arrêté contresigné du chef de cabinet Lagrange de Langres, en sa qualité de « vieil abonné du *Gaulois* ». En tout cas, ce ne serait pas plus canaille, et l'acte d'ignominie aurait au moins l'excuse d'une cynique franchise dont les formalités prétendues judiciaires ne nous permettent pas de faire bénéficier M. le Ministre de la Guerre.

Car j'avertis M. de Freycinet que son lavement de mains ne lave rien du tout, et qu'il peut frotter, poncer et savonner, comme lady Macbeth, sans que la tache ineffaçable ait chance de disparaître. Il s'est cru plein de subtilité en envoyant le Lagrange de Langres murmurer dans les coins : « Tavernier conclut aux poursuites, Freycinet n'y peut rien. » Il a pensé mettre le comble à l'astuce en faisant annoncer que les débats seraient publics. Comment ! il prétend, avant que les juges soient choisis, nous dire ce qu'ils feront, ce qu'ils ne feront pas ! Lui, Freycinet, il dispose d'avance des membres du conseil de guerre sous Zurlinden, et se déclare sans autorité sur Zurlinden lui-même ? A d'autres, la fourberie.

Si Zurlinden est théoriquement dans la situation d'un procureur général au regard de Tavernier, de Foulon et de Picquart, Freycinet est ministre de la justice militaire et il pourra difficilement soutenir que le procureur général ne soit pas sous son autorité.

Est-ce que le Garde des sceaux Sarrien était désarmé vis-à-vis de Bertrand, procureur général, et de Feuilloley, son compère, quand il leur fit violer la loi pour sauver du Paty de Clam, le faussaire, des réquisitions du juge Bertulus ? Non, sans doute, puisqu'il obtint d'eux l'acte que la Cour suprême a officiellement flétri comme un manquement au devoir du magistrat. Le Ministre de la Justice pourrait-il être désarmé vis-à-vis du procureur général qui prétendrait, malgré son chef, et — en même temps — au nom de son chef même, poursuivre un innocent ou laisser impuni un coupable ? Il ne faut pas que M. de Freycinet nous croie plus bêtes que Lagrange de Langres.

Non, Judet lui-même ne craint pas d'en convenir, il faut la condamnation de Picquart pour racheter l'innocence de Dreyfus reconnue. « Si la première *(la Cour de Cassation)* semble disposée pour (!) entraîner *l'acquittement civil d'un condamné militaire*, la seconde *(la justice militaire)*, en condamnant l'unique défenseur militaire de Dreyfus, **opposera un verdict à un verdict...** »

La vérité, la voilà, impudemment nue. On arrache à l'État-Major un innocent. Il lui en faut un autre. Il faut rendre Dreyfus. Alors donnez Picquart. Et Freycinet commet la double lâcheté de dire à Zurlinden : « Donnez », et de se tourner vers nous en disant : « Ce n'est pas moi qui donne. »

Il y a quelque chose de plus odieux que la sauvagerie de la brute, c'est l'hypocrisie pleurarde du valet de bourreau. Montre tes mains, Pilate. Il n'y a pas d'eau pour laver ce sang-là !

19 novembre 1898.

CXIV

Aux jeunes.

Eh bien! non. C'est moi qui ai tort. Ils ne poursuivront pas Picquart, ils ne pourront pas, ils n'oseront pas, ils ne voudront pas. L'évidence sera là. Des scrupules viendront aux moins timorés. Après tout, ce n'est pas seulement M. de Freycinet qui est en jeu, c'est tout le monde. Les ministres, les parlementaires, qui ont commencé hier de secouer le joug des braillards, ne consentiront pas à porter l'inutile fardeau de cette honte. Quelqu'un se trouvera en qui une conception élémentaire de justice sera manifestée, un éclair de bon sens luira quelque part, un vieux reste de cœur mal étouffé sursautera. une parole jaillira et chacun sera surpris de la joie d'une action saine et désintéressée.

Je laisse Lebret avec son « syndicat de sans-patrie » qui pousse le crime jusqu'à demander justice, je laisse Viger qui devait venir nous chercher jusque dans nos repaires, et le Lockroy qu'agite au gré de saint Michel l'amiral qu'il s'est donné pour maître, et Deschanel, pantin musqué, et tant d'autres dont je ne sais plus le nom.

Mais Delcassé, mais Leygues, qui sont des manières de jeunes encore, quoique précocement vieillis! Ils ont cru à quelque chose, un jour. Si on leur avait dit, à cette époque reculée, que le plus clair résultat de toutes leurs belles phrases serait de faire d'eux les geôliers d'un innocent, ils se seraient indignés... alors. Et pourtant combien plus odieux le crime dont la lâcheté générale de leur temps leur offre la complicité, à cette heure!

L'innocent dans sa geôle, ils l'ont reçu de leurs prédécesseurs, et leur chef Dupuy, qui s'est opposé de tout son pouvoir à la réparation de justice, se voit aujourd'hui contraint d'attendre que la loi prononce. Mais la Compagnie de Jésus, que le besoin de domination fait instigatrice de haines, la Compagnie de Jésus aidée de ses menteurs, de ses faussaires, de ses traîtres, ne veut pas rendre sa victime, ou, s'il faut que l'innocent soit délivré, exige qu'on lui en donne un autre en échange.

Leygues, Delcassé, vous ferez-vous fournisseurs de crimes pour l'avantage de la Compagnie de Jésus? Plus qu'un crime, une faute! disait l'autre. Vous savez bien, n'est-ce pas, que la noblesse de l'esprit français reparaîtra quelque jour, qu'un retour d'idéalisme se fera dans ce généreux pays, patrie des grandes pensées, et que les cœurs iront d'autant plus haut que l'idée populaire aura été, sous l'oppression de Rome, plus abaissée? Où seront en ce temps ceux qui auront failli au plus élémentaire devoir? Vous ne serez pas morts, jeunes gens. Voulez-vous donc mourir sous les huées? Prenez garde! Le destin, qui vous offre une chance suprême, ne vous laisse plus que quelques heures précieuses pour choisir.

Si Leygues et Delcassé sont au Gouvernement, n'y a-t-il pas d'autres *jeunes* dans la Chambre? Poincaré, Barthou *arrivés* (*!*) par des opinions qu'ils ont peut-être, et qu'on ne passait jadis qu'aux vieux désabusés. Pour une conception plus noble de l'humanité, avec un talent plus haut, plus généreux, ils n'auraient reçu que des coups. Parce qu'ils ont été moindres, parce qu'ils n'ont pas même eu besoin de couper à leur génie des ailes qui ne poussaient pas, parce qu'ils se sont confinés petitement, pauvrement, dans le bas intérêt d'être ministres pour ne rien faire, ils ont *réussi*, comme ils pensent, et toute la médiocratie, reconnaissant ses maîtres, s'est ruée derrière eux à la grande curée de l'égoïsme bourgeois.

Tout de même ils savent bien, quand ils sont seuls et qu'ils se mesurent, que toute cette grandeur est infime, et que si dans l'espace de vie qui leur est accordé ils ne trouvent pas un meilleur emploi d'eux-mêmes, ils seront passés par profits et pertes au compte de l'esprit français.

Et voilà, fortune imméritée, qu'une chance s'offre à eux de mieux faire qu'ils n'ont voulu, qu'ils n'ont rêvé. En notre temps de décadente bassesse, refuser la complicité d'un crime se classe au rang de vertu. Si Dupuy ne trouve rien en lui qui proteste contre l'infamie à laquelle l'Eglise des traîneurs de sabres prétend le contraindre, parlez, vous autres, jeunes gens d'État. Dites-lui qu'il reste au fond de vos cœurs desséchés, un petit *presque rien* qui remue à l'heure de poignarder l'innocent dans le dos, pour aboutir à faire agoniser la France sous la domination romaine. Dites-lui que la conscience des foules, abêtie par le dogme et le fer, n'est jamais aussi complètement perdue que les maîtres du dogme et les coupe-têtes du moine Didon le croient. Dites-lui qu'il y a dans le crime public, un point fatal au delà duquel la révolte arrive, et que certains pas ne peuvent être impunément franchis.

Il comprendra, car il est de son temps, mais n'en demeure pas moins capable de prévoir que le mal peut avoir, à certaines heures, ses inconvénients, et le bien son utilité. Dites encore à Freycinet qu'un homme de sa haute valeur ne se laisse pas écraser sous le talon stupide des bottes de Sedan, rendez-lui la juste estime de lui-même, promettez-lui votre concours; il est de ceux qui ont besoin d'être aidés. Aussi, voyez Ribot, Bourgeois, que je ne puis m'empêcher de regretter, pour l'espérance que la République mettait en eux. Ribot a le sentiment du droit, il ne lui manque que la capacité du beau désespoir qui secourut le fils du vieil Horace. Bourgeois a le cerveau d'un chef et le cœur d'un suivant. C'est le pire malheur. En voyant que vous vous éveillez à l'idée — vous, les jeunes, si tranquilles quand vos personnes ne sont pas en jeu — ils sentiront peut-être que, pour eux aussi, l'heure est venue d'agir. Et peut-être avec vous nous sauveront-ils de l'abîme où nous allons tomber.

Il y a bien encore ce jeune révolutionnaire qui par égard pour la bourgeoisie régnante, refuse de défendre Gohier... Mais n'en demandons pas trop pour un jour. Il est plus aisé, je le crains, de pousser à l'action la modération calculante que la révolution qui *modérantise*.

Je n'en ai négligé qu'un dans l'auguste troupe, le chef, le seul dont il ne soit pas besoin de prendre l'avis. Il fait tout le mal qu'il peut, mais on s'en peut accommoder, si l'on sait le maintenir à son rang de paradeur. Hier, il faisait danser pour une peau de mouton qu'un Gouvernement de déroute lui offrait au moment précis où la France subissait le pire affront. Il y a des gens à qui cela paraît tout simple. D'autres en ont le cœur meurtri. Où faut-il vous classer, jeunes gens? Si jamais l'envie vous venait de refaire une France, commencez par rétablir la justice, seul fondement de force durable entre les hommes, et, pour le reste, ayant accompli une assez belle tâche, vous pourrez, en toute paix d'âme, léguer la France à l'avenir.

20 novembre 1898.

V

L'homme à la guillotine cassée.

Arthur Meyer, pourvoyeur des vengeances d'Esterhazy le traître et de Henry le faussaire, nous annonce que le 12 décembre prochain Picquart sera offert en expiation par Freycinet à ces deux immondes canailles. Cela doit être vrai, puisque c'est les juges militaires dudit Freycinet qui renseignent ledit Arthur Meyer.

Ainsi le capitaine Tavernier et le colonel Foulon concluent à la mise en jugement du colonel Picquart. Vraiment cela n'est pas pour nous surprendre. Il est très rare que le premier mouvement du tortionnaire soit une passion d'équité. Pour la signature de Zurlinden, elle est donnée d'avance. Il y a bien encore Freycinet, Ministre de la Guerre. Mais Arthur Meyer, dédaigneux, n'en fait même pas état. Quant au Gouvernement qui s'apprête en pleine connaissance de cause à achever la discorde en ce pays par une affaire Picquart cent fois pire que l'affaire Dreyfus, vous ne pensez pas que cela compte auprès de Tavernier, de Foulon, de Zurlinden et d'Arthur Meyer?

Donc, c'est entendu. Tavernier et Foulon ont résolu que Picquart comparaisse, le 12 décembre prochain, devant le conseil de guerre. Esterhazy, dans les brouillards de Londres, en aura un contentement bien doux, car c'est lui qui, *le premier* (il s'en vante), écrivit à M. Cavaignac pour lui demander des poursuites contre Picquart au sujet du « petit bleu ».

Esterhazy exigeant de Cavaignac, Ministre de la Guerre, la mise en jugement de Picquart; Cavaignac obéissant aux injonctions du traître, et obtenant de Brisson l'arrestation de l'officier qui a découvert la trahison, ce n'est déjà pas mal. Il ne reste plus, pour compléter le tableau, qu'à voir Freycinet exécuter l'innocent sur l'ordre du criminel, quitte à dire après coup : « Je ne l'ai pas fait exprès. »

C'est en effet le programme d'Arthur Meyer, et sauf ce dernier paragraphe, qui est seulement *in fieri*, tout s'en est accompli, jusqu'à présent, de point en point. Mais le dernier paragraphe justement me met en défiance. Freycinet n'est pas plus brave que Brisson, je le reconnais. En revanche il me paraît d'une subtilité supérieure, et Cavaignac pourrait le raisonner, ou le déraisonner, longtemps sans avoir jamais chance d'en tirer un forfait inutile.

Personne ne s'avisera, bien entendu, qu'il est question de justice en cette affaire. Les militaires ont commencé par condamner un innocent au prix de la violation de la loi. Ils sont triomphalement partis de là pour acquitter un traître, le chef d'Etat-Major complotant avec lui pour obtenir un verdict mensonger, puis ils ont fait des faux pour prouver que tout était bien, et, aujourd'hui que toutes ces choses sont connues, ils réclament de nous des compliments patriotiques pour ces actions d'éclat qu'ils se proposent de couronner par une nouvelle condamnation contre un nouvel innocent.

De tels actes, il faut bien en convenir, n'ont avec la justice que de lointains rapports, et je serais surpris que l'histoire en cherchât l'explication dans un amour échevelé du droit et de la vérité. Non. Il s'agit tout simplement, pour des criminels, de cacher tout ce qu'il se peut de leurs crimes, et de se venger le plus férocement possible de ceux qui les ont découverts. Pour cela, ils ont intéressé l'esprit de corps à leur scélératesse, en persuadant aux esprits simples que « l'honneur de l'armée » voulait qu'on fît endosser le crime à l'armée en le proclamant vertu, au lieu de le répudier publiquement en son nom.

J'ai le regret de dire qu'il s'est trouvé beaucoup d'imbéciles pour donner dans ce piège grossier. Mais la masse s'en est disloquée chaque jour sous les coups répétés de la vérité. Si bien que les partisans de la seule justice n'auront plus bientôt affaire qu'aux malins de la sacristie qui s'opposent à la revision du procès Dreyfus pour maintenir intacte la suprématie de l'armée dont les principaux chefs sont leurs créatures, ainsi qu'aux politiques qui, s'ils ne peuvent maintenir Dreyfus au bagne, ont besoin, pour prolonger l'anarchie actuelle, de lui substituer une autre victime.

Il y a pourtant autre chose en France, quoi qu'on dise. Il y a surtout une généreuse passion de justice qui peut sommeiller, non mourir. Il y a un besoin de clarté, de vérité, de pleine lumière qui triomphera de toutes les jésuitiques obscurités, de tous les mensonges. M. de Freycinet le sait bien, ayant reçu lui-même le grand don de lucidité. Aussi quand Arthur Meyer nous apporte la liste des chefs d'accusation laborieusement préparée par la congrégation galonnée contre le colonel Picquart, je défie Freycinet de laisser son sous-ordre Zurlinden acquiescer sans réserve à l'acte de folie qui lui est proposé.

On veut poursuivre Picquart pour faux. Ils sont vraiment d'une bêtise plus qu'ordinaire ceux qui peuvent croire que le chef du bureau des renseignements a fait un faux pour prouver les relations d'Esterhazy et de Scharwzkoppen qui n'ont jamais été niées, alors qu'il lui suffisait, s'il voulait les faire connaître à ses chefs, d'annoncer qu'il avait reçu cette information d'un agent. Freycinet n'endossera pas cette imbécillité. Je sais bien qu'Arthur Meyer, pour qui le capitaine Tavernier n'a pas de secret, annonce que l'espion qui apporta le « petit bleu » (c'est l'homme du fameux commandant Lauth) est prêt à faire le faux témoignage que nous avions prévu dès le premier jour. Mais nous ne sommes plus au temps du procès Zola. Les menteurs seront démasqués.

On veut poursuivre Picquart pour usage de faux. Autre face de la même sottise. L'usage de faux n'est, jusqu'ici, prouvé que contre Cavaignac et l'unanimité de la Chambre.

On veut poursuivre Picquart pour communication de documents intéressant la sûreté de l'Etat, au premier rang desquels se place un certain *dossier secret* de pigeons voyageurs qu'on a déjà tenté, par un tour de main, de substituer au *dossier public*, le seul sur lequel l'avocat Leblois fut consulté.

Comment voulez-vous que Freycinet donne dans de pareilles bourdes ? C'est trop bête. Je ne dis pas, cependant, qu'il fera le non-lieu. Il faudrait faire montre de caractère. Mais je prétends, sans en rien savoir, qu'il ne fera pas le procès dans les conditions qui lui sont présentées. Ce serait le déshonneur de son intelligence. Il doit y avoir un moyen d'ajourner. Voilà les solutions où son esprit excelle. Ne pourrait-il, par exemple, laisser la Cour de Cassation prendre possession du dossier et le tirer au clair? Il doit y avoir songé. Pour cela, il n'est pas besoin de courage. Voilà pourquoi je commence à croire qu'Arthur Meyer, par quelque coup d'escamotage, se verra fâcheusement frustré de la tête de Picquart.

Quand Freycinet sera Président de la République, si on lui amène un innocent à guillotiner, il ne le sauvera pas de la peine de mort, dans la crainte de faire de la peine aux juges, mais, au matin de l'exécution, le bourreau trouvera sa guillotine cassée.

21 novembre 1898.

CXVI

La justice de Zurlinden.

M. Henri Rochefort explique à ses lecteurs que ceux qui démontrent l'absurdité des accusations produites contre le colonel Picquart ne peuvent avoir qu'un but : le sauver, parce qu'ils le croient coupable. Le raisonnement ne pêche pas par excès de logique, mais je le prends tel qu'il est, puisqu'il m'est une occasion de m'expliquer sur la justice de Zurlinden et sur ce qu'en peut attendre d'équité le colonel Picquart.

J'observe d'abord que la société civile, étant fondée sur le droit de chacun à une somme de liberté variable, est en antagonisme absolu avec la société militaire, basée sur le devoir de chacun réduit à une soumission de bête passive. L'une est en voie de faire l'homme libre. L'autre est une organisation féroce de servitude.

Je conviens que la nécessité de la défense, dans une Europe qui s'adonne, tous les trente ans, à la barbarie de la guerre, explique que cette régression aux âges de sauvagerie puisse être tenue pour nécessaire. Toutefois je constate que l'armée, avec le progrès des temps, pourrait sans inconvénient se laisser pénétrer par les principes de l'humanité civilisée, sans perdre de sa valeur d'ensemble, ainsi que l'expérience le montre, et cela au grand profit même du patriotisme des combattants, qui sera d'autant plus ardent qu'on le leur rendra moins douloureux.

Je parle de l'expérience, car la pratique, en effet,

démontre que les armées les plus fortes ne sont pas nécessairement les plus barbares. Dans la guerre et dans la paix, les Espagnols ont fait montre d'une invraisemblable cruauté. Les voilà cependant battus, à peu près sans combat, au delà de ce qui se pouvait attendre. Notre code militaire, plus impitoyable que le code prussien et que le code russe lui-même, ne nous a pas sauvés de Sedan, et tous les faux patriotes, qui nous vantent la nécessité d'une loi féroce dans l'armée, ont été unanimes l'autre jour — disposant de cet avantage — à courber l'échine devant les menaces anglaises. Il est bien évident que ce n'est pas la faute du colonel Picquart si nous n'avions pas de projectiles pour les rares canons de nos côtes. Quelque autre — qui ne passera point en conseil de guerre pour cela — avait oublié ce détail.

Par l'énoncé de ce simple fait, on aperçoit déjà que la justice militaire est d'une efficacité très problématique. Après Sedan, Metz et Paris, quand l'événement n'eut que trop clairement démontré le crime de ceux qui firent la guerre sans l'avoir préparée, on ne trouva qu'une seule responsabilité à mettre en jeu : celle de Bazaine, et nul ne peut oublier ce qu'il y fallut d'efforts. Résultat : une condamnation pour la forme, honteusement esquivée.

Récemment, dans notre grande bataille malgache contre des nègres sans armes, Félix Faure, alors notre grand chef maritime, a dû recourir à l'obligeance grassement rémunérée de transports anglais, pour organiser la mort de six mille soldats français (sans combat) par le simple effet de l'imprévoyance militaire. Résultat : pluie de grades et de décorations, et nomination du criminel en chef au premier poste de l'Etat.

Eh bien ! je prends la liberté de croire que la mentalité qui donne de tels résultats nous offre des garanties de justice fort au-dessous du médiocre. Je n'ai pas besoin de citer les événements dont nous sommes témoins tous les jours et qui mettent en opposition, de la plus significative manière, l'indulgence pour les chefs de caste, la répression barbare pour le vulgaire Français du rang, conçu comme simple repoussoir à nos grands panaches de vaincus. Les faits abondent et M. Rochefort lui-même en a cité plus qu'il n'est nécessaire. Ce n'est pas contre les hommes que je récrimine, c'est contre le système. M. de Freycinet, Ministre de la Guerre, a jugé la caserne bien cruellement. Sans aller aussi loin que lui, Gohier a écrit là-dessus deux ou trois lignes assez sévères. Je ne suis pas loin de croire qu'ils aient raison. Ils ne nous ont parlé que des soldats. Mais il est de toute évidence que les résultats qu'ils déplorent sont en correspondance nécessaire avec la mentalité des chefs. Il y a là-dessus d'incroyable choses à dire. Pour les pouvoir écrire sans en éprouver d'ennuis, j'ai l'intention de les publier soixante ans après ma mort.

En attendant, je crois pouvoir émettre cet axiome que la justice ne fleurit pas dans la société militaire. M. Rochefort lui-même doit avoir dit, dans ses œuvres complètes, quelque chose d'analogue.

Comment organiserait-on la justice, dans une société où le droit égal de chacun est remplacé par l'autorité infaillible, absolue chez les uns, et la soumission de chose inerte chez les autres? Il n'y a pas, il ne peut pas y avoir de meilleure éducation d'iniquité. Me sera-t-il permis, encore, de faire ressortir le contraste entre le juge civil, dont on se donne tant de mal (avec ou sans succès) pour assurer l'indépendance, et le juge militaire, homme dépendant par excellence? Si vous en doutez, lisez l'histoire du colonel Parent, du 145me, réprimandant et menaçant des juges qui ne l'ont pas satisfait, des juges dont il rédigera les notes pour l'avancement...?

Faut-il observer que nos officiers, excellents pour mener une troupe au combat, sont en général fort ignorants du droit, ce qui est bien pardonnable. La Russie autocratique a pourvu à cet inconvénient en instituant une école de droit militaire, où les juges professionnels de ses conseils de guerre viennent prendre leurs diplômes. Il paraît que nous sommes des barbares au regard de la Russie. Le fait est que Ravary, Besson d'Ormescheville et Pellieux ne sauraient être cités en exemple.

Enfin, à toutes ces causes de défaillance, il vient s'en ajouter une autre non moins redoutable : l'esprit de corps et les préventions implacables qui s'ensuivent. Un conseil de guerre a condamné Dreyfus pour avoir fait le bordereau, qui est d'Esterhazy. Comme justice, ce n'est pas reluisant. Pour donner à tout prix raison à ce singulier tribunal, un autre conseil de guerre, animé de l'esprit de corps, a proclamé qu'Esterhazy n'avait pas écrit le bordereau qu'aujourd'hui il avoue. M. Rochefort devrait comprendre que le plus innocent des hommes ne se sente pas en sûreté aux mains de pareils juges. En tout cas, il s'expliquera que, lorsque Zurlinden se répand partout en disant qu'il lui faut dix ans de travaux forcés pour Picquart, ce verdict préalable nous inspire des défiances sur la décision de juges dont tout l'avenir est dans les mains de Zurlinden.

Esterhazy, pour des raisons que chacun peut apprécier aujourd'hui, s'était mis au service de l'esprit de corps : coupable, il fut acquitté. Picquart, au-dessus de l'esprit de corps, a osé mettre la justice ; voilà pourquoi, innocent, il sera condamné, yeux et poings fermés, par l'esprit de corps.

Bien loin de demander que les accusations relatives au « petit bleu » soient étouffées, nous demandons qu'elles soient mises en pleine clarté. Mais, comme l'affaire Dreyfus et l'affaire Esterhazy sont une seule et même affaire, il nous paraît que la Cour de Cassation présentement occupée à éclaircir les mystères de la justice éperonnée, est seule en situation d'opérer la grande lessive de lumière. C'est pour cela que nous nous défions du secours des éteignoirs.

Quand toute la vérité sera connue, s'il existe des présomptions contre Picquart, qu'on le juge. Nous ne nous y opposerons pas. Mais nous ne voulons pas que de prétendus juges, qui se font un jeu de condamner un innocent et d'acquitter un traître, puissent continuer impunément leurs méfaits.

A côté de la société militaire, dont on fait tant de bruit, il y a la société civile, nourricière des uniformes dorés, qui, malgré les adjurations du moine Didon, ne retournera pas sous le sabre. Félix Faure lui-même, tanneur à l'emblématique peau de mouton, ne peut pas le faire, et Freycinet ne peut pas le vouloir. Ils tiennent Picquart et ne le défendront pas, sans doute, contre l'injustice et le mensonge. Qu'importe ! La justice et la vérité trouveront leur voie : rapide ou lente. C'est notre force de le savoir. C'est notre honneur de souhaiter, comme Français, que la France officielle ne s'obstine pas plus longtemps en faveur du crime contre l'innocence.

22 novembre 1898.

CXVII

Contre Picquart, contre Zola.

Idéalement Jaurès a raison lorsqu'il soutient que, pour l'absolue perfection du crime de l'État-Major, il faut que Picquart aille au bagne. Je conviens que la leçon serait plus belle pour nos neveux. D'ailleurs, il est classique que les scélératesses de classes finissent par aboutir à quelque monstrueux forfait, par le moyen de quoi la Révolution se détermine. Mais s'il y a beaucoup à dire pour la Révolution, Jaurès lui-même sait bien qu'on peut craindre de ces crises mille répercussions lamentables. C'est pourquoi je ne souhaite pas de voir le grand crime historique dont nous sommes témoins aller jusqu'à l'extrémité de ses conséquences.

Vraiment, nous avons vu assez d'infamies. La honte qui resterait sur nous de la condamnation de Picquart dépasserait trop la mesure. Pouvez-vous, sans frémir, penser à une nouvelle parade d'exécution, où, dans cette même cour de l'Ecole Militaire qui vit dégrader Dreyfus pour le crime d'Esterhazy, un Gonse, un Pellieux, un Boisdeffre, un Luxer, *innocenteurs* du traître, présideraient à la dégradation de Picquart convaincu d'avoir dit la vérité ?

« Colonel, diraient ces illustres représentants de la haute armée, à genoux pour demander pardon à la France ! Vous avez forfait à l'honneur, ayant refusé de mentir. » Et boutons d'uniforme et galons seraient arrachés à cet homme indigne du nom de soldat, pour avoir dénoncé la trahison. Il serait souffleté de son épée, qu'on briserait comme souillée, pour ne s'être pas laissé teindre du sang innocent. Et l'homme déshonoré serait traîné devant le front des troupes, à la gloire du crime, à l'honneur du mensonge, vivante leçon, pour l'armée française, de l'interversion patriotique du crime et de la vertu.

Et la foule, paradeurs de Sedan, de Langson et de Majunga, vous êtes-vous demandé ce que ferait la foule, et pour qui seraient ses huées ? Verrait-on, comme autrefois, les « professeurs d'énergie » déployer leur lâche dilettantisme dans l'outrage à l'homme sans défense ? Ou bien la conscience populaire, soudainement éveillée, éclaterait-elle en foudroyante clameur contre le crime triomphant ? Si la France, autrefois si grande de justice et de générosité, pouvait supporter l'atrocité d'un tel spectacle sans réagir, si elle ne hurlait pas de douleur et de honte, si elle ne se ruait pas d'élan contre les assassins de la vérité, elle ne serait plus la France, elle ne serait pas même l'Espagne, qui dans sa catholique décadence conserve une fleur de chevalerie dont la race peut encore avoir la fierté. Ce serait une nation finie, de sentiments morts, de conscience vidée, bonne pour les parades du militarisme sous les affronts de l'étranger. L'heure serait venue de la grande réforme de M. Faguet, qui conçoit le désarmement comme la suppression des soldats, avec le maintien des officiers, et la multiplication des musiques militaires.

Ces pensées, je le reconnais, ne hantent pas les tristes chefs qui, comme leurs aïeux de l'émigration, ne tiennent à la France que par l'intérêt de la classe. La France ne sera jamais pour eux le commun foyer de justice et de liberté. S'ils n'y ont plus de privilège, ils n'ont point de patrie : témoin le grand forfait d'ensemble de l'armée de Condé, dont ils n'ont jamais renié le souvenir.

Voyez, dans la lutte présente, comme ils ont donné tous, d'une masse compacte, jusqu'au crime, contre le droit des citoyens à être jugés suivant les lois, conformément à la vérité. Oui, jusqu'au crime avoué, *légitimé*, glorifié. Et non contents de se pavaner dans l'impunité, il leur faut ce supplément de joie : le châtiment de la probité qui les dénonce, le supplice raffiné du bon soldat français qui a dit : « Je ne veux pas ma part de votre forfait. »

Avez-vous lu le dernier Arthur Meyer? Il lui faut sa livre de chair, à cet homme. Il tend le couteau à Zurlinden, et lui crie frénétiquement de tailler au plus vif. Il veut lécher le sang et s'en repaître. Alors vous pensez : « C'est Shylock, le Juif immonde, qui a hâte de donner du groin dans le premier cadavre. » Eh bien! non. Vous lui faites trop d'honneur. Ces grognements de bête carnassière ne sont pas même de sa nature. C'est l'Église du Christ, l'Église des tourmenteurs du moyen âge dont ce chien de bourreau aboie la charité. Ce sont les juges élevés à l'école du Père du Lac dont la justice *emprunte* cette voix. Ça défend l'armée française! Ça défend l'honneur de je ne sais qui, de je ne sais quoi. C'est le porte-parole des grands empanachés par qui nous fûmes menés de Sedan à Fashoda. Après tout, c'est bien, c'est juste, c'est clair surtout. Picquart d'un côté, Arthur Meyer de l'autre. Choisissez votre place, Français !...

Des gens qui ne peuvent se résoudre à choisir, ce sont nos députés. Lundi, ils ont voté une amnistie et ils ont eu soin d'en exclure Gohier et Zola, pour cause d'outrages à l'armée de Boisdeffre, d'Esterhazy, de Henry. Je ne dis rien de Gohier, pour qui c'est une joie de prouver la complicité de Lockroy et de Freycinet, ses accusateurs, dans le crime qui lui est imputé. Mais Zola ? Est-il concevable que Zola n'ait pas trouvé un défenseur ?

Quelqu'un a parlé pour les fraudeurs de lait qui tuent jésuitiquement les petits enfants sous couleur de les nourrir. Personne n'a dit un mot pour Zola. J'en suis encore abasourdi. Personne ne s'est trouvé pour mettre la Chambre en face du vote criminellement imbécile qui lui était demandé. Personne ne s'est senti gonflé d'une fureur devant l'universelle lâcheté dont le vote de la Chambre allait porter témoignage. Personne, orateur ou non, pour se dresser contre la tourbe parlementaire, et lui dire sans phrases, sans talent, la vérité. Personne pour crier : « Avant de prononcer, non sur Zola, mais sur vous-mêmes, regardez ce que vous allez faire ! Vous, par le vote unanime de qui le mensonge et le faux furent affichés dans toutes les communes de France, vous jetez un nouvel outrage au porteur de vérité de qui l'histoire exigera que vous attendiez le pardon. Il se rit de votre amnistie, et vous avez besoin de la sienne. Une fortune imméritée vous vient. Rachetez-vous. Cueillez l'heure. Vous, les Français infidèles à la justice, à la vérité, remerciez celui qui fut la conscience française. »

Eh bien ! non. Pas un homme n'a eu un sursaut de cœur parmi ceux qui se disent les représentants de la France. Le vote silencieux a épuisé le courage des plus braves. Il y en a beaucoup pourtant que j'ai connus sans peur. Ils ne peuvent pas méconnaître à cette heure l'incomparable grandeur de Zola, de Picquart. Comment ont-ils laissé passer l'occasion, si belle, de servir la justice, de rendre hommage à la vérité, de venir au secours du bon droit qui peut vaincre sans eux, et qui cependant leur aurait fait honneur ? Devons-nous donc attendre après la victoire, pour apprendre d'eux qu'ils furent du grand combat ? Avec ou sans secours, nous continuons la bataille. Et nous ne craignons ni revers, ni défaite, car nous prétendons qu'on dise de nous, comme des compagnons de Roland : Ils étaient morts, ils combattaient toujours.

23 novembre 1898.

CXVII

Gouverner, c'est prévoir.

Entrefilet du Juif Pollonnais dans *le Soir :*

Hier, le général Zurlinden, gouverneur de Paris, apprenait qu'on prêtait à la Chambre criminelle l'intention de décider, après l'audition de Picquart, que, l'affaire Picquart étant connexe avec l'affaire Dreyfus, il n'y avait pas lieu pour l'autorité militaire de rendre un ordre de jugement contre Picquart, avant que la Cour suprême n'ait statué sur Dreyfus.

Le gouverneur de Paris se rendit à cinq heures et demie chez M. de Freycinet, Ministre de la Guerre, et eut avec lui une longue explication au cours de laquelle M. le général Zurlinden ne cacha pas à M. de Freycinet qu'il maintiendrait énergiquement son droit et que si le Gouvernement laissait prescrire ce droit, il n'avait plus, lui, chef de la justice militaire, qu'à donner sa démission en exposant publiquement les motifs de cette démission.

M. de Freycinet, très ému de l'énergie du gouverneur de Paris, promit à celui-ci qu'il lui laisserait tout son libre arbitre et toute son indépendance et qu'il pouvait compter sur la neutralité absolue du Gouvernement, ce que confirma d'ailleurs, ce matin, M. Charles Dupuy lui-même aux nombreux journalistes qu'il eut l'occasion de voir après le Conseil des ministres.

Et voilà pourquoi, *demain soir ou après demain matin au plus tard*, l'inculpé Picquart sera renvoyé devant le conseil de guerre.

M. de Freycinet, tolérant que ses juges militaires ouvrent le dossier Picquart au *Gaulois*, pousse comme on voit, la faiblesse jusqu'à permettre à son gouverneur de Paris de lui signifier un ultimatum par la voie de la presse. Mieux vaut être au pouvoir d'un ennemi sans scrupules que gouverné, au nom des principes du droit, par des lâches.

Ainsi, M. Zurlinden avoue qu'il s'est mis en travers de l'enquête de la Cour suprême. Ces faquins de juges civils pouvaient se permettre de penser que, l'affaire Dreyfus et l'affaire Esterhazy n'étant qu'une seule et même affaire, il se trouve impossible de les disjoindre dans la mise en état du dossier. Dreyfus a été condamné par des juges militaires pour avoir fait le bordereau. Esterhazy, qui s'en reconnaît l'auteur, a été, de ce chef, acquitté par la même juridiction militaire. Cette double erreur, dont le résultat fut de mettre un innocent au bagne et de laisser un traître en liberté, constitue pour l'autorité militaire le meilleur titre à la continuation de son œuvre.

On a la preuve que la loi a été violée par le général Mercier pour obtenir la condamnation de Dreyfus. On a la preuve que des faux ont été fabriqués par des officiers de l'Etat-Major pour faire croire à la culpabilité de l'homme injustement condamné et pour détourner les soupçons sur celui qui avait découvert le coupable. On a la preuve qu'un général complotait avec le traître pour obtenir un verdict d'acquittement. En d'autres temps, ces faits, qui sont aujourd'hui indiscutables, eussent éveillé l'attention du Gouvernement. Mais il se découvre tout à coup que les plus beaux principes, sans des âmes pour les comprendre et des volontés pour les mettre en action, ne sont qu'une duperie de cabotinage. Nous avons les principes. Que ne feront pas nos neveux avec les âmes et les volontés qui nous manquent? Jusqu'ici, par une interversion fâcheuse des choses, je ne vois de volonté gouvernante que parmi ceux du privilège à qui toute pensée de justice est nécessairement ennemie. Les autres se parent de beaux noms, mais c'est tout ce qu'ils savent faire. Aussi lorsqu'un Zurlinden se présente pour exiger d'eux, au nom de deux erreurs judiciaires accompagnées de machinations criminelles, que la réparation tardive soit entravée, nos prétendus détenteurs d'équité n'ont-ils d'autre souci que d'abaisser leur justice menteuse sous l'autorité brutale du sabre.

A la juridiction militaire nous devons une série d'iniquités qui ne paraît pas près d'être close. Arbitre désigné par la loi, la Cour suprême ose chercher la vérité pour imposer la justice légale aux juges comme aux accusés. C'est là précisément ce qu'il s'agit d'empêcher, et voilà pourquoi M. Zurlinden, devançant la pensée de la Cour de Cassation, est allé signifier à M. de Freycinet qu'il ne permettait pas aux juges suprêmes de la loi d'entraver la vengeance de l'Etat-Major.

M. le Ministre de la Guerre s'est-il aussi platement incliné que nous le fait dire M. le gouverneur de Paris par son Juif ordinaire, je l'ignore. Mais avec ou sans regret, il a courbé la tête, cela paraît sûr, et à sa suite, messieurs du Gouvernement, comme il convient à de bons serviteurs. Les juges correctionnels n'ont pas voulu prononcer sur Picquart avant que l'œuvre de revision fût achevée, afin de pouvoir juger en pleine connaissance de cause. Les juges militaires, forts de l'autorité de leurs fautes, prétendent arrêter la revision de justice en discréditant d'avance le témoin de vérité, par une bonne condamnation pour faux prononcée au nom des faussaires.

Si la Cour de Cassation, après Freycinet, après Dupuy, se soumet à Zurlinden, la vérité restera la vérité tout de même, et quand Zurlinden aura fait déclarer par ses soldats que c'est un crime pour Picquart d'avoir voulu la justice et d'avoir dit la vérité, la conscience des hommes répondra que les seuls criminels sont les bandits qui ont voulu frapper l'innocence et protéger la trahison. On s'est dit cela, tout bas, d'abord. Maintenant, on le dit tout haut, on le crie. Demain, ce sera l'universelle clameur, et l'affaire Dreyfus-Esterhazy accrue de l'affaire Picquart, montrera dans un tel éclat les forfaits de nos maîtres — scélératesse des uns et lâcheté des autres — qu'ils seront, d'un haut le cœur, vomis par la France écœurée.

On prolongera le supplice pour Picquart ? Il se peut. C'est un soldat, non un coureur de sinécures dorées. Il supportera noblement sa souffrance, tandis que s'achèvera l'insurrection des consciences contre la stupidité des inconsciences barbares. On veut le condamner. Pourra-t-on ? Nos grands patriotes, pour le crime nouveau qu'ils méditent, ont besoin de la complicité de l'Allemand Schwarzkoppen, auteur véritable du « petit bleu ». Se sont-ils assuré de son silence, ou vont-ils au hasard devant eux, comme ils font à la guerre ? Ils espèrent que Schwarzkoppen se taira. C'est possible. Mais il peut se faire aussi qu'il ne s'accommode pas de cette ignominie, et qu'il ne lui plaise pas d'accorder à notre Etat-Major le concours de son silence.

Parlera-t-il au cours du procès ? Alors, quel effondrement, s'il s'offre à faire la preuve ! Parlera-t-il plus tard ? C'est une nouvelle revision qui commence. Telles sont les conséquences inévitables, car Schwarzkoppen, pas plus que Picquart, n'emportera son secret dans la tombe. A quelque heure qu'il parle, dans quelle situation peut-il mettre et la France et sa justice militaire ? Nous sommes quelques-uns qui avons déjà posé la question. Mais M. Dupuy nous fait savoir qu'il s'en désintéresse. Ni lui, ni Freycinet ne veulent abaisser jusque-là leurs préoccupations d'hommes d'Etat. Gouverner, pour eux, c'est donner des places à leurs amis, et livrer le reste au hasard. Si notre race n'est pas irréparablement déchue, ils apprendront bientôt à leurs dépens qu'il y a autre chose en France que des réformateurs à pourvoir de postes coloniaux, et des ministres à plat ventre sous la botte des soudards.

24 novembre 1898.

CXIX

Le crime.

Le crime est consommé. Le colonel Picquart est renvoyé devant un conseil de guerre pour avoir dénoncé un traître et refusé de mentir, avec l'Etat-Major, pour maintenir un innocent au bagne.

Freycinet, misérable trembleur, commet la lâcheté suprême. Il obéit à l'ordre des vengeurs d'Esterhazy, de Henry. Il se fait l'exécuteur testamentaire d'un traître et d'un faussaire. Il se déshonore, sans réparation possible, à soixante-dix ans, quand la chance imméritée lui venait d'une belle page au terme de sa carrière. Un général affolé de haine exige du Gouvernement un jugement précipité de conseil de guerre pour barrer la route à l'enquête de la Cour suprême en voie de faire la lumière sur les crimes de l'Etat-Major. Et le Gouvernement, qui sait qu'on lui demande une infamie, l'ordonne. C'est le dernier degré de la honte.

Nous avons fait des révolutions sans nombre, guillotiné un roi, défié l'Europe, taché de sang français chaque pavé de Paris, et, pour couronner cette œuvre, proclamé, installé la République de justice, au nom des Droits de l'Homme dont nous nous déclarons les champions dans le monde. Seulement, quand nous avons fait tout cela, avec des attitudes sublimes, si on nous pose ce simple problème : juger un homme suivant les lois, il se trouve que nous sommes hors d'état de le résoudre.

Le général Mercier ayant cyniquement violé les lois pour faire condamner Dreyfus, tout l'effort des gouvernants qui se sont succédé depuis ce temps s'emploie à couvrir ce forfait, et, pour le couvrir, à l'aggraver de forfaits nouveaux. Les mensonges, les faux, l'acquittement d'un traître, rien ne coûte à des chefs militaires qui mettent le point d'honneur à violenter toutes les lois. Les pouvoirs publics ont tout permis, tout subi, tout accepté. Seule, la Cour de Cassation a entrepris de faire justice. Mais, dans leur terreur de cette justice, les complices d'Esterhazy, de Henry, de du Paty de Clam, réclament un nouvel innocent pour le bagne, espérant, par ce coup d'audace, faire reculer le Tribunal suprême.

Un innocent au bagne, qu'est-ce que cela ? « Donnez-le », dit Freycinet. « Donnez-le », répètent Dupuy, Delcassé, Leygues et toute la troupe des ministres à tout faire. Donnez Picquart à Esterhazy, à Henry qui l'accusent, à Billot, à Gonse, à Pellieux, à Boisdeffre, complices du traître et du faussaire, à Zurlinden qui va faire juger *son* prévenu suivant la méthode en usage à Madagascar. La condamnation d'abord, et puis les débats du procès pour la galerie.

Freycinet consent, sans avoir, comme d'autres,

l'excuse de la stupidité dans le crime. Freycinet laisse faire, bégayant des excuses dans les coins, protestant qu'il ne peut rien empêcher. Mais ses lamentations ne sont rien qu'un mensonge, ajouté à tant d'autres. **Il pouvait empêcher. Il n'a pas voulu.** Il n'a pas voulu, parce qu'il a peur des clameurs de la bande, parce qu'il tremble devant Zurlinden, dont il est le chef, parce qu'il préfère, plutôt que d'affronter son sous-ordre, livrer aux criminels de l'Etat-Major un innocent pour un nouveau crime.

Par peur, il a toléré les menaces de Zurlinden déclarant qu'il ne permettrait pas à son chef d'imposer à la justice militaire le même sursis dont la justice civile a reconnu la nécessité. Accepter que la Cour de Cassation puisse faire partout la lumière avant qu'il soit statué sur la responsabilité de chacun, c'était la justice. L'Etat-Major veut la vengeance. Aussi, M. de Freycinet, qui n'avait qu'un ordre à donner, qu'un mot à dire pour confondre le crime et sauver l'innocence, n'a pas donné cet ordre, n'a pas dit ce mot. L'histoire lui réserve une place d'*honneur* à son pilori.

Et, prodige inouï, après cet acte infâme, voici que sa lâcheté n'est pas épuisée. Il a peur maintenant que d'autres n'aient le courage qui lui manque. *Le Courrier du soir*, dont les informations sont puisées à bonne source, nous informe que si la Cour de Cassation jugeait, ainsi que M. le rapporteur l'avait fait prévoir dès le premier jour, qu'il y a lieu pour elle de réclamer la communication du dossier, « cette demande soulèverait de réelles difficultés, car le Gouvernement se verrait obligé d'intervenir dans des conditions fort délicates ».

J'ignore absolument si, après avoir entendu le colonel Picquart, la Cour jugera cette communication nécessaire. Probablement, elle n'en sait rien elle-même, à cette heure. Mais si, revisant l'œuvre vraiment trop scandaleuse des conseils de guerre, elle a besoin de documents, quels qu'ils soient, il serait beau de voir un conseil de guerre, dans l'intérêt de l'iniquité, se mettre en lutte avec la plus haute autorité judiciaire du pays, et il serait plus merveilleux encore que le Gouvernement prît parti pour l'injustice systématique, contre l'interprète suprême de la loi.

Si je fais cette observation, c'est simplement pour constater l'incurable abaissement des politiques qui nous chantent la suprématie du pouvoir civil, après génuflexion aux bottes éperonnées. Car je n'attends plus rien de personne. Les événements seront ce que voudra la destinée.

Je ne redoute rien pour Picquart, par la raison très simple qu'on ne le convaincra pas d'un crime qu'il n'a pas commis. Je crains pour mon pays l'injustice des juges qui, depuis un an, jette le trouble dans toutes les consciences, et prolonge une crise où la France elle-même risque de sombrer : car aucun peuple au monde ne peut vivre d'iniquité. Je crains pour mon pays la jésuitière affolée de domination, même quand sa domination ne peut s'établir que sur des ruines. Je crains l'inconscience des faibles, la pusillanimité des clairvoyants. Je crains pour tous les Français, sauf pour Picquart qu'on a pu torturer, qu'on peut condamner, qu'on ne peut pas atteindre, car c'est lui qui, demain, sera le juge de ses juges.

M. de Freycinet, pour tâcher de pallier son ignominie, fait dire que le commissaire du Gouvernement ne demandera pas le huis clos. Même promesse fut faite à Dreyfus. On ne fera pas le huis clos... d'abord, comme dans le procès d'Esterhazy où, pour comble de loyauté, l'on rendit publiques les accusations contre Picquart, où l'on garda secrètes ses réponses.

Une fois les débats engagés, un scrupule viendra, non au commissaire du Gouvernement (ce serait trop grossier), mais aux juges. On fera le huis clos, et Freycinet se lamentera, geignant : « Je n'y puis rien. » Et le tour sera joué. Car, le huis clos n'eût-il qu'un quart d'heure, lorsque Picquart aura mis à néant toutes les accusations, on le condamnera tout de même, en alléguant que la preuve contre lui fut faite pendant ce quart d'heure.

Voilà l'ignoble farce qu'on nous prépare. Et si vous doutez qu'il y ait assez de mauvaise foi chez nos maîtres pour cette canaillerie, expliquez-moi ce qui se passa entre Zurlinden et les membres du Cabinet Brisson au sujet du dossier secret. M. Trouillot publie que toutes les pièces pouvant établir la culpabilité de Dreyfus ont été communiquées par M. Zurlinden à ses collègues et ne les ont pas convaincus. Le même M. Trouillot fait dire que le général Zurlinden a donné *sa parole d'honneur* à ses collègues qu'il leur communiquait, *sans réserves*, tout le dossier. D'autres ministres confirment son dire. Et la nouvelle n'est pas plutôt connue que *la Liberté* et *le Petit Journal* déclarent de la façon la plus formelle, au nom, apparemment, de la seule personne autorisée, que M. Zurlinden n'a pas communiqué toutes les pièces au Conseil, contrairement à la foi jurée. Méditez là-dessus, et comptez sur la promesse d'empêcher le huis clos.

Mais comment mesurer un si complet déshonneur? Ces gens ont descendu le dernier degré de l'infamie. Il reste à savoir ce qu'en pensent les Français. Qu'ils prennent garde! Ils vont prononcer sur eux-mêmes.

25 novembre 1898.

CXX

Ce qui reste à savoir.

Toute la meute hurle de joie. Hallali! Curée chaude!

Picquart aux chiens ! Les honneurs du pied à M. le Ministre de la Guerre.

Maintenant, pourquoi la formalité superflue d'un conseil de guerre ? Quand Zurlinden a dit partout que, s'il dépendait de lui, Picquart mourrait au bagne, il n'y a plus rien à faire, puisque l'arrêt est prononcé.

Seulement, on nous contera toutes les histoires de pigeons voyageurs et de « petit bleu » qu'on voudra, il restera ce fait indéniable que le colonel Picquart a été arrêté, sur la demande de M. Cavaignac, Ministre de la Guerre, à la suite de la lettre où il offrait à M. Brisson de lui prouver que le faux de Henry était un faux. On peut dégrader Picquart, l'envoyer casser des pierres sous le bâton de la chiourme, le faire périr de faim dans un cul de basse-fosse, la question n'en demeure pas moins posée de savoir pourquoi on le punit d'avoir dit la vérité.

Henry a fait un faux pour prouver la culpabilité de Dreyfus, illégalement condamné par un conseil de guerre.

Pourquoi, au lieu de répudier le criminel, tout l'État-Major s'empresse-t-il à le couvrir ?

Pourquoi a-t-on condamné Dreyfus pour un crime qu'il n'a pas commis ?

Et pourquoi a-t-on acquitté Esterhazy d'un crime qui est le sien ?

Pourquoi, après avoir accompli ces deux actes, qui sont logiquement enchaînés, a-t-on poursuivi d'une infatigable haine tous ceux qui ont demandé, conformément aux lois, la simple réparation de justice et de vérité ?

Pourquoi les faux de Henry et de du Paty de Clam destinés précisément à empêcher la vérité de se produire et la justice d'avoir son jour ?

Pourquoi ce procureur général et ce procureur de la République qui s'emploient, au mépris des lois, à sauver un faussaire ?

Pourquoi tout cet effort d'ensemble de tous ces généraux, jusque-là respectés, pour couvrir un faussaire, et pour sauver un traître du châtiment des lois?

Pourquoi n'a-t-on pas fait d'enquête sur la communication d'une pièce secrète par du Paty de Clam à Esterhazy?

Pourquoi n'a-t-on pas ouvert d'instruction dans l'affaire Henry?

Pourquoi le Gouvernement de MM. Méline et Billot, qui savait par le comte Tornielli que le faux était un faux, et qui avait donné sa parole de ne pas s'en servir, en a-t-il fait usage par l'entremise des généraux de Boisdeffre et de Pellieux, dans le but avoué de faire condamner Zola?

Pourquoi M. de Boisdeffre, qui devait connaître la valeur du document, a-t-il accepté ce rôle?

Pourquoi M. de Pellieux, qui pouvait l'ignorer, n'a-t-il jamais exprimé publiquement le regret d'avoir été trompé, et pourquoi est-il demeuré ferme dans le camp des ennemis de la vérité?

Pourquoi a-t-il refusé de perquisitionner chez Esterhazy qui se trouvait en possession de documents si graves?

Pourquoi n'a-t-il pas fait arrêter l'officier accusé de trahison?

Pourquoi refusa-t-il de demander l'expertise du bordereau, et pourquoi prononça-t-il, avant cette expertise, qu'Esterhazy, qui est l'auteur du document, n'en était pas l'auteur?

Pourquoi cette partialité du conseil de guerre en faveur d'un homme qui est nécessairement un traître, puisqu'il a fait le bordereau pour lequel Dreyfus est au bagne comme traître?

Pourquoi cette connivence du général de Boisdeffre avec le traître lui-même, manifestée par l'abominable lettre d'Esterhazy : « Etes-vous sûr de vos experts? Si vous n'en êtes pas sûr, je dirai, etc.,.. »?

Pourquoi cette entente entre les premiers chefs de notre armée et un traître, dans le but de mentir et de faire mentir la justice?

Pourquoi a-t-on laissé fuir Esterhazy?

Toutes ces questions se posent, avec d'autres encore, et la condamnation de Picquart, loin d'y répondre, posera la plus redoutable de toutes :

Pourquoi condamne-t-on l'homme dont le seul crime est d'avoir découvert le traître et le faussaire?

C'est la plus grave erreur de croire que ces questions, vitales pour un peuple qui a besoin d'une organisation de défense, puissent demeurer en suspens. Aussi longtemps qu'elles ne seront pas résolues, nous traverserons la crise la plus périlleuse de notre existence, et il n'y a pas d'autre solution de salut que la pleine connaissance de la vérité.

Cette vérité, la Cour suprême la cherche, et nous avons pleine confiance qu'elle la trouvera. Déjà il est établi qu'Esterhazy, acquitté par un conseil de guerre, est un traître, et que Dreyfus a été condamné par un autre conseil de guerre pour un acte qu'il n'avait pas commis. Déjà il est reconnu que Henry et du Paty de Clam sont deux faussaires. On a découvert en outre qu'Henry et Esterhazy, dont on ignorait les relations, étaient de vieux amis et avaient même des rapports d'argent. Henry était-il complice de la trahison d'Esterhazy? Tout porte à le croire, bien que la preuve n'en soit pas encore acquise. Quant à du Paty de Clam, il semble qu'il ait été sous la griffe d'Esterhazy, pour quelque raison inconnue. En ce qui concerne les autres, Billot, Boisdeffre, Gonse, Pellieux, rien ne permet de dire qu'ils aient eux-mêmes fabriqué des faux. Mais, avec des responsabilités plus ou moins lourdes pour chacun, ils ont accepté qu'il fût fait usage des faux de Henry, et Billot et Boisdeffre en ont fait directement usage.

En ce qui concerne la trahison, les faux que du Paty de Clam a faits, d'accord avec le traître, l'avaient fait soupçonner d'être le complice de l'espionnage d'Esterhazy. Mais cette accusation est si horrible qu'on ne saurait la produire, sans présomptions suffisantes, par simple voie d'hypothèse. D'ailleurs, les présomptions qui s'accumulent contre Henry semblent suffire à donner l'explication des faits connus. Pour Billot, Boisdeffre, Gonse, Pellieux, nul n'a la pensée, je suppose, qu'ils se soient mis au service de l'Allemagne. S'ils sont les complices du traître, c'est inconsciemment sans doute. Mais il n'en est pas moins vrai qu'ils l'ont couvert, protégé, défendu, par des moyens que réprouvent les lois : notamment Boisdeffre et Billot.

Eh bien! je dis simplement que les choses ne peuvent pas en rester là. Si nous avons fait tort à qui que ce soit par nos accusations, nous nous empresserons de proclamer bien haut notre erreur. Mais il faut, pour cela, que toutes les obscurités soient dissipées, et que tous les inexplicables *pourquoi?* dont j'ai donné l'incomplète énumération ci-dessus, soient expliqués. Pour cela, il n'y a qu'un moyen de satisfaire tout le monde : l'enquête de la Cour de Cassation.

Le procès de Picquart, en réalité, n'est qu'une dernière machination des criminels pour empêcher la vérité de se produire devant les juges suprêmes. On veut discréditer le grand témoin, on veut, avant qu'il ait ouvert la bouche, tuer son témoignage, en même temps qu'on se réserve le plaisir de le tuer lui-même ultérieurement, par surcroît de vengeance raffinée. Qu'on essaye! Il reste encore, malgré tout, une justice en France, et contre elle viendront fatalement échouer toutes les entreprises de crime et de mensonge.

Tout ce qu'il faut, c'est que l'opinion publique ne s'en laisse pas imposer, c'est que chaque Français ait le courage de dire tout haut ce qu'il pense. Quand on a condamné Dreyfus, nous l'avons tous tenu pour traître. Comment faire autrement? N'était-il pas tout simple de faire confiance à la justice militaire? Il est apparu que nous avions tort. Maintenant, nous sommes avertis. Nous avons vu condamner un innocent. Nous avons vu acquitter un traître. Que la suite nous soit montrée, et que ceux à qui nos lâches gouvernants permettent de se ruer contre les lois sachent que nous trouverons contre eux, dans la loi même, un recours.

Ainsi nous rendrons à notre pays, en cette redoutable crise, les deux plus grands services qu'il puisse attendre. Par nous, la notion de la justice légale sera rétablie, imposée à ceux qui prétendent se mettre au-dessus des juges de la loi. Par nous, l'armée nationale sera débarrassée de la horde jésuitière qui l'exploite stupidement, n'ayant abouti, depuis Waterloo, qu'à l'organisation ruineuse d'une impuissance empanachée. Telle sera l'œuvre de ceux que nous avons suivis dans la bataille, l'œuvre de Zola, l'œuvre de Picquart : condamnés aujourd'hui, demain triomphateurs.

26 novembre 1898.

CXXI

Suive qui veut, sauve qui peut.

Je ne défends pas le colonel Picquart, j'accuse ses accusateurs.

J'accuse ses accusateurs d'être trop bêtes, j'accuse ceux qui le livrent à ses accusateurs d'être trop lâches.

Que la bêtise de ses accusateurs dépasse le niveau connu de la bêtise la plus bête, c'est ce qui apparaîtra de la façon la plus déshonorante pour eux, le jour où le dossier sera connu. Car on y verra la preuve que, sous le prétexte de défense nationale, il s'est créé, dans le sein du monde militaire, une caste d'imbécillité jésuitique et de canaillerie qui se prétend seule en possession de conduire l'armée française, et qui l'a conduite, en effet, par des prodiges d'ineptie, de Sedan à Fashoda.

Nous ne connaissons pas encore le fin du fin de l'accusation, mais déjà nous en connaissons assez pour jeter le premier coup de sonde dans l'abîme de stupidité noire où se noient les accusateurs.

Vous ne pensez pas que je vais discuter des contes de pigeons voyageurs qui ne sont mis là qu'à titre de bouche-trous, comme la paille dans une caisse d'emballage. L'autorité militaire connaissait ces histoires depuis des années, et l'idée ne lui était jamais venue de poursuivre, pour la bonne raison qu'il n'y avait pas matière. Bien plus, alors on enguirlandait Picquart de bienveillance mensongère, espérant lui imposer ainsi le silence. La consultation *sur une question de droit* relative aux pigeons voyageurs ne devint criminelle que du jour où Picquart, interrogé sur l'affaire Dreyfus, eut dit la vérité. Il sera répondu topiquement à tout ce fatras de sottises. Passons.

Il n'y a qu'une pièce de résistance, le *petit bleu*, falsifié, gratté. Il m'importe peu de connaître actuellement tous les détails du grattage. Nous aurons le loisir de revenir là-dessus et de rechercher qui peut être le faussaire entre deux ou trois criminels à choisir.

Pour le moment, prenons le *petit bleu* tel qu'il s'offre, avec le nom d'Esterhazy écrit sur un grattage.

Quand on apporta à Cavaignac le faux d'Henry, il s'écria : « Je tiens mon Dreyfus! » et porta la chose à la Chambre, en grand appareil. De même Zurlinden, dès qu'on lui montra le grattage, s'écria : « Je tiens mon Picquart! » Fatalité, qui veut que toutes les preuves de ces insensés soient des pièces fausses!

Est-ce insensés, ou incurables bêtas qu'il faut dire? Le faux de Henry était si grossier qu'il fallait être bouché d'un triple bouchon de bêtise pour s'y tromper. Mais encore était-ce au moins l'apparence d'une preuve et, à la condition qu'il se trouvât un Hanotaux, un Billot, un Méline, un Boisdeffre assez canailles pour se taire, sachant que la pièce était un faux, Cavaignac pouvait donner tête baissée dans le piège à bêtas. Mais pour le *petit bleu*, vraiment, c'est une autre affaire. Il faut être si prodigieusement imbécile pour ne pas comprendre ce que le grattage veut dire, que les poursuites ne sont explicables que par un Zurlinden, sublime de bêtise!

Voyez plutôt. L'accusation repose sur ce fait que l'adresse du « petit bleu » est grattée et que le nom du destinataire a été effacé pour y inscrire celui d'Esterhazy. Le colonel Picquart est accusé d'avoir fait ce faux pour détourner sur Esterhazy des soupçons *qui se sont trouvés vrais*. On sait déjà que la photographie du *petit bleu* au moment de la réception démontre qu'alors il n'y avait pas de grattage. On sait aussi que les experts déclarent que l'écriture n'est pas de Picquart, et que le nom d'Esterhazy a été écrit sur un grattage sous lequel reparaît le nom d'Esterhazy.

Ici, grâce au procès Zola (ô Zola, que de services te doit la vérité!) le mensonge de l'accusation éclate de l'aveu de l'accusation elle-même. Tout le monde se souvient que c'est le commandant Lauth qui a reconstitué le *petit bleu*, déchiré en une soixantaine de fragments. C'est l'ami des faussaires Henry et du Paty de Clam, c'est l'auteur présumé des fausses photographies qui représentent Picquart trahissant la France à Carlsruhe. Il a tous les titres, comme on voit, à la confiance de l'État-Major. Au procès Zola, Labori lui demande s'il croit que Picquart a fabriqué le *petit bleu*.

— **Oui**, répond Lauth. Mais *je n'en ai pas la preuve*.

Nous avons vu que les amis de Lauth, quand ils n'ont pas la preuve contre Picquart, ne se gênent pas pour la faire. Eh bien! cette preuve qu'on n'avait pas au procès Zola, on l'a obtenue depuis: c'est le grattage. Seulement les *gratteurs*, idiots, n'ont pas réfléchi que, si Picquart avait fabriqué le *petit bleu*, il n'aurait pas eu besoin de le gratter, et que le seul fait qu'il y a grattage montre que le document n'a pas été fabriqué par Picquart.

De plus, Picquart n'a eu connaissance du *petit bleu* qu'après la reconstitution faite par Lauth, et, comme on ne pouvait pas faire le grattage avant la reconstitution d'une pièce en soixante fragments, il faut bien que le grattage soit postérieur. Or, quel nom a vu sur l'adresse, avant le grattage, le commandant Lauth, qui le premier a réuni les morceaux du *petit bleu*? Le nom d'Esterhazy lui-même, tel que les experts le retrouvent sous le grattage. Et d'ailleurs, s'il y avait un grattage, comment ne l'aurait-il pas vu? Et comment aurait-il pu dire au procès Zola qu'il n'avait pas de preuve? Il est bien forcé d'en convenir.

Alors, que nous veut-on? Picquart n'a pas pu gratter le *petit bleu* avant la reconstitution, puisque, s'il avait fabriqué cette pièce, il n'aurait pas eu à la gratter du tout, et que, d'ailleurs, le commandant Lauth aurait, en rapprochant attentivement les soixante petits morceaux, facilement reconnu l'opération pratiquée. Picquart n'a pas pu le faire après, parce qu'il ne pouvait avoir aucune raison concevable de gratter le nom d'Esterhazy pour récrire le nom d'Esterhazy sur le grattage.

Mais, s'il n'avait aucune raison de faire cela, certains personnages avaient un motif évident de fabriquer ce faux, c'est ceux qui disaient : « Nous le croyons l'auteur du *petit bleu*, mais nous n'avons pas de preuves. » Quand il n'avait pas de preuves, Henry en faisait. Du Paty de Clam se faisait fabricateur de faux avec Esterhazy, contre Picquart, pour sauver le Uhlan. Y aurait-il un troisième faussaire?

En tout cas, de l'aveu de tout le monde, il y a un nouveau faux. Et comme il ne s'est pas fait tout seul, et que non seulement Picquart n'a pas pu le faire, mais qu'il a été manifestement fait contre Picquart, il faut qu'il ait été fait par Henry, par du Paty de Clam ou par Lauth, qui avaient la disposition du dossier, et ne se gênaient pas pour le mettre à la disposition d'Esterhazy, comme le prouve l'histoire de la Dame voilée avec son document libérateur.

Ainsi, la scène change, et d'accusé Picquart devient accusateur. Un faux a été fait contre Picquart. Par qui? Où est le faussaire? On cherchera, on trouvera. Qui sait si déjà l'on n'a pas trouvé? Pour perdre son ennemi, le faussaire s'est dénoncé lui-même. N'avais-je pas raison de dire que tous ces gens étaient trop bêtes? Quel crime de laisser les forces défensives de la France aux mains de criminels d'une stupidité si déconcertante!

Après ceux qui sont trop bêtes, il y a ceux qui sont trop lâches, les gouvernants qui, par lâcheté, livrent l'innocent aux vengeances des criminels, les gouvernants qui, par lâcheté, livrent la défense de la patrie aux imbéciles organisateurs de Sedan, de Langson, de Majunga, de Fashoda. M. le ministre Lockroy en est aujourd'hui réduit à avouer que notre approvisionnement de munitions de réserve manquait à Toulon quand l'Angleterre faisait des préparatifs de guerre. Par la faute de qui? Marine et Guerre sont aux mains des Jésuites, et, pour demeurer au pouvoir, M. Lockroy et M. de Freycinet n'ont d'autre souci que de se mettre aux ordres de la jésuitière galonnée.

Mais grâce à Zola, grâce à Picquart, voici qu'a sonné l'heure de la grande débâcle des Loyolas empanachés. Qui le croirait? Après un an de discussions publiques, la Chambre elle-même s'avise de prêter l'oreille aux bruits du dehors. Barthou s'agite, et Poincaré de même. Dupuy est menacé. Freycinet a reçu du Sénat un accueil plutôt bourru. Ah! si MM. les députés s'avisent qu'ils ont intérêt à y voir clair et à faire justice, vous verrez que je me trouverai dans le cas de défendre l'étonnant Zurlinden contre leurs rigueurs.

Mais nous avons mieux que la Chambre. Nous avons nous-mêmes, nous, qui nous ferions hacher par petits morceaux plutôt que de lâcher d'une semelle, nous, qui avant d'être mis en pâtée, crierons si fort que toute la terre nous entendra. Nous avons le peuple français, le peuple juste, le peuple libre, lent à s'émouvoir cette fois, mais qui a fini par comprendre, et qui se lève et qui vient à nous. Lisez les noms de tous ces braves gens, des professions, des situations sociales les plus diverses qui viennent s'inscrire dans nos bureaux pour protester contre le crime des uns, contre la lâcheté des autres. C'est la liste d'honneur de la France. C'est le livre d'or des gens de cœur, le bataillon, qui va sans cesse grossissant depuis le premier jour, de ceux qui, dans le voie ardue de la justice et de la vérité, marchent toujours et ne reculeront jamais.

Suive qui veut, braves gens! Sauve qui peut, menteurs, faussaires, traîtres, idiots de toutes jésuitières, et tous complices perdus de lâcheté!

27 novembre 1898.

CXXII

Vive Picquart!

Vraiment, ils avaient cru que cela se passerait ainsi. Ils avaient fini par croire qu'ils étaient pour toujours au-dessus des lois, et que personne n'oserait jamais leur demander des comptes. Eh bien! il arrive que c'est une erreur. Le plus sage pour tout le monde est d'en prendre son parti.

Des citoyens se sont avisés qu'une culotte rouge au derrière ne pouvait tenir lieu ni d'égalité ni de raison. Ils l'ont dit et, pour l'avoir dit, ils ont été très congrûment hués. Les grands capitaines que nous avions vus revenir de Sedan forts marris, déclarèrent qu'ils se verraient dans l'obligation de recommencer cet exploit si nous ne leur accordions pas une confiance illimitée ! Hélas, l'usage qu'ils avaient fait de la confiance unanime du pays, en 1870, nous inspirait des doutes sur l'efficacité des mérites dont ils gardaient trop jalousement le secret.

Nous nous sommes obstinés à percer le mystère. Et qu'avons-nous vu, à la stupéfaction du plus grand nombre, à la terreur de tous ? Des mensonges, des faux, des trahisons, une inscrupuleuse bêtise d'une profondeur inconnue, et, planant sur tout cela, le principe d'autorité infaillible que le moine Didon a reçu du ciel même et qu'il éprouve une hâte incroyable de transmettre à l'irraisonnante puissance du sabre.

Alors, au moins, la question fut clairement posée, et le péril apparut. Les citoyens qui s'étaient endormis sur l'oreiller commode de la vertu des pouvoirs publics pour assurer la justice, et garantir l'honneur, la vie, la sécurité de chacun, se réveillèrent au cri des sentinelles vigilantes. On s'aperçut que les plus belles institutions du monde ne sont rien quand le respect du droit n'est pas au fond des cœurs, quand la conscience de justice ne se double pas d'une volonté de dire, d'un courage de faire. On découvrit que les lois les plus justes, les réformes les mieux conçues, n'ont que la valeur d'un chiffon de papier s'il ne se rencontre pas d'hommes pour les faire vivantes. Il fut prouvé par le plus éclatant exemple que les pouvoirs de justice, que les pouvoirs de Gouvernement, que les pouvoirs de législation — savante organisation de garanties — perdent leur beauté théorique, et voient s'évanouir jusqu'à leur raison d'être, dès que la surveillance des citoyens cesse de s'exercer sur eux.

L'homme est l'homme partout. Juge, soldat, ministre, député, son intérêt lui est cher, il aime à se faire une force du faisceau des faiblesses groupées pour la défense des intérêts communs. Chaque corporation constitutive d'un élément d'Etat, se croit l'Etat lui-même, et prétend qu'on ne peut l'atteindre d'une critique sans blesser la patrie elle-même.

Pour le juge, pour le ministre, pour le parlementaire, la publicité de leur action et la répercussion directe ou indirecte sur eux des mouvements de la foule électorale vers une justice meilleure, assurent une forme de contrôle qui peut prévenir et même prévient parfois l'excès du mal!

Pour le soldat, par malheur, les possibilités de critique font trop souvent défaut. On va répétant que l'intérêt de la patrie, la sécurité du territoire commandent le silence, la confiance aveugle du civil, après l'obéissance passive daus le rang. Et beaucoup le croient, s'imaginant, dans leur candide niaiserie, qu'il suffit, pour être patriote, de crier : Vive l'armée !

Le mal de cet état d'esprit, on l'aperçoit maintenant. Pour la foule, c'est d'abdiquer son devoir de vigilance, son pouvoir de critique qui par toutes les manifestations de l'opinion publique demeure le grand ressort de l'Etat. Pour le soldat, c'est de se croire au-dessus du contrôle, au-dessus des lois, dans l'intérêt de la patrie, comme si la patrie se pouvait concevoir sans la garantie des lois.

Nos chefs militaires nous mènent-ils à l'effondrement de Sedan? Leur confiance en eux-mêmes n'en est pas ébranlée et ils réclament bien haut de nous le même aveuglement sur leur ineptie, pour recommencer impunément l'œuvre criminelle, qui hier nous livrait à l'Angleterre sans obus pour nos canons.

Nos anciennes classes dirigeantes, noblesse ou haute bourgeoisie, qui, sous l'autorité de l'Eglise romaine, n'ont jamais rien su diriger, chassées du gouvernement civil, sont réfugiées dans l'armée. Et comme, au jour de leur puissance contrôlée, elles n'ont abouti qu'à nous jeter dans les convulsions révolutionnaires, une fois débarrassées de contrôle, elles n'ont qu'un rêve : substituer au règne de la raison délibérante la souveraineté de la force brutale avec, pour satisfaction d'idéalisme, la soumission de l'intelligence au dogme de l'infaillibilité romaine. Pour se défendre, pour défendre Rome, où la force brutale trouve la pierre angulaire de sa puissance, tout est permis, tous les crimes sont bons. Un jour la jésuitique réserve de conscience, le lendemain le mensonge, plus tard le faux. Avec les grandes paroles de charité chrétienne aux lèvres, on s'est vautré dans le massacre, on se trouve pris tout à coup la main dans le crime.

Et parce qu'il y a une logique inexorable des choses, l'histoire montre que toujours le mal venu d'une classe en folie de domination aboutit à quelque forfait éclatant, où se résument, aux yeux de la foule étonnée, tous les forfaits inconnus du passé. La mort de Virginie, trahie par la justice elle-même, amène la déchéance des décemvirs, comme le tragique destin de Lucrèce cause la perte des Tarquins. Ainsi l'abominable supplice de Dreyfus est la condamnation des Billot, des Boisdeffre et de toute la troupe des artisans de crimes trop cachés, de défaites trop connues.

Ici, quel recours d'abord ? Rien à attendre du peuple, oublieux de son idéal, désenchanté de ses espérances. Rien à attendre de ses représentants occupés à se disputer les bénéfices du pouvoir. Rien à attendre que de la conscience humaine révoltée. Rien de possible que l'insurrection de l'individu. Par son gant jeté à la face de toutes les puissances qui sont, Zola, superbement rebelle, a fait l'acte sauveur.

Et Picquart, que dirai-je de celui-là ? Des amis m'invitent à ne pas dire qu'il est condamné d'avance. Si. Je le dirai. Je le dirai, parce que c'est vrai, parce que des hommes aveuglés, qui ont toutes les qualités que l'on voudra hormis celles de juges, vont *l'exécuter* demain, croyant le juger, vengeant sur lui ce qu'ils croient le déshonneur de la corporation guerrière et qui n'est que la honte de quelques-uns. Je dirai qu'il sera condamné, parce qu'il l'est déjà, parce que Zurlinden le veut, parce qu'il l'a proclamé, parce que le réquisitoire du capitaine Tavernier est un tel monument d'aberration qu'il ne peut s'expliquer que par l'irréparable déchéance mentale de toute une caste affolée. Voilà pourquoi je crie que Picquart est condamné d'avance et que c'est une infamie.

Je l'ai vu hier, cet homme que le bourreau attend, non le juge. Calme, serein, sûr de lui, prêt au combat mortel. Que la France avec moi n'a-t-elle pu le voir, et tressaillir d'orgueil à la pensée que c'est un de ses enfants ! Pauvres juges, laissez-moi vous plaindre. Que pouvez-vous contre ces porteurs d'idéal en qui la justice et la vérité vivent et qui se sentent vainqueurs au delà de la mort ?

Les chrétiens dans le cirque, les Juifs sur leur bûcher, on a pu les tuer, non les vaincre. Derrière la double grille qui m'empêchait d'étreindre cette noble main d'où me serait venu le réconfort, je l'admirais dans sa tranquille paix. Il nous disait, à Mirbeau et à moi, les grottes d'Elephanta, les temples de Bénarès, qu'il visita au retour du Tonkin, et sa pensée planait au-dessus des tortures du jour. Il avait fait le sacrifice de tout. Ni Zurlinden ni Freycinet ne peuvent l'atteindre. Il est trop haut. Saluons. Saluons la victoire qui vient, comme nous aurions salué la défaite d'un jour.

Car, décidément, c'est la victoire pour demain. La France pensante a parlé, et déjà la lâcheté devient brave. Déjà le Parlement s'émeut, c'est tout dire. Il y a donc enfin des choses qu'on ne peut pas faire. Il y a donc des crimes qui ne seront pas tolérés.

Ah! je sais que nos maîtres ont entassé mensonges sur mensonges, canailleries sur canailleries, pour nous conduire jusqu'à la condamnation qui doit mettre en conflit les juges du conseil de guerre, les juges de passion, avec les juges de la Cour suprême, les juges de justice et de vérité. On nous annonce qu'on fera demander par le commissaire du Gouvernement un ajournement qui sera refusé. Qu'inventera-t-on encore? Il n'importe. Le crime est connu, dénoncé : il ne peut plus s'accomplir. La France a parlé, vous dis-je, c'est la justice qui vient. Malheur aux criminels! A bas les lâches! Vive Picquart!

28 novembre 1898.

CXXIII

Nous demandons justice.

On lira les débats de la Chambre. C'est, pour nous, une victoire morale dont j'examinerai demain les conséquences. Au Parlement, comme ailleurs, nous avons fait un tel gain dans l'opinion que l'issue de la lutte n'est plus douteuse. *Le Temps*, *le Journal des Débats*, *le Soleil* par la plume de M. Hervé de Kerohant, *le Figaro* par M. Cornély, se prononcent avec énergie pour l'ajournement du procès Picquart.

Mais le fait capital, le fait consolateur, c'est que l'opinion publique s'est décidément réveillée, c'est que tout ce qui en France échappe à l'oppression des préjugés ambiants et pense de sa propre pensée a résolu de parler et de se faire obéir. Sous les coups du malheur, l'esprit de la Révolution française a surgi du sol, et voilà que, dans la foule frémissante, le grand cri de justice a retenti. Justice! Justice! Quel plus beau mot pour soulever les hommes, pour enlever de tout l'effort en masse, des pensées, et des cœurs, et des corps, les dernières redoutes de la barbarie !

Je l'avais dit, du premier jour : « La France ne serait plus la France, si elle refusait de nous entendre. » Car si nous ne sommes rien, si Dreyfus est une victime comme tant d'autres victimes, si Picquart lui-même n'est qu'un héros après d'autres héros, quelque chose nous domine tous : l'aspiration sacrée vers une humanité meilleure, rachat de nos défaillances momentanées, et justification de notre furtif passage dans le champ prodigieux de l'infini. C'est ce que tous les hommes sentent, c'est ce que tous les hommes proclament, quitte, s'étant mis en règle avec eux-mêmes par les paroles de la chaire, à tendre une main sournoisement violente vers la grande curée des biens de la terre où tous les égoïsmes se ruent.

Le Français, j'ose le dire, l'a senti plus profondément, l'a proclamé plus haut qu'aucun des peuples modernes. Le premier, il a poussé le grand cri de délivrance entendu de tous les faibles et de tous les vaincus, courbés sous l'écrasante destinée. Il en reste sur notre nom une auréole de gloire. Mais, s'il est beau d'avoir pensé, d'avoir parlé, d'avoir souffert pour le droit de penser et de dire, il n'est pas moins beau, il est plus difficile encore de vouloir et de faire. Et la question qui nous est posée en tant que peuple, à cette heure, est de savoir si, ayant été un grand peuple d'idéalisme, nous pouvons devenir, par notre naturelle évolution, un grand peuple de volonté, un grand peuple d'action.

Hélas ! Il faut avoir le courage de le dire, toutes nos tentatives en ce sens ont déplorablement dégénéré. Nous n'avons pas plus tôt voulu nous affranchir de l'oppression de l'Église romaine que nous sommes retombés tout à coup sous l'oppression anonyme d'un autre dogme de mort. La guillotine à la place du bûcher, quel profit pour l'humanité ? Nous n'avons pas plus tôt, au nom de la liberté, refoulé les despotes européens, que nous leur substituons Napoléon, effroyablement lourd au monde, pour nous-mêmes écrasant. Nous n'avons pas plus tôt parlé d'établir la liberté dans l'Etat que nous l'étouffons sous la multiple tyrannie anonyme d'une centralisation, qui tue l'initiative humaine et ne laisse de volonté que dans l'irresponsable bureaucratie. Ainsi, tout nous échappe des conquêtes premières, tout nous fuit des horizons entrevus.

Hier, nous découvrons une erreur judiciaire. Cela est de toujours, cela est de partout, puisque l'homme est faillible. Le cas est prévu par la Loi. L'organisme de réparation est prêt à fonctionner. En même temps, quelles résistances ! Toutes les forces de classe, tous les égoïsmes, tous les préjugés, toutes les ignorances, toutes les lâchetés d'esprit et de cœur, donnant du même élan, avec tout l'appareil des pouvoirs publics et des lois faussées, contre la légalité trahie, contre la justice violée.

Au nom de la patrie — menacée par la réparation de justice, osait-on dire — on prétendait maintenir l'illégalité, l'injustice, on acclamait l'homme de trahison, on faisait ouvertement l'apologie du faussaire. Pour soutenir qu'un homme ne devait pas être au bagne s'il était innocent, il fallait qu'un Français fût vendu à l'étranger. Cela se disait, s'imprimait, s'affichait, cela se dit, s'imprime, s'affiche encore. Voilà ce que nous avons vu, voilà ce que nous voyons tous les jours. Aujourd'hui même, nous voyons pire. A l'heure précise où le droit va triompher, des malheureux se présentent pour tenter contre le droit, sous les apparences de la justice même, la plus criminelle entreprise. Les mêmes tribunaux par qui un innocent fut condamné, par qui un traître fut acquitté, au moment de voir leur double défaillance réparée, s'entêtent dans leurs passions de vengeance contre l'homme admirable qui a sauvé son pays de la plus honteuse iniquité.

Toutes les forces sociales ameutées contre nous ayant échoué devant la volonté publique de justice, voici qu'un tribunal militaire, convoqué par un général qui se dit magistrat et ne prend même pas la peine de dissimuler sa rage contre le prévenu, se dispose à rendre un arrêt par lequel on prétend arrêter toute l'œuvre de justice en chemin. C'est un conflit qu'on cherche, en même temps qu'une vengeance. Toutes les voluptés à la fois.

Contre cette entreprise abominable — d'autant plus dangereuse qu'elle se masque de l'esprit de corps — nous avons appelé l'opinion publique au secours. L'opinion publique est venue, et nous voilà tout près, cette fois, de la victoire définitive. Le crime est trop grand. Il ne peut pas s'accomplir. L'affaire Dreyfus, c'est l'erreur judiciaire, avec tout le cortège de préjugés qu'elle entraîne. L'affaire Picquart, c'est l'erreur judiciaire *consciente*, imputable, sinon à ceux-là mêmes qui s'y préparent, du moins à l'état d'esprit que leur font les passions ambiantes.

A force de dire que nous insultons l'armée, beaucoup de soldats, intacts eux-mêmes, ont fini par se solidariser absurdement avec les chefs coupables dont ils sont les premières victimes. Ils sont les seuls à ne pas voir qu'ils se trouvent hors de la mentalité du juge. Mais nous le voyons, nous, et la France aujourd'hui le comprend avec nous.

Nous nous sommes tenus fermement attachés à la justice. Nous lui demeurons fidèles. Pour le colonel Picquart, nous ne réclamons rien de la loi. Qu'il soit jugé suivant la vérité, et nous sommes contents. La loi veut-elle, la vérité permet-elle qu'une procédure hâtive puisse couper la route à la Cour suprême en voie d'éclaircir tous les faits dont les actes du colonel Picquart sont inséparables? N'est-il pas légal, au contraire, n'est-il pas légitime, n'est-il pas juste au suprême degré qu'on attende pour juger ces actes de les connaître dans toutes leurs circonstances? Oserait-on nous donner à penser que la hâte de juger avant l'heure viendrait précisément de ce qu'on ne pourrait plus condamner quand tout serait connu?

Ces questions étaient hier devant la Chambre, qui ne les a pas résolues. Nos représentants, comme hommes voient le bien, comme politiques font le mal, croyant bêtement que ce peut être de leur intérêt. Néanmoins, les paroles qu'il fallait dire ont été dites, grâce à MM. Poincaré, Millerand, Ribot même, devant M. Cavaignac, effondré, devant MM Dupuy et Freycinet sans autre volonté que de fuir les responsabilités du pouvoir.

Nos gouvernants n'ayant pas l'excuse des passions d'un Zurlinden — puisqu'ils n'ont d'autre passion que de rester ministres par tous les moyens — suivent Zurlinden tout de même, qui les traîne à sa remorque, piteusement soumis. Où mènerait-on la France, en cet appareil? Cherchez dans l'histoire quelle fut en tout temps, pour les peuples, l'expiation des grands crimes publics, et dites si vous acceptez, pour la patrie française, les pires catastrophes de la destinée.

29 novembre 1898.

CXXIV

Picquart devant la Chambre.

Je disais que, pour nous, la discussion de la Chambre est moralement une victoire. Il est vrai que l'ajournement du procès Picquart n'est point encore résolu. Mais chaque jour nous serrons la question de plus près, et nous avons fait hier un pas important vers la solution définitive.

Je ne veux dire que du bien de M. Poincaré qui a, enfin, libéré sa conscience et celle de M. Barthou. Quatre années de silence! Combien lourdes à ses jeunes épaules! Un effort, et le voilà délivré du fardeau. Il était temps. Demain, il aurait été trop tard. Notez, chez nos jeunes gens, ce sentiment de l'opportunité.

Du discours lui-même, plus important pour MM. Poincaré et Barthou que pour Dreyfus ou Picquart, je ne dirai rien, y ayant trouvé principalement des choses déjà connues sur la farce des aveux Lebrun-Renault. La Chambre, qui ne sait que vaguement de quoi il s'agit, n'a pu se défendre d'une tragique surprise, et Cavaignac, pour se défendre, nous a appris que sa croyance à la culpabilité de Dreyfus venait d'une fausse confidence du général Mercier, le criminel original, qui d'ailleurs n'avait pas osé donner ce mensonge en pâture à ses collègues. Voilà sur quelles « études approfondies du dossier » se fondent les convictions (!) des cinq Gaspards dont l'image s'étale sur toutes nos murailles, grâce au syndicat de la Jésuitière.

En quelques mots, Millerand a si bien élucidé la question de droit que Freycinet a mis tous ses soins à n'en pas dire un mot, et que Dupuy lui-même a dû lui donner raison. C'est un point important qui se trouve gagné. Le Gouvernement reconnaît qu'il a le droit d'imposer l'ajournement du procès. Il ne reste plus qu'à savoir s'il est bon, s'il est juste d'en faire usage.

Ce n'est pas dans le discours de M. de Freycinet qu'il faut chercher des éclaircissements là-dessus. Cet homme-là est un artiste en voltige, mais décidément ne sera jamais rien de plus. C'est Footitt, au Nouveau Cirque. On lui amène sa monture, et le voilà qui s'élance. Il passe dessus, il passe dessous, il est tantôt sur les oreilles et tantôt sous la queue. Partout, hormis en selle. C'est très drôle, et je ris de bon cœur..., au cirque seulement, car il y a d'autres occupations dans la vie. La grosse malice de M. le Ministre de la Guerre a été de feindre la surprise aux contradictions de ceux qui lui demandaient, prétend-il, de hâter l'instruction, et qui maintenant réclament l'ajournement du procès. M. de Freycinet sait très bien qu'il joue misérablement sur les mots, lorqu'il feint de confondre l'instruction et le secret. Nous avons demandé qu'on abrégeât le secret, non l'instruction, et cette prétendue confusion n'est qu'une clownerie déplacée, surtout quand on songe *que le capitaine Tavernier a laissé son prisonnier au secret* **pendant trois semaines** *sans l'interroger*. Vraiment, il faut avoir quelque cynisme, lorsqu'on a salement trempé dans cette canaillerie, pour croire qu'on s'en peut tirer par un saut de carpe, à l'ébahissement du public.

M. Dupuy a montré plus de respect de lui-même. M. de Freycinet avait commis la grossièreté de laisser sans réponse la lettre où M⁰ Labori lui signalait l'empêchement que son Zurlinden mettait, d'après M. le procureur de la République Feuilloley lui-même, à l'exercice des droits reconnus à l'accusé par la loi d'instruction criminelle. M. Dupuy est de ceux qui répondent. Au fond, j'ai hâte de le dire, il n'est pas plus brave que M. de Freycinet, et détale d'aussi bon cœur devant les responsabilités du pouvoir. Mais au moins met-il tout son courage à dire, en attitude de bravache : « Je n'ose pas ».

Il a le droit d'ordonner l'ajournement du procès Picquart. Il le reconnaît en termes formels, mais déclare fièrement qu'il n'en usera pas. Pourquoi? Parce que cette mesure pourrait être mal interprétée. Par qui? Par Esterhazy et ses complices qui, avec leurs amis de robe noire et d'épée, font une bande respectable aux yeux de notre Gouvernement. Que l'État soit bouleversé encore un an, s'il le faut, mais qu'on épargne à ces messieurs l'ennui d'une justice trop rapide! Car, il ne faut pas s'y tromper, la hâte de condamner Picquart, sous n'importe quel prétexte, aura pour conséquense une prolongation du trouble actuel par un nouveau procès de revision, tandis que l'ajournement du procès, ce sera définitivement toute la justice simultanée pour Dreyfus et pour Picquart. J'aurais souhaité qu'on fît cette réponse à M. Dupuy, quand il a osé dire qu'il ne voyait pas de raison pour ajourner.

On aurait pu encore lui signaler cet autre argument que j'exposais hier, à savoir que, sous couleur de ne pas intervenir dans les affaires de la justice, on favorise impudemment une abominable manœuvre contre la justice même, en vue d'opposer à la Cour suprême un arrêt hâtif du conseil de guerre, qui aurait juste autant de valeur que la condamnation de Dreyfus ou l'acquittement d'Esterhazy.

Pour ce qui est du respect classique de la séparation des pouvoirs, on sait ce que ce dogme a pesé quand il s'est agi pour le Gouvernement de faire violer les lois par ses deux procureurs, dans le but de sauver du Paty de Clam, le faussaire. En revanche, l'autorité militaire a dû l'invoquer pompeusement pour ne pas poursuivre le même du Paty de Clam lorsqu'il déroba de l'armoire de fer la fameuse pièce secrète, pour en faire don à son complice Esterhazy. D'ailleurs, la séparation des pouvoirs n'a rien à faire ici, puisque M. Dupuy reconnaît qu'il a le droit d'agir, et ne discute que l'exercice de ce droit.

Mais si ce prétendu chef de Gouvernement se refuse à l'action, il y convie les autres, non sans énergie. A la Cour de Cassation de réclamer le dossier. Dupuy fera cet effort d'obéir, et Freycinet de même, qui, dans son audacieuse initiative, n'attend que d'être commandé. Nous saurons bientôt si la Cour suprême est en disposition d'assumer la responsabilité — si peu lourde — à laquelle se dérobent lâchement tous ceux à qui elle incombe d'abord. Nous éviterions ainsi la prolongation indéfinie de la crise, et la nouvelle honte d'un innocent condamné, sans parler de l'affront retentissant que M. de Schwarzkoppen peut réserver à la France en fournissant la preuve dont le monde entier le sait détenteur.

Pour toutes ces raisons, le discours de M. Ribot

m'a paru d'un politique avisé. Il a mis en lumière la honte de cette note officieuse où M. de Freycinet annonçait à l'univers que le général Zurlinden lui notifiait ses décisions. Dupuy, bon camarade, a désavoué la note déshonorante, tandis que Freycinet se faisait tout petit : plus petit que nature, si c'est possible. Mais le mot décisif de la journée a été dit par l'orateur, lorsque, après avoir exprimé l'espoir que la Cour suprême ferait ajourner le procès, il a conclu : « Si la Cour de Cassation n'intervient pas pour faire ce que vous auriez le droit de faire vous-mêmes, *et ce que vous semblez considérer comme nécessaire*, vous n'avez pas, j'imagine, l'intention de vous soustraire à vos propres responsabilités. »

Oh ! si, monsieur Ribot, ils en ont l'intention formelle, je vous assure, et vous n'en doutez pas vous-même. Et si je comprends bien ce que vous avez voulu dire, je suppose que vous serez prêt, le cas échéant, à rappeler au Gouvernement ce qu'il doit faire. Dupuy a sa responsabilité. Vous aussi, qui lui avez donné votre voix. Le droit de tous les citoyens aux garanties de la loi, l'intérêt supérieur du pays sont en cause.

Pour aider M. Ribot, souhaitons que les manifestations de l'opinion publique, déjà si claires, s'accentuent. Ayons confiance en Dieu, et tenons notre poudre sèche, dit le proverbe américain.

P. S. — D'après *la Liberté*, MM. Lebret et Dupuy ont informé des députés que la remise du dossier à la Cour de Cassation ne ferait pas ajourner le procès du colonel Picquart. Le Gouvernement, en ce cas, aurait effrontément menti à la Chambre. Cela ne surprendra personne, mais M. Ribot, s'il est sincère, ne peut en rester là.

30 novembre 1898.

CXXV

Les trembleurs.

La discussion de la Chambre a puissamment aidé à poser devant l'opinion la question de l'ajournement du procès Picquart. Ici, toutefois, question posée n'est pas question résolue. M. Dupuy jure qu'il n'esquive pas les responsabilités, mais il les esquive, comme le rodomont du théâtre qui s'enfuit avec des gestes de guerre. M. de Freycinet s'évade de toutes parts. Un même vote parlementaire réunit ceux qui veulent ajourner le procès et ceux qui ne le veulent pas. Il faut bien convenir que tout cela n'est ni clair, ni rassurant

Le fait est que Chambre, Sénat, ministres gagnent de l'aile et laissent bravement à la Cour de Cassation le soin de nous tirer d'affaire. MM. Dupuy et Freycinet ont les pouvoirs nécessaires, mais n'en veulent pas user. La Cour de Cassation n'a qu'un devoir douteux : à elle d'en faire usage pour sauver d'embarras les députés qui n'osent prendre un parti, les ministres qui n'osent agir. Dans l'universelle débandade, c'est aux juges qu'on laisse le soin de gouverner. Et, pour achever le tableau, le même Dupuy, qui dit à la tribune que la communication du dossier à la Cour de Cassation entraîne l'ajournement du procès, tient à deux députés un langage directement contraire et châtre judaïquement, à cette occasion, son propre discours au Sénat. De même Lebret, qui flétrit la revision comme l'œuvre des « sans-patrie », et préside officiellement à sa mise en œuvre. Jamais peut-être il ne se rencontra, dans l'histoire, un tel concours de lâchetés.

Mais la lâcheté ne résout rien, et c'est un spectacle admirable de voir l'exécutif et le législatif bouche bée devant le pouvoir judiciaire, qui ne fait pas mine de vouloir gouverner.

Grâce à la Cour suprême, nous allons bientôt reprendre notre place parmi les peuples civilisés qui se vantent — contrairement aux conceptions de M. le général du Barail et de M. Georges Berry, député — de ne faire condamner par les juges que les prévenus à la culpabilité de qui les juges eux-mêmes peuvent croire. Depuis un an, députés et ministres, sachant qu'un homme a été illégalement condamné, ont déployé leur maximum de puissance pour empêcher la réparation de justice. La raison ? C'est qu'ils craignaient pour leurs intérêts électoraux les mouvements de la foule sous l'autorité de l'Église ennemie du Juif, « innocent ou coupable ». Qu'importe un innocent au bagne, si je suis élu ? Tel était le fond des pensées. Et chacun se fit élire, en effet, en jurant, sans en rien savoir, que Dreyfus était coupable, et en glorifiant, sous prétexte d'honorer l'armée, les hommes qui la déshonorent. Résultat : nous avons donné au monde le spectacle de tous les pouvoirs publics en révolte ouverte contre la justice et contre la vérité, sous la conduite du clergé romain et de généraux dont les états de services s'illustrent surtout de noms de défaites.

Nous en sommes là, aujourd'hui, que le criminel principal, cause première de notre actuel discrédit dans le monde, le général incapable (voir les articles de Saint-Genest sur le Ministère de Mercier), violateur impuni des lois, ose élever la voix, dans une réunion militaire contre ceux qui demandent la justice de la loi. La *Grande Muette* est devenu fort bavard depuis que certains de ses chefs ont été pris en faute. Il lui est interdit de parler. Elle pérore. Ce n'est pas M. de

Freycinet qui la rappellera au respect des lois. A peine osé-je penser que MM. Poincaré ou Ribot trouveront le courage de rappeler M. de Freycinet à son devoir.

Et que dit le général Mercier ? Que ceux qui lui dénient le pouvoir de faire condamner un homme au bagne en violation des lois sont des « Intellectuels de Byzance », des moines discutant sur la lumière du Thabor pendant que la ville est assiégée. La justice et la loi, question de byzantinisme dont ne s'embarrasse pas ce grand vainqueur ! C'est folie de vouloir la justice pour les citoyens, c'est folie de ne pas accepter qu'un homme soit au bagne s'il n'y a pas été condamné suivant les lois, c'est folie de ne pas vouloir se soumettre à la brutalité galonnée qui doit tenir lieu de justice et de légalité. Voilà ce qu'on ose dire dans la République française, voilà ce que M. de Freycinet, M. Dupuy, tolèrent, voilà ce que les Chambres sont au point de supporter. Fermons les Codes, Français, plus de lois, plus de justice, suivons, les yeux bandés, le chef inepte, au flair d'artilleur, vers les recommencements de Sedan et de Metz ! Il connaît la route. Il en vient.

Pendant que nos généraux parlent ainsi, pendant que ministres et députés se dérobent d'ensemble aux responsabilités de leurs fonctions, la Cour de Cassation, impassible, accomplit le devoir qui lui incombe de faire la lumière pour arriver à la justice. Au moins avons-nous cette chance que son autorité demeure intacte dans l'universel ébranlement des choses. C'est un bien précieux qu'il nous faut conserver comme l'ancre du salut. Que la Cour suprême exerce ses droits, tous ses droits : rien de plus, rien de moins.

M. Dupuy, lui, offre à la tribune communication du dossier Picquart. Quelle est cette plaisanterie ? Que n'attend-il que la Cour ait parlé, la Cour qui ne peut douter que ses réquisitions soient obéies ? N'a-t-il pas avoué lui-même qu'elle a sous les yeux la copie de toutes les pièces qu'elle a demandées ? Alors, pourquoi la solliciter ainsi publiquement d'accomplir l'œuvre du Ministère responsable qui se refuse à son devoir? On veut qu'elle réclame le dossier? Elle l'a, et si elle a besoin de la communication d'une pièce originale, il n'en résulte pas, de l'aveu même de MM. Dupuy et Lebret, la nécessité du sursis. Et pourtant, si l'on offre la communication des pièces à la Cour, c'est qu'on veut obtenir d'elle ainsi, par voie indirecte, le sursis, le sursis que le Gouvernement a le droit d'ordonner, et que, n'ordonnant pas, il sollicite de la Cour, dont cette mesure excède le droit, puisque, si elle le demandait et qu'il lui fût refusé, elle serait sans moyens de se faire obéir.

En effet, de quel droit interviendrait-elle dans l'affaire Picquart, dont elle n'est pas saisie? C'est une complaisance qu'on attend d'elle, une complaisance qui achève le bouleversement des lois, pour exempter MM. de Freycinet et Dupuy des devoirs de leur charge. Les députés, qui ne sont pas nécessairement légistes, sont excusables de s'y être laissé tromper tout d'abord et d'avoir consenti, pour sauver le Gouvernement de sa propre faiblesse, à ce déplacement des responsabilités. Mais M. Ribot, mais M. Poincaré, mais M. Barthou, tous jurisconsultes, comment ont-ils pu s'abuser à ce point? Ils ont été de bonne foi, j'en suis fermement convaincu. Jusques à quand souffriront-ils que la mauvaise foi d'un ministre triomphe de leur candeur?

M. Ribot a formellement dit que, si la Cour de Cassation ne faisait pas le sursis, c'était au Gouvernement de le faire. Encore deux fois vingt-quatre heures, et il ne pourra plus feindre de douter des intentions de la Cour. Que fera-t-il? Le temps marche. Et c'est un spectacle inattendu de voir des journaux comme *le Soleil* demander l'ajournement et plaider pour Picquart, tandis que Picquart lui-même ne demande rien et marche au sacrifice, la tête haute, en défiant le destin.

A chacun sa responsabilité, M. de Freycinet, Ministre de la Guerre, M. Lebret, Garde des sceaux, M. Dupuy, président du Conseil. « *Laissez faire les justices*, écrit M. Lavisse lui-même, est une formule de guerre civile. » Vous voilà prévenus, messieurs.

Le danger du jugement immédiat, c'est qu'il y a suspicion légitime des juges, à ce point que M. Zurlinden lui-même n'a pu les mettre en action qu'en encourant un blâme du Gouvernement. Le danger du jugement immédiat, c'est que vous préparez un conflit qui peut être sans issue. Le danger du jugement immédiat, c'est que vous aggravez la crise et la prolongez nul ne peut dire jusqu'à quel terme impossible à prévoir. Le danger du jugement immédiat, c'est qu'au lieu d'une condamnation d'innocent, vous en aurez deux au compte des tribunaux militaires, sans parler de l'acquittement d'un traître, et que cette fois le crime aura été commis du consentement des ministres et des Chambres. Le danger du jugement immédiat, c'est que vous exposez ce qui reste de l'Etat-Major français à un affront public de l'Etat-Major allemand, par la publication du témoignage de M. de Schwarzkoppen que vous savez l'auteur de ce *petit bleu* pour lequel on va condamner Picquart.

Ce sont là des dangers politiques, n'est-ce pas? Qui peut croire de bonne foi qu'il appartienne à la Cour de Cassation de nous en préserver? Non, c'est à vous, monsieur de Freycinet, Ministre de la Guerre, grand chef des juges militaires, c'est à vous, monsieur Dupuy, président du Conseil, c'est à vous, messieurs les ministres, que ce devoir incombe. Vous vous reconnaissez les pouvoirs nécessaires. Mais la peur vous tient. Vous tremblez d'agir aujourd'hui, demain. Puisse la Chambre vous y contraindre avant qu'il ne soit trop tard !

1er *décembre 1898.*

CXXVI

Pour la force contre la pensée.

L'autre jour, Urbain Gohier, écrivain poursuivi devant les tribunaux de la République par MM. de Freycinet et Lockroy, écrivains, pour avoir dit dans son dernier livre ce qu'ils ont dit eux-mêmes dans leurs propres ouvrages, méditait avec un ami sur les diverses réponses qu'il pouvait opposer à ces deux libéraux, dont la conception de liberté aboutit à mettre la pensée humaine au pilon. Urbain Gohier, je vous prie de le croire, n'était pas en reste de discours. Des documents s'entassaient devant lui, imprimés ou manuscrits, des lettres, des rapports, des notes de toutes provenances — mille choses curieuses qui verront le jour, je suppose, à la Cour d'assises.

Comme il classait ses papiers, avec des rires et des gestes de Peau-Rouge se préparant à la danse du scalp, son ami lui demanda aux offices de quel maître du barreau il comptait recourir. Gohier y avait pensé, puisqu'il avait, dès la veille, fixé définitivement son choix sur Jaurès. Mais c'est un sournois — je parle de Gohier — qui aime à faire *marcher* les gens.

— Diable! fit-il. Avez-vous une idée? Conseillez-moi, si vous pouvez.

L'autre, qui est de la basoche, m'a-t-on dit, et connaît toute l'humanité plaidante, cita des noms et des noms, sans souffler. Quand il fut à court d'haleine, Gohier, impitoyable, sollicita quelques explications supplémentaires sur celui-ci, sur celui-là, dont le talent et les convictions paraissaient tour à tour emporter le suffrage de son ami. Celui-ci vantait les jeunes.

— Il faut un jeune pour un jeune, prononça-t-il sentencieusement.

— Essayons des jeunes, dit Gohier qui n'est pas contrariant, mais ils sont un certain nombre de cette profession-là.

— Ah! répliqua l'autre avec un geste de véhémence, il n'y a pas de plus jeune que...

Et il cita un nom que, pour la commodité du discours, je prendrai la liberté de remplacer par un autre, celui de Boniface, par exemple.

— Voulez-vous, s'écria-t-il, que je pressente Boniface?

— Pressentez Boniface, je veux bien, fit Gohier, dont les yeux s'éclairèrent d'une démoniaque malice.

L'autre ne fit qu'un saut au téléphone.

— Hallô, hallô! Donnez-moi, je vous prie, le n° 448.27.

— Connu! s'exclama la jeune téléphoniste, en voilà un qui ne chôme pas.

— Hallô! Qui me demande, fit une voix sonore. On ne me laissera donc pas en paix? Je suis pressé.

— Oui, oui, tous les jeunes sont pressés, répondit en riant l'interrogateur. Pardonnez-moi, mon cher Boniface, je ne veux qu'un mot. Vous connaissez Gohier?

— Je crois bien. Quel talent! Je le disais hier à...

— Très bien. Vous savez qu'il a un procès.

— Hum! oui... Je crois que j'ai lu ça.

— Il va venir me voir ce matin. Peut-être me demandera-t-il mon avis sur un avocat. Si je lui conseillais de vous prendre?

— Oh! là là! Qu'est-ce que vous dites? N'allez pas me jouer ce tour abominable. Dire que j'admire Gohier n'est rien, je l'aime. Je le vante en tous lieux. S'il a besoin d'un service, je suis à lui. Mais pas ça, pas ça. D'abord, je ne suis pas député. Pour ces choses-là, on n'est bien condamné qu'avec un avocat politique. Et puis je vais vous dire, car je ne m'en cache pas. **Moi, je suis pour la force contre la pensée.**

— Quoi?

— Je vous dis que *je suis pour la force contre la pensée*.

— Vous?

— Moi. Il faut être de son temps. Vous m'avez bien compris, n'est-ce pas? Je suis pour la force contre la pensée.

De stupéfaction, l'autre lâcha le récepteur, et, se retournant, que vit-il? Gohier lui-même avec l'autre récepteur à l'oreille, Gohier qui ne lâchait pas prise, car l'appareil, truchement de Boniface, ne cessait de répéter les fatidiques paroles : « Je suis pour la force, contre la pensée. »

Quand cette scène me fut racontée par un reporter ami de la jeune téléphoniste, j'en conçus une joie singulière. Enfin nous avions trouvé un jeune qui, par simple probité d'âme, exprimait ingénument son époque en une concise formule, que nos hommes d'Etat sans doute désavoueraient de leurs discours, mais justifieraient de leurs actes tout aussitôt. Car cette grande parole a été prononcée, réellement prononcée par un des premiers jeunes du barreau, et nous devons la retenir comme un des plus beaux signes du temps présent. Je n'enlèverai pas le masque de Boniface, mais je ne désespère pas de lui en voir, lui-même, dénouer les cordons. Cela ne lui fera pas tort. Bien au contraire. Et si je ne le nomme pas en toutes lettres, je crains que ce ne soit, tout au fond de moi-même, par la jalouse crainte de lui faire plaisir.

« *Pour la force contre la pensée!* » Quel mot admirable, cher maître, et combien vrai! On ne peut dire plus en moins de paroles.

Je ne sais pas, pour moi, si chacun me ressemble,
Mais j'entends là-dessous un million de mots.

Et dire que cet homme-là n'est pas député! Il faut qu'il le soit au plus vite. La tribune l'attend, au lieu du vulgaire téléphone, ou du prétoire, dont le retentissement ne peut pas suffire à son génie.

« *Pour la force contre la pensée!* » Fut-il jamais formule plus compréhensive d'un temps? C'est l'affaire Dreyfus, c'est l'affaire Esterhazy, c'est l'affaire Picquart. C'est la Chambre, c'est le Gouvernement, c'est le suffrage des foules d'où nos « dirigeants sont sortis ». C'est l'Eglise romaine tout entière, fabricatrice de la mentalité qui nous tue. Le moine Didon l'a dit après tant d'autres. Nul avec autant de force que ce jeune avocat, déjà connu, mais que je veux demain célèbre. C'est l'armée elle-même, ou du moins c'est Mercier parlant pour elle, au nom de l'insurrection de la force contre la justice et la loi, par lui-même déchaînée.

Dans l'autre camp, les « Byzantins » qui *pensent!* qui pensent qu'un coup de sabre ne peut pas tenir lieu de raison, de justice, de liberté. Ainsi pensa Picquart, le traître, le sans-patrie. Ce soldat crut qu'il y avait une grandeur dans la force de tous mise au service de l'idée, et quand on vint lui proposer de séparer la patrie de la justice, il ne comprit pas, car il n'était pas de son temps. De là tous ses malheurs, qui ne sont pas encore finis.

L'ancienne France, soldat de Dieu, la France de la Révolution, soldat de l'homme, avaient chacune un idéal, qui, si l'on y regarde attentivement, est le même. Sous ces deux termes qu'on oppose absurdement, puisque la divinité ne nous apparaît que comme une projection d'humanité dans l'espace sans fin, les hommes de toutes sectes et de tous partis ne cherchaient en réalité qu'une chose : plus de justice entre les vivants, plus de bonté d'une créature à l'autre.

Picquart a cru cela, le fou, non pas de cette croyance théorique qui se manifeste tous les jours en nos temples et s'accommode des actes de cruauté sociale dont le catholique de Mun témoigne, avec l'encouragement de l'Église, complice au moins par son silence. Non. Picquart a cru que l'idée de justice impliquait ce devoir, quand l'iniquité se réalisait sous ses yeux, de venir au secours du faible contre le fort. Ce fut sa conception du soldat, à cet insensé. Et jamais il ne se crut si bien au cœur même du devoir militaire que lorsqu'il dit : « L'affaire Dreyfus fut une erreur excusable. La vérité connue, nous ne sommes plus libres de maintenir ce qui est, car nous nous ferions les complices d'un crime. »

On a passé outre, on l'a exilé en Tunisie. Et il a dit : « Quand les chefs sauront !... » Quand les chefs ont su, ils l'ont chassé de l'armée. Et il a dit : « Quand le Gouvernement saura... » Quand le Gouvernement a su, on l'a jeté en prison, on l'a mis au secret, on lui a imputé les faux fabriqués pour le perdre par des faussaires connus. Et il a dit : « Quand la France comprendra !... » Et la France a compris, et la France arrive à son secours. La France des nobles pensées, la France des sentiments généreux, longtemps dormante, aujourd'hui réveillée. La France aimée des hommes pour son renom d'amour.

Et voilà que tout change. Et les jeunes qui sont encore « pour la force contre la pensée » doivent se hâter de profiter de l'heure, car la pensée assiège la prison de Picquart, dernier abri de la force brutale qui déjà se sent vaincue. La condamnation est toute prête. On règle l'ordonnance du supplice. Trop tard, bourreaux ! Votre victime vous échappe. Et le nom de son sauveur, sachez-le, ce n'est ni l'écrivain qui ne peut qu'écrire, ni le Gouvernement, ni la Chambre en fuite, ni même la Cour de justice qui veille courageusement, c'est quelque chose de plus haut que nos vains mouvements d'obscure volonté, quelque chose de plus sacré que vos fétiches d'idolâtrie, quelque chose de plus fort que la force : la pensée.

2 décembre 1898.

CXXVII

La leçon.

De l'Éducation de la volonté dans l'instruction et dans la nation. Un beau sujet pour M. Buisson, à l'ouverture de son cours en Sorbonne. Un sujet trop actuel, hélas! dans l'effroyable crise d'*aboulie* que nous traversons.

Le haut enseignement ne serait qu'un vain jeu de paroles s'il ne nous apportait, dans ses conceptions d'ensemble, comme une pierre d'essai où se peuvent éprouver, estimer les actions privées et publiques d'un temps. Ainsi, aux époques douloureuses où un peuple se débat contre lui-même, cherchant sa voie entre les besoins supérieurs de la pensée et la résistance des intérêts divers groupés sous l'étiquette d'un idéalisme menteur, il arrive que les philosophes de profession ne puissent généraliser sur l'éternelle contradiction de la liberté et de l'autorité oppressive, de la justice et de l'arbitraire, de la vérité et du mensonge, sans avoir l'air de prendre parti contre les puissances qui sont.

Ce n'est la faute ni de M. Buisson, ni de ses élèves si aujourd'hui l'on ne peut plus parler de criminels et de faussaires sans paraître insulter quelqu'un de l'Etat-Major. Ce n'est la faute ni de M. Buisson, ni de ses élèves si l'on ne peut faire l'éloge de la conscience humaine sans provoquer le cri de « Vive Picquart! ».

Parle-t-on des injustices suscitées par les préjugés d'ignorance, c'est évoquer les spectres de Dreyfus et d'Esterhazy. Cherche-t-on jusqu'à quel excès d'affolement l'esprit de caste peut pousser ses vengeances, le conseil de guerre de demain se présente à notre pensée. Veut-on disserter de la tragique opposition entre la force brutale et la pensée, les spectacles du présent se dressent devant nous, et cela devient une hardiesse de dire avec M. Buisson : « Si le rationalisme n'est pas le dernier mot de la vérité, l'antirationalisme est le premier mot de l'erreur. » Enfin, se propose-t-on de traiter du phénomène psychique de la volition, d'en déterminer les conditions, de parler d'une éducation d'énergie, de montrer la déchéance des volontés avilies, tout aussitôt des noms s'imposent : Zola qui veut, Zola qui fait, Zola qui, de sa volonté et de son acte, impose à sa patrie la crise terrible et salutaire où se doit retremper sa virilité chancelante, Picquart que le destin appelé sur lui par d'autres trouve impassible et fort, supérieur à toute fortune mauvaise. Dupuy, universitaire tombé dans les grandeurs. Freycinet, une intelligence incapable de vouloir. Tant d'autres encore que je ne veux pas nommer, et qui, parce qu'ils ont fragmenté, brisé les pouvoir du monarque en poussière d'anonyme tyrannie, font de leur bourdonnement d'atomes le ressort de l'univers. La fourmi, sur la corne du bœuf, disant à sa commère :

Nous venons de labourer,

Et toi, bon monstre aussi, foule confuse aux mille têtes, la pensée nous vient de tes instincts généreux — car ton besoin de justice est grand — de tes volontés de justice si facilement traduites en actes cruels, car ton irresponsabilité fait à ton ignorance un primesaut de barbarie.

Toutes ces choses, toutes ces vies, le passé, le présent, l'avenir, se trouvaient hier frémissantes sous l'analyse psychologique de l'éminent professeur. Et le chœur antique ne faisait pas défaut. Non plus de vulgaire bon sens, comme aux théâtres de la Grèce, mais d'ardent enthousiasme et de nobles sentiments. Toute une jeunesse, si belle avant l'épreuve des mauvais jours, battant des mains, faisant de chaque principe abstrait une réalité vivante, empressée de distribuer la gloire et la honte et de faire un vagissement de justice de sa turbulence généreuse.

Et moi, qui ne suis rien qu'une pensée en action, j'écoute et je regarde, et je sens courir en moi le frisson des grandes heures. Ce professeur, je l'ai connu. Combien de fois me suis-je assis devant lui, quand il était directeur de l'enseignement primaire, pour lui demander je ne sais plus quoi. Je l'ai connu, je ne l'ai pas compris. Et puis, un jour de l'été dernier, dans ma paix de Carlsbad, sa parole m'est arrivée. Il citait son ami Félix Pécaut, un homme : « *En voulant sauver la France, disait Pécaut, prenez garde de détruire la conscience française ! Il est facile aujourd'hui d'obtenir que, de guerre lasse, la conscience publique se taise et s'apaise. Tremblons que ce malheur ne nous arrive. Celui-là seul serait irréparable.* »

Et M. Buisson concluait : « *Ne nous laissons pas enfermer dans ce dilemme abominable : ou sacrifier la justice à la patrie, ou sacrifier la patrie à la justice. Ces deux idées n'en font qu'une : blesser l'une, c'est blesser l'autre.* »

Et je m'écriais :

Enfin ! Enfin ! Voilà des Français qui se lèvent, et qui parlent quand parler c'est agir. Grâces leur soient rendues. C'est l'esprit libérateur de la France qui se révèle en eux. Par eux nous serons sauvés du malheur que redoutait M. Pécaut. Le cri de la conscience publique ne sera point étouffé. Des hommes ! Il y a des hommes en France ! Tant de faibles qui tremblaient devant les menaces barbares du sabre et du goupillon reprendront courage, voyant où sera la force de demain.

Oui, il y a des hommes. Un homme qui pense, ô Mercier, et des intelligences qui s'ouvrent à sa pensée.

Ah! jeunes gens, jeunes gens, que vous avez été lents à venir! J'ai compté les jours et les heures. Mais vous êtes venus, j'oublie la longue désespérance. Hâtez-vous à l'action. Jamais fortune ne vous sera plus heureuse. Demain, pris dans le dur engrenage de vivre, qui sait en quelles tristesses peut vous précipiter le malheur. Hâtez-vous, hâtez-vous de racheter par anticipation les faiblesses de l'avenir. Applaudissez, suivez de votre jeune aile aventureuse le grand vol vers les cimes. Une heure de donquichottisme pour expier la vie bourgeoise qui vous tentera demain!

Cette heure vous l'avez vécue, amis inconnus qui hier criâtes : « Vive Picquart! » aux fenêtres de la prison militaire. Qui sait si le tumulte de vos âmes en rumeur n'est pas arrivé jusqu'à l'homme qui affronte, en ce moment, la vengeance des injustes et souffre sans faiblir, par la lâcheté de ceux qui, découvrant la justice sous le fouet du bourreau, n'osent lui porter secours. S'il vous a entendus, il vous doit l'espérance, le plus beau de tous les biens. Sinon je vous ai entendus, moi, et mon courage en a grandi, et je vous suis redevable d'une aide.

Avez-vous vu *Struensée*? Allez l'entendre! Il a quelque chose à vous dire :

> Quand même votre élan subirait quelque arrêt.
> Quand même, abandonnant la sublime carrière,
> Vous devriez un jour retourner en arrière,
> Il vous serait compté par le progrès vivant
> D'avoir fait au début quelques pas en avant...
> Ou même seulement d'avoir voulu les faire.

C'est assez. Le reste est l'affaire d'une fatalité de justice inévitable. Montluc se croyait l'homme de Dieu, pendant ses huguenots. Que pensera Dosse demain, exécutant Picquart? Peut-être il se croira l'outil de quelque chose de grand. Nous, qui voyons plus loin, nous préparons le jugement des juges.

Et puis, je veux vous dire encore un grand secret. Gabriel Monod, un de vos maîtres, qui est une conscience, s'est plaint l'autre jour de ses compagnons de combat qui ne restaient pas dans sa mesure. Il avait raison. Il avait tort. Il avait raison, s'il est en état de peser hommes et choses dans l'infaillible balance de l'universelle sagesse. Il avait tort, s'il ignore la volupté divine d'aller, pour la souveraine beauté du bien, au delà de ce que la raison commande.

Si Zola m'avait apporté son *J'Accuse* à signer, j'aurais dit que c'était folie, et pourtant c'est Zola qui avait raison, et, sans Zola, les belles protestations de Monod lui-même n'auraient éveillé la conscience française que dans cent ans peut-être, c'est-à-dire trop tard.

Alors, je vous crie bravo, merci. Soyez déraisonnables tout un jour. Vous aurez, pour la triste raison, tout le reste de la vie. *Rien de trop*, disait l'oracle. Beau précepte, et solide, où je conseille à chacun de se tenir. Mais quelles joies aura perdues celui qui ne s'en sera jamais écarté !

Au Sénat on est dans la mesure. M. Waldeck-Rousseau a parlé très sensément. Il a dit tout ce qu'il fallait dire. Rien de plus. Un sénateur ministériel filouta la voix de Joseph Fabre, et par cette canaillerie la lâcheté des Dupuy et des Freycinet fut récompensée. A la Chambre même histoire. Ribot s'abstient, sachant qu'il faut agir. Poincaré suppute les chances d'une majorité pour ou contre. Barthou se tient en réserve de Poincaré. Voilà tout ce que peut faire la raison. Au delà se rencontre l'impulsion déséquilibrée de justice et de vérité qui fait les grandes choses. Envions celui qui, par acte de déraison, donne aux âges à venir la leçon de volonté.

3 décembre 1898.

CXXVIII

Ce qu'ils ont fait, ce qu'ils font.

Si la Cour de Cassation livre à Guillaume II « nos plans de mobilisation et nos études sur la portée de nos canons », comme le dit M. Henri Rochefort, elle fait une bien vilaine besogne, et je pense qu'un interpellateur patriote voudra bien lui rappeler qu'on attend d'elle tout autre chose.

Mais sans s'occuper de notre artillerie nouvelle dont *l'Autorité* raconte qu' « une théorie sur le maniement de la pièce » vient fâcheusement de disparaître, à Tarbes, par la négligence d'un officier, si la Cour suprême mène à bien son enquête sur l'affaire Dreyfus-Esterhazy-Picquart, elle aura rendu un service éminent à la société civile qui ne peut vivre sans justice, et à l'armée qui paraît trop facilement ouverte à l'espionnage de quelques mauvais Français.

Je constatais, récemment, avec toute la France, l'incommensurable bêtise de notre Etat-Major. Pour non-intellectuels, ceux-là, on peut les prendre, et même les donner en exemple aux partisans de ce *patriotisme des imbéciles* qui nous fut recommandé, l'autre jour, à la Chambre. Ah ! si la stupidité des conceptions était une garantie, comme nous serions bien défendus ! Seulement, il n'en va pas ainsi, et, dans la guerre comme dans la paix, l'intelligence encore l'emporte sur l'ineptie. De là nos malheurs, dans diverses rencontres trop connues.

Cette remarque s'impose à tout le monde, au

moment où nous lisons les renseignements officieux fournis aux journaux sur le fameux dossier secret que M. Freycinet va remettre tout entier — avec quelques précautions universellement approuvées — aux mains de M. le président Loew. Savourez-moi ce morceau que j'emprunte au journal *le Matin* :

Nous pouvons ajouter, pour compléter notre précédente information, que ce dossier mystérieux ne renferme pas les documents sensationnels dont il a été question si souvent depuis quelques mois. Le nom de Dreyfus ne figure dans aucune de ces pièces, pas plus, d'ailleurs, qu'un signalement physique ou moral, répondant à celui du condamné de l'Ile du Diable. Toutefois la lecture des documents laisse l'impression, par certaines allusions assez transparentes, qu'un officier français était en relations suivies avec les attachés militaires de plusieurs puissances étrangères.

Ainsi, il y a des raisons de penser qu'un officier français était en relations amicales avec des attachés militaires étrangers. Nos lecteurs savent que je leur ai développé cette idée à plusieurs reprises. Si Esterhazy n'avait pas eu un complice à l'Etat-Major, ses communications n'auraient pas valu 2,000 francs par mois et Schwarzkoppen devait être ménager de ses fonds d'espionnage. Ce complice n'est pas Dreyfus. Ce complice, suivant toute probabilité, est Henry, le faussaire, dont les mensonges et les crimes secondaires s'expliquent comme couverture du crime principal : la trahison.

Ce complice n'est pas Dreyfus, parce qu'il n'y a jamais eu l'ombre d'une preuve contre lui, parce que le bordereau est d'Esterhazy, parce que, des pièces secrètes, les authentiques ne le concernent pas, et les autres sont des faux de Henry, enfin, parce qu'après la condamnation de Dreyfus, les fuites continuèrent.

Ce complice paraît décidément être Henry par toutes les raisons que j'ai précédemment dites, auxquelles vient s'ajouter un argument nouveau. La Cour de Cassation a fait saisir, il y a quelques jours, une lettre qu'Esterhazy adressait, en 1893, à M. Jules Roche, rapporteur du budget de la guerre. Dans ce document Esterhazy offre au député « des renseignements du plus haut intérêt sur les abus du bureau des renseignements » et conclut en ces termes : « Je connais un officier de ce bureau, le commandant Henry, *mon ami et mon débiteur.* »

Tandis que Mercier, l'imbécile en chef, faisait arrêter Dreyfus que la passion religieuse désignait aux haines des Jésuites d'épée, tandis qu'il le faisait condamner en violant les lois, la trahison installée au cœur de l'Etat-Major, et protégée par l'épaisse stupidité ambiante, faisait son œuvre. Se souvient-on qu'au procès Zola, Henry se dit malade d'abord, quand il eut lieu de craindre que les questions ne devinssent trop brûlantes ? Les autres chefs aussi, qui plus tard, pour se dérober firent si grand tapage, avaient commencé par refuser de venir. Mais celui-là avait des raisons particulières pour craindre l'interrogatoire : son coup de rasoir n'a pas laissé de doute là-dessus.

Il dit qu'il avait reçu le bordereau des mains de l'agent du ministère. Nous savons aujourd'hui que c'est un mensonge. Son but était de détruire l'argument qui consistait à dire que, si Henry avait été l'ami d'Esterhazy, il aurait jeté la pièce au feu en reconnaissant l'écriture. Il est acquis, maintenant, qu'Henry n'eut le bordereau qu'une fois reconstitué, quand il était trop tard pour le faire disparaître.

Quant à ses relations avec Esterhazy, Henry les niait obstinément, et les voilà prouvées sans contestation possible. Et quelles relations ? des relations d'argent. « Henry est mon débiteur », écrivait Esterhazy à M. Jules Roche. Qui peut croire un moment qu'Esterhazy eût réellement mis à la disposition de son compère tout ou partie de ses fonds ? Esterhazy n'avait pas de fonds, courant toujours après les fonds des autres. Mais comme il ne pouvait dire au rapporteur de la guerre qu'il donnait à Henry l'argent de l'étranger, c'était bien le moins qu'il s'attribuât à lui-même le mérite de ces générosités. Tout s'accorde ici merveilleusement pour éclaircir la voie obscure, et l'on ne peut qu'admirer le noir aveuglement de nos magnifiques stratèges dont le principal souci, après le drame sinistre de 1894, fut de garantir bien haut l'honneur du traître, la vertu du faussaire.

Le plus beau, c'est que, malgré tant de vérité connue, nos gens s'obstinent à fermer stupidement les yeux à la lumière, et qu'après avoir condamné un innocent et acquitté un traître — double crime contre la patrie — ils vont au premier jour *sabrer* l'homme coupable d'avoir identifié, dans son âme, la justice et la patrie.

Le principal témoin contre Picquart est Henry, traître et faussaire, qui l'outrageait dans une lettre de commandant à lieutenant-colonel, avec *l'approbation de Boisdeffre et de Gonse*; Henry, qui lui donnait en plein tribunal un démenti et fut plus tard reconnu le menteur; Henry, qui se faisait convaincre de mensonge par Leblois lorqu'il niait avoir reçu l'honorable avocat dans son cabinet, lorsqu'il prétendait l'avoir vu à une époque où celui-ci était absent de Paris; Henry, qui faisait des faux pour prouver la culpabilité de l'innocent et disculper le complice de sa propre trahison. Voilà le grand témoin contre Picquart.

Et qui encore? Esterhazy! Je passe. Du Paty de Clam, faussaire impuni qu'attend le châtiment des lois. Lauth, de qui nous parlerons à son heure. Le général Roget, collaborateur éminent de M. Cavaignac, qui se charge, paraît-il, au prochain procès, de faire le réquisitoire du témoin contre l'accusé, à la mode de Pellieux, au procès Zola.

Le plus triste, c'est que les civils qui ne sont pas des traîtres, qui ne sont pas faussaires, qui n'ont pas l'excuse de l'esprit de caste, de la passion religieuse ou de la bêtise, les civils qui sont simplement des lâches, livrent l'homme de justice et de vérité aux vengeances du crime, de la passion religieuse, de l'esprit de caste et de la bêtise. Cela, c'est la honte achevée. Malheur sur nous, si nous le tolérons?

La révélation que nous apporte sur Henry la lettre

d'Esterhazy à M. Jules Roche montre s'il est nécessaire, avant de juger Picquart, de connaître *à fond* les hommes qui l'accusent.

Je faisais cette observation à un député radical qui me fit l'honneur de venir me voir au moment même où j'écrivais ces lignes. « Je n'y puis rien, me répondit l'excellent parlementaire. Croiriez-vous que Barthou est venu voter contre moi, dans mon bureau? Après cela, comment marcher avec lui? » Je ne répondis rien. Quand on me donne des raisons... je sais me taire.

Bilan :

Esterhazy, escroc, faussaire et traître, acquitté en cérémonie par un conseil de guerre unanime.

Henry, faussaire et complice du traître, mis aux arrêts de forteresse et suicidé par ordre.

Du Paty de Clam, faussaire, arraché à la justice par Bertrand, procureur général, par Feuilloley, procureur de la République, au moyen d'une violation des lois constatée par arrêt de la Cour suprême; du Paty de Clam dérobant une pièce secrète pour la remettre à Esterhazy dans le but de disculper ce criminel et, pour ce crime d'Etat, non poursuivi.

Mercier, coupable de forfaiture, non poursuivi, narguant ses juges, et osant dire que la justice et l'application de la loi sont des questions dignes de Byzance.

Boisdeffre, Pellieux, Gonse, et d'autres, pris en fâcheux accord avec Esterhazy, escroc, faussaire et traître, pour tromper la justice civile et militaire.

Hanotaux, Billot, Méline, faisant avec Boisdeffre usage d'un faux pour tromper le jury dans le procès Zola, impunis.

Et par tous ces accusateurs, avec la complicité de Dupuy et de Freycinet, Picquart, qui les dénonce, condamné d'avance. Tableau!

4 décembre 1898.

CXXIX

A chacun sa responsabilité.

M. Eugène Fournière a écrit à M. Dupuy pour l'informer qu'il se proposait de l'interpeller aujourd'hui même sur les moyens que compte employer le Gouvernement pour détourner le conflit qui se prépare entre la Cour de Cassation et le conseil de guerre.

A ce moment précis, la question posée par le député de l'Aisne ne manque pas d'intérêt. Un conseil de guerre, sous l'influence de certains chefs militaires, dont le colonel Picquart a révélé les défaillances, se dispose à rendre un jugement de passion contre cet officier. Tous les coupables, militaires et civils, que je nommais hier, sont impunis. L'homme de justice et de vérité par qui furent connus leurs crimes contre la patrie sera condamné. M. le gouverneur de Paris se réjouit déjà hautement à la pensée de le voir dégrader dans la cour de l'Ecole militaire et de lui faire endosser, après l'exécution, la casaque des forçats.

Comment peut-on espérer d'obtenir la réparation d'une si criante iniquité? Aucun moyen. La Cour de Cassation n'est pas juge de la procédure des conseils de guerre. Et c'est précisément parce que l'injustice ne paraît pas susceptible d'être réformée que l'Etat-Major ne prend pas la peine de dissimuler la joie de sa vengeance. Quand l'enquête de la Cour de Cassation aura manifestement révélé l'attentat qui sera commis sous le manteau de la justice, la loi sera impuissante à procurer la réparation que la conscience publique voudra.

De cela tous les auteurs de la présente crise triomphent. Ne s'agit-il pas, pour eux, d'arrêter la vérité, d'empêcher la justice? Un journal de l'État-Major ne disait-il pas récemment que non seulement il était indifférent que l'enquête de la Cour de Cassation aboutit à confirmer ou à contredire l'arrêt du conseil de guerre, mais que cet arrêt lui-même, s'il était contre Picquart, devait préjuger l'œuvre de la Cour de Cassation, et rendre la revision désormais impossible? Tel est ingénûment le fond des pensées.

Par la plus cruelle méconnaissance des lois, on nous a jetés dans une crise sans précédent. Par le mensonge et par l'iniquité on nous y a maintenus depuis une année.. On veut aller jusqu'au bout de la gageure contre la conscience humaine. On s'acharne au final triomphe de l'injustice. On poursuit comme solution définitive l'irréparable écrasement de la vérité.

Cependant il y a un Gouvernement, et même un Gouvernement républicain de liberté, d'égalité et de fraternité que nous avons mis là, non sans peine, tout exprès pour nous procurer à nous-mêmes tout ce qu'il se peut de justice sur la terre. Que font nos ministres? Que font nos Chambres? Que dit le suffrage universel, notre polycéphale souverain? Pas grand chose, jusqu'ici.

Il se trouvait que nous étions à la veille d'élections quand la question se posa. Dans ce cas, ainsi que dans toutes les autres circonstances connues, le suffrage universel se manifesta — contrairement à ce qu'avaient rêvé ses fondateurs — comme l'instrument de conservation par excellence. « L'injustice a forme de justice. Maintenons-la, car la société croule sans le respect de la chose jugée. » Tel fut d'abord le « raisonnement » de la foule. Les chefs de l'armée, au nom des défaites passées, les chefs de la religion, au nom de l'idéalisme patenté dont ils tiennent boutique, juraient que tout est pour le mieux et qu'au moindre mouvement de raison raisonnante la France elle-même allait périr. La foule n'est pas stratège, la foule n'est pas prophète. La foule ne sait que souffrir ou ruer. Notre foule se soumit.

Quel embarras pour tant de députés *réformateurs* qui voyaient plus loin, mais n'osaient le dire. « Si je fais connaître ce que je pense, je ne serai pas nommé. » Cette pensée les fit plier très bas. Devenus ministres, quand les hommes qui n'attendaient rien que d'eux-mêmes eurent fait la besogne, les plus braves trouvèrent le courage de ne s'y opposer que faiblement. Je ne nomme personne, ayant bien autre chose en tête que de récriminer contre les individus.

Enfin, nous arrivons à la crise suprême. Il faut être pour ou contre la vérité. Il faut être le serviteur de la justice ou son adversaire. Poincaré, Barthou, Ribot, après des hésitations trop longues, se décident. Au moins pourront-ils dire plus tard : « A tel jour, je me suis rendu. » Ils ont été faibles, ils retrouvent une énergie. Comment ne pas les féliciter ! Mais Lebret, l'imbécile flétrisseur des « *sans-patrie* » dont le crime était de vouloir une patrie de justice, que voulez-vous qu'il dise celui-là ? Il veut être ministre comme une femme veut un chapeau de la rue de la Paix, parce que « ça fait bien ». Freycinet, Dupuy croient qu'ils ont des ambitions plus hautes parce qu'ils visent un grade supérieur. Ils ont plus d'intelligence, voilà tout, et sont plus coupables puisqu'ils en font sciemment un pire emploi.

Voyez-les dans les deux Assemblées. Ils emploient tout leur art — qui est grand — à mentir en des formes de vérité. Freycinet *promet* qu'il n'y aura pas de huis clos sachant que cela ne dépend pas de lui, et que le conseil de guerre seul a qualité pour dire ce qu'il en sera. Puis, *le coup fait* — c'est-à-dire la majorité obtenue — le même Freycinet s'en va sournoisement ajouter à sa *promesse*, dans l'*Officiel*, l'incidente subtile qui la détruit. Dupuy, pour *emballer* le Sénat, fait une théorie folle du *pouvoir discrétionnaire* de la Cour de Cassation. Puis, quand il a sa majorité, il biffe discrètement d'un trait de plume l'énorme sottise qui lui a valu le suffrage des sénateurs.

Et, afin de ne pas être en reste avec leurs ministres, les sénateurs gouvernementaux eux-mêmes, quand M. Waldeck-Rousseau fait une proposition de bon sens dont chacun reconnaît l'utilité, escroquent les voix de l'opposition pour faire une majorité de fraude. On ne s'en aperçoit que le lendemain, *et le vote est acquis*. Il est écrit que dans cette affaire, il y aura des faux jusqu'à la fin. Tels sont nos procédés de gouvernement. On ne peut pas vraiment se montrer surpris de ce que M. Fournière ait voulu tenter de mettre un peu de clarté dans ce brouillard.

Toutes ces basses ruses de nos ministres n'ont qu'un but : les dispenser d'agir. Car rien ne leur paraît si redoutable qu'une responsabilité pour le bien du pays. Ils ne font rien, et chaque jour la crise menace de devenir plus grave, ainsi que les en avertit le tumulte commençant de la rue. De fâcheux incidents peuvent se produire. La solution légale du problème peut devenir introuvable. Nul ne sait ce qui peut survenir dans l'agitation des esprits. Mais nos ministres ne sont point gens à s'embarrasser de ces vétilles. On se fait des majorités à coups de bulletins faux, on laisse le mal grandir, et puis, s'il y a des mécontents, on *tire dans le tas*. Voilà le secret de gouverner.

M. Fournière cherche autre chose. Puisse-t-il le trouver. La France lui en devrait une reconnaissance. Qu'il mette M. de Freycinet et M. Dupuy au pied du mur. Qu'il les oblige à se prononcer par oui ou par non, avec promesse anticipée de ne pas changer cette fois les *non* en *oui* et les *oui* en *non*, au *Journal officiel*. Et que chacun prenne place parmi ceux qui veulent conjurer la crise et faire la justice, ou parmi ceux qui rêvent d'installer l'iniquité dans le prétoire et d'en assurer le triomphe à coups de fusil.

M. Ribot, M. Poincaré, M. Barthou auront peut-être quelque chose à dire là-dessus. D'autres, qui n'ont point encore parlé, voudront peut-être aussi se libérer. Que chacun prenne sa responsabilité devant tous : la conscience trouvera sa voie, la justice aura son jour. Un harangueur de réunion publique, qui a nom Anatole France, disait très bien hier: « Nous aurons raison, parce que nous avons raison. » Si les lâches et les imbéciles savaient combien cette simple conviction emplit l'homme de force, met, en son cœur, de volonté !

5 décembre 1898.

CXXX

Les trois muets.

Il faut vraiment que M. Zurlinden soit sûr de *ses* juges pour oser, à la face de la France et de l'Europe, maintenir les poursuites contre Picquart quand il sait, avec tout le monde, que M. Schwarzkoppen est l'auteur du *petit bleu* et que la falsification en a été faite par Henry et ses complices pour perdre Picquart.

Henry est mort. On ne court pas le risque de le faire parler par des interrogatoires plus sévères que celui de M. Cavaignac. Il fallut insister à dix reprises pour lui faire avouer qu'il était l'auteur du faux. Pour savoir s'il avait des complices, on se contenta d'une seule question, et, dès qu'il eut dit non, ce fut fini. Quant à ses relations avec Esterhazy, pas un de ses chefs, si perspicaces, ne les soupçonnait. Autrement, j'aime à croire qu'on n'aurait pas manqué de lui demander pourquoi il avait laissé condamner Dreyfus, après avoir reconnu l'écriture de son ami Esterhazy dans le bordereau. De là à se demander s'il ne s'agissait pas, pour Henry, tout simplement de se sauver lui-même, il n'y avait qu'un pas. Mais nos illustres têtes de bois, hypnotisées par le Juif, ne voyaient rien, ou faisaient semblant de ne rien voir.

Un homme aurait pu parler, du Paty de Clam, étrangement mêlé aux faux d'Esterhazy. Dès qu'on le sut coupable, on n'eut qu'une préoccupation: le sauver. Qui donc percera ce mystère? Lauth aussi, je crois bien, pourrait dire bien des choses. Son cas, non plus, n'est pas très clair, à celui-là. Mais croyez-vous qu'on va mettre du Paty de Clam et Lauth dans le cas de s'expliquer sur eux-mêmes? On les fera parler contre Picquart, c'est bien plus simple. Et s'il se rencontre quelque fait dont la responsabilité soit trop lourde pour certaines épaules, Henry, muet, sera là pour tout endosser.

Car Henry a ce grand avantage, étant l'accusateur par excellence de Picquart, de n'avoir pas à répondre aux questions qui feraient de l'accusé l'accusateur à son tour. Henry vivant, le procès Picquart était impossible. Le scandale eût été trop grand. Lemercier-Picquart, qui fabriqua le faux sur l'ordre de Henry, et Henry lui-même, sont morts dans des conditions dont on ne veut pas approfondir le mystère, et Boisdeffre se dit : « au moins ceux-là ne parleront pas! »

Mais, à côté de Henry, muet pour toujours, il y a des vivants — deux au moins — qui savent le dernier mot de l'affaire et ne le disent pas : M. de Schwarzkoppen et M. Félix Faure.

M. de Schwartzkoppen sait très bien qu'il a écrit le *petit bleu*. Il en a fait la confidence à dix témoins et ne serait pas embarrassé de prouver son dire. En s'engageant dans l'imbécile procès contre Picquart, l'Etat-Major se met à la discrétion du colonel allemand, qui peut choisir son heure pour prouver la criminelle ineptie de nos chefs militaires.

Celui-là est un ennemi. Même au nom de la justice et de la vérité, Picquart ne veut rien lui demander. Il préfère succomber en silence sous l'iniquité des maîtres indignes de sa patrie. On s'explique l'excès du point d'honneur. Mais Schwarzkoppen, lui, il a une conscience qui, depuis longtemps, aurait dû l'avertir qu'il est responsable des crimes qu'il laisse commettre, pouvant d'un mot les empêcher. Il supporte allègrement ce poids, paraît-il. La discipline peut enchaîner ou délier sa langue, suivant que le commandera l'intérêt politique, dont Guillaume II seul est juge. Tant pis pour Picquart, tant pis pour le bon renom de la France, si l'intérêt de l'Allemagne commande au soldat allemand et à son chef suprême de se faire, par leur silence, complices du crime public!

Cependant, est-il bien sûr que la question se présente avec une aussi brutale netteté devant les grands chefs militaires qui veulent à tout prix se venger de Picquart, et devant le Gouvernement qui, par sa lâcheté, leur fournit les moyens de cette vengeance? Est-il vrai que M. de Münster ait officiellement informé qui de droit que son Gouvernement se ferait un devoir de répondre à toute question qui lui serait posée sur les actes de M. de Schwarzkoppen? J'ignore si cette communication a été véritablement faite. Ce qui est sûr, c'est que la nouvelle, cent fois donnée, n'a jamais été démentie, ni par le Gouvernement français, ni par le Gouvernement allemand.

Si le fait est exact, tout le monde reconnaîtra qu'il dépend de nos ministres d'avoir en mains tous les éléments de la vérité, *avec preuves à l'appui*, et d'empêcher — quand nous voyons de toutes parts le crime impuni — que, par surcroît, l'innocence soit condamnée. Mais, vraiment, est-il bien nécessaire, pour cela, de faire parler M. de Schwarzkoppen lui-même? Le silence de Henry, le silence de l'ancien attaché militaire allemand sont-ils de tels obstacles à la pleine connaissance de la vérité?

Il est, à l'heure où j'écris, un homme qui a tout su, un homme qui sait tout, et qui a laissé, et qui laisse accomplir *en son nom*, des forfaits, sans dire la parole, sans faire le geste qui pourraient tout empêcher. C'est homme est le Président de la République française. Il s'appelle Félix Faure.

M. Félix Faure a su que la condamnation de Dreyfus avait été obtenue en violation de la loi. Il en a fait la confidence au docteur Gibert, du Havre, et a d'autres encore. Il a su qu'un homme était maintenu illégalement au bagne, et il a gardé le silence. Il a su même que la condamnation était injustifiée, ayant connaissance du dossier secret que nous voyons aujourd'hui vide de preuves. Il a su Dreyfus innocent, et il a gardé le silence. Bien plus, il a souffert que la loi fût violée pour aggraver le châtiment légal, et qu'un Lebon et qu'un Chautemps se fissent, de geôliers, bourreaux.

M. Félix Faure a su que le faux de Henry était un faux, et la preuve s'en trouve au Ministère des Affaires étrangères, dans le *dossier diplomatique*, où j'espère que la Cour de Cassation ira la chercher.

Lemercier-Picquart, double traître, comme la plupart des espions, après avoir fabriqué le faux pour le compte de Henry, alla conter l'histoire à Schwarzkoppen, qui en avertit Panizzardi. Celui-ci avertit le comte Tornielli, qui fit alors auprès d'Hanotaux la démarche que chacun sait. Hanotaux jura qu'on ne se servirait pas du faux, et tout aussitôt Méline, Billot, Boisdeffre — avec Félix Faure, averti comme les autres — firent usage du faux pour faire condamner Zola. Le comte Tornielli, justement indigné, demanda aussitôt son rappel, par des dépêches dont le Gouvernement avait le chiffre, et qui figurent au dossier diplomatique. M. Visconti-Venosta réussit, non sans peine, à faire revenir le comte Tornielli sur sa résolution. Mais le fait demeure acquis et les preuves existent, indiscutables.

Ce n'est pas tout. Le même Méline et le même Billot, et le même Boisdeffre, avec le même Félix Faure, souffrirent que M. Cavaignac — odieusement trompé par son chef d'Etat-Major — portât le faux à la tribune et le fît endosser par l'unanimité de la Chambre. M. Méline crut faire assez de s'abstenir. Aveu honteux, que retiendra l'histoire. Billot était au Sénat, Félix Faure à la Présidence. C'est eux qui aujourd'hui poursuivent Picquart pour usage de faux. C'est le crime dont il est innocent, c'est le crime dont ils sont coupables.

Félix Faure, permanent en son Élysée, a tout su, tout laissé faire. Comment expliquer son silence, s'il ne s'est pas proposé de couvrir ainsi les ignominies qui se tramaient à l'Etat-Major et que l'esprit de classe et que l'intérêt de jésuitière commandaient, avant tout, de cacher aux yeux? Mais s'il a connu tout cela, s'il a su aux mains de quels stupides criminels il abandonnait la défense de la patrie, sa responsabilité n'en est que plus lourde, son crime n'en est que plus grand.

Et sachant tout ce qu'il sait, sachant où sont les coupables, et sachant où est l'innocence, comment pourrait-il hésiter sur le « petit bleu »? Quand on lui dit que l'Allemand est prêt à déposer, il sait bien ce que cela veut dire. Mais il n'a pas besoin que l'Allemand parle, pour savoir toute la vérité. Il a cru qu'il en était cette fois comme des autres, et qu'il pourrait laisser condamner en silence un innocent de plus. Capitale erreur qui coûtera très cher à quelques-uns.

Donc, trois muets : Henry dans sa tombe, Schwarkoppen bâillonné par la discipline, Félix Faure hébété par la manie de jouer à l'empereur. Deux vivants, et un mort. Jusqu'ici il n'est encore venu de vérité que du mort. Dans quelles pensées les deux vivants attendent-ils le jour de l'échéance ?

6 décembre 1898.

CXXXI

L'affaire Henry.

Décidément, il y a une affaire Henry. Avoir prouvé l'innocence de Dreyfus et l'inquiétante démence de ses juges, ce n'était que la moitié de l'œuvre. Il y avait un traître à l'État-Major, il fallait le découvrir. Les présomptions accumulées contre Henry semblent bien près de confiner maintenant à la certitude. Si bien que toutes les capacités combinées de l'État-Major auront abouti, dans ces conditions, à condamner Dreyfus innocent et à acquitter Esterhazy traître, sous la haute direction du traître principal, Henry, jouissant de la pleine confiance de chefs plus bêtes que la bêtise.

M. Joseph Reinach, qui le premier formula cette hypothèse, publie aujourd'hui dans *Le Siècle* un saisissant article, où il montre comment le fait de la trahison de Henry se trouve cadrer à miracle avec tout ce que l'on connaît de l'affaire Dreyfus-Picquart-Esterhazy. Par là tout s'explique, tout se comprend, tout devient clair.

L'Annuaire militaire, écrit-il, le rapport de M. le conseiller Bard, la première livraison des Mémoires d'Esterhazy avaient déjà établi que le Uhlan et Henry étaient de vieux camarades, des amis intimes de vingt ans. Voici M. Jules Roche qui, après avoir déposé sous la foi du serment, remet à la Cour de Cassation une liasse de lettres d'où il résulte qu'Henry n'avait point de secrets pour Esterhazy, qu'Esterhazy, dans les années qui suivirent la condamnation de Dreyfus, avait du principal agent, sous-chef, puis chef du bureau des renseignements, tous les renseignements qu'il voulait, et qu'Henry était le débiteur d'Esterhazy.

...Cavaignac s'est flatté d'avoir, en arrachant à Henry l'aveu de son faux, rendu plus de services à la cause de la Vérité et de la Justice que nous tous ensemble. Service d'ailleurs involontaire imposé par des circonstances plus fortes que lui, *par les révélations d'Esterhazy devant le conseil d'enquête.* Mais Cavaignac, par sa lettre à M. le président Lœw, a rendu un autre service, non moins important. En prouvant que l'agent qui avait apporté le bordereau était connu d'une vingtaine de personnes, il a détruit la première affirmation favorite d'Henry, qui jurait avoir été seul à le connaître. J'en conclus alors que l'autre affirmation de ce menteur invétéré était aussi un mensonge.

Et, en effet, c'était un mensonge.

Le bordereau n'a pas été remis à Henry : *il l'a été au colonel Sandherr et à son sous-chef, le commandant Cordier. Celui-ci l'a dit, raconté, attesté à vingt personnes qui en déposeront au besoin*, dont la langue fut déliée par mon article. Le bordereau, qui n'était déchiré qu'en peu de morceaux, fut vite reconstitué par Sandherr et par le commandant Cordier. Et, tout de suite, la folie antisémique de ce paralytique général Sandherr, accusa Dreyfus. Sa haine des Juifs était telle qu'il avait précédemment supplié le général de Miribel de ne pas recevoir Dreyfus à l'État-Major, tous ces Juifs étant des traîtres ». Le général de Miribel lui avait sèchement imposé silence. Mais Miribel était mort. C'était Boisdeffre qui tenait sa place.

Il ne suffisait pas de crier tout de suite : « C'est Dreyfus! » Il fallait encore des preuves, des semblants de preuves. Comme il avait tout de suite été admis, érigé en dogme, que le traître ne pouvait être qu'un officier d'État-Major, le bordereau fut communiqué à tous les chefs et sous-chefs du bureau, pour qu'ils cherchassent si cette écriture ressemblait à celle de l'un ou l'autre de leurs officiers. *Tous répondirent négativement.* Mais Henry avait, du premier coup d'œil, reconnu l'écriture de son ami, complice et créancier, Esterhazy. Et la fureur antisémique de Sandherr n'eut pas désormais de plus sûre, de plus passionnée auxiliaire que la terreur d'Henry, tremblant pour sa peau.

Puis, lorsque tous les savants artifices de son compère du Paty de Clam vinrent échouer contre les tranquilles réponses de Dreyfus, un coup d'éclat devint nécessaire pour forcer la main au ministre :

Ce fut Henry qui, alors que le secret le plus sévère sur l'arrestation de Dreyfus avait été prescrit par Mercier, alors que le général Saussier lui-même l'ignorait, alors que Mme Dreyfus, sous le coup des menaces horribles de du Paty, avait juré de se taire, ce fut Henry qui porta la nouvelle de l'arrestation de Dreyfus et le nom de l'officier juif à *la Libre Parole*.

Il déchaîna la tempête. Et, après l'avoir déchaînée, il l'alimenta, sans se lasser, de fausses nouvelles, des plus abominables mensonges. Dreyfus, à peine nommé, fut condamné. Qui ne s'en souvient? Et Mercier capitula devant Drumont. Pour que Mercier reste ministre, il faut que Dreyfus soit étranglé. Saint-Genest, au jour le jour, a raconté ces choses dans des pages qui resteront.

Enfin Henry, devant le conseil de guerre, où il a réussi à se faire déléguer par Sandherr à la place du commandant Cordier, Henry jure devant le Christ qu'il sait d'une autorité impeccable qu'un officier du deuxième bureau trahissait et que cet officier, c'est Dreyfus.

Dreyfus est condamné. Le traître est en pleine sécurité, au cœur de l'État-Major.

On pourrait croire qu'après une aussi chaude alerte, Henry aurait jugé prudent de renoncer à son métier. Oui, mais Esterhazy est là, qui le tient par sa dette, par sa complicité, par tous les crimes commis pour faire condamner Dreyfus. La déportation de l'innocent, de celui qui est devenu le Traître par excellence, c'est d'ailleurs la sécurité. C'est au moment où le métier va devenir le meilleur, le plus sûr, le plus profitable qu'on y renoncerait! Et Henry se remet à l'œuvre avec Esterhazy. C'est pendant cette année que les deux traîtres et Schwarzkoppen firent leurs plus belles récoltes, Schwarzkoppen de renseignements, Henry et Esterhazy d'écus, *près de cent mille francs*.

Je sais aujourd'hui, depuis quelques jours, que cette complicité n'a été si longtemps un mystère que pour nous. *Il y a des mois et des mois qu'elle est connue à Saint-Pétersbourg, à Berne, ailleurs encore.*

Survient l'affaire « du petit bleu », et avec ce document, l'apparition du colonel Picquart.

Puis, un beau jour, en l'absence d'Henry ou par suite d'une négligence de sa part, le *petit bleu* parvient au colonel Picquart. Et voilà Esterhazy découvert. Et, de nouveau, tout est perdu, si Picquart lui-même n'est pas, à son tour, sacrifié comme l'a été Dreyfus.

Que faire? Miner Picquart auprès de grands chefs peu désireux de rouvrir l'affaire Dreyfus. Mais cela ne suffit pas. Il faut aussi préparer l'opinion, la mettre en garde contre le justicier, contre la justice. De là l'article de *l'Eclair*, la révélation des pièces secrètes, le nom de Dreyfus substitué, par un faux cynique, à l'initiale D.

En effet, cette publication porte; seulement, le bruit qu'elle fait a mis d'autres en goût. Sur quoi, quelqu'un qui n'est ni Henry, ni du Paty, porte au *Matin* le fac-similé du bordereau. Et voilà l'écriture rendue publique. C'est ce jour-là, pendant que le Uhlan courait affolé sous la pluie, que Schwarzkoppen, qui reconnaît l'écriture de son homme, comprend pour la première fois que Dreyfus a été condamné pour le crime d'un autre. Il le dit à Panizzardi, sans nommer cependant Esterhazy. Celui-ci n'ose plus retourner à l'ambassade de Prusse. L'ère de la trahison est finie.

Il ne reste plus à Henry qu'à fabriquer ses faux contre Dreyfus, pour se couvrir :

C'est alors qu'Henry risque le tout pour le tout et fabrique son faux, à la veille de l'interpellation Castelin. Billot en est dupe, et Boisdeffre, ou ils feignent de l'être, et l'on sait le reste : toutes les machinations contre Picquart, plus tard contre Mathieu Dreyfus et contre Scheurer-Kestner. Ici, le hasard sert merveilleusement Henry. Du Paty est l'ennemi personnel de Picquart, parce que Picquart sait tout ce dont il est capable, toutes les vilenies qu'il a commises au Ministère et ailleurs. Henry, dès lors, n'a presque rien à faire que de laisser faire du Paty. Puis, d'autres se mettent à l'œuvre, pour d'autres raisons, moins tragiques, mais tout aussi atroces. Il reste dans l'ombre; quand il en sort, c'est pour jouer au soldat de caserne qui s'emporte et qui sacre. Et parce qu'il y a une justice immanente, il faut, pour perdre Henry, Esterhazy. Esterhazy n'a dénoncé que le faux. Mais, demain, peut-être, il dénoncera la trahison. Alors, Henry se tue...

Je n'ai pu résister au désir de mettre sous les yeux du lecteur toute la chaîne serrée des lumineuses déductions de M. Joseph Reinach.

Quel supplément de clarté, quand je trouve dans *le Radical* une note, « qui émane d'une personne fort au courant », où il nous est annoncé que l'enquête de la Cour de Cassation aurait déjà réussi à mettre en évidence la trahison du colonel Henry :

> Les juges de la Cour suprême auraient déjà fait connaître les résultats de leur enquête en ce qui concerne plus spécialement cette nouvelle piste, s'ils n'avaient le devoir de s'entourer de tous les éléments capables de dicter leur décision.
>
> Il a été établi que le colonel Henry dépensait trente mille francs par an, alors qu'il en gagnait à peine sept à huit mille ; et l'on a été amené à rechercher la source de ce « supplément » de recettes. C'est toujours l'éternelle question : *d'où vient l'argent ?* et, lorsqu'on peut la résoudre, on a mis la main sur une portion de la vérité.
>
> On a fait état des dépenses considérables que le colonel Henry effectuait si délibérément et l'on en est arrivé à cette conclusion qu'il recevait de l'argent de l'étranger. On a également recherché parmi les personnes qui gravitaient autour de l'auteur du *faux patriotique* celle susceptible d'avoir pu lui servir d'intermédiaire et l'on s'est naturellement arrêté au nom d'Esterhazy.
>
> L'affaire est claire et tout s'explique : et le bordereau, et les fuites du Ministère et la condamnation de Dreyfus, même — et surtout — le suicide du colonel Henry. A cette heure, on comprend l'affaire Dreyfus. Il y avait à la tête du bureau des renseignements un officier de fortune, besogneux, ne possédant pour toutes ressources que les appointements de son grade. Cet homme a fait argent des pièces dont il avait la garde.

Au moment où les exécuteurs testamentaires de Henry prétendent faire condamner Picquart au nom de leur client, avant que la vérité totale puisse être connue, il est bon de réconforter les amis de la justice et de la vérité, en leur montrant qu'ils n'ont pas seulement servi des principes abstraits, des idées, comme on dit si dédaigneusement aujourd'hui dans le monde qui se vante d'être pour la force contre la pensée. Les idées ne sont rien que des faits généralisés. Si elles sont justes, les événements sont tenus de s'y adapter, et le serviteur de l'idée devient ainsi — quel qu'il soit — un serviteur de l'humanité elle-même.

Nous avons aimé la justice et nous avons combattu pour elle. Résultat : un innocent va cesser de souffrir. Les siens ne connaîtront plus l'affreuse morsure de l'iniquité. Picquart, qui se dévoua pour le sauver, à son tour sera sauvé par la clameur publique, tous les jours grandissante, qui atteste que l'honneur de la France est engagé dans la bataille à la suite du héros. Les traîtres seront connus, flétris, les coupables de tout rang punis selon les lois, les incapables seront chassés, et la France, plus forte, mieux servie, contente d'elle-même, retrouvera parmi les peuples le grand renom des temps passés.

7 décembre 1898.

CXXXII

Pour la paix civile.

Si j'en croyais le langage des partisans de Henry et d'Esterhazy, nous serions aux portes de la guerre civile. Déjà un détraqué a tiré deux coups de revolver dans un mur. Un autre préconise la matraque, tandis que son camarade annonce des coups de fusil, et qu'un dernier propose de faire descendre les officiers dans la rue.

Je comprends très bien le besoin de diversion que peuvent avoir les insensés qui, faisant la parade du patriotisme échevelé, se trouvent avoir pour clients des traîtres et des faussaires, sans parler d'une tourbe de criminels auxiliaires. Il est indéniable que la guerre civile les tirerait d'affaire, tous ces gens. Alors, on ne raisonne pas, et chacun sait que le raisonnement n'est pas de leur ressort. On a de bons fusils, de bons canons pour reprendre l'Alsace-Lorraine ; on va les essayer sur ceux qui réclament la justice, la loi, et autres inventions byzantines. Justement, ils n'ont rien que des parapluies à opposer à tout cet appareil de guerre. On peut y aller sans trop de risques et gagner des croix à bon compte. Ah ! vous voulez de la justice et de la loi, mes gaillards, on va vous en donner. Feu. Boum. Boum. Rran. Tiens ! Ça meurt avec insolence, comme au temps du fusilleur de Mun, qui se vengea sur des Français prisonniers d'avoir superbement capitulé devant les armées allemandes. Allons ! quelques mitrailleuses supplémentaires, et qu'on en finisse avec toute cette charogne pensante ! Tous morts ? Plus un bruit ? C'est bien. Au charnier toute cette « intelligence » ! Maintenant, nous avons une patrie.

Tels sont les rêves de ces prétendus bons Français, qui, ne pouvant régner que sur l'inintelligence, ont pour seul idéal d'anéantir la pensée à coups de mitraille. Nous qui avons un but directement contraire, nous qui nous proposons de fortifier parmi les hommes les rudiments de justice, insignes dans leurs paroles et de médiocre effet dans leurs actes, pourquoi nous ferions-nous les complices de l'*inintellectualité* cléricocésarienne, en nous prêtant au jeu si naïvement dévoilé ?

Nous n'avons pas à en faire mystère, nous ne poursuivons pas moins qu'une révolution. Mais nous n'en sommes plus au temps où la révolution ne se pouvait concevoir qu'à coups de fusil dans la rue. Ces sortes de révolutions, il faut bien le dire, n'ont pas donné les magnifiques résultats attendus. Ce que nous voulons faire est infiniment plus redoutable, car nous méditons de changer non seulement le nom des choses, mais les choses elles-mêmes.

Et le plus étonnant, c'est qu'il ne nous paraît pas nécessaire de tuer personne pour ce résultat. Nous ne cherchons, au contraire, qu'à développer le maximum de vie juste et libre dans l'universalité de nos concitoyens. Tuer un homme ne nous semble pas un moyen de faire la patrie meilleure. Il nous paraît plus utile de déboucher, s'il se peut, les intelligences fermées.

C'est que nous comprenons nos adversaires, tandis qu'ils ne peuvent pas nous comprendre. Pour nous expliquer, il faut qu'ils nous supposent vendus, les imbéciles ! Et quand on leur demande des preuves, leur infirmité mentale ne trouve qu'une réponse : « Il n'y a pas d'autre explication possible d'opinions contraires aux nôtres. » Si. Il y en a d'autres, messieurs, je vous assure. Au premier rang, votre propre incapacité de penser, de critiquer, de juger par vous-mêmes. Pour nous, qui abordons ces problèmes avec un esprit libre, et qui considérons l'évolution humaine de la barbarie meurtrière à la conciliation des droits de vivre, rien n'est plus aisé que de vous mettre — sans qu'il soit besoin de vous faire outrage — à votre véritable rang dans l'échelle d'humanité.

Vous êtes des *régressifs*, tout simplement, d'incultes barbares qu'il suffirait de renvoyer à l'école, si vous n'aviez, par-dessus tout, la haine d'apprendre. Loin qu'Esterhazy et Henry vous fassent reculer d'horreur, vous vous sentez invinciblement attirés vers eux, comme vers tous les complices galonnés, parce que ces criminels sont de parfaits représentants de la brute irraisonnable. C'est un état d'esprit qui fut explicable il y a beaucoup de siècles, et qui n'est plus maintenant, malgré sa prétention de dominer le monde, qu'un vestige des temps passés.

Les sophistes qui ont accepté la charge, assez honteuse, de légitimer le triomphe de la *force* — en des développements de pensée qu'ils retournent contre la pensée — sont des auxiliaires dégradés des pires instincts de la bête humaine. Il ne dépend pas d'eux, par bonheur, de changer la donnée du problème. Il faut que la force vienne à bout de l'esprit humain (dont l'idéalisme fut si odieux à Napoléon), ou que l'intelligence maîtrise la force, la discipline, la *méthodise*.

C'est bien ainsi que l'affaire Dreyfus-Esterhazy-Picquart a posé la question, comme en témoignent les merveilleux propos que nous avons recueillis : « Je suis pour la force contre la pensée », « Innocent ou coupable, que Dreyfus reste au bagne », « Vive le patriotisme des imbéciles ! » etc., etc.

Nous sommes du côté de l'idée. Nos adversaires, Didon en tête, chantent la vertu du coup de sabre, l'Eglise tenant la poignée. Comment s'étonner, dans ces conditions, qu'on nous provoque à la guerre civile ? Rien n'est si naturel de gens incapables de comprendre une manifestation d'humanité supérieure à un coup de canon. Seulement, ceux qui ont un idéal précisément opposé, ceux qui attendent leur triomphe de l'évolution de la pensée humaine, n'ont jamais accepté, dans l'histoire, de s'en remettre au sort des armes que lorsque toute puissance de droit, tout pouvoir de justice se refusait de parti pris à les entendre.

Il s'en faut beaucoup, à cette heure, que tel soit notre cas. Nous avons demandé justice et on nous a couverts d'injures, et les pouvoirs publics se sont détournés de nous, et la foule nous a reniés, et des juges et des jurés ont condamné Zola par le moyen d'un faux suivi d'un long cortège de mensonges. Mais nous avons eu confiance en l'esprit de la France et, chaque jour, aux indifférents, aux braves gens trompés, nous n'avons cessé de crier : Justice ! Justice !

Et nous avons été entendus. Et un pouvoir de justice s'est trouvé pour accomplir son devoir, qui est de donner raison à ceux qui ont raison. Que pourrions-nous souhaiter de plus, aujourd'hui ? La justice n'est pas faite encore, mais nous savons qu'elle va se faire. Nous sommes contents. Notre œuvre n'est plus que de débroussailler la route de la vérité en marche, d'aider les juges dans l'œuvre de réparation.

C'est ce que nous essayons de faire, chacun suivant ses moyens. C'est pourquoi nous nous sommes si résolument opposés au crime qui se préparait contre Picquart, non pour Picquart, dont la condamnation passagère aurait fait à brève échéance le triomphe plus éclatant, mais pour notre pays à qui nous avons voulu précisément épargner les tumultes de la rue, les violences mortelles à la justice sereine.

Notre patriotisme conçoit la guerre civile comme une atteinte faite à la patrie, et la paix publique comme la condition première de notre victoire de justice et de vérité. Car nous marchons à la conquête des esprits, et il n'y a pour cette grande expérience qu'un outil sûr : la raison. S'il nous est donné de mener notre œuvre à bien, sans faillir à notre devoir, sans faiblir dans notre tâche de tous les jours, nous aurons fait, comme je disais, une révolution : une grande révolution, qui n'aura coûté ni sang ni larmes, et qui, pour triompher de la haine des sots, n'aura besoin que de leur pardonner leur sottise.

8 décembre 1898.

CXXXIII

La folie passe.

Décidément, la folie passe. On commence à rencontrer des gens qui peuvent parler des « affaires en cours » sans tomber en épilepsie. Il se trouve des journalistes, jadis patriotes de la suite d'Esterhazy, qui reconnaissent maintenant que s'il n'y avait aucune preuve contre Dreyfus, il deviendra très difficile de le garder au bagne. M. Georges Berry n'en est pas encore à cet état d'esprit. Pourtant on voit des députés jusqu'ici farouchement muets sur « l'Affaire », devenus subitement très loquaces... dans les couloirs. Quelques malins ont même répandu leurs patriotiques angoisses sur le marbre de la tribune, et je me délecte chaque jour aux leçons de *dreyfusardisme* que me donne le zèle de M. Poincaré sur les murailles. M. Barthou a fait *un vœu* pour la justice, qui est enregistré dans *le Temps*. Nos législateurs en sont là d'être déjà capables d'exprimer des souhaits dans la presse. Cela ne rappelle encore que de très loin les « excès » de la Convention.

Quoi qu'il arrive, on ne pourra pas reprocher à MM. Brisson et Poincaré d'avoir fait la revision. On ne pourra pas dire non plus qu'ils l'aient empêchée. Leur mentalité est à ce point représentative qu'en dépit d'eux-mêmes ils évoluent avec toutes les majorités. On n'est pas plus suffrage universel.

La situation de M. de Kérohant est tout autre, comme celle des quelques royalistes qui l'ont précédé ou suivi

— parmi lesquels mon vieil ami, Charles Bocher, ancien soldat d'Afrique et de Crimée — et même des deux ou trois curés qui se hasardent à protester contre l'iniquité. Si ceux-là ont eu besoin d'assez longues réflexions, c'est que toute la hiérarchie romaine a pesé sur eux de son poids écrasant, c'est que toute l'organisation royaliste — duc d'Orléans en tête — s'est efforcé de tout son pouvoir d'arrêter les revendications de justice.

Par l'injustice il semblait que l'on pût conquérir ce qu'on appelait improprement « l'armée », et ce qui n'était au fond qu'une caste de parade. A ce prix l'Eglise et le roi n'estimaient pas payer trop cher leur prise de possession de la France. Pour le « roi » on peut l'excuser, il est jeune, ignorant, présomptueux, embêté par Félix Faure qui lui chipe ses singeries, il voudrait recevoir Gyp en son palais et signer de sa main l'ordre à Marchand de quitter Fashoda.

Pour tant de joie, qu'est-ce que le supplice d'un Juif, s'il faut cette pâture aux foules qui tuèrent Jésus pour sauver Barabas ? Le cas du pape n'offre point ces circonstances atténuantes. Il est tout simplement, cet homme, le représentant de la Divinité sur la terre, c'est-à-dire le vrai, le beau, le bien, le sublime et tout ce qui s'ensuit. On m'accordera que c'est une fonction assez haute, et qu'il en découle des obligations importantes, au premier rang desquelles je mets le devoir de combattre l'injustice, et l'enviable privilège de jeter dans nos batailles le cri de pitié. Moi, mécréant, si j'avais vu cela, j'aurais admiré. Hélas ! J'ai vu tout le contraire. Le Pape-Dieu n'a rien dit. Le Pape-Dieu qui avait laissé massacrer sans une protestation trois cent mille enfants du Christ par le sultan turc, est demeuré muet devant Mme Dreyfus, Juive, implorant l'arbitrage de sa bonté. C'est peut-être très politique, ce n'est pas divin, et quand on est le délégué de la Divinité, c'est du divin que l'on doit fournir.

Et puis, est-ce bien politique en fin de compte ?

Rien ne semble moins démontré. Le pape et le roi se sont laissés hypnotiser par Boisdeffre, les pauvres ! Ils ont cru bonnement que derrière Boisdeffre il y avait l'armée, et ils n'en ont pas demandé davantage. Boisdeffre se faisait le complice d'Esterhazy : ils ont crié : *Vive Esterhazy* — vous vous en souvenez, prince Henri d'Orléans — et ils ont pris le ciel à témoin que c'était la forme suprême du patriotisme français. Ils n'avaient, dans ce beau calcul, oublié que la France elle-même, tenue pour quantité négligeable, par ces puissants seigneurs devant qui les hommes ne sont rien. Or, si la France a parfois des somnolences, l'histoire nous montre aussi de beaux réveils, quand, aux plaintes des opprimés, répondent les trompettes de justice dans l'air.

Même si nous n'avions pas été sûrs de la France, nous aurions livré le combat pour le droit et pour la vérité, sans nous inquiéter de savoir quelle en serait l'issue. Mais nous savions bien que la France viendrait, l'ayant toujours trouvée dans le parti de l'idéal Et elle vient, en effet, comme nous l'avions prévu. Et voici même qu'échappant au joug du prêtre et du roi, des Français catholiques et royalistes annoncent magnifiquement qu'ils sont pour la justice et pour la vérité. Hélas ! leur parti ne leur répond pas par des cris d'enthousiasme. Quoi d'étonnant, après le ridicule « Nous ne permettrons pas » du chef de la maison d'Orléans !

Pourtant, l'opinion s'émeut dans les rangs de la monarchie, et le *Soleil* publie une lettre d'*un viel orléaniste*, qui ne signe pas pour éviter d'affliger son roi plus qu'il n'est nécessaire. Cet orléaniste-là se réclame, bien entendu, de la Révolution, marquant bien ainsi l'origine profonde du mouvement actuel de l'esprit français. Et ce « fils et petit-fils d'officiers généraux », qui a le nom de son grand-père inscrit sur l'arc de l'Étoile, déclare que « les dernières poursuites contre le colonel Picquart (qu'il ne veut ni innocenter ni incriminer) ont achevé de révolter, dans les partis les plus opposés, ceux qui avaient réussi à garder, dans cette triste affaire, quelque sangfroid, quelque esprit de justice et d'impartialité ».

J'enregistre avec grand plaisir ces bonnes paroles que les abonnés du *Soleil* — à commencer par le duc d'Orléans lui-même — vont pouvoir méditer à leur aise. J'en attends un grand bien, et je me dis que lorsque les politiciens de la République verront les monarchistes eux-mêmes se prononcer pour la justice impartiale, l'idée leur viendra peut-être qu'ils peuvent se risquer timidement à faire de même. Ce serait tout un bouleversement dans l'Etat : la fin de la politique de mensonge et de fourberie.

Toutefois, je suis obligé d'avouer que cela ne s'annonce pas pour demain. Dupuy ne disait-il pas, l'autre jour, à Fournière, qu'il allait demander le renvoi à un mois de l'interpellation sur l'affaire Picquart? Il s'agissait d'éviter le conflit entre la Cour de Cassation et le conseil de guerre. Qu'est-ce que cela peut faire à Dupuy, qui louche du côté de la faction cléricomilitaire? L'antisémitisme lui est sacré, à cet homme de bien qui propose d'amnistier les fraudeurs, et les auteurs des violences meurtrières d'Alger, mais prend soin d'excepter Zola de sa *clémence!* Croyez-vous que l'histoire s'occupera de l'opinion de Dupuy sur Zola, ou de l'opinion de Zola sur le tas de Dupuys grouillant sur notre République maladive?

Mais Freycinet peut-être est le plus beau de tous, prenant plaisir à sacrifier sous la force l'intelligence. Il a au 94ᵉ de ligne un colonel Parisot qui, au lieu de regarder vers la frontière, croit que le devoir militaire est de menacer de « feux de salve » les Français. Cet officier, en révolte ouverte contre les règlements de l'armée, condamne à la prison les soldats coupables de lire un journal qui ne lui plaît pas. Cela est contraire au droit, cela est contraire à la loi. Croyez-vous que Freycinet, qui d'un mot pourrait faire rentrer ce colonel dans l'ordre, conçoive la pensée de rappeler ledit militaire au respect des lois? L'idée ne lui en vient pas, et, si vous lui en touchiez un mot, il vous dirait qu'il ne connaît pas cette affaire.

Comme il lui est arrivé, chaque fois qu'il a pris le pouvoir, cet homme est en train de se perdre dans les détours de sa propre fourberie. Autrefois, il avait l'art de flairer le vent. Que lui reste-t-il de ce don ? Il se doute bien qu'un revirement est en train de s'accomplir, puisqu'il envoie Lagrange de Langre demander grâce dans les journaux « dreyfusards ». Mais, il ne comprendra jamais la force de l'idée. Mettez-vous donc à la fenêtre, Excellence. Je vous dis que la folie passe. Les orléanistes eux-mêmes sont étonnés de vous. Demain nous serons tout le monde. Quel ennui si vous ne vous trouviez pas du côté des plus forts !

9 décembre 1898.

CXXXIV

La justice prévaut.

Nous n'avons pas de Gouvernement, mais nous avons des juges. Chambres et ministres nous voyant courir à un conflit sans issue, et reconnaissant qu'ils avaient le pouvoir de prévenir le mal, n'ont rien voulu faire. Il a fallu la demande en règlement de juges pour que la redoutable crise nous fût épargnée. « Zurlinden a droit à une part de honte complète, dit très justement Bradamante dans *la Fronde*, et aussi Freycinet et Dupuy également. Il ne faut pas faire tort non plus à la Chambre et ce n'est pas sa faute si l'assassinat du colonel Picquart n'a pu être consommé. Ce n'est d'ailleurs la faute de personne. Traîtres, faussaires, gouverneur, ministres et députés, ont fait en conscience ce qui était humainement ou bestialement possible et il n'a dépendu, ni du zèle des uns, ni de la lâcheté des autres, que *le crime du crime* ne s'accomplisse. »

Grâce à la Cour de Cassation, le crime ne s'accomplira pas. Picquart ne sera pas jugé avant que toute la vérité soit connue. Il était temps d'arrêter le forfait. Le rapport de M. Atthalin et le réquisitoire de M. Manau, ainsi que l'ordre de mise en jugement, nous en apprennent de belles sur le procès qui était en voie de préparation. L'ordre de mise en jugement, entre cent actes de folie, paraît mériter la place d'honneur.

De quel crime est accusé le colonel Picquart? « D'avoir fabriqué ou fait fabriquer « le petit bleu » *dans le but d'établir frauduleusement la culpabilité du commandant Esterhazy, unanimement acquitté par le 1ᵉʳ conseil de guerre.* » Voilà où en sont nos juges militaires. Ils ont acquitté un traître dont le crime est aujourd'hui prouvé de vingt façons, et, plutôt que de reconnaître leur faute, ils prétendent condamner comme faussaire l'officier qui, dans son service, a découvert la trahison. Toute la France, tous les pays civilisés le savent. Toute la France, tous les pays civilisés le crient. Seuls, Tavernier, Foulon, Zurlinden et les juges de Zurlinden ne veulent pas le connaître, refusent de le voir.

Ils osent, dans leur inconscience, opposer à Picquart, quoi? L'innocence d'Esterhazy. Ils reprochent à l'officier français, dans l'exercice de son devoir, d'avoir voulu porter préjudice au traître. Et ils s'imaginent que, parce qu'ils auront écrit cela, noir sur blanc, et que des juges dûment galonnés auront contresigné la chose, l'absurdité deviendra l'expression pure et simple de la vérité. Ils croient, ils peuvent croire que toute la France et l'opinion du monde civilisé vont se soumettre à cette imbécillité monstrueuse, dont le seul énoncé est un défi à la raison humaine. Voyons! Il doit y avoir une limite, au delà de laquelle la bêtise devient crime de lèse-humanité chez le détenteur d'autorité publique. Pourra-t-on jamais concevoir que, voulant perdre Picquart, on ait, après deux ans d'efforts, abouti à cette insanité de le mettre en balance, dans l'opinion publique, avec l'homme le plus vil et présentement le plus déshonoré de toute la terre? Comment arriver à comprendre qu'on ose dire aux Français : « Entre Picquart et Esterhazy, choisissez? » Le choix est fait, messieurs, et s'il est des soldats capables de se prononcer pour Esterhazy, ils resteront seuls, la main dans la main avec le traître.

On prête au lieutenant-colonel Foulon ce propos : « Ah! si je pouvais publier le rapport du capitaine Tavernier! » Soyez tranquille, colonel, il faudra bien que ce curieux document soit publié un jour, et, pour moi, d'après ce que j'en connais, je ne crois pas qu'il soit de plus complète justification de Picquart.

Car il ne faut pas crier qu'on vous enlève Picquart, ô juges militaires, on vous le laisse, et vous serez bien obligés, à votre dam, de le juger quelque jour. Mais ce jour-là, la vérité, toute la vérité sera connue. On ne pourra plus entasser mensonges sur faux et faux sur mensonges, pour faire croire que l'innocent est un traître, que le traître est innocent, et que la pièce fabriquée *contre* Picquart par les faussaires et les traîtres a été fabriquée *par* Picquart, dans la vilaine pensée de *nuire* (!) aux traîtres et aux faussaires. Ce jour-là, on jugera Picquart, mais on sera tenu de le juger suivant ce qui est, et non pas suivant ce qui n'est pas, comme on allait le faire aujourd'hui.

C'est bien de là que viennent les fureurs de la faction clérico-militaire qui se déchaîne de toute sa violence contre les juges, coupables, pour avoir barré la route au crime, d'être « vendus à l'Allemagne ». Songez donc. La Cour de Cassation possède un document en date du 17 août 1894 qui achève d'établir, sans contestation possible, que le bordereau est bien d'Esterhazy. Il faut être vendu à l'Allemagne, n'est-ce pas? pour montrer la preuve que le véritable traître est le Uhlan, découvert par Picquart, et innocenté par un conseil de guerre sous la criminelle pression de Boisdeffre et de Billot, à qui la justice demandera des comptes.

Il faut être vendu à l'Allemagne apparemment, pour établir que la poursuite correctionnelle contre Picquart considère le « petit bleu » comme authentique, tandis que la poursuite militaire considère le même document comme un faux, et qu'il y a plutôt contradiction entre ces deux manières de voir. Il faut être vendu à l'Allemagne, n'est-ce pas l'évidence? pour alléguer qu'il y a contradiction à condamner Picquart pour avoir fabriqué le « petit bleu », et en même temps pour avoir montré à Leblois cette même *pièce intéressant la défense nationale*, alors que, si elle est un faux, elle n'a plus au point de vue de la défense nationale aucune valeur?

Il faut être vendu à l'étranger, *c'est clair*, pour découvrir que le même acte (communication de pièces à Leblois), poursuivi devant deux juridictions, est qualifié délit par l'une, et crime par l'autre. Et c'est « livrer les secrets de notre défense à Guillaume II » que d'essayer de mettre un peu d'ordre dans ce gâchis par la constatation de la vérité, si cruelle aux faussaires et à ceux qui se font imbécilement leurs complices.

Ces forfaits de la Cour de Cassation sont d'autant plus révoltants que le grand Zurlinden avait déployé contre Picquart une stratégie à faire trembler Guillaume II. Et Picquart n'a pas tremblé, le lâche, et la Cour de Cassation inflige à Zurlinden une défaite nouvelle, et derrière Zurlinden, ô terreur, je vois Félix Faure vaincu, et derrière Félix Faure, Gyp elle-même. Tout nous manque à la fois de nos colonnes fragiles. France! Que va-t-il advenir de tes maîtres, si tu fais passer la vérité avant le mensonge?

C'est là-dessus que médite Arthur Meyer en son « patriotisme » circoncis. D'après *l'Eclair*, l'impression au Palais est que les actes de la Cour de Cassation *sont évidemment inspirés* **par des intérêts hostiles à la patrie** ». Comment peut-on douter d'une chose aussi *claire*. Mais ce ne sont pas là que des opinions de robins. La robe, pour Arthur Meyer, ce n'est pas grand'chose. Oh! l'ingrat! Il avait lu le matin dans *l'Intransigeant* que l'armée était trop « bon enfant », de permettre aux juges de juger, et ce mot l'avait frappé. Il dépêcha donc à divers généraux un de ses rédacteurs, qui recueillit ce propos du président du conseil de guerre :

« Je vais rendre le dossier, et dès demain je monte à cheval. »

Tout autre, je crois, eût trouvé cette parole pleine de raison, et pensé que la place d'un général était plutôt en selle que devant un grimoire. Tout autre se fût écrié : Bravo! gare aux Prussiens!

Mais c'est aux Français que se trouva songer l'ambassadeur d'Arthur Meyer, aux Français sur qui ce youpin dégradé a depuis longtemps annoncé son projet de faire pratiquer une saignée. Et voici la réponse qu'entendit le général français :

« Où cela? *dans la rue, mon général?...* **Quel espoir!** » Sur quoi le général expliqua, sans s'indigner, qu'il songeait, pour le moment, au terrain de manœuvres.

C'est M. de Freycinet qui est Ministre de la Guerre. Croyez-vous qu'il fera venir son général pour lui rappeler qu'il lui est interdit de se prêter aux interviews, et pour lui faire observer que lorsqu'on lui propose de descendre dans la rue, comme un simple insurgé, il pourrait, au lieu de s'expliquer sur les recrues, faire la réponse d'un homme que révolte la pensée d'un crime?

Non. M. de Freycinet n'est pas de ces ministres-là. C'est un chef né pour servir. Il faudrait commander. Il ruse. Il trahit la France, n'ayant dessein que de la tromper. Tout de même, il sera cloué au poteau de l'histoire.

10 décembre 1898.

CXXXV

Après la victoire.

L'arrêt de la Cour de Cassation marque un tournant décisif dans l'affaire Dreyfus. Quand l'immortel pamphlet de Zola eut mis la justice en chemin, ce fut pendant une année un des plus furieux combats de l'histoire. Il s'agissait d'obtenir un jugement suivant les lois, et toutes les puissances qui se disent au service de la loi, prises de démence, s'engagèrent désespérément contre la justice et contre la loi. Jusqu'au jour où la Cour de Cassation déclara la demande en revision recevable.

Dès lors Dreyfus était sauvé, car les juges suprêmes se donnèrent le mandat de faire eux-mêmes l'enquête qui doit fatalement aboutir à la pleine lumière. Dreyfus était sauvé, mais il restait Picquart, aux mains des hommes qui ne lui pardonnaient pas d'avoir mis à nu les méfaits de l'esprit de corps. Un moment on put croire que nous allions assister à ce spectacle abominable : Dreyfus délivré, remplacé au bagne par Picquart, son libérateur. Ce jour-là encore, tous les pouvoirs politiques, toutes les puissances sociales firent défaut au devoir. Ce jour-là encore, il se trouva la Cour suprême pour dire le mot sauveur.

Donc, il est certain maintenant que le grand crime ne s'accomplira pas, que les violences menaçantes nous seront épargnées, que l'œuvre de justice se poursuivra dans l'ordre et dans la paix. Irréparable défaite des tenants de la force brutale. Magnifique triomphe des défenseurs de l'idée.

Ce résultat, d'ailleurs, se trouve curieusement caractérisé par l'entrevue que raconte *le Gaulois*, du général Jamont — applaudisseur du moine Didon coupe-têtes — avec Félix Faure, Président de la République française. Notre généralissime était allé se plaindre au chef de l'Etat « de la pénible situation faite aux chefs de l'armée par les circonstances actuelles ». A quoi M. Félix Faure aurait répondu que « la Constitution ne lui permettait d'intervenir en aucune façon ». Vraiment ce n'est pas la peine de se faire visite, quand on est de si grands personnages, pour tenir des propos si saugrenus.

De quoi se plaignent « les chefs de l'armée » et à quel moment ont-ils donné à M. Jamont le mandat de se faire l'interprète de leurs doléances? Qui donc empêche ces guerriers de nous éblouir de leurs victoires? Ce n'est pas les membres de la Cour de Cassation, je suppose, qui ont fait Sedan, Metz, Langson et Majunga? Ce n'est ni Lœw, ni Manau qui ont organisé la défense de nos côtes au point de nous contraindre à la reculade de Fashoda. Sauf respect, j'aurais cru bien plutôt que c'était à la France de se plaindre de ses chefs d'armée, dont les prétentions augmentent à mesure que leurs états de service diminuent de valeur.

Vraiment, vit-on jamais rien de si scandaleux? Un général, encore tout chaud des étreintes du moine factieux qui va prêchant la croisade des soldats contre le pouvoir civil, ose se présenter devant le chef du Gouvernement pour se plaindre qu'une Cour de justice juge suivant les lois! Et le chef dudit Gouvernement ne le prie pas doucement de retourner à ses études de stratégie. Au contraire, il s'excuse, et déplore que la

Constitution ne lui permette pas de mettre la Cour de Cassation sous les ordres du généralissime.

C'est que le Président de la République, le généralissime, et le moine Didon — invisible, mais présent — faisaient vraiment une belle réunion symbolique de tous les pouvoirs d'arbitraire et de violence qui viennent de succomber devant la justice. C'est que ces magnifiques personnages n'avaient à échanger, entre eux, comme ils l'ont fait d'ailleurs, que de vagues compliments de condoléance. Que chacun rentre chez soi, après cet acte de mutuelle courtoisie, et retourne à ses occupations légitimes. Ils se sont tous engagés contre la loi. La loi les a vaincus. Le plus sage est de se soumettre de bonne grâce. Rien n'empêche le Président de présider, le moine de prêcher et le soldat de préparer Austerlitz.

Voilà pour les vaincus. Quant aux vainqueurs, je ne les vois pas au bout de leurs peines. S'il ne s'agissait que de sauver Dreyfus et Picquart, ils pourraient, semble-t-il, s'en rapporter de ce soin à la Cour suprême. Mais, dès le premier jour, nous n'avons pas caché que nous osions concevoir une besogne plus haute.

Le mal que nous avons signalé, et qu'à force d'obstination nous avons mis sous les yeux de nos concitoyens trop rebelles à l'évidence, n'est le fait ni d'un homme, ni de quelques coupables. Cette solidarité dans la faute que tous les pouvoirs publics, civils ou militaires, ont unanimement réclamée, pour laquelle ils ont combattu, et au nom de laquelle la justice les a tous, du même coup, matés, atteste la maladie profonde d'une société où sous couleur de servir la patrie, tous les intérêts des vieilles oligarchies s'organisent en des états-majors de caste, avec l'aide de l'Eglise, pour reprendre, sous les formes de la démocratie, l'antique exploitation de la France, dont la Révolution rompit violemment le cours.

Le péril devenu grave, par la lâcheté des parvenus de la démocratie, tristement apaisés par les honneurs et les satisfactions de toutes sortes qui les accompagnent. Si un homme, si dix hommes avaient été, seuls, trouvés en faute dans l'affaire Picquart-Esterhazy, ce ne serait rien. Toute l'opinion se fût soulevée contre eux, on les eût chassés, et tout eût été dit. Au lieu de cela, je le demande à tout lecteur de bonne foi, n'est-ce pas justement le contraire que nous avons vu? Tous les pouvoirs se faisaient cyniquement solidaires du crime, et se défendant l'un l'autre par les plus répréhensibles moyens contre la vérité qui les effare, contre la justice qui les emplit de terreur.

Je ne crains pas de dire que la France était perdue, en proie à l'anarchie prétorienne, s'il ne s'était rencontré, de fortune, un pouvoir capable d'imposer silence à toutes les puissances rebelles, et de les soumettre, bon gré mal gré, au respect de la loi. Grâce à la Cour de Cassation, la justice aura le dernier mot, le dernier mot pour Dreyfus, le dernier mot pour Picquart. A nous de faire maintenant qu'elle ait le dernier mot pour la patrie. La coalition de toutes les autorités publiques en faveur du mal a produit ce résultat inattendu de mettre en contact, dans la défense des plus hauts intérêts de la nation, les hommes de pensée et ce peuple généreux de travailleurs manuels qu'une effroyable organisation de mensonge — église, presse, parlement, armée de caste — mène, après le désastre d'hier, aux désastres, pires peut-être, de demain.

C'est un événement dans l'histoire de la démocratie que ces forces se soient rencontrées. Si elles peuvent s'entendre, organiser une action durable, le savant apportant sa lumière, l'ouvrier échauffant le spéculatif aux pressantes réalisations de justice, un grand problème sera résolu. L'idée aura trouvé son levier pour agir. Le nombre, puissance aveugle, aura trouvé son régulateur. Par ces luttes généreuses pour un grand idéal d'humanité, la France aurait mérité ce bonheur.

Tâchons de le lui conquérir. Poursuivons, sans haine contre les personnes, la grande enquête dont cette symbolique affaire Dreyfus nous apporte les éléments. Faisons la vérité, toute la vérité, sur les hommes, sur les institutions qui se sont mises d'elles-mêmes si remarquablement en cause. La lumière partout, jusque dans les recoins les plus obscurs. Que le peuple, tout le peuple français, voie bien ce qui est, tout ce qui est. Qu'on le lui fasse comprendre. Qu'il se pénètre de l'idée que punir les coupables n'est qu'une tâche secondaire, et qu'il faut remédier, par-dessus toutes choses, au mal social d'égoïsme solidaire dont ces culpabilités sont le fruit. Mal ancien dont la République n'a fait que généraliser les symptômes, en ajoutant aux anciennes oligarchies une nouvelle oligarchie de médiocrité gouvernante !

L'autorité, dans notre République, a fait la même faillite que dans la monarchie. A la France elle-même, dans l'effondrement des classes dirigeantes, de sauver sa liberté en donnant aux droits de chacun la garantie suprême d'une justice protectrice des faibles, et plus forte que les plus forts.

11 décembre 1898.

TABLE DES MATIÈRES

		Pages
I.	— Un défi	1
II.	— La vertu d'attendre	6
III.	— Le torchon brûle	9
IV.	— Tous amis	12
V.	— Gouvernement de radicaux	16
VI.	— Jurisconsulte d'Amérique	19
VII.	— Pour l'humanité, pour la Patrie	22
VIII.	— De recul en recul	25
IX.	— La leçon du mort	28
X.	— Qui, les traîtres ?	32
XI.	— Socialisme et humanité	35
XII.	— La trouée	39
XIII.	— L'emblème de la loi violée	42
XIV.	— La faillite	46
XV.	— Encore un enterrement	50
XVI.	— Trop haut	53
XVII.	— Des hommes !	56
XVIII.	— Entre poètes	59
XIX.	— Le bouquet	62
XX.	— L'état d'esprit en France	65

TABLE DES MATIÈRES

		Pages.
XXI.	— Les secrets bien gardés.	69
XXII.	— Il parlerait.	72
XXIII.	— Le crime d'innocence.	75
XXIV.	— Les dessous.	78
XXV.	— Contribution à l'opinion publique. . . .	81
XXVI.	— Enfin	86
XXVII.	— Des excuses	89
XXVIII.	— Confiance! confiance!	92
XXIX.	— Esterhazy devant ses juges	95
XXX.	— Le ministre perplexe.	98
XXXI.	— Gouverner, c'est prévoir.	101
XXXII.	— La vraie victime.	104
XXXIII.	— Encore un.	107
XXXIV.	— Souvenirs d'Arménie	113
XXXV.	— Tout croule	116
XXXVI.	— Le bilan.	122
XXXVII.	— Le dossier ultra secret.	126
XXXVIII.	— Hautes complicités.	131
XXXIX.	— Cherchez!	136
XL.	— La parole à Picquart.	141
XLI.	— Les responsabilités.	142
XLII.	— La revision loyale.	147
XLIII.	— Le nouveau parti.	150
XLIV.	— Et Picquart ?.	154
XLV.	— Et les autres ?.	158
XLVI.	— Leurs études.	162
XLVII.	— Leurs preuves.	166
XLVIII.	— Ce n'est pas clair.	172
XLIX.	— La revision à ciel ouvert.	176

TABLE DES MATIÈRES

		Pages.
L.	— Le devoir de Brisson............	180
LI.	— Les faux juges...............	184
LII.	— Monsieur Félix...............	189
LIII.	— Acquittement par ordre.........	194
LIV.	— Conséquences.................	198
LV.	— Pour commencer...............	203
LVI.	— Dernières cartouches...........	207
LVII.	— Le retour offensif des faussaires....	212
LVIII.	— La dictature des faussaires......	216
LIX.	— Assassins!..................	221
LX.	— La preuve...................	225
LXI.	— L'occasion dernière...........	229
LXII.	— La revision décidée...........	233
LXIII.	— La revision sincère...........	237
LXIV.	— Vaine circulaire..............	242
LXV.	— Justice pour Picquart..........	246
LXVI.	— Erreur d'optique.............	249
LXVII.	— Le coup de Jarnac............	253
LXVIII.	— Bilan......................	258
LXIX.	— Entre les deux chemins.........	262
LXX.	— Tout pour la bande...........	266
LXXI.	— Sus à Picquart!..............	270
LXXII.	— Le dossier Dreyfus............	274
LXXIII.	— Encore le dossier Dreyfus.......	280
LXXIV.	— Le colonel Picquart...........	285
LXXV.	— Une préface.................	286
LXXVI.	— Réponse à l'*Éclair*...........	292
LXXVII.	— La crise....................	293
LXXVIII.	— Cavaignac et Gohier..........	297

LXXIX.	— Un dossier.	302
LXXX.	— Changez les rôles.	307
LXXXI.	— L'heure philosophique.	312
LXXXII.	— Eux et nous.	316
LXXXIII.	— Douce sérénité!	321
LXXXIV.	— État d'âme.	326
LXXXV.	— Dossier et dossier.	329
LXXXVI.	— Contre la vérité.	332
LXXXVII.	— Crise de gouvernement.	335
LXXXVIII.	— Toute la loi.	339
LXXXIX.	— Grandes manœuvres.	343
XC.	— Le coup de l'État-Major.	346
XCI.	— La bataille continue.	351
XCII.	— Le coup de massue.	355
XCIII.	— Toute la vérité.	363
XCIV.	— Le Cabinet de Gyp.	368
XCV.	— De surprise en surprise.	373
XCVI.	— Préliminaires.	376
XCVII.	— Politicaille.	380
XCVIII.	— Placet.	384
XCIX.	— A bas Croiset!	388
C.	— Grouchy.	393
CI.	— Le *petit bleu*.	397
CII.	— Sous Freycinet.	401
CIII.	— Henry, traître?	405
CIV.	— La vengeance.	409
CV.	— Poursuites libérales.	414
CVI.	— Cannibales.	419
CVII.	— Dans la bauge.	424

TABLE DES MATIÈRES

Pages.

CVIII.	— La bêtise de Néron.	429
CIX.	— La question posée.	435
CX.	— La justice en marche.	439
CXI.	— Leurs propos.	441
CXII.	— Le juge et l'accusé.	446
CXIII.	— Les mains de Pilate.	449
CXIV.	— Aux jeunes.	453
CXV.	— L'homme à la guillotine cassée.	457
CXVI.	— La justice de Zurlinden.	461
CXVII.	— Contre Picquart, contre Zola.	465
CXVIII.	— Gouverner, c'est prévoir.	469
CXIX.	— Le crime.	473
CXX.	— Ce qui reste à savoir.	477
CXXI.	— Suive qui veut, sauve qui peut.	482
CXXII.	— Vive Picquart!.	487
CXXIII.	— Nous demandons justice.	492
CXXIV.	— Picquart devant la Chambre.	496
CXXV.	— Les trembleurs.	501
CXXVI.	— Pour la force contre la pensée.	506
CXXVII.	— La leçon.	511
CXXVIII.	— Ce qu'ils ont fait, ce qu'ils font.	516
CXXIX.	— A chacun sa responsabilité.	521
CXXX.	— Les trois muets.	525
CXXXI.	— L'affaire Henry.	530
CXXXII.	— Pour la paix civile.	535
CXXXIII.	— La folie passe.	540
CXXXIV.	— La justice prévaut.	544
CXXXV.	— Après la victoire.	549

PARIS. — IMP. FERD. IMBERT, 7, RUE DES CANETTES.

www.ingramcontent.com/pod-product-compliance
Lightning Source LLC
Chambersburg PA
CBHW060750230426
43667CB00010B/1514